À tous les enfants du monde.

MOE, LE MERVEILLEUX

La poésie identitaire de Dieu-Toute la Lumière du Ciel-fait chair

Recueil de poèmes

**TOUS DROITS DE TRADUCTION ET DE
REPRODUCTION RESERVÉS POUR TOUS PAYS**

Printed by CreateSpace, An Amazon.com Company

ISBN-13: 978-2913771208

ISBN-10: 2913771203

(Agence francophone pour la numérotation internationale du livre)

Avant-Propos

L' ensemble des points de repère de la Pensée scientifique et philosophique propre à Joseph Moè Messavussu Akué est ordonné par l' axiomatique suivante:

Premièrement, un rêve prémonitoire est un fait révélé à la Conscience de Joseph Moè Messavussu Akué de manière inexpliquée ou magique, et annonçant ce qui va advenir dans le futur.

Deuxièmement, un axiome mathématique fonctionnel est la transcription exacte d' un rêve prémonitoire qu'a eu Moè Messavussu, révélant ainsi une évidence scientifique et mathématique.

Troisièmement, un axiome mathématique fonctionnel contrecarrant toute ou partie des Connaissances humaines actuelles, doit être apprécié comme un principe théorique ou une théorie pure.

Quatrièmement, un axiome mathématique fonctionnel étant par définition, une affirmation ou une déclaration affirmative formelle, la Pensée philosophique et scientifique de Joseph Moè Messavussu Akué demeure une axiomatique évidente en elle-même, mais une théorie pure pour l' humanité qui la croira si elle en a envie.

Chicago, le 1 Mai 2009

**Thème:
La marche du futur**

La marche du futur

Mémento : Au commencement des temps, l'univers créé, n'existait que dans l'esprit de Dieu. Celui-ci fit jaillir, à partir de rien, tout ce qui existe. Ce travail est achevé, il y a dix millions mille neuf cents quatre- vingt - quatorze ans de cela, et aura dure mille milliards de milliards moins mille milliards d'années lumières. Ce travail est composé de six parties : Une première partie définie comme l'étape de la conception du cosmos ; une deuxième partie définie comme l'étape de la conception de la réalisation du cosmos ; une troisième partie définie comme l'étape de la réalisation du domaine personnel ou de l'enclos de Dieu ou du paradais céleste ; une quatrième partie définie comme la réalisation de tous les outils et de tous les matériaux nécessaires à la réalisation du cosmos ; une cinquième partie définie comme la réalisation du cosmos ; et une sixième partie définie comme la réalisation de l'humanité. Depuis la fin de ce travail, Dieu, retiré dans son château fort, en or pur, situé au centre du paradis céleste, observe, absolument passif, le déroulement de l'accomplissement de l' histoire. Mais cette passivité est, semble t-il, interrompue, depuis le 28 Mars 1957, ou nacquit un enfant nommé Joseph Moè Messavussu Akué, étant donné que, vingt-neuf ans après la naissance dudit enfant, des évènements surréels et fantastiques firent prendre conscience au dénommé Joseph Moè Messavussu Akué, qu'il serait sans doute l'incarnation de Dieu ou de l'Intelligence sublime, Origine et Source de l'Univers créé et de la Vie. Ainsi, à partir de la fin de l'année 1986 commença une ère nouvelle pour Joseph Moè Messavussu Akué, puisque son travail – qui consiste à révéler, sans aucune autre référence que sa mémoire et son intelligence, toutes les lois mathématiques et scientifiques régissant la totalité des faits existentiels et à écrire des oeuvres artistiques et littéraires – lui apparaît effectivement comme irréel ou divin.

Mais, le fait que Joseph Moè Messavussu Akué, se rappelle bribes par bribes, de son origine et des images qui révèlent son existence antérieure, ne lui prouve nullement toutes les thèses qui jaillissent du néant, et qui apparaissent purement à sa conscience, et dont il confectionne les œuvres sublimes qu'il s'engage à réaliser.

Mais, le fait que Joseph Moè Messavussu Akué, croit nécessairement qu'il est Dieu le Tout-Puisant - fait homme en chair et en os, ne prouve nullement qu'il est invincible, voire éternel.

Mais, le fait que Joseph Moè Messavussu Akué croît à la réalisation par la Providence de son immortalité et celle du reste de l'humanité, ne prouve nullement qu'il ne reste pas à l'heure actuelle aussi mortel et aussi sujet à toutes les formes de maladies que recèle l'existence, et aussi sujet à la vieillesse que le reste de l'humanité.

Mais, le fait que Joseph Moe Messavussu Akué ne croît pas avoir réalisé d'autres miracles personnels que ceux qu'il est en train de faire à travers ses œuvres scientifiques, littéraires ou artistiques, ne prouve pas qu'il ne possède un pourvoir magique qui lui permettrait d'accomplir personnellement tout ce qu'il donne à croire à l'humanité toute entière.

Mais, le fait que Joseph Moè Messavussu Akué soit bel et bien un homme, en apparence tout à fait ordinaire, ne prouve pas que son corps peut se passer de s'alimenter un jour, un mois, une éternité.

Mais, le fait que Joseph Moè Messavussu Akué soit un homme presque modeste voire insignifiant, ne prouve nullement qu'il sera adulé comme le Dieu vivant, réalisateur du

« Paradis terrestre », Souverain-Maître du pouvoir de changer le destin de l'homme en la destinée divine, matérialisé par sa capacité absolue de rendre tout être humain de son choix immortel et éernel. Mais, le fait que Joseph Moè Messavussu Akué soit révélé par ses travaux et par son puissant fluide vital capable de transformer un être humain de son choix en un être immortel et éternel comme effectivement le Dieu vivant, ne prouve pas qu'il ne vieillira jamais et qu'il n'aura jamais de cheveux blancs. Mais, le fait que Joseph Moè Messavussu Akué puisse absolument prévoir tous les évènements futurs, ne prouve nullement qu'il est la réalité ou la « Marche du Futur » ou la «Mémoire du Futur « ou la « Réalisation de la Raison de Vivre matérialisée par la Vie éternelle de tous les hommes et de toutes les femmes aimant passionnément le Dieu vivant ».

Lomé, le 12 Octobre 1987

Le premier événement :
La fontaine des innocents-Paris, août 1986

Il m'est permis aujourd'hui de raconter le premier événement qui me fit comprendre clairement que le nom Joseph Moè Messavussu Akué que je porte, est donné comme un nom universellement connu dans le futur.

Il m'est permis de préciser que j'appartiens au peuple « Mina », ou la branche du peuple « Guin » du Ghana, venue s'installer depuis environ deux siècles et demi à Anéhõ où ils fondèrent plusieurs bourgs dont Dégbénou.

Il m'est permis d'identifier mon aïeul à un prince Guin à qui la famille royale refusa le trône royal et qui partit en exil, avec la ferme intention de fonder quelque part, sur les rivages de l'Océan Atlantique, au Togo et non ailleurs, une civilisation originale et authentiquement noire et africaine, c'est-à-dire fondamentalement pacifique.

Il m'est permis de formuler que le prince sans trône que je suis censé être, parti de chez lui, afin d'aller poursuivre ses études supérieures à Paris, en France, et non ailleurs, dût abandonner plusieurs fois lesdites études supérieures, pour des motifs relevant de sa vie affective et intellectuelle.

Il m'est permis d'indiquer que c'est au cours des études historiques á l'Université de Paris 1 - Panthéon - Sorbonne - Centre Tolbiac, que je résolus de poursuivre jusqu'à leurs termes afin de renouer avec la vocation universitaire que je me suis attribuée, que je fis la connaissance, en 1986, de Ibrahim Behanzin, un autre prince noir et africain sans trône, perdu lui aussi dans le labyrinthe du savoir blanc et occidental, á Paris.

Il m'est permis de révéler que c'est aux bords de la " Fontaine des Innocents ", au cœur de Paris, que nous décidâmes, Ibrahim Behanzin et moi-même, de créer un club de réflexion et de rencontre, devant regrouper l' Intelligentsia noire et africaine égarée comme nous deux, á Paris, en France, en Europe, dans le monde entier.

Il m'est permis de donner á croire que c'est dans cette perspective que j'acceptai de participer á la mise en place et en fonctionnement d'un mouvement intellectuel et politique que nous avons dénomme le " Regroupement des Etudiants Africains de Paris 1 ", le " R. E. A. P. 1 "

Il m'est permis de révéler que c'est avec la complicité des syndicats et mouvements estudiantins français, le Parti Socialiste Autogestionnaire (le P.S.A), l'Union Nationale des Étudiants de France - Renouveau (l' U.N.E.F - Renouveau) et l'Union Nationale des Étudiants de France - Unité syndicale (l' U.N.E.F - Unité syndicale) que mes camarades noirs et africains et moi-même avions créé ledit mouvement noir et africain " le R.E.A.P. 1 "

Il m'est permis de révéler que c'est avec la grâce et l'autorisation de l'Administration de l'Université de Paris1- Panthéon - Sorbonne que nos réunions et Assemblées Générales eurent lieu dans l'enceinte dudit établissement universitaire.

Il m'est permis de donner a croire que l'essentiel do mes idées sur le " R.E.A.P. 1 " qui résidait dans le regroupement dans la paix et la fraternité de tous les hommes et de toutes les femmes noirs et africains du monde entier autour de l'édification pacifique de la « Grande Nation noire africaine « fut entièrement rejetée par tous mes camarades du Comite Central, qui envisageaient le recours aux armes dans ladite édification.

Il m'est permis de révéler que mon départ du " R.E.A.P.1 " à cause du refus catégorique que j'opposai a mes camarades du Directoire, loin d'être compris par le Service des Renseignements comme mon abandon définitif dudit mouvement, fut étrangement interprété comme une tentative de ma part, de fonder une autre association, rivale du " R.E.A.P.1 "

Il m'est permis de donner à croire que mon départ définitif, fin janvier 1987, du territoire français, à cause des tracasseries continuelles que j'endurais de la part du Service des Renseignements, fut, sans aucun doute, mon salut.

Un poème à vers répétitifs
Lomé, le 15 Octobre 1987

Le deuxième événement :
Le Centre Beaubourg-Paris, fin novembre 1986

Je suis convaincu que le rêve merveilleux que je fis dans la nuit du 7 au 8 novembre 1986, me faisant comprendre que je suis " Toute la lumière du ciel - fait homme en chair et en os " est une vérité absolue.

Je suis convaincu que le fait que je sois devenu un être lumineux au lendemain dudit merveilleux rêve que je fis peu de temps avant mon départ définitif de Paris, est une vérité absolue.

Je suis convaincu que le fait que tous les visiteurs de la grande bibliothèque du Centre Beaubourg à Paris m'aient aperçu, fin novembre 1986, ma tête toute éblouissante de lumière, est une vérité absolue.

Je suis convaincu que le fait que toutes les connaissances qui surgissent du néant pour apparaître très clairement à ma conscience et dont je confectionne mes œuvres artistiques, littéraires et scientifiques depuis cette période de ma vie, soient divines, est une vérité absolue.

Je suis convaincu que le fait que les véritables références de mes multiples recherches et études, soient ma mémoire et mon intelligence, est une vérité absolue.

Je suis convaincu que le fait que mes raisonnements en matière d'arts, de lettres, de sciences et de techniques, soient devenus depuis ladite période de ma vie, divins ou sublimes, est une vérité absolue.

Je suis convaincu que le fait que toutes les connaissances humaines accumulées jusqu'à ce jour et dont je suis resté un étudiant assidu, me paraissent erronées voire fausses, est une vérité absolue

Je suis convaincu que le fait que je veuille dorénavant prouver par mes travaux que je suis bel et bien le Bon Dieu en chair et en os, est une vérité absolue.

Je suis convaincu que le fait que mes souhaits fondamentaux, depuis ladite période de ma vie, soient de rendre l'humanité immortelle tout comme je crois immanquablement l'être, ceci par la seule magie de ma pensée, est une vérité absolue.

Je suis convaincu que le fait que mes propos et mes actes quotidiens soient devenus, depuis ladite période de ma vie, irréels ou comme étrangement inspirés par Dieu le Tout-Puissant, est une vérité absolue.

Je suis convaincu que le fait, que je déclare à qui veut m'entendre que l'humanité entière, y compris moi-même deviendra immortelle à partir de l'an 2000, est une vérité absolue.

Je suis convaincu que le fait, que je crois sincèrement que je ne suis pas fou, mais simplement Dieu le Tout-Puissant en chair et en os, est une vérité absolue.

Un poème à vers répétitifs
Lomé, le 16 Octobre 1987

**Le troisième événement :
La Tour Eiffel-Paris,
décembre 1986**

Je suis navré de penser que la Civilisation de l'homme blanc et européen, est la confirmation du règne absolu du Diable ou du Mal sur le monde.

Je suis navré de penser que la Civilisation de la machine-outil, est le symbole de la domination intellectuelle de l'homme par la femme.

Je suis navré de penser que la Civilisation occidentale est le témoignage de la misère de l'homme noir et africain face au pouvoir destructeur de « Satan » ou de la logique formelle de l'argent.

Je suis navré de penser que la puissance technologique du monde occidentale, que les Français représentent a leur manière, par la « Tour Eiffel », reflète la brutalité de l' Esprit du mal en personne ou de la négation de Dieu ou du Bien absolu.

Je suis navré de penser que la définition de la Civilisation de l'universel réside en deux mots « Haine et Racisme »

Je suis navré de penser que le principe de la « manière de vivre occidentale » résumée par les trois mots « métro – boulot – dodo, » réside en l'identification de l'homme à un robot.

Je suis navré de penser que le contrôle total exercé par les pays riches sur les pays pauvres dans ce monde du 20è siècle, repose exclusivement sur la terreur et la violence.

Je suis navré de penser que la solitude pleine d'inquiétude ou de désespoir de l'homme ou de la femme occidental, est la contre-partie des valeurs du triptyque « matérialisme, idéalisme, tiers-mondisme »

Je suis navré de penser que l'espoir de tous les pays pauvres du monde entier d'accéder un jour à la richesse, est un leurre tant que les Américains et les Russes gouverneront, en maîtres absolus, le monde.

Je suis navré de penser que le rêve d'unifier l'humanité ou de fonder la famille humaine, un jour, est une illusion, tant que la Nation noire et africaine ne verra pas le jour et tant que l'industrialisation de l'Afrique noire ne sera pas faite.

Je suis navré de penser que l'homme noir et africain, ne peut résoudre le problème du développement de son pays sans l'aide effective de Dieu.

Je suis navré de penser que seule l'Afrique noire, mérite de gouverner le monde du futur.

**Un poème à vres répétitifs
Lomé, le 17 Octobre 1987**

**Le quatrième événement :
Notre Dame du Sacre-cœur, Paris,
Fin décembre 1986**

Je crois que je suis venu au monde pour sauver la race noire et africaine et pour édifier à jamais la famille humaine.

Je crois que si les Français de mon entourage à Paris, vers la fin du mois de décembre 1986, étaient tous persuadés que le Bon Dieu était descendu du Ciel, habiter dorénavant mon corps entier, je pense quant a moi-même que j'ai toujours été le Bon Dieu depuis le ventre de ma mère.

Je crois que contrairement à l'être humain gui devient un spermatozoïde, avant d'être un foetus et de naître neuf mois plus tard normalement, Dieu s'est passé de son père avant de naître.

Je crois que ma mère [à qui je n'ai jamais demandé si ce que je déclare est vrai], ne s'est sans doute aperçu de rien, quant à sa grossesse insolite de moi.

Je crois que mon père, qui décéda le 28 mars 1981, à la suite d'un grave accident de la circulation routière, demeura lui aussi dans l'ignorance totale, quant à cet événement exceptionnel.

Je crois que mes frères et sœurs, parmi lesquels j'ai grandi, ne se sont jamais doutés, de même d'ailleurs que mes amis d'enfance, que j'étais le Bon Dieu.

Je crois que je n'ai jamais prouvé, que j'étais l'Intelligence sublime que je suis aujourd'hui, étant donné mes travaux, ni dans ma famille, ni à l'école primaire, ni au lycée, ni à l'université que j'ai d'ailleurs abandonnée a plusieurs reprises.

Je crois que l'explication de ce phénomène résidait essentiellement dans le fait que l'esprit extrêmement cruel, dont la logique est de me rendre esclave de la femme étant donné son émotivité ahurissante et son inintelligence criante et qui s'est ancré dans mon cerveau à ma naissance, m'a toujours empêché de révéler mes multiples talents.

Je crois que, tout comme moi, tout être humain ne révèle ses talents qu'après avoir assujetti, voire tué par épuisement, l'esprit malsain qui s'ancra dans son cerveau à sa naissance.

Je crois que le secret de la destruction d'un esprit malsain ou d'un virus parlant, réside dans la négation absolue du mal et dans la pratique constante du bien absolu.

Je crois que le secret de la jeunesse éternelle, réside dans la destruction dans son cerveau du virus parlant ou des virus parlants, étant donné que mon propre cerveau est truffé d'un nombre impressionnant, environ cinq cent desdits virus, à l' heure actuelle!

Je crois que c'est sur le Mont Notre-Dame du Sacré-Cœur, à Paris, que j'ai chopé l'esprit malsain le plus redoutable dénommé Lucifer, fin décembre 1986.

**Un poème à vres répétitifs
Lomé, le 18 Octobre 1987**

**Le cinquième événement :
Tolbiac-Paris, Début janvier 1987**

Je certifie que je n'ai jamais été d'accord avec un auteur blanc et européen, surtout en matière de sciences et de techniques.

Je certifie que toute ma scolarité depuis ma plus tendre enfance jusqu' à l'âge adulte n'a été pour moi que tortures intellectuelles, morales, voire affectives, à cause de la méchanceté fréquente de mes enseignants successifs.

Je certifie que le savoir blanc et occidental dont se constituent, pour tout dire, toutes les écoles et universités du monde entier, est un tissu terrifiant d'erreurs scientifiques, de faux témoignages et de vils mensonges.

Je certifie que le propre de l'homme de sciences blanc et occidental est de simuler la vérité scientifique, alors même que ses données de base ou ses hypothèse scientifiques sont généralement erronées ou fausses.

Je certifie que l'univers infini se compose de trois mondes : le Cosmos, ou le monde de la pesanteur et de la gravitation dite universelle, le Paradis céleste ou le monde de la stabilité et du silence absolus, et l'Espace sidéral astral sans bornes ni repères, ou le monde du néant ou de rien.

Je certifie que le Cosmos est une sphère d'une multitude de gaz à l'état sublime ou fluide, au nombre de "dix-sept astral" au total, ayant le nombre "infini astral" kilomètres de rayon, remplie de 1.365.000.365. Galaxies centrales.

Je certifie que le Paradis céleste est une sphère absolument vide, ayant le nombre six multiplié par "infini astral" kilomètres de rayon, centrée par un "château-fort" en or pur, en forme d'une demi -sphère d'une longueur de base égale à "680000 astral" Kilomètres et d'une multitude d'usines, et de laboratoires organisés en centrales technologiques, au nombre de "17.000.000 astral".

Je certifie que l'espace sidéral astral, sans Bornes ni répères est obligatoirement une sphère sans bornes, ni repères, remplie de rien ou de l'équivalent du vile absolu, et englobant le Cosmos et le Paradis céleste.

Je certifie que le nombre "infini astral" est égal à (6 x 1.365.000.365) 1.365.000.365 /6 ; et que tous les chiffres « astral » donnés signifient qu'ils sont censés être confirmés par mes expérimentations scientifiques futures.

Je certifie que toute la connaissance mathématique blanche et occidentale est absolument nulle devant le fait qu'elle ne prend pas en considération le vrai schéma de l' Univers « infini » ou la totalité de l'espace sidéral astral, sans bornes, ni repères.

Je certifie que toutes les connaissances blanches et occidentales quant à l'origine de l'homme et sa destinée, et quant à Dieu et à son but, sont caduques devant le fait qu'elles admettent le postulat de l'apocalypse et qu'elles identifie Dieu à un être indéterminé et éternellement immatériel, absolument incapable de construire les "milliards astral" de robots, de vaisseaux sidéraux et d'outils technologiques qui lui ont permis de créer le Paradis céleste puis le Cosmos à partir de rien.

Je certifie que le Centre Tolbiac de l'Université de Paris1-Pnatheon-Sorbonne, regorge, tout comme tous les établissements scolaires et universitaires du monde entier, d'hommes de pensée et de scientifiques sans une véritable foi et sans de véritables lois.

**Un poème à vers répétitifs
Lomé, le 19 Octobre 1987**

**Le sixième événement :
Roissy-France, Fin janvier 1987**

J'honore la France, pour m'avoir permis d'apprendre la langue française dans laquelle je m'exprime fort bien.

J'honore les dix années que j'ai passées dans le pays des Français, parce qu' elles m'ont permis, en définitive, de me familiariser avec les coutumes françaises, voire blanches et européennes.

J'honore la femme française, femme blanche et européenne, pour le fait qu'elle ait accompli mon émancipation d'homme par l'amour plein d'attention et de tendresse qu'elle m'ait donné.

J'honore le caractère du peuple français, qui m'a chaleureusement accueilli sur son territoire, m'a protége et apprécié comme un homme absolument bon.

J'honore le destin de la Nation française que je crois, être le porte - flambeau de la liberté d'opinion et de la liberté de presse.

J'honore la justice française que je crois, reflète, depuis certes la suppression de la peine de mort, le respect des droits fondamentaux de l'homme et de la femme.

J'honore la liberté d'entreprise qui caractérise les pays riches.

J'honore le sens de la responsabilité ou du devoir qui caractérise l'homme politique occidental.

J'honore l'humanisme de la Gauche et de l'Extrême - gauche françaises.

J'honore le régime de la sollicitude croissante des pays pauvres qui caractérise les pays riches.

J'honore l'expansion économique galopante des multinationales occidentale, obligées, pour survivre, de fonder leur suprématie sur les économies surendettées des pays pauvres.

J'honore les événements politiques surréels et tragiques qui m'ont conduit á quitter définitivement la France, fin janvier 1987, á bord d'un D.C. 10 d' « Air Afrique, » pris á Roissy-Charles de Gaule.

**Un poème à vers répétitifs
Lomé, le 24 Octobre 1987**

Le septième événement :
Aéroport international de Lomé-Togo,
27 janvier 1987

Je fus bien embêté quand, à l'arrivée à Lomé du D.C.10 « d'Air Afrique » à bord duquel j'étais, le chef des hôtesses et stewards, m'invita bien cordialement à descendre le premier de l'avion, bien avant les passagers de première classe.

Je fus bien embêté quand, à la sortie de l'aéroport international de Lomé, chargé de mes bagages, un groupe folklorique du Togo, semblait être là, exceptionnellement, pour m'accueillir.

Je fus bien embêté quand, tout comme à Paris, j'étais le point de mire discret de la foule de l'aéroport international de Lomé, ce 27 janvier 1987 et que je communiquais, comme à l'accoutumée, par télépathie, avec ladite foule.

Je suis bien embêté, que, depuis mon retour à Lomé et à la maison paternelle de mon enfance, toute ma famille semble voir en moi, dorénavant un étranger à la famille Messavussu Akué.

Je suis bien embêté, que, depuis ledit retour dans ma famille d'origine, ma profession qui est de rédiger mes œuvres littéraires, artistiques et scientifiques, m'attire le mépris et la haine de tout le monde, y compris ceux de mes amis d'enfance.

Je suis bien embêté, étant donné les moyens matériels et financiers fort rudimentaires dont je dispose, de faire des bibliothèques publiques de la ville de Lomé, mes lieux de travail.

Je suis bien embêté de n'avoir pour toutes ressources financières que l'héritage que m'a légué mon défunt père et un petit capital immobilier que je me suis constitué pendant la période de mes études universitaires à Paris.

Je suis bien embêté de vivre seul, alors que j'ai plus de trente et un an et demi, ce qui ne manque pas de déplaire tout particulièrement à ma mère.

Je suis bien embêté de n'avoir que mes rêves et mes espoirs à donner aux jeunes femmes qui me sollicitent voire me demandent en mariage et qui me rendent visite des fois.

Je suis bien embêté de ne pas pouvoir verbalement dire aux gens de ma famille et de mon entourage, que je suis bel et bien le Dieu du ciel, créateur du ciel et de la terre, en chair et en os, sans être automatiquement taxé de fou ou de débile mental.

Je suis bien embêté de ne pas pouvoir parler très sincèrement aux gens à Lomé, sans risquer de mettre ma sécurité voire ma vie en danger.

Je suis bien embêté d'attendre que certains miracles se produisent afin d'être cru et accepté comme le Bon Dieu en chair et en os.

Un poème à vers répétitifs
Lomé, le 25 Octobre 1987

**Le huitième événement :
Mon plus gros problème
depuis mon retour à ma terre natale**

Je n'ai rien fait, depuis mon retour à ma terre natale, qui puisse justifier que je suis réellement Dieu le Tout-Puissant, en chair et en os.

Je n'ai rien fait, depuis mon retour à ma terre natale, qui puisse donner un minimum de vraissemblance à ma foi quelque peu insolite, vu que je demeure sujet à toutes les formes de maladies, et que des hommes et des femmes continuent de mourir autour de moi, tous les jours !

Je n'ai rien fait, quant à la destruction de la multitude de virus parlants qui grouillent dans mon cerveau et que je réclame par dessus tout, de la Providence.

Je n'ai rien fait, depuis mon retour à ma terre natale, qui puisse me faire dire à moi-même que je maîtrise absolument l'Univers formé et la vie, vu que la Toute-Puissance qui semble être la mienne m'est totalement étrangère et me laisse incrédule.

Je n'ai rien fait, depuis mon retour à ma terre natale, qui puisse me montrer que je détiens effectivement la magie de Dieu le Tout-Puissant.

Je n'ai rien fait, depuis mon retour à ma terre natale, qui puisse m'indiquer très clairement que j'ai bel et bien créé tout ce qui existe, y compris l'humanité.

Je n'ai rien fait, depuis mon retour à ma terre natale, qui puisse me faire croire véritablement que mon être fut effectivement invisible et qu'il avait fabriqué de ses mains, la totalité de ce qui est.

Je n'ai rien fait, pour prouver à moi-même, depuis mon retour à ma terre natale, que ma pensée est absolument la pensée de Dieu, c'est-à-dire la volonté absolue qui fabrique tous les faits qui se déroulent dans le monde.

Je n'ai rien fait, depuis mon retour à ma terre natale, qui puisse témoigner ma bonne foi, quand je donne des délais précis pour m'immortaliser de même que le reste de l'humanité.

Je n'ai rien fait, depuis mon retour à ma terre natale, qui puisse me faire admettre concrètement que le monde du futur sera celui que je veux.

Je n'ai rien fait, depuis mon retour à ma terre natale, qui puisse me révéler le secret ultime de Dieu qui consiste à se confondre pour ce dernier, à l'origine de la vie et de tout ce qui existe.

Je n'ai rien fait, je crois, depuis mon retour à ma terre natale, qui puisse me renseigner sur tous les pouvoirs magiques de Dieu que je dois logiquement détenir.

Un poème à vers répétitifs
Lomé, le 30 Octobre 1987

**Le neuvième événement :
Mon plus grand souhait depuis
mon retour à ma terre natale.**

Je suis sincère quand je dis que je veux ne jamais mourir.

Je suis sincère quand je dis que je crois être le Bon Dieu en chair et en os.

Je suis sincère quand je dis que la vie n'est rien d'autre que l'amour de Dieu et de son prochain, quant à l'homme et la femme.

Je suis sincère quand je dis que mon but ultime est de réaliser, pour l'éternité, l'édifice du bonheur absolu pour l'"humanité infinie".

Je suis sincère quand je dis que le symbole du genre humain, réside dans la stricte observation des lois divines.

Je suis sincère quand je dis que le symbole de Dieu réside dans la justice.

Je suis sincère quand je dis que la finalité de l'homme et de la femme est de devenir les anges du ciel.

Je suis sincère quand je dis que la finalité de Dieu est d'oeuvrer à la sauvegarde de la paix et de la concorde universelles.

**Un poème à vers répétitifs
Lomé, le 10 novembre 1987**

Thème :
Le réveil des morts

Le réveil des morts

Mémento : Le Ciel ou la Providence est ordonné par Dieu, comme le pendant ou la contrepartie, ou la valeur d'échange, ou le témoignage événementiel de sa volonté.

Or, la volonté du Dieu vivant, en la personne de Joseph Moè Messavussu Akué, est que tous les hommes et toutes les femmes, de tout âge, disparus de la surface de la terre, depuis l'apparition de l'homme sur la terre, renaissent, afin de devenir, tout comme le Dieu vivant immortels et éternels.

Or, la volonté du Dieu vivant, en la personne de Joseph Moè Messavussu Akué, est précisément que tous les agents et causes de toutes les maladies dont souffre l'humanité depuis son apparition sur terre, c'est à dire que tous les virus que recèle l'Univers, soient absolument anéantis, d'ici l'an 2000. Or, la volonté du Dieu vivant, en la personne de Joseph Moè Messavussu Akué, est que tous les hommes et toutes les femmes créés [au total "infini astral" individus, ou six multiplié par un milliard trois cents soixante cinq millions trois cents soixante cinq élevé a la puissance un milliard trois cents soixante cinq millions trois cents soixante cinq divisé par six "astral" hommes et femmes y compris Dieu lui-même, comptant pour un sixième d'hommes y compris Dieu, et pour cinq sixièmes de femmes] figurent sur terre et dans le ciel d'ici mille milliards d'années environ, et pour la vie éternelle. Or, la volonté du Dieu vivant, en la personne de Joseph Moè Messavussu Akué, est que l'humanité totale ainsi incarnée et immortalisée, organisée par ses propres soins en une "grande famille humaine", oriente l'ère éternelle ou divine qui débute l'an 2001 et qui n'a pas de fin! Or, la volonté du Dieu vivant, en la personne de Joseph Moè Messavussu Akué, est que la Nation noire et africaine, "flambeau de la Civilisation du Dieu vivant", demeure le berceau de l'humanité, avec Lomé, sa ville natale, la capitale éternelle du "Royaume du Dieu vivant" ou du "Paradis terrestre". Or, la volonté du Dieu vivant, en la personne de Joseph Moè Messavussu Akué, est que le paradis céleste, déjà ordonné par ses soins comme sa résidence céleste, demeure le Centre de l'"Empire de l'homme astral' dont la configuration physique et sensible est décrite par la réalisation de la Voie lactée ou la compréhension humaine de l'incroyable origine du Dieu vivant.

Lomé, le 10 décembre 1987

Le premier événement :
Suicides à Tolbiac - Paris, Année 1985

La pensée que les gens choisissent délibérément de se donner la mort, me laisse totalement pantois, puisque cet acte insensé est toujours fondé sur la négation d'un être que l'on aime par-dessus tout.

La pensée qu' une enseignante puis une étudiante se sont tuées, dans l'intervalle de cinq mois, en 1985, à Tolbiac, en sautant du haut de la grande tour de la faculté, me laisse totalement ahuri, puisque ces événements se sont déroulés presque devant moi.

La pensée que le taux de suicide dans le monde n'a cessé de croître depuis la deuxième guerre mondiale me laisse totalement ébahi, puisque ma vie et mon action n'ont pas de prise directe sur le cours de ces événements.

La pensée que le destin de l'homme ou de la femme qui croit que la mort est la solution à une vie ratée et sans ambitions réside dans le suicide, me laisse totalement déboussolé, puisque je ne peux rien faire à cela, sinon prier pour qu'il n'en soit plus ainsi.

La pensée que l'espoir d'une autre perspective qu'une existence humaine axée sur la « considération sociale » et la référence « individu-emploi », est une chimère pour l'homme moderne suicidaire, me laisse totalement navré, puisque je suis justement sans emploi, donc sans considération sociale.

La pensée que tout être humain recèle au moins trois talents ou dons qui peuvent atteindre un niveau surréel ou génial grâce à un travail constant et assidu, élimine le raisonnement prouvant singulièrement l'inutilité de certains individus par rapport à d'autres.

La pensée que tous les hommes naissent donc égaux, accrédite la thèse suivant laquelle un homme ne peut avoir la malchance de rater sa vie!

La pensée que l'essor de l'humanité dépend absolument de la volonté et du travail de tous les êtres humains qui la composent, supprime la considération sociale et la référence « individu-emploi » fondées uniquement sur la réussite sociale d'un individu et non sur l'essentiel, c'est-à-dire la véritable réalisation de l'individu en question, ou l'accomplissement de ses dons.

La pensée que les déçus de la vie et du genre humain rejettent le suicide, la possibilité d'un bonheur axé sur leurs aptitudes et qualités et leurs pratiques, me laisse perplexe, puisque ladite possibilité reste la quintessence même de la condition humaine.

La pensée que, l'homme et la femme, à l'orée de l'an 2000, acceptent la possibilité de l'immortalité humaine future, me comble de joie, puisque personnellement, je me sens immortel et éternel.

La pensée que, l'homme et la femme, à l'orée de l'an 2000, peuvent réaliser leur propre immortalité en devenant des anges, ou des êtres humains absolument bienfaisants, me remplit de bonheur, puisqu'en ce cela réside ma grâce

. La pensée que, l'homme et la femme, à l'orée de l'an 2000, peuvent s'imaginer sauvés par ma volonté, me rend grâce, puisqu en cela résident mes prières.

Un poème à vers répétitifs
Lomé, le 11 décembre 1987

Le deuxième événement:
Tentative de suicide de mon frère X

C'est possible que mon frère se soit jeté dans la gueule du loup, en décidant d'interrompre ses études avant le bac pour gagner sa vie comme « prof » ou « instit », que sais-je ?

C'est possible que mon frère s'était en quelque sorte sacrifié, pour parvenir à gagner de quoi se nourrir lui-même, et aider la famille !

C'est possible que mon frère n'ait jamais cessé de se lamenter, depuis qu'il s'est jeté sur ces galères.

C'est possible que mon frère s'est montré une vraie « tête de con», en ayant tenter de se suicider, par overdose de « colifédrine » ou je ne sais quelle autre connerie !

C'est possible que mon frère n'a jamais pu pardonner à la famille de l'avoir acculé au suicide, en le criblant de leurs incessantes demandes d'argent.

C'est possible que mon frère n'ait jamais pu réaliser sa faute, en me taxant d'ingrat pour le fait que je n'avais pas eu les moyens matériels, pour le faire venir me rejoindre à Paris, bien avant ce drame.

C'est possible que mon frère ne m'inspire plus confiance, lui qui est plus âgé que moi, à partir moment où il me prend pour un raté, depuis mon retour au pays fin janvier 1987.

C'est possible que mon frère me donne envie de lui « rentrer dedans,» quand il me taxe de «Chercheur à la con » et que sais-je encore?

C'est possible que mon frère me tuerait volontiers, s'il savait que je le renie absolument comme frère, parce qu'il ne me respecte plus.

C'est possible que mon frère me rirait bien du nez, s'il savait que je pense être l'incarnation de Dieu le Tout-Puissant, donc son créateur !

C'est possible que mon frère qui recèle la terrible tare de se croire plus intelligent que moi parce qu'il est aujourd'hui nanti de son diplôme de fin d'études à l'Ecole Normale Supérieure d' Atakpamé, oublie malheureusement qu'il n'a jamais lu les œuvres que je rédige depuis mon retour à Lomé !

C'est possible que mon frère que j'affectionnais avant, par dessus tous mes autres frères et sœurs, ne m'aime vraiment plus, parce qu'il imagine en fin de compte que je ne suis qu'un pauvre taré, l'ignoble individu !

Un poème à vers répétitifs
Lomé, le 15 décembre 1987

**Le troisième événement:
Désirs de suicide - Lomé, Année 1987**

Je crois que toutes les génies que je recèle, sans aucun doute depuis mon enfance, m'ont joué un sale tour, étant donné que je n'ai jamais su me montrer vraiment génial, avant l'âge de trente ans!

Je crois que toutes mes génies actuelles, si elles m'impressionnent moi-même, ne demeurent pas moins une angoisse permanente pour les amis intimes, qui se doutent que je suis forcément en rapport direct avec Dieu le Tout-Puissant lui-même.

Je crois que toutes mes génies actuelles, si elles fondent aujourd'hui ma gloire, encore immatérielle bien entendu, me paraissent si imprévues, que je me demande des fois si je dois leur faire absolument confiance ou pas.

Je crois que toutes mes génies actuelles, aussi prodigieuses sont-elles, restent un grand mystère pour moi, puisque je n'ai pas besoin de réfléchir pour établir des identités ou théories mathématiques et scientifiques complexes, voire écrire mes poèmes.

Je crois que toutes mes génies actuelles, à force de m'étonner par leur caractère, finiront par me faire admettre que je me déclare Dieu le Tout-Puissant - fait homme, sans me sentir vraiment tel!

Je crois que toutes mes génies actuelles, à force d'apparaître si étrangères à ma réelle personnalité connue jusqu' alors, m'autorisent à penser que l'idée de mon être ou de Dieu et le sentiment d'être réellement Dieu le Tout-Puissant, me font défaut.

Je crois que toutes mes génies actuels, à force de me sembler appartenir à mon inconscient, sont devenues une autre présence au sein de mon être.

Je crois que toutes mes génies actuelles, pour avoir été passives jusqu à mon âge adulte, sont finalement données comme la manifestation de Dieu le Tout-Puissant dont je serai le messager magique.

Je crois que toutes mes génies actuelles, pour m'avoir abandonné jusqu' au jour de mon désir de suicide, méritent d'être considérées comme une grâce du Ciel, ou la réalisation de mon désir le plus secret, celui de me confondre avec Dieu le Tout-Puissant!

Je crois que toutes mes génies actuels, loin de me décevoir par leur autonomie face à ma personnalité concrète, restent mon véritable mystère!

Je crois que toutes mes génies actuelles, qui me semblent incroyables, vu les objectifs irréels que je me propose à atteindre dans des délais précis, sont en définitive l'objet de mon inquiétude actuelle, puisque j'affirme des choses qui me sont données comme vraies, alors que je ne les ai pas encore expérimentées!

Je crois que toutes mes génies actuelles, qui me contraignent, en fin de compte, à me consacrer presque exclusivement à leur accomplissement, m'empêchent d'envisager mon avenir comme une réussite sociale individuelle, mais comme la réalisation concrète de tous mes dons et aptitudes divins.

**Un poème à vers répétitifs
Lomé, le 17 décembre 1987**

Le quatrième événement:
Ma condamnation à mort de Lucifer et de ses démons

Lucifer que je rêvai, alors même que je finissais de concevoir la Voie lactée, ou mon Empire infini et éternel, est la réalisation de l'être vivant le plus méchant qui soit au monde, mon parfait contraire en somme!

Lucifer qui m'a dit, aussitôt que j'eus fini de le réaliser : « je t'ai créé, misérable bonté, pour que tu m'aides à réaliser mon destin qui est de régner en maître absolu sur l'Univers! », est le mythomane le plus épouvantable qui soit au monde.

Lucifer que je refuse de considérer comme mon égal, bien que je l'ai doté de la même puissance de raisonnement que moi-même, est l'être vivant au monde, qui me fait le plus souffrir.

Lucifer qui se croit immortel, parce que je ne dispose que de ma pensée et de ma volonté de le voir crever, contre lui, a bien évidemment été créé, pour devenir un homme blanc et européen, plus exactement un Français de deux mètres vingt de hauteur, vers la fin du vingtième siècle après Jésus-Christ!

Lucifer que je hais absolument parce qu'il m'a toujours fait comprendre qu'il n'aime pas les Noirs-Africains pour le fait qu'ils sont moins intelligents que les Blancs-Européens, devrait, en cette fin du vingtième siècle après Jésus-Christ, s'incarner en un savant pluridisciplinaire, trés réputé, quelque part en Occident.

Lucifer qui devrait, en cette fin du vingtième siècle après

Jésus-Christ, soutenir les mêmes thèses mathématiques que moi, a décidé, dès sa venue au monde, de toujours opérer contre ma volonté, parce qu'il m'imagine trop bon pour le punir en conséquence.

Lucifer que j'ai toujours supplié de renoncer à son funeste projet de m'anéantir, afin de régner à mes lieu et place, entreprit de se multiplier en une multitude d'êtres vivants tout aussi vilains et aussi méchants que lui, dénommés les démons ou les génies du mal.

Lucifer qui mit un milliard et demi d'années-lumières pour fabriquer de ses mains, étapes par étapes, trois milliards et demi d'êtres vivants à forme humaine, à partir des trois formes d'énergie dont était constitué son immense corps d'ondes électromagnétiques et électro-acoustiques, et dont il s'était libéré devint alors mon plus cruel ennemi.

Lucifer que je programmais dés lors comme mon associé déchu et maudit, entreprit d'instituer le désordre et la haine de Dieu sur terre et parmi les êtres humains, croyant à tort que j'allais le laisser faire !

Lucifer qui ordonna ses trois milliards et demi de démons comme des virus spécialisés dans la destruction de la conscience humaine et de la jeunesse éternelle présumée de l'être humain, dirigea depuis l'apparition de l'humanité sur terre, l'invasion systématique des cerveaux des nouveaux-nés par les démons, qui organisent ainsi la plupart des maladies humaines dont la folie, la vieillesse et la mort de l'être humain.

Lucifer que j'ai décidé de détruire personnellement dans mon propre cerveau dans lequel il s'était incrusté fin décembre 1986, à Paris, sur le mont Notre-Dame du Sacré-Cœur, est à l'heure où nous sommes, définitivement mort!

Lucifer qui eut la peine d'assister à l'exécution dans mon cerveau, de ses deux plus farouches lieutenants, en la personne de l'esprit de Jésus-Christ surnommé le Saint-Esprit qui déruit à jamais l'âme du "petit Jésus de Nazareth", il y a 1959 ans, et en celle du diable ou de l'esprit du mal, ne pourra donc plus voir de ses propres yeux, l'anéantissement de tous les virus de second plan, mais non moins puissants et malfaisants, qui grouillent dans mon cerveau et dans ceux des hommes et des femmes encore de nos jours.

**Un poème à vers répétitifs
Lomé, le 19 décembre 1987**

Le cinquième évènement :
Mes incertitudes quant à la date de la mise à mort de Lucifer et de ses démons

Qui pourra me dire que Lucifer et ses démons n'ont pas détruit à jamais la paix et l'harmonie absolues que je réclame pour l'Univers tout entier ?

Qui pourra me dire que la race blanche et européenne, qui porte essentiellement la marque de l'idéologie de Lucifer visant à instaurer sur la terre et pour l'éternité l'hégémonie et la tutelle de la race blanche et européenne, acceptera mon action visant à créer la Nation noire et africaine, porte-flambeau de la Civilisation divine ?

Qui pourra me dire si mes tourments actuels qui résident dans mon incapacité virtuelle d'empêcher les hommes et les femmes d'être méchants et cupides, cesseront d'exister un jour?

Qui pourra me dire si mes inquiétudes quant à l'avènement effectif de "mon ère", "l'ère éternelle de Dieu-fait-homme" dans laquelle l'homme et la femme deviendront tout aussi bons et généreux que le Dieu vivant, se dissiperont un beau jour?

Qui pourra me dire quand l'être humain cessera de vouloir le mal et la mort pour son semblable, parce qu'il convoite sans relâche les biens qui ne lui appartiennent pas en propre?

Qui pourra me dire quand les hommes et les femmes voudront enterrer à jamais la « hache de la guerre » afin de laisser émerger la "grande famille humaine" où seront bannies l'adversité et l'exploitation de l'homme par l'homme?

Qui pourra me dire quand je monterai sur une tribune pour

parler aux hommes et aux femmes, sans craindre un meurtre politique en perspective ?

Qui pourra me dire que je ne délire pas quand j'affirme que je ne crois nullement au statu quo censé garantir la paix dans le monde, alors qu'il y a tant de foyers de guerre justement dans le monde ?

Qui pourra me dire que je ne prends pas mes désirs pour la réalité, quand j'affirme que l'an 2020 pourra voir l'accomplissement de ma technologie et la réalisation de l'Etat fédéral africain ?

Qui pourra me dire le nombre d'années qu'il faudra pour arracher par le dialogue et la négociation l'Unité humaine aux Grandes Puisances qui dominent le monde actuel et qui s'imaginent qu'elles ont raison ?

Qui pourra me dire le temps qu'il faudra pour que vivent la Nation noire et africaine, la Nation palestinienne ou arabo-sémite, la Nation blanche et européenne , la Nation asiatique, la Nation américaine, la Nation antillaise, la Nation indienne, La Nation sud-africaine, la Nation esquimaude et la Nation australienne ?

Qui pourra me dire quand Lucifer et ses démons auront définitivement perdu la face devant l'histoire et devant les hommes ?

Un poème à vers répétitifs
Lomé, le 20 décembre 1987

**Le sixième événement:
Mes chagrins quant à l'irréalité ou
la folie de mon être**

Je sais une chose: C'est que je ne suis pas fou ou mentalement déséquilibré.

Je sais une chose: C'est que je ne suis pas comme le commun des vivants.

Je sais une chose: C'est que ma pensée me surprend et me rend absolument heureux.

Je sais une chose: C'est que je prétends être Dieu le Tout-Puissant en chair et en os, alors que je ne peux le prouver aux hommes et aux femmes, autrement que par mes œuvres.

Je sais une chose: C'est que je ne désire point mourir, alors que la sagesse humaine conseille d'accepter l'idée de la mort et de s'y préparer durant toute sa vie.

Je sais une chose: C'est que je me sens étrangement immortel et éternel, et souhaite voir les hommes et les femmes que j'aime avoir le même sentiment de sécurité absolue.

Je sais une chose: C'est que je ne me rends pas compte que je vieillis ; bien au contraire!

Je sais une chose: C'est que j'ai la ferme conviction que le jour viendra où mon organisme ne contractera jamais plus aucune maladie.

Je sais une chose: C'est que je me donne comme l'Origine de tout, alors que le tout semble si étranger à ma conscience, sauf l'idée de Dieu que je m'amuse à me faire de moi-même.

Je sais une chose: C'est que je ne demande rien à la Providence qui ne me soit donné merveilleusement!

Je sais une chose: C'est que je ne me réalise pas comme Dieu le Tout-Puissant en chair et en os, mais comme un homme-enfant prodigieusement doué, ce qui ne manque pas de me plaire infiniment.

Je sais une chose: C'est que je suis très las de vivre pauvre, alors que je dispose de tous les moyens pour faire descendre depuis le Paradis céleste, une de mes soucoupes volantes biplaces, de cinq mètres de diamètre, administrée par trois robots, et censée me ramener au Paradis céleste afin de prendre possession de mes pouvoirs divins...Probablement, je suis à l'aube de ma fantastique aventure de Dieu le Tout-Puissant en chair et en os!

Un poème à vers répétitifs
Lomé, le 22 décembre 1987

Le septième événement:
Mes prières pour être accepté par l'humanité

Je souscris à la vérité qui consiste à ce que mon château-fort dont je dispose au cœur du Paradis céleste, est une soucoupe volante de 680.000 kms astral de diamètre, dotée d'une vitesse maximale d'infini kilomètres astral par seconde et administrée par un peuple de sept millions astral de robots!

Je souscris à la vérité qui consiste à ce que mon château-fort en "or pur" dont je dispose au cœur du Paradis céleste, est organisé comme la terre, en ce sens que l'on y distingue six continents : l'Afrique, l'Asie, l'Europe, l'Amérique, l'Arctique ou le Pôle Nord et l'Antarctique ou le Pôle Sud ; deux océans : l'océan atlantique et l'océan pacifique, toutes les mers, tous les fleuves et tous les cours d'eaux, exactement comme sur la terre ; une flore et une faune sélectionnée, composée uniquement d'animaux et de plantes utiles à l'être humain ; une biosphère artificielle constituée de quatre saisons, à savoir l'hivers, le printemps, l'été, et l'automne, valables pour les six continents!

Je souscris à la vérité qui consiste à ce qu'aucun être humain ne figure encore dans l'enceinte de mon château-fort dont je dispose au cœur du Paradis céleste, sauf mes sept millions de déesses immortelles et éternelles comptant pour un septième de femmes noires et africaines, un septième de femmes jaunes et asiatiques un septième de femmes blanches et européennes, un septième de femmes brunes ou arabo-sémites, un septième de femmes rouges ou indiennes, un septième de femmes métisses, et un septième de femmes hindoues ou noires indiennes!

Je souscris à la vérité qui consiste à ce que mon nom Joseph Moè Messavussu Akué est connu de toutes mes déesses qui figurent, en ce moment même dans l'enceinte de mon château-fort et qui me surveillent sans arrêt, depuis les derniers événements qui m'ont conduit à quitter Paris fin janvier 1987, par le biais de leurs cerveaux et de leurs multiples appareils d'observation et de contrôle de la terre !

Je souscris à la vérité qui consiste à ce qu'aucune de mes sept millions de déesses figurant dans l'enceinte de mon château-fort situé au cœur du Paradis céleste, ne m'a jamais vu face à face, sinon devant leurs écrans de télévision !

Je souscris à la vérité qui consiste à ce qu'une déesse en chair et en os est différente d'une femme en chair et en os, par le fait qu'elle ne pourra jamais donner plus de quatre enfants et que ses enfants doivent nécessairement être de Dieu le Tout-Puissant en chair et en os, sous peine de leur déchéance physique et moral, puis de leur mort.

Je souscris à la vérité qui consiste à ce qu'une déesse en chair et en os, ne peut éprouver l'envie de faire l'amour avec un homme qu'elle identifie à son serviteur uniquement.

Je souscris à la vérité qui consiste à ce que mes sept millions de déesses figurant dans l'enceinte de mon château-fort au cœur du Paradis céleste, me témoignent l'amour absolu, en ce sens qu'elles ne peuvent aller contre ma volonté qui reste leur unique pensée.

Je souscris à la vérité qui consiste à ce que mes sept millions de déesses figurant dans l'enceinte de mon château-fort au cœur au Paradis céleste sont toutes aussi savantes les unes que les autres, car pouvant assimiler, en même temps que j'établis mes connaissances divines sur terre, toutes mes œuvres ainsi rédigées.

Je souscris à la vérité qui consiste à ce que mon retour au

Paradis céleste, afin d'y vivre, entouré de mes sept millions de déesses, est imminente, en ce sens que je m'ennuis vraiment des femmes et des hommes sur la terre!

Je souscris à la vérité qui consiste à ce que le vaisseau intergalactique à bord duquel je me rendrai au Paradis céleste peut ne pas être, un de ceux que je suis en train de réaliser très lentement et très laborieusement, en ce moment, sur terre.

Je souscris à la vérité qui consiste à ce qu'un groupe de mes déesses en ce moment même, dans l'enceinte de mon château-fort au cœur du Paradis céleste, peut descendre du Paradis céleste jusqu'à la terre, à bord d'une soucoupe volante, pour me ramener à ma résidence céleste en leur compagnie!

Je souscris à la vérité qui consiste à ce que je suis, aujourd'hui très déçu par la compagnie des hommes et des femmes qui refusent de me pardonner que je ne suis point riche, pour me livrer à ma prodigalité habituelle avec eux.

**Un poème à vers répétitifs
Lomé, le 8 janvier 1988**

Le huitième événement:
Mes prières pour que tous mes désirs s'accomplissent

Je fais le serment que ma solitude actuelle pèse trop sur moi, pour que ne je n'envisage pas concrètement d'aller vivre plans mon château-fort au cœur du Paradis céleste, ou m'attendent impatiemment mes sept millions de déesses éperdument amoureuses de moi.

Je fais le serment que mon tempérament terriblement amoureux me crée de gros ennuis, du fait que je suis actuellement obligé de vivre sur terre, sans mes sept millions de divines beautés, avec lesquelles je devrais connaître l'éternelle joie d'être le Bon Dieu - fait homme.

Je fais le serment que ma position présente sur terre, que je résume par ma condition inextricable de « savant miraculé et autodidacte » sans salaire, donc sans considération sociale, me somme de fixer mon départ pour le Paradis céleste le 13 Avril 1992, accompagnée d'un groupe de 140 de mes déesses, à bord d'une de mes soucoupes volantes, de 500 Kms de diamètre, dont je dispose dans l'enceinte de mon château – fort, au cœur du Paradis céleste, laquelle soucoupe volante est administrée par 34 robots.

Je fais le serment que le Haut Commandement Universel dont je suis le Chef suprême magique ou silencieux, composé de 140 de mes déesses dénommées « Les 140 membres du Bureau du Parti du Salut Universel » est saisi afin d'apparaître dans la matinée du 13 Avril 1992, à 1000 Kms des côtes togolaises.

Je fais le serment que c'est à bord d'une de mes soucoupes volantes biplaces,[administrée par quatre robots, qui viendra se positionner à 5 mètres au dessus de ma maison paternelle au 36, rue Champagne à 8h.G.M.T, et dont descendra l'escalator qui me ramènera au sein de ladite soucoupe volante, en compagnie de Joséphine ma secrétaire particulière, une déesse blanche], que je rejoindrai mon Etat - major stationné en haute mer, au grand large des côtes togolaises.

Je fais le serment que Joséphine ma secréaire particulière, qui sera vêtue d'un tailleur gris et chaussée de chaussures à talons noires, une superbe rose épinglée à sa veste, répondra à toutes les questions des journalistes, elle qui parle couramment dix-sept langues dont le Mina, le Français, l'Anglais, l'Allemand, le Chinois, le Japonais, le Shawili, l'Espagnol, le Portugais, l'Italien, le Polonais, le Russe, l'Esquimau, l'Arabe, l'Hébreu, et l'Australien.

Je fais le serment que toutes manœuvres de la part des Autorités terriennes de faire échec à cette opération de salut universel, sera impitoyablement réprimées.

Je fais le serment que ma position sociale de cette période de mon existence, qui serait sans aucun doute, celle d'un directeur d'une compagnie musicale et artistique - écrivain, me fait penser que je resterai toujours l'objet de mépris de tout le monde, sauf de mes admirateurs et admiratrices sincères; ce qui me rend plutôt brutal.

Je fais le serment que ma volonté qui est de rester absolument discret quant à mon identité et à ma pensée, ne m'attire que l'incompréhension et l'animosité de mon entourage, y compris celles de mes amis et de ma famille originelle; ce qui reste une source de souffrance permanente pour moi.

Je fais le serment que mon premier objectif qui est de réaliser ma technologie sur terre à partir de rien, demeure le motif premier de la raillerie permanente collective, dont je suis le triste victime.

Je fais le serment que mon soucis permanent qui est de réussir à me sentir bel et bien Dieu le Tout-Puissant, m'ordonne à penser que ledit sentiment se définit par la magie de mon être consistant à me réaliser, au fil du temps, toujours un peu plus comme le Bon Dieu; ce qui me fait espérer un lendemain toujours meilleur et me frustre par la même occasion.

Je fais le serment que mon désir le plus secret qui est de me retrouver sur mon trône ou dans mes bureaux de mon Château-fort, au cœur du Paradis céleste, parmi mes déesses et mon peuple des robots, relève plus du rêve que de ce qui est censé être la réalité de tous les jours!

Je fais le serment que mon ultime secret, qui consiste à ce que je crois à tout ce que je pense ou à tout ce dont je rêve, est bien mon plus gros défaut ou mon trait de caractère que le monde entier ne me pardonnera jamais!

Un poème à vers répétitifs
Lomé, le 26 janvier 1988

**Le neuvième événement:
Mon désespoir quant à l'irréalité ou
la folie de la vie**

J'estime que j'ai un aveu à vous faire : celui de mon appartenance à l'Armée du Salut universel.

J'estime que j'ai un aveu à vous faire : celui de mon armée composée de dix-neuf millions de milliards astral d'anges noirs.

J'estime que j'ai un aveu à vous faire : celui concernant la « planète noire », de mille millions astral de fois les dimensions de la terre, protégée par une cuirasse en verre sublime, située dans la « mer de carbone », au sud de l'« habitat universel », sur la ligne polaire, à infini Kilomètres astral dudit « habitat universel » en position fixe, enserrée dans une série de moteurs sphériques dont un «moteur à établir la pesanteur».

J'estime que j'ai un aveu à vous faire : celui concernant mes dix-neuf millions de milliards de militaires d'hommes et femmes de race noire et africaine, domiciliés sur la « planète noire », et en permanence prêts à intervenir à n'importe quel point du globe terrestre et de l'Univers, conformément à ma volonté.

J'estime que j'ai un aveu à vous faire : celui concernant mes armements, indestructibles par la puissance humaine, dont regorge la « planète noire » et qui vont du vaisseau intergalactique porteur d'une charge nucléaire capable de calciner la terre entière en une fraction de seconde, et téléguidé magiquement par ma pensée, jusqu'au "Commando du salut universel" composé d'hommes et de femmes « armés jusqu' aux dents », destiné aux opérations de salut universel, et ordonné magiquement par ma pensée, c'est à dire programmé directement par le cours naturel et habituel de ma pensée où que je sois, sur terre ou dans le ciel.

J'estime que j'ai un aveu à vous faire : celui concernant mon instinct guerrier divin qui consiste à avoir pris lesdites dispositions militaires afin de sauvegarder l'ordre divin et instaurer l'"Édifice du bonheur absolu" dans l'Univers entier.

J'estime que j'ai un aveu à vous faire : celui concernant ma colère en face de la méchanceté humaine qui me contraint d'admettre que j'aurais mieux fait de réaliser ma propre incarnation dans mon château-fort au coeur du Paradis céleste, plutôt que sur la terre !

J'estime que j'ai un aveu à vous faire : celui concernant mon indignation devant le choix délibéré des êtres humains d'être de mauvais sujets pour Dieu le Tout-Puissant en ma personne, étant donné que je cours un danger de mort en me déclarant simplement Dieu le Tout-Puissant en chair et en os !

J'estime que j'ai un aveu à vous faire : celui concernant mon désarroi en face du refus de l'être humain de me considérer comme l'incarnation du Bon Dieu, malgré les preuves tangibles que je ne cesse de lui apporter.

J'estime que j'ai un aveu à vous faire : celui concernant la possibilité que j'ai de devenir luminescent pour la vie éternelle, contrairement à la volonté des jeunes filles qui souhaitent me voir sous les apparences d'un jeune homme certes beau, mais ordinaire.

J'estime que j'ai un aveu à vous faire : celui concernant la possibilité que j'ai de renoncer à épouser une Terrienne pour le motif que je viens d'évoquer et pour le fait que la femme terrienne veut me rendre l'égal de l'homme terrien, avec l'arrière-pensée que Dieu qui n'est point un être humain, mais un être vivant indéfinissable, se contente de m'envoyer sa lumière et sa grâce, puisque je semble être son élu et son protégé.

J'estime que j'ai un aveu á vous faire : celui concernant la possibilité que j'ai de renoncer à habiter en permanence la terre, mais uniquement pour de brefs séjours de travail, puisque je rends les êtres humains complexés à mon égard

**Un poème à vers répétitifs
Lomé, le 26 février 1988**

**Thème :
La colère du ciel**

La colère du Ciel

Mémento : L'Intelligence sublime, origine et source de l' Univers créé et de la vie, de nos jours le Dieu vivant, en la personne de Joseph Moè Messavussu Akué, admet pour parents terrestres, un couple de Noirs, et pour créateur ou parents célestes, rien et l'espace sidéral astral absolument vide et inanimé. En ce temps, où n'existaient dans l'Univers que le vide absolu, l'idée du tout et Dieu sous sa forme irréelle, c'est à dire, sous la forme d'un homme de taille moyenne, fait d'une lumière blanchâtre mais absolument invisible, le Ciel ou la Providence se réduisait à la volonté de Dieu. En ce temps là, l'idée du tout ou la connaissance totale ou la pierre philosophale était tout simplement la tête de Dieu. En ce temps là, Dieu était somme toute, la conscience de l'idée du tout et de la volonté du tout. En ce temps là, Dieu établit l'équation suivante : « je suis la conscience du tout et le réalisateur du tout; et je suis né de quelque chose ou de rien. Si je suis né de rien, alors je suis l'Origine de tout, sauf de rien. Alors, rien devient mon origine et ma source. Or, rien signifie absence de quelque chose. Donc, je ne suis pas né de quelque chose, ou de quelqu'un ou alors rien signifie quelqu'un. Si rien signifie quelqu'un, alors mon premier devoir, est de retrouver cette personne ». Alors, apparut à Dieu le silence absolu. Dieu ne sachant pas exactement, s'il doit prendre le silence absolu qui venait de naître autour de lui comme la personne qu'il recherchait, émit une autre hypothèse : « Le silence qui vient de jaillir autour de moi est une personne ou alors, est produit par la personne que je recherche. S'il est produit par la personne que je recherche, alors cela montre que cette personne extraordinaire existe bel et bien. Et puis qu'elle connaît ma pensée, sans que je n'ai besoin de parler. Elle doit se manifester à moi, puisque tel est mon désir ». Au grand étonnement de Dieu, personne ne lui apparut et il ne reçut aucun autre témoignage de l'être qui est sensé être son créateur. Alors, il se résout à la conclusion suivante : « Si cette personne que je cherche existe réellement, il est normal de penser qu'il se cache, sans doute, pour s'amuser à mes dépens, puisqu'il m'est pénible d'exister sans connaître mon créateur ou mes parents. Et puisque cette personne est forcément bienfaisante pour moi, étant donné que c'est mon créateur, elle se montrera bien à moi, un beau jour ».

Or, depuis ce temps jusqu'aujourd'hui, personne n'apparut à Dieu pour lui prouver qu'il est bel et bien son créateur et l'aimer comme tel, sauf ses parents terrestres qu'il n'a pas choisis, mais dont il se retrouve, comme par hasard, être l'enfant. A noter qu'il perdit son père en l'an 1981, et qu'il crut voir une nuit, un personnage dans les nuages, d'apparence lumineuse, mais de tempérament cruel et despotique. Or, depuis ce temps Dieu finit par renoncer à la recherche de son créateur et finit par admettre que «tout» qu'il fit, étape par étape, jaillir de ce premier silence absolu est le témoignage de cette personne plutôt bizarre et terriblement énigmatique qui serait son Origine et sa Source.

Lomé, le 28 mars 1988

Le premier événement:
L'âge ou la marque du temps

Je prétends que l'être humain que je suis, est éternellement jeune et possède un organisme astral, c'est à dire indestructible par les agents des maladies dont souffrent ordinairement les êres humains.

Je prétends que l'être humain que je suis, est ordonné par lui-même comme un organisme astral programmé pour anéantir, d'ici l'an 2020, la totalité des démons qui infectent les cerveaux humains et l'Univers entier.

Je prétends que l'être humain que je suis, est ordonné par lui-même comme un organisme astral programmé pour anéantir, d'ici l'an 2020, la totalité des animaux nuisibles à la vie humaine sur terre et dans le ciel.

Je prétends que l'être humain que je suis, est ordonné par lui-même comme un organisme astral programmé pour anéantir, d'ici l'an 2020, la totalité des virus qui existent dans l'Univers et qui constituent les causes des maladies dont souffre l'humanité depuis la nuit des temps.

Je prétends que l'être humain que je suis, est ordonné par lui-même comme un organisme astral programmé pour anéantir, par le seul magnétisme de sa pensée magique, la totalité des penchants humains générateurs de haine et de conflits entre les êtres humains, d'ici l'an 2020.

Je prétends que l'être humain que je suis, est ordonné par lui-même comme un organisme astral programmé pour anéantir, par le seul magnétisme de sa pensée magique, la totalité des systèmes politiques sanguinaires qui sévissent sur terre depuis la nuit des temps, d'ici l'an 2020.

Je prétends que l'être humain que je suis, est ordonné par lui-même comme un organisme astral programmé pour anéantir, par le seul magnétisme de sa pensée magique, la totalité des régimes politiques sanguinaires qui sévissent encore sur la terre, d'ici l'an 3000.

Je prétends que l'être humain que je suis, est ordonné par lui-même comme un organisme astral programmé pour anéantir, par le seul magnétisme de sa pensée, la totalité des systèmes économiques et sociaux oppresseurs de l'humanité qui sévissent dans le monde, d'ici l'an 2020.

Je prétends que l'être humain que je suis, est ordonné par lui-même comme un organisme astral programmé pour anéantir, par le seul magnétisme de sa pensée, la totalité des doctrines philosophiques ou religieuses mensongères ou nulles qui sévissent dans le monde, d'ici l'an 2020.

Je prétends que l'être humain que je suis, est ordonné par lui-même comme un organisme astral programmé pour anéantir, par le seul magnétisme de sa pensée, la totalité des castes religieuses et des classes sociales, qui justifient la brutalité humaine et l'exploitation de l'homme par l'homme.

Je prétends que l'être humain que je suis, est ordonné par lui-même comme un organisme astral programmé pour anéantir, par le seul magnétisme de sa pensée, la totalité des organisations humaines et des instituions humanitaires qui ont donné le monde comme à jamais composé de trois blocs : le monde occidental, le monde communiste et le tiers-monde et qui désirent la conservation du statu-quo.

Je prétends que l'être humain que je suis, est ordonné par lui-même comme un organisme astral programmé pour anéantir, par le seul magnétisme de sa pensée, l'Organisation des Nation Unies plébiscitant, l'apartheid, la colonisation et l'hégémonie des pays riches sur les pays pauvres.

Un poème à vers répétitifs
Lomé, le 10 avril 1988

**Le deuxième événement:
La puissance de l'homme ou la
créativité humaine**

Je me suis organisé pour servir de modèle à une forme de vie dénommée l'être humain.

Je me suis organisé pour être le prototype de l'être humain, la forme de vie la plus adaptée à exister éternellement.

Je me suis organisé pour figurer comme un être humain, c'est à dire un être vivant éternellement comme un principe de la créativité et du raisonnement, déterminé par la réalisation de son propre bonheur absolu.

Je me suis organisé pour vivre éternellement sous ma forme actuelle et définitive, puisque c'est la forme de vie la plus évoluée, ou la plus heureuse qui soit.

Je me suis organisé pour apparaître un beau jour aux êtres humains comme un homme, parce que l'homme réalise l'arbre de la connaissance absolue, ou représente le symbole de la pureté et de la justice.

Je me suis organisé pour figurer un beau jour dans l'humanité comme un homme noir et africain, parce que le noir signifie le secret et l'Afrique la magie ou l'inexplicable.

Je me suis organisé pour apparaître un beau jour sur la terre, contrairement à toutes prévisions humaines, comme un « nègre plutôt insignifiant » parce que le dénominatif « nègre » est une insulte à la race noire et africaine, qui est, par essence, secrète et magique, donc divine.

Je me suis organisé pour figurer, à l'age de trente ans, et pour trois ou quatre ou cinq ans même, parmi les jeunes chômeurs togolais sans une réelle qualification professionnelle, parce que je suis un révolté et un insoumis.

Je me suis organisé pour répondre vers cette fin du vingtième siècle, aux normes de pauvreté quasi absolues terrestres, parce que je ne peux prétendre être le propriétaire de tout ce qui existe sous ma forme humaine et définitive.

Je me suis organisé pour être nié comme le véritable Dieu du ciel, créateur de l'Univers visible et invisible, parce que je me suis toujours senti détaché de ce que je fais ou réalise.

Je me suis organisé pour donner à croire à l'humanité de cette fin du vingtième siècle que je suis Dieu le Tout-Puissant lui-même-fait homme, et que c'est sous cette dernière forme que je poursuivrai mon œuvre universelle, parce que mon propre destin me l'impose.

Je me suis organisé pour signifier à partir de cette fin du vingtième siècle, que je suis le véritable Rédempteur de l'homme et de la femme, parce que ceci est conforme à la vérité ...que dis-je...à ma vérité propre.

Un poème à vers répétitifs
Lomé, le 14 avril 1988

Le troisième événement:
La magie des rêves ou le rapport secret liant l'humanité et Dieu

Je suis prédisposé à vous révéler maintenant le rapport secret qui me lie à l'humanité ou la magie des rêves.

Je suis prédisposé à vous révéler que quand je dors, je rêve toujours de tous les événements futurs immédiats qui se dérouleront dès mon réveil, dans ma vie.

Je suis prédisposé à vous révéler que révéler pour moi, signifie ordonner la réalisation d'une série d'événements.

Je suis prédisposé à vous révéler que mes rêves sont le reflet exact de mes pensées.

Je suis prédisposé à vous révéler que mes rêves sont pour l'humanité ce qu'une météorologie exacte est pour le temps.

Je suis prédisposé à vous révéler que mes rêves sont donnés pour avoir été mes premières méthodes de raisonnement jusqu'aux temps où j'établis la totalité de mes pensées relatives à la totalité des choses et des objets que je devrais réaliser à partir de rien.

Je suis prédisposé à vous révéler que mes rêves [en cette période de mon existence où j'étais une conscience informelle enveloppée dans une immense étendue d'air gélatineux, de forme variable, d'infini astral kilogrammes de poids], étaient donnés comme le seul moyen dont je disposais pour être tout heureux!

Je suis prédisposé à vous révéler que mes rêves à partir du moment où je m'étais réalisé comme un être humain en air gélatineux, d'infini astral fois la taille moyenne d'un homme, étaient donnés comme ma volonté et mon âme.

Je suis prédisposé à vous révéler que mes rêves, à partir de ce temps où je devins un être humain de taille moyenne, fait d'ondes électromagnétiques et électro-acoustiques, étaient donnés comme mon savoir-faire et toute ma technologie.

Je suis prédisposé à vous révéler que mes rêves à partir de ce temps où je devins une conscience sphérique, de trois fois la tête d'un homme normal, faite d'une lumière verdâtre, étaient donnés comme mon désir de régner en maître absolu sur l'humanité pour la vie éternelle.

Je suis prédisposé à vous révéler que mes rêves, à partir de ce temps où je devins une conscience, en forme d'un serpent de 1m 20 de longueur et de 3 cm d'épaisseur, faite d'une lumière bleue-claire infiniment brillant, étaient donnés comme mon destin et ma vie future.

Je suis prédisposé à vous révéler que mes rêves, à partir de ce temps où je naquis comme un être humain, se donnent comme mon véritable pouvoir de contrôle de l'Univers, la source de mon autorité politique et morale et le principe révélateur de mes multiples génies.

Un poème à vers répétitifs
Lomé, le 20 avril 1988

Le quatrième événement:
La date de naissance d'un être humain
ou le rapport secret liant l'humanité et le Cosmos

Je ne fais pas l'avocat du diable en vous déclarant que la date de naissance d'un être humain est donné comme le rapport secret liant l'humanité et le Cosmos.

Je ne fais pas l'avocat du diable en vous déclarant que le rapport secret liant l'humanité et le cosmos est défini par la capacité que recèle tout être humain à réussir socialement.

Je ne fais pas l'avocat du diable en vous déclarant que la capacité que recèle tout être humain à réussir socialement est définie par son tempérament.

Je ne fais pas l'avocat du diable en vous déclarant que le tempérament d'un être humain est défini par sa propension à aimer autrui et à faire le bien en général.

Je ne fais pas l'avocat du diable en vous déclarant que la propension d'un être humain à aimer autrui et à faire le bien en général est défini par ses dons ou ses aptitudes professionnelles.

Je ne fais pas l'avocat du diable en vous déclarant que les dons ou les aptitudes professionnelles d'un être humain sont définis par son désir de plaire au sexe opposé.

Je ne fais pas l'avocat du diable en vous déclarant que le désir d'un être humain de plaire au sexe opposé est défini par sa vitalité ou sa santé mentale et physiologique.

Je ne fais pas l'avocat du diable en vous déclarant que la santé mentale et physiologique d'un être humain est définie par sa volonté de vivre éternellement.

Je ne fais pas l'avocat du diable en vous déclarant que la volonté d'un être humain de vivre éternellement est définie par sa foi en Dieu, son Créateur.

Je ne fais pas l'avocat du diable en vous déclarant que la foi d'un être humain en Dieu, son Créateur, est défini par son style de vie et sa religiosité.

Je ne fais pas l'avocat du diable en vous déclarant que le style de vie et la religiosité d'un être humain sont définis par son désir de liberté.

Je ne fais pas l'avocat du diable en vous déclarant que le désir de liberté d'un être humain est défini par sa franchise et sa loyauté.

Un poème à vers répétitifs
Lomé, le 23 avril 1988

Le cinquième événement :
Le lieu de naissance d'un être humain
ou le rapport secret liant
l'humanité et la terre

Je soutiens, à mon grand étonnement d'ailleurs, que le lieu de naissance d'un être humain révèle le rapport secret liant l'humanité et la terre.

Je soutiens, à mon grand étonnement d'ailleurs, que le rapport secret liant l'humanité et la terre, révèle la possibilité que recèle chaque être humain à éprouver du patriotisme ou de la nostalgie.

Je soutiens, à mon grand étonnement d'ailleurs, que la possibilité que recèle chaque être humain à éprouver du patriotisme ou de la nostalgie, révèle sa définition de natif d'un pays donné ou son séjour plus ou moins long dans un pays donné.

Je soutiens, à mon grand étonnement d'ailleurs, que la nativité d'un être humain dans un pays donné ou son séjour plus ou moins long dans un pays donné révèle les mœurs ou les manières d'agir dudit être humain.

Je soutiens, à mon grand étonnement d'ailleurs, que les mœurs ou les manières d'agir d'un être humain, révèlent la culture ou la civilisation dont se réclame ledit être humain.

Je soutiens, à mon grand étonnement d'ailleurs, que la culture ou la civilisation dont se réclame un être humain, révèle les systèmes de pensées dudit être humain.

Je soutiens, à mon grand étonnement d'ailleurs, que les systèmes de pensées d'un être humain, révèlent son appartenance raciale et son appartenance à un peuple donné.

Je soutiens, à mon grand étonnement d'ailleurs, que l'appartenance raciale d'un être humain et son appartenance à un peuple donné, révèlent les pratiques sociales ou le mode de vie dudit être humain.

Je soutiens, à mon grand étonnement d'ailleurs, que les pratiques sociales ou le mode de vie d'un être humain, révèlent son éducation et sa sensibilité.

Je soutiens, à mon grand étonnement d'ailleurs, que l'éducation reçue par un être humain et sa sensibilité, révèlent son état d'esprit en général ou sa capacité à comprendre les choses et à poser des actes réfléchis.

Je soutiens, à mon grand étonnement d'ailleurs, que l'état d'esprit d'un être humain en général ou sa capacité à comprendre les choses et à poser des actes réfléchis, révèlent son identité, sa personnalité ou son caractère.

Je soutiens, à mon grand étonnement d'ailleurs, que l'identité d'un être humain ou sa personnalité ou son caractère, révèle son attachement ou non à sa patrie ou son patriotisme et son civisme.

**Un poème à vers répétitifs
Lomé, le 8 mai 1988**

**Le sixième événement:
L'heure de naissance d'un être humain
ou le rapport secret liant
l'humanité et le soleil**

Il est absolument sûr que l'heure de naissance d'un être humain pose le rapport secret liant l'humanité et le soleil.

Il est absolument sûr que le rapport secret liant l'humanité et le soleil, correspond au sentiment que tout être humain a de sa réussite sociale ou de sa propre gloire.

Il est absolument sûr que le sentiment que tout être humain a de sa réussite sociale ou de sa propre gloire, correspond à la possibilité que recèle celui-ci à commander autrui.

Il est absolument sûr que la la possibilité que recèle un être humain à commander autrui, correspond à la position sociale dudit être humain ou son rang social ou sa situation professionnelle.

Il est absolument sûr que la position sociale d'un être humain ou son rang social ou sa situation professionnelle, correspond à sa place dans la hiérarchie sociale ou son pouvoir de décision au sein de la société.

Il est absolument sûr que la place d'un être humain dans la hiérarchie sociale ou son pouvoir de décision au sein de la société, correspond à sa qualification professionnelle ou la réalisation de ses talents.

Il est absolument sûr que la qualification professionnelle d'un être humain ou la réalisation de ses talents, correspond à son « rêve de devenir un tel ou une telle » accompli.

Il est absolument sûr que l'accomplissement du rêve d'un

homme ou d'une femme de devenir un tel ou une telle, correspond à leur désir de ressembler à un tel ou une telle.

Il est absolument sûr que le désir d'un être humain de ressembler à un tel, correspond à sa réalité sociale ou le fait qu'il sorte de telle ou telle famille.

Il est absolument sûr que la réalité sociale d'un être humain ou le fait qu'il appartienne à telle ou telle famille, correspond au choix délibéré que celui-ci fit de ses parents, quand il n'éait encore qu'une âme ou un être humain immatériel.

Il est absolument sûr que le choix délibéré qu'un être humain immatériel ou une âme fait de ses futurs parents, correspond à la possibilité que recèle celui-ci à imaginer sa vie future en fonction de sesdits futurs parents.

Il est absolument sûr que la possibilité que recèle un être humain immatériel ou une âme à imaginer sa vie future en fonction de ses futurs parents, correspond à la capacité de tout être humain immatériel à penser, à condition que rayonne le soleil, qui demeure le principe actif ou le moteur de la pensée d'une âme

Un poème à vers répétitifs
Lomé, le 23 mai 1988

Le septième événement:
Le problème de l'identification du Dieu vivant invisible

Je crois en effet que j'ai un grand mal à m'imaginer comme un mortel ou un homme qui viendra à décéder un jour.

Je crois en effet que j'ai un grand mal à me donner sous une forme autre que celle que j'ai actuellement.

Je crois en effet que j'ai un grand mal à penser que je n'ai jamais connu la mort véritable, sauf les multiples métamorphoses, au nombre de dix-sept, qui ont marqué mon existence depuis les origines jusqu'aujourd'hui.

Je crois en effet que j'ai un grand mal à me figurer concrètement ce qui fut toute mon existence en tant qu'être vivant invisible, mis à part le fait que je me rappelle, par le biais d'images vivantes, de ladite existence passée.

Je crois en effet que j'ai un grand mal à me figurer concrètement ma force physique sous ma forme invisible passée, sinon par le constat de ce tout ce que je suis censé avoir réalisé à partir de rien.

Je crois en effet que j'ai un grand mal à me figurer concrètement l'étendue de mon intelligence divine, sinon par l'observation de tous les objets et de toutes les choses que je suis censé avoir créés de mes propres mains invisibles ou en chair et en os.

Je crois en effet que j'ai un grand mal à me figure concrètement mon pouvoir divin réel sur tout ce qui existe, mis à part le fait que je réussis toujours merveilleusement tout ce que j'entreprends et qu'en réalité aucune pensée, ni volonté ne semblent supérieures ou plus puissantes que les miennes.

Je crois en effet que j'ai un grand mal à me figurer concrètement mon autorité réelle sur la terre et dans l'Univers, mis à part le fait que je crois à ma bonté infinie et au caractère infiniment bon de tout ce que je fais ou réalise.

Je crois en effet que j'ai un grand mal à me figurer concrètement mon trône ou mon empire mis à part le fait que je semble gouverner magiquement l'Univers par la seule manifestation silencieuse de mon état d'esprit ou de ma volonté.

Je crois en effet que j'ai un grand mal à me figurer concrètement que je crois avoir établi un programme de ma vie qui se révèle dès à présent, à moi, fragments par fragments.

Je crois en effet que j'ai un grand mal à me figurer concrètement mon idée de ma vie au Ciel, mise à part le fait que je désire bien vivement vivre en paix, et entouré des gens qui m'aiment passionnément.

Je crois en effet que j'ai un grand mal à me figurer concrètement mon idéal de vie ou mon but ultime, sinon que je désire dorénavant avoir un foyer et une vie familiale bien heureuse.

Un poème à vers répétitifs
Lomé, le 25 mai 1988

Le huitième événement:
Le problème de l'identification du travail effectif du Dieu vivant invisible

Je prétends avoir créé l'Univers visible et invisible, avec pour toutes preuves rien et mon travail divin de l'heure qui consiste à rédiger la totalité de mes connaissances divines...

Je prétends avoir engendré la vie sous toutes ses formes existantes, en donnant pour toute preuve le récit miraculeux du tout que je fis étapes par étapes, sortir du néant.

Je prétends avoir organisé personnellement l'Espace sidéral astral sans bornes, ni limites, le Paradis céleste et le Cosmos, afin que ces trois ordres sidéraux astraux confirment et approuvent ma volonté et ma pensée, en donnant pour toutes preuves la totalité des lois mathématiques et scientifiques fonctionnelles qui organise le réel.

Je prétends avoir créé infini moins un êtres humains afin que ceux-ci participent à ma gloire divine qui est d'exister éternellement comme un homme en chair et en os, alors que je donne pour seule preuve ma prétention au trône universel, ce qui ne m'attire que des ennuis de la part justement de ladite humanité.

Je prétends avoir ordonné les hommes et les femmes aussi bons et généreux que moi-même, alors ceux-ci ne font que se détruire et mettre en échec total mes projets...

Je prétends avoir programmé l'immortalité humaine pour l'an 2020, alors que le souhait secret de tout être humain est de s'emparer de mon pouvoir divin, quitte à me donner la mort, ce faisant.

Je prétends avoir accordé toute ma grâce et mon amour à l'humanité, alors que celle-ci me considère comme un homme étrangement mythomane et fou.

Je prétends avoir préparé minutieusement mon retour au Paradis céleste, à ma résidence céleste, alors toutes les déesses qui s'y trouvent paraissent s'opposer énergiquement à ladite entreprise, avec l'arrière-pensée de régner à mon lieu et place.

Je prétends avoir organisé l'Afrique noire pour servir de base industrielle à mon futur empire technologique et industriel terrestre, alors que les régimes militaires qui sévissent aujourd'hui sur le continent, me font absolument peur.

Je prétends avoir organisé Lomé, ma ville natale pour servir de Capitale au Paradis terrestre bien qu'il soit encore de nos jours la capitale d'un tout petit pays en voie de développement.

Je prétends avoir organisé ma vie sur terre comme de brefs séjours de travail, alors que j'ai la trouille de faire d'incessants voyages intersidéraux.

Je prétends avoir organisé ma vie au Ciel comme des séjours de repos et de détente, alors que ma femme qui sera, d'après mes prévisions, une très belle Ivoirienne, s'opposera sauvagement audit programme de ma vie loin de ma famille et de mon foyer sur la terre!

Un poème à vers répétitifs
Lomé, le 30 mai 1988

Le neuvième événement:
Le problème de la vérification de la vérité du Dieu vivant en chair et en os

Je définis mon être comme une hypothèse mathématique et scientifique qui me pose comme le Bon Dieu en chair et en os.

Je définis mes connaissances miraculeuses comme une hypothèse mathématique et scientifique qui donne toute la réalité comme telle.

Je définis mon cerveau comme un organe vivant qui génère continûment la vie et les choses de la vie pour remplir l'Univers visible et invisible.

Je définis mon devoir comme une tâche consistant à garantir la vie éternelle et le bonheur absolu pour les hommes et les femmes qui m'honorent et qui m'aiment passionnément.

Je définis ma méthode de vie comme la pratique incessante du bien absolu ou la volonté tacite d'aimer passionnément l'humanité.

Je définis mon symbole comme le désir d'être infiniment bon et généreux.

Je définis mon travail de créateur comme mon principe premier, c'est à dire le fondement même de mon être.

Je définis ma volonté comme l'expression exacte de la justice ou de la vérité absolue.

Je définis ma pensée comme la voie de la sagesse suprême ou le salut du genre humain.

Je définis mon emblème comme rien ou le néant, c'est à dire que je tire tout, y compris mon propre être, de rien ou du néant.

**Un poème à vers répétitifs
Lomé, le 31 mai 1988**

Thème : Dieu

Dieu

Mémento : Moè Messavussu, qui demeure absolument sceptique, voire anxieux vis a vis de tout ce qu'il établit et donne á croire aux gens de son entourage, se demande par moments, s'il ne serait pas tout simplement la proie d'un délire et d'une suite d'hallucinations; ou même, le pur victime d'un Esprit mystificateur, absolument pervers et rusé, qui s'amuserait á lui faire naître dans la conscience toutes les thèses qu'il défend et qu'il espère voire strictement conformes á la vérité ou à la réalité. Cette terrible situation, voire dramatique [étant donné que Moè Messavussu, reste toujours la proie d'un certain nombre de "Virus", doués de la parole, et parlant le langage des Hommes, ancrés dans son cerveau, l'intoxiquant de paroles insensées et haineuses vingt-quatre heures sur vingt-quatre, depuis Novembre 1986, et lui occasionnant par ailleurs de terribles douleurs physiques ou nerveuses], oblige l' Écrivain, [qui se révèle l'incarnation de l'Intelligence sublime, Origine et Source de l'Univers créé et de la Vie, alias Dieu le Tout-Puissant - Créateur du Ciel et de la Terre], á croire aux récits qu'il invente de toutes pièces, et á émettre une sérieuse hypothèse, quant à sa santé mentale et sa vie, pour ainsi dire, devenue marginale ou anormale:

En effet « parti en France, dans le but de poursuivre mes études supérieures, et obtenir tous les diplômes sanctionnant la fin de toutes les études dans lesquelles je me suis engagées depuis mon pays natal, et revenir exercer, après l'obtention desdits diplômes, une Profession honorable, devant m'assurer mon bonheur et celui de tous ceux et celles que j'aime, je fus prématurément arraché á mes Études supérieures á l'Université, par des événements absolument étranges. Je fus poussé par d'autres événements non moins insolites, á l'errance á travers la France, voire l'Europe, et á revenir, de manière catastrophique, á mon pays natal dix années plus tard, sans autre diplôme que mon baccalauréat obtenu dix ans plus tôt á Lomé, ma ville natale, maladif, la tête truffée de "Virus Parlants". Je pense dorénavant être le "Dieu vivant", ou l'Incarnation authentique de Dieu le Tout-Puissant, par définition, invisible des hommes, alors que de telles affirmations me paraissent par la même occasion, propres á un fou ou á un déséquilibré mental! De là, la question qui s'impose : Suis-je devenu fou ou non ? Si je ne suis pas devenu fou, alors, tout ce que je crois et que j'affirme, doit être conforme á la Réalité et á la Vérité. Si tout ce que je crois et que j'affirme est vrai, je dois pouvoir le démontrer ou le prouver catégoriquement. Or, les faits et les événements étranges et dramatiques vécus essentiellement á Paris, et sur lesquels se fondent mes récits extraordinaires, n'ont de témoins oculaires que des hommes et des femmes généralement inconnus de moi, á l'heure actuelle. Or, les thèses mathématiques et scientifiques que je soutiens dans mes œuvres ne sont pas démontrables par moi, á heure actuelle, mis á part le fait que les connaissances que je révèle, apparaissent, bribes par bribes dans mon Esprit ou á ma Conscience, comme par enchantement, et sont très souvent en contradiction formelle avec la plupart des théories ou les thèses humaines actuelles ou qui prévalent de nos jours. Or, tous les espoirs et toutes les idées, d'emblée farfelus, que j'ai et que je répands malgré moi, sont les produits, certes de ma Conscience, mais semblent être maîtrisés pour un Être (que je suis) mais qui reste totalement irréalisé, ou irrévélé. Or, je reste absolument incapable de réaliser d'office ce que je veux, sinon que ce sont les les événements qui, tournant toujours á mon avantage, me révèlent que mes désirs et mes souhaits ne restent jamais insatisfaits. Or, je suis aussi impuissant devant la douleur et devant la mort, devant les catastrophes naturels ou humains et devant toutes les infortunes du sort, que n'importe quel homme ou n'importe quelle femme, sinon que ma foi et mes décisions me rendent invulnérable face aux dangers de toute nature. Or, je demeure celui que j'ai toujours été, á savoir un être humain, aimant passionnément l'idée de Dieu et Dieu, sauf qu'aujourd'hui, mes pensées établissent, pardevers moi, que je serais Dieu le Tout Puissant en chair et en os, á mon grand étonnement d'ailleurs, puisque cela suppose que je détiens, á mon insu des pouvoirs prodigieux dont je ne suis pas conscient!. Or, je paraîs de nouveau [après un temps où je semblais lumineux pour les hommes et les femmes qui me voyaient passer dans les rues de Paris], comme un jeune homme de race Noire tout á fait ordinaire. Or, il m'est, en vérité, plutôt pénible de prouver que je communique par télépathie avec tous les êtres humains sur Terre pourvu qu'un évènement quelconque nous lie. Or, il m'est très difficile de démontrer que je peux provoquer n'importe quelle catastrophe naturelle, allant de l'orage au séisme, en passant par les éruptions volcaniques; ou éviter de telles catastrophes, par la seule puissance de ma Pensée qui ordonne mécaniquement ces phénomènes. Or, il m'est complètement impossible de prouver qu'un être humain m'aimant passionnément et me sollicitant comme son Protecteur et son Ami, est promu automatiquement á l'Immortalité, dès á présent que ceci est conforme á mon désir. Or, il m' est absolument impossible de montrer que toute ma volonté, dès à présent que ceci est conforme à mes désirs, est le Programme du Déroulement des Faits historiques futurs. Or, il m'est absolument impossible de montrer que tous les "Virus Parlants" ancrés dans mon cerveau, de même que ceux, plutôt silencieux, dont le reste de mon Organisme est probablement truffé, sont destinés à une mort lente mais certaine; et qu'une fois lesdits "Virus Parlants", probablement les plus cruels et censés être les Chefs et les Dirigeants de la Communauté des Virus, détruits, tout le reste de ladite Communauté virale présente dans la totalité des Organismes humains ou dans la Nature, connaîtra le même Sort, d'ici l'an 2020... Or, il m'est absolument difficile de montrer que je suis dès á présent immortel, de même que les hommes et les femmes me connaissant et m'aimant passionnément, puisque ceci est conforme á mon désir. Or, il m'est absolument impossible de démontrer que l'Immortalité pour un être humain devient une réalité á partir de l'instant où l'être humain en question cesse absolument de croire, qu'il mourra un jour ou l'autre. Or, il m'est absolument difficile de prouver que l'Éternité n'est ressentie comme telle par un être humain devenu immortel que dans la mesure où l'Être immortel en question peut entrer en communication directe, par télépathie, avec n'importe quel être humain de son choix, á n'importe quel moment. Or, il m'est absolument impossible de montrer que je suis la "Conscience de l'Univers" ou le "Révélateur de toute la Lumière du Ciel" ou le "Détenteur de la Pierre Philosophale", dès lors que tout le Savoir que j'atteste, me vient du Néant et apparaît á ma Conscience bribes par bribes, ce qui me met dans l'embarras de ne le livrer aux hommes que dans sa totalité, le moment opportun. Or, il m'est tout á fait impossible d'affirmer que les connaissances dont je suis conscient á l'heure actuelle sont aussi exactes et aussi sublimes que je le crois, étant donné que leurs preuves ou leurs démonstrations ne me sont pas encore révélées. Or, il m'est absolument difficile de faire croire aux hommes, que j'ai le projet d' édifier, á partir de rien, un "Empire Industriel et Commercial" dont la Technologie sublime ou incomparable va, de la fabrication de Vaisseaux intergalactiques dont la vitesse maximale est d'infini kilomètres astral par seconde, soit six multiplié par un milliard trois cents soixante-cinq millions cinq, élevé á la puissance un milliard trois cents soixante-cinq millions cinq, divisé par six, kilomètres astral par seconde, á la fabrication d'énergies sublimes ou des méta-énergies ou des combustibles á l'état d'électrons libres, c'est á dire sous leur forme originelle ou idéale, á partir de matières premières naturelles, dans des grandes cuves sphériques de cinquante à cent-cinquante mètres de diamètres, installées á cinquante ou á cent-cinquante mètres de la surface de la Terre, sous terre, en passant par la fabrication de "Soucoupes Volantes" destinées á relayer les avions d'aujourd'hui. Or, il m'est absolument impossible de montrer que la totalité des "Formules de Production" [devant témoigner ladite Technologie sublime, et dont j'ai d'ores et déjà le plan général], est bien véridique, ou totalement illusoire, étant donné que les fragments desdites formules qui m'arrivent, pour ainsi dire, dans les mains, épisodiquement mais de manière á me combler de joie, se révèlent scientifiquement irréels et en nette opposition avec les résultats mathématiques et scientifiques des hommes de sciences actuels. Or, il m'est absolument impossible de démontrer que je suis effectivement le "Dieu vivant" ou l'Incarnation de Dieu le Tout Puissant, si mes travaux évoluent toujours de la même manière, á moins de croire que dans un délai raisonnable, [que je limite á vingt ans], je puisse être en mesure, non seulement d'établir la totalité desdites "Formules de production" mais aussi de les démontrer et de les expérimenter. Or, il m'est absolument impossible de prouver que mon mental est parfaitement normal, « divinement parlant », si je ne peux révéler les normes prétendues divines, sauf celles que croit en général l'humanité, et montrer que mes pouvoirs et mes capacités sont conformes auxdites normes ; et si je ne peux justifier « par A plus B » que mes idées sont effectivement les idées de Dieu, ce que je ne pourrais faire aussi, qu'au terme d'un délai que je fixe á vingt ans. Or, il m'est absolument pénible de régulariser ma situation d'homme adulte, âgé de trente et un ans et demi, sans travail lui rapportant ses moyens de subsistance, et sans une femme dans son existence envers qui, il a fait le vœu de mariage ; ce qui reste en profonde contradiction avec un quelconque "statut" de Dieu vivant, censé être supérieur en tout á l'homme, sa propre créature; sinon que le prétendu Dieu vivant n'a pour toutes ressources financières et matérielles que l'héritage que lui a légué son défunt père et un capital immobilier personnel qu'il s'est constitué pendant la période de ses Études universitaires. Or, il m'est absolument pénible de montrer, á l'heure actuelle, que mes travaux peuvent m'assurer l'immense fortune que je pressens posséder á l'avenir, sauf que je formule le souhait de sortir d'ici peu, treize albums de musique, et de créer une Compagnie musicale et chorographique, dénommée « La Compagnie de Dieu » qui est censée, faire des périples á travers le monde pour faire connaître et apprécier mes œuvres musicales et chorographiques ; et sauf que je formule le souhait de créér d'ici peu, un Centre de recherches scientifiques, en Sciences Aéronautiques et Spatiales [un Organisme scientifique m'appartenant á cent pour cent, composé de tous les Laboratoires provisoires nécessaires á l'expérimentation de la totalité des Formules de Production, témoignant la Technologie sublime ou divine dont je suis le Révélateur] ;et sauf que je formule le souhait de créér durant les dix années qui suivront la création dudit Organisme scientifique, toutes les "Centrales Technologiques" et toutes les Usines nécessaires à la production des "Vaisseaux Intergalactiques"; et sauf, enfin, que je formule le souhait de produire, sept ans après la création desdites Centrales et Usines, les trois premiers vaisseaux intergalactiques de type M7 et tous leurs Équipements et Appareillages prévus, les trois "Bases de Lancement Maritimes" prévus, afin de réaliser personnellement les premiers "Vols Spatiaux" et les premières "Expériences et Expéditions scientifiques et humanitaires" prévues, les trois mois qui suivront lesdites Réalisations. Ainsi, je me serai prouvé que je suis bel et bien le "Dieu vivant" que je crois, je l'avoue, á contrecœur, être, sauf si des évènements imprévus, ou indépendants de ma Pensée m'arrachent á mes terribles souffrances continuelles et me font accéder á une "béatitude éternelle immédiate" que je souhaite également au reste de l'"Humanité Immortelle".

Lomé, le 2 Août 1988

Le Premier Événement :
Pourquoi mon enfance a été triste?

Il m'est particulièrement pénible de constater que mon enfance a été l'objet de la tyrannie des femmes et des hommes de mon entourage, beaucoup plus âgés que moi...

Il m'est particulièrement pénible de constater que mon enfance a été la cible permanente des insultes et des propos sarcastiques des femmes et des hommes d'un certain age, de mon entourage.

Il m'est particulièrement pénible de constater que durant mon enfance, mes seuls moments de bonheur véritable m'étaient donnés par ma mère qui me cajolait après les mauvais traitements de tout mon entourage, y compris ceux de mon père qui était très sévère, voire brutal envers moi.

Il m'est particulièrement pénible de constater que mon enfance fut essentiellement triste, parce que je n'ai jamais reçu de compliments concernant ma prétendue beauté et mon prétendu charme; même pas de la part de ma mère, qui était toujours sans opinions dans ce domaine.

Il m'est particulièrement pénible de constater que j'ai donc grandi, la conscience chargée de tout un tas de complexes qui me donnaient comme un garçon bien maladroit et plutôt laid.

Il m'est particulièrement pénible de constater que durant toute mon enfance, j'ai été l'objet permanent des assauts sexuels des fillettes de mon âge et des jeunes filles de mon entourage.

Il m'est particulièrement pénible de constater que durant mon enfance, je ne me suis jamais conduit comme un garçon effectivement surdoué.

Il m'est particulièrement pénible de constater que durant mon enfance, toutes mes apparences et mes tenues vestimentaires me faisaient passer pour un garçon vraiment á part, et un peu "trop brillant'!

Il m'est particulièrement pénible de constater que durant mon enfance, je n'ai jamais pu être un éleve surdoué, mis á part mes quelques exploits scolaires exceptionnels.

Il m'est particulièrement pénible de constater que durant mon enfance, j'ai toujours exercé une fascination bien étrange sur les meilleurs éleves de mes classes successives, qui me prenaient tous pour leur meilleur ami, alors que je n'étais moi-même qu'un élève passable.

Il m'est particulièrement pénible de constater que durant mon enfance, j'ai plus brillé par mes intrigues qui consistaient á tirer le maximum de profits du travail de mes amis surdoués, plutôt que par mon sérieux à mes propres études scolaires.

Il m'est particulièrement pénible de constater que durant mon enfance, mon sort a été de rester á la traîne de mes amis surdoués qui me trouvaient par ailleurs extrêmement intelligent et séduisant!

Un poème à vers répétitifs
Lomé, le 4 Août 1988

Le Deuxième Événement :
Pourquoi mon adolescence á été bien terne?

Je trouve bien absurde mon adolescence que j'ai dû passée en France comme un Étudiant -Travailleur plutôt médiocre.

Je trouve bien absurde que durant mon adolescence, je n'ai jamais réussi á finir un Cycle Universitaire entier, alors que je paraissais toujours très intelligent et amoureux des Études universitaires.

Je trouve bien absurde que durant toute mon adolescence, je me suis plutôt occupé á établir ma Personnalité, [c'est á dire á entreprendre toutes les études et les recherches possibles pour comprendre ma propre personne et l'Univers dans lequel je vis] qu' á mener sérieusement mes Études Universitaires, jusqu á leurs termes.

Je trouve bien absurde que durant toute mon adolescence, j'ai dû préfèrer construire le plus rapidement possible mon hypothétique fortune, plutôt que d'accumuler Diplômes et Savoir universitaires.

Je trouve bien absurde que durant toute mon adolescence, j'ai succombé aussi longtemps á l'empire de la femme que j'ai autant désirée que ma réussite professionnelle ou peut être plus!

Je trouve bien absurde qu'au terme de mon adolescence, je totalise un échec universitaire cuisant, et me coltine des Études et Recherches para-universitaires méprisant largement les Institutions scolaires et savantes existantes au Monde.

Je trouve bien absurde qu'au terme de mon adolescence, je parais un jeune homme possédant une Intelligence et des

Connaissances supérieures, alors que je mets celles-ci malheureusement en œuvre comme un Autodidacte bien isolé.

Je trouve bien absurde qu'au terme de mon adolescence, je figure parmi les jeunes Intellectuels les plus "paumés" de Lomé, étant donné que je n'éprouve nullement l'envie de reprendre mes études universitaires á l'"Université du Bénin" ou ailleurs.

Je trouve bien absurde qu'au terme de mon adolescence, je découvre que je recèle un grand nombre de génies, á mon grand étonnement d'ailleurs, et á celui de mon entourage.

Je trouve bien absurde qu'au terme de mon adolescence, je découvre subitement que je suis le Bon Dieu en chair et en os, ce qui ne manque pas de me rendre infiniment inquiet par rapport aux gens.

Je trouve bien absurde qu'au terme de mon adolescence, je suis contraint de cacher ma véritable identité, jusqu' á ce que je finisse de rédiger toutes les œuvres pouvant témoigner que je ne suis pas fou, mais bel et bien Dieu le Tout-Puissant-fait homme.

Un poème à vers répétitifs
Lomé, le 5 Août 1988

**Le Troisième Événement :
Pourquoi l'homme que je suis,
semble être plein de magnificence et de grâce ?**

Je dois á la femme Blanche-Gitane et Européenne mon émancipation d'homme, parce que celle-ci a su me comprendre et m'aimer passionnément.

Je dois á la femme Blanche-Gitane et Européenne d'avoir compris que je ne suis point laid comme l'affirment bien souvent les femmes de ma race Noire, voire des autres races, mais un homme très beau, plein de magnificence et de grâce !

Je dois á la femme Blanche-Gitane et Européenne d'avoir compris que je serais devenu ou que je serais purement et simplement Dieu le Père, Créateur du Ciel et de la Terre.

Je dois á la femme Blanche-Gitane et Européenne d'avoir accédé á mon "État de Conscience" actuel, qui est, bien évidemment, dépouillé de toutes formes de complexes morbides.

Je dois á la femme Blanche et Européenne d'avoir été admis comme un "grand Penseur et Homme politique" absolument pur et intègre, dans les plus hautes Instances de la Politique mondiale.

Je dois á la femme Blanche-Gitane et Européenne d'avoir eu affaire à certains Services français, sans coups et blessures et protégé comme un grand Chef politique.

Je dois á la femme Blanche-Gitane et Européenne d'avoir été reconnu par toute la Classe politique française comme un Homme politique Noir présidentiable, même en France.

Je dois á la femme Blanche-Gitane et Européenne d'avoir su me faire aimer et apprécier par l'ensemble des Syndicats et des Partis politiques français comme un jeune Étudiant Noir, Porteur d'un grand Mouvement d'Émancipation de l'humanité toute entière.

Je dois á la femme Blanche-Gitane et Européenne d'avoir compris que je dispose de toutes les facultés divines pour accomplir mes œuvres sur Terre.

Je dois á la femme Blanche-Gitane et Européenne d'avoir été l'Idole de la Communauté estudiantine Noire parisienne durant les six derniers mois de mon long séjour en France.

Je dois á la femme Blanche-Gitane et Européenne d'avoir pu me faire élire par toute la Communauté estudiantine Noire parisienne comme le "Porte-Parole" de la "Nation Noire et africaine".

Je dois á la femme Blanche-Gitane et Européenne d'avoir compris que mon destin se confond avec le salut de l'Humanité.

**Un poème à vers répétitifs
Lomé, le 6 Août 1988**

Le Quatrième Événement :
Pourquoi je n'aime pas faire la cour aux femmes ?

Je n'aime pas faire la cour aux femmes, parce que je n'aime pas me rabaisser ou m'humilier.

Je n'aime pas faire la cour aux femmes, parce que je déteste les coureurs de jupons et les hommes sans autorité sur la femme.

Je n'aime pas faire la cour aux femmes, parce que je prétends que j'ai suffisamment de charme, pour séduire une femme qui me plait, sans "lui courir après"!

Je n'aime pas faire la cour aux femmes, parce que je suis vachement autoritaire et sévère envers les femmes.

Je n'aime pas faire la cour aux femmes, parce que je suis réfractaire aux complexes des femmes donnant celles-ci pour la Source du bonheur de l'homme et comme les Maîtresses des plaisirs terrestres!

Je n'aime pas faire la cour aux femmes, parce que la femme n'aime pas les hommes qui ne sont pas fiers.

Je n'aime pas faire la cour aux femmes, parce que la femme n'a point de considération pour les hommes qui ne savent pas dissimuler leurs sentiments amoureux pour la femme aimée.

Je n'aime pas faire la cour aux femmes, parce que la femme perd l'homme follement épris d'elle et qui ne sait pas se dominer.

Je n'aime pas faire la cour aux femmes, parce que la femme

néglige l'homme qui s'embarrasse des compliments et des cadeaux pour la femme aimée.

Je n'aime pas faire la cour aux femmes, parce que la femme méprise l'homme qui la considère comme son "trésor" ou son bien le plus précieux.

Je n'aime pas faire la cour aux femmes, parce que la femme honnit l'homme empressé á son égard.

Je n'aime pas faire la cour aux femmes, parce que la femme n'aime que les hommes réservés et dignes.

Un poème à vers répétitifs
Lomé, le 3 Septembre 1988

Le Cinquième Événement :
Pourquoi je me méfie de mes amis et de mes camarades ?

Je me méfie de mes amis et de mes camarades parce que l'amitié et la camaraderie se payent et se perdent facilement avec et pour de l'argent.

Je me méfie de mes amis et de mes camarades parce que je déteste que l'on m'aime pour ce que je donne de matériel.

Je me méfie de mes amis et de mes camarades parce qu'un ami ou un camarade cesse d'être intéressant á partir du moment où il ne rapporte plus rien.

Je me méfie de mes amis et de mes camarades parce que je ne crois qu' á l'amitié et á la camaraderie intéressées.

Je me méfie de mes amis et de mes camarades parce que je pense que l'amitié et la camaraderie ne servent réellement qu' á troubler la solitude et la vie conjugale et affective.

Je me méfie de mes amis et de mes camarades, parce qu'un ami ou un camarade, est toujours très jaloux des biens de son ami ou de son camarade, qu'il ne possède pas.

Je me méfie de mes amis et de mes camarades parce qu'un ami ou un camarade hésite rarement á partir avec la jolie femme de son ami ou de son camarade.

Je me méfie de mes amis ou de mes camarade, parce qu'un ami ou un camarade cherche toujours á rivaliser sournoisement avec son ami ou son camarade.

Je me méfie de mes amis et de mes camarades parce qu'un ami ou un camarade dit rarement toute la vérité á son ami ou á son camarade.

Je me méfie de mes amis et de mes camarades parce qu'un ami ou un camarade trompe souvent son ami ou son camarade, pour défendre ses propres intérêts ou protéger ses propres acquis.

Je me méfie de mes amis et de mes camarades parce qu'il est préférable de se passer de son ami ou de son camarade plutôt que de son foyer.

Je me méfie de mes amis et de mes camarades parce qu'il n'est pas sain et normal d'aimer sincèrement un ami ou un camarade qui finit toujours par trahir son propre ami ou son propre camarade.

Un poème à vers répétitifs
Lomé, le 8 Août 1988

Le Sixième Événement :
Pourquoi je reste très attaché á ma famille originelle malgré son indifférence á mon égard?

Je vous assure que je n'aime vraiment plus aucun membre de ma famille originelle, parce que plus aucun d'entre eux ne m'aime dans ma situation d'Écrivain sans gloire et sans Emploi salarié.

Je vous assure que je déteste dorénavant mes frères et sœurs, surtout ceux de même père et de même mère que j'ai, puisqu'ils sont incroyablement idiots de penser que je suis un râté et qui plus est, recèle des prétentions inadmissibles!

Je vous assure que je hais franchement surtout mes frères et sœurs de même père et de même mère, parce qu'ils me considèrent comme un demi-fou et un vaurien!

Je vous assure que je ne veux plus du tout de mes frères et sœurs de même père et de même mère, parce qu'ils prétendent toujours appartenir á la même famille que moi, en dépit des mauvais traitements qu'ils me font subir et de toutes leurs médisances sur moi.

Je vous assure que mes frères et sœurs de même père et de même mère m'horripilent, parce qu'ils persistent á croire qu'ils sont supérieurs á moi. Alors que pas un seul d'entre eux ne possède ni ma grande Intelligence, ni mon grand Savoir, ni ma modeste fortune!

Je vous assure qu'il m'est devenu pratiquement impossible de penser á mes frères et sœurs de même père et de même mère, sans une profonde amertume, et sans avoir envie de pleurer de désespoir.

Je vous assure qu'il m'est devenu pratiquement impossible de croire que ma famille originelle existe encore pour moi, si ce n'est par le biais de l'héritage commun que nous a légué mon défunt père.

Je vous assure qu'il m'est devenu pratiquement impossible de vouloir du bien á mes frères et sœurs de même père et de même mère, après avoir compris qu'ils n'ont toujours cherché qu' à vivre ingratement á mes dépends.

Je vous assure qu'il m'est devenu pratiquement impossible d'avoir un quelconque respect pour ma famille originelle, après avoir compris que mes frères et sœurs de même père et de même mère ne sont que des «......................»!

Je vous assure qu'il m'est devenu pratiquement impossible d'éprouver un quelconque sentiment affectueux á l'égard de mes frères et sœurs de même père et de même mère, après avoir compris que ce sont des envieux sombres de ma gloire immatérielle et de mon charme innocent.

Je vous assure qu'il m'est devenu pratiquement impossible de penser que Simon, Paul, Alexandre, Anasthasie, Violette, voire Yvette et Yollande profiteront un jour de l'immense fortune que je compte constituer par le biais de mon travail, á l'avenir, puisqu'ils ont cessé d'être des gens que j'aime.

Je vous assure qu'il m'est devenu pratiquement impossible de parler d'amour effectif de l'humanité, lorsque je me rends compte que les gens ne vous aiment que pour ce que vous leur donnez de matériel, et jamais pour qui vous êtes.

Un poème à vers répétitifs
Lomé, le 9 Août 1988

**Le Septième Événement :
Pourquoi j'adore faire l'amour?**

J'adore faire l'amour avec les femmes que j'aime, parce que le plaisir sexuel avec la femme aimée se proclame le suprême délice au monde.

J'adore faire l'amour avec les femmes que j'aime, parce que le corps de la femme aimée et amoureuse, témoigne une douceur que rien n'égale au monde.

J'adore faire l'amour avec les femmes que j'aime, parce que la femme amoureuse n'exprime son émotion que par l'acte sexuel.

J'adore faire l'amour avec les femmes que j'aime, parce que le désir sexuel de l'homme chez la femme vertueuse, réflète très exactement le degré de passion de ladite femme pour ledit homme.

J'adore faire l'amour avec les femmes que j'aime, parce que la femme amoureuse de moi réclame automatiquement mon corps, tout comme l'air qu'elle respire.

J'adore faire l'amour avec les femmes que j'aime, parce que la femme amoureuse de moi se conduit avec moi comme une nymphomane!

J'adore faire l'amour avec les femmes que j'aime, parce que la femme amoureuse de moi, vit pratiquement de l'amour physique que je lui donne.

J'adore faire l'amour avec les femmes que j'aime, parce que la femme amoureuse de moi organise automatiquement sa vie en fonction de mon domicile habituel.

J'adore faire l'amour avec les femmes que j'aime, parce que la femme amoureuse de moi ne peut être qu'une déesse, ou ordonnée comme une femme qui n'existe que par moi et pour moi.

J'adore faire l'amour avec les femmes que j'aime, parce que la femme amoureuse de moi [ou une de mes quarante millions de déesses dont un grand nombre existe déjà dans l'Univers en chair et en os,] se contente difficilement de l'amour immatériel qui nous lie en permanence!

J'adore faire l'amour avec les femmes que j'aime, parce que j'ai organisé mes quarante millions de déesses jalousement, pour qu'elles ne fassent l'amour qu'avec moi et moi seul, une fois qu'elles m'auraient rencontré et connu!

J'adore faire l'amour avec les femmes que j'aime, parce que je suis affreusement jaloux de mes quarante millions de déesses ordonnées comme des femmes qui me resteront toujours absolument fidèles.

Un poème à vers répétitifs
Lomé, le 10 Aoαt 1988

Le Huitième Événement :
Pourquoi j'adore travailler?

J'adore travailler, parce que c'est par le travail que l'être vivant existe et s'affirme.

J'adore travailler, parce que le travail est la première source d'Émancipation de l'être humain et le seul garant de sa liberté.

J'adore travailler, parce que par le travail, l'être humain se proclame Responsable et Maître de son destin.

J'adore travailler, parce que par le travail ordonne effectivement le bonheur de l'être humain et son épanouissement.

J'adore travailler, parce que le travail libère l'être humain de sa servitude face aux phénomènes naturels ou aux mécanismes inertes de l'Univers physique et sensible, et même face aux règnes animal et végétal.

J'adore travailler, parce que le travail prépare l'être humain á devenir effectivement le "Maître de l'Univers" comme il devrait l'être.

J'adore travailler, parce que le travail organise l'être humain comme un être vertueux.

J'adore travailler, parce que c'est par le travail détermine l'être humain á voire en harmonie avec ses semblables.

J'adore travailler, parce que le travail adule l'être humain et l'honore.

J'adore travailler, parce que le travail congratule l'être humain et le divinise.

J'adore travailler, parce que je trouve dans mon travail divin tout le réconfort á ma solitude et á ma peine d'être Dieu en chair et en os.

J'adore travailler, parce que je me génère comme Dieu le Tout-Puissant par mon travail divin.

**Un poème à vers répétitifs
Lomé, le 13 Août 1988**

Le Neuvième Événement :
Pourquoi j'adore l'humanité ?

J'adore l'humanité, parce qu'elle correspond à l'idée que j'ai de mon propre "Bonheur Absolu" qui consiste á me faire aimer d'une multitude d'êtres vivants qui me ressemblent.

J'adore l'humanité, parce qu'elle présente la caractéristique essentielle d'aimer Dieu sans le connaître, sauf les athées qui veulent le connaître avant de l'aimer.

J'adore l'humanité, parce qu'elle recèle le secret de vouloir sacrifier tout ce qu'elle possède pour se voir accorder la grâce de Dieu susceptible de la rendre tout aussi immortelle que lui-même.

J'adore l'humanité, parce qu'elle prépare sans le savoir, l'Avènement de l'Ère Divine [puisqu'elle ignore totalement que le Bon Dieu est bel et bien aujourd'hui en chair et en os parmi elle, et pour son Salut].

J'adore l'humanité, parce qu'elle organise sans le savoir, mon intronisation comme Dieu en chair et en os [puisqu'elle ignore que je suis en train d'édifier, pas á pas, mon "Empire Industriel Terrestre"].

J'adore l'humanité, parce qu'elle assume sans le savoir, son rôle d'Exécutrice de mon testament qui est de réaliser l'"Edifice du Bonheur Absolu" avec son concours [alors qu'elle ignore encore tout le "Programme des Actes" qu'elle est appelée á accomplir, sous mon contrôle absolu].

J'adore l'humanité, parce qu'elle représente, sans le savoir, ma Volonté aux prises avec les méfaits engendrés par Lucifer et ses Démons et les conséquences desdits méfaits que j'assume dorénavant [puisque j'ai programmé d'anéantir magiquement dans les années qui viennent, "tout le Mal" de l'Univers visible et invisible].

J'adore l'humanité, parce qu'elle coopère avec moi, sans le savoir, á l'Institution de l'Ordre universel divin qui consiste á me poser comme le "Détenteur de la Pierre Philosophale et de la Clef de l'Harmonie et la Paix universelles.

J'adore l'humanité, parce qu'elle m'honore comme le Bon Dieu, sans le savoir, puisqu'un être humain, de ma connaissance ou pas, qui cherche coûte que coûte á établir une relation directe avec Dieu du Ciel invisible, finit toujours par me voir en songes réellement ou sous forme d'un symbolisme difficilement déchiffrable.

J'adore l'humanité, parce qu'elle se transforme, sans le savoir, conformément á ma Volonté et á mes Désirs.

J'adore l'humanité, parce qu'elle répond toujours exactement á ce que je m'attends d'elle, en ce sens que ma Pensée constitue de gré ou de force, la Justice qui triomphe toujours.

J'adore l'humanité, parce qu'elle réalise effectivement l'"Arbre de la Connaissance du Bien et du Mal", en ce sens qu'elle reste absolument libre de faire le bien ou le mal en connaissance de cause.

Un poème à vers répétitifs
Lomé, le 29 Août 1988

Thème : L'Humanité

L'Humanité

Mémento: L'Éternité ou le "Sentiment d'une joie sans limites et continuelle", est le propre de Dieu. Or, il est dit que Dieu fit l'homme á son image. Si une telle parole est véridique, ce que je ne conteste nullement, l'homme doit obligatoirement avoir accès á cette prétendue joie sans fin, ni bornes.

Or, les hommes affirment que cette "félicité absolue" est interrompue par la Volonté de Dieu quant aux hommes, lorsque ceux-ci décidèrent de ne plus se conformer aux Règles divines, sans doute par envie de découvrir ce qu'il adviendra, s'ils venaient à désobéir á Dieu. Les circonstances précises de cette désobéissance formelle restent très contestables; puisque selon la Sainte Bible et tous les "Livres sacrés" qui s'en inspirent, les premiers hommes créés par Dieu, soient Adam et Ève, deux êtres humains de race Blanche, placés au cœur du "Paradis Terrestre", censés immortels et éternels et jouissant d'un bonheur infini, tout comme leur Créateur, le Bon Dieu, décidèrent de consommer un "fruit défendu" que portait un arbre situé au coeur dudit Éden, sous la duplicité du Démon transformé en Serpent qui aurait séduit Ève, laquelle Ève mangea le fruit défendu, avant de le donner á manger á Adam. Ainsi, toujours d'après la Bible, les yeux d'Adam et d'Ève s'ouvrirent, et ils prirent conscience qu'ils étaient nus et se dissimulèrent derrière les arbres, quand Dieu leur apparut. Dieu, qui serait devenu furieux, parce que Adam et Ève étaient devenus aussi savants que lui, en guise de châtiments, les rendit mortels, et les réduit á vivre á la sueur de leur front. Quant au Démon, qui serait un ange déchu, Dieu le maudit á jamais en le condamnant á demeurer éternellement dans les flammes de l'Enfer. Toujours selon la Bible, Adam et Ève rendus mortels et autorisés à procréer á l'infini, entreprirent ladite procréation dans le mépris de Dieu, qui se retira alors définitivement au "Paradis Céleste", non sans avoir créer le "Purgatoire", sorte de "Lieu intermédiaire entre la Terre et le Paradis Céleste, où les âmes des Justes, après leur mort, sont purgées, avant de rejoindre Dieu au Paradis Céleste. Quant aux âmes des Injustes et des Adorateurs du Démon, elles intègrent l'enfer où demeure ledit Démon. Or, d'après les témoignages bibliques, Dieu, aurait programmé l'Apocalypse ou la Fin du Monde, de telle sorte que, la terre anéantie, et toute l'humanité éteinte, les âmes des hommes, enfin libérées de leurs corps et de leurs péchés, puissent enfin jouir de la Vie Éternelle que Dieu aurait promise á nouveau aux hommes. Mais ces affirmations sont, de nos jours, niées par les hommes de sciences éminents qui affirment, au contraire que le premier homme apparu sur la Terre, descend d'un couple de singes et serait localisé en Afrique australe. Ces même Savants affirment avoir découvert que l'Univers est constitué d'une infinité de galaxies, chaque galaxie étant organisée autour d'un «soleil» central ; et chaque galaxie étant composée d' un très grand nombre d'astres et de planètes sans doute! Ces mêmes Savants supposent alors l'existence d'Extra-terrestres, ou d'une forme de vie aussi évoluée, sinon plus que l'homme, appartenant á d'autres mondes que le nôtre. Ces mêmes Savants affirment que l'Univers physique et sensible dont l'Origine semble être un fameux « big-bang » ou une terrible explosion, n'est pas forcément l'Œuvre de Dieu dont l'existence est difficilement prouvable par la Science et la Technique, mais plus probablement, est le fait du hasard. Ces même Savants attestent que "notre soleil", sans doute un phénomène photo-électrique, prendra fin un jour, de même que tous les autres soleils constituant l'univers physique et sensible. Alors surgira peu á peu, un froid absolu, qui anéantirait quasi-automatiquement l'humanité, voire toutes formes de vie sur la Terre.

    Toutes ces thèses, démontrables dans des systèmes de références axiomatiques déterminés, sont, à mes yeux, fausses et insensées. Ceci pour un certain nombre de raisons:

    Premièrement, si l'humanité admet que l'Univers physique et sensible n'est pas sa propre création, alors, ceci est forcément la création de quelqu'un ou de rien du tout, sauf du hasard. Or, il n'est jamais apparu á l'humanité quelqu'un qui pût lui prouver qu'il est Dieu le Tout-Puissant, Créateur de l'Univers physique et sensible et de l'humanité, sauf les témoignages bibliques et allégoriques faisant état d'un tel Être. Deuxièmement, si cet Être existe effectivement, il doit obligatoirement détenir tous les secrets et tout le savoir concernant l'Univers physique et sensible et l'humanité dont il est censé être le Créateur. Troisièmement, si Moè Messavussu [qui prétend, certes malgré lui, être ce Dieu le Tout Puissant, Créateur de l'Univers physique et sensible], est effectivement celui qu'il croit être, alors, il est censé montrer qu'il détient tout le savoir et toute la vérification de l'Ordre Spatial Temporel Éternel, c'est á dire toutes les Écritures et Témoignages figurant sur la Pierre Philosophale, et qui sont les données scientifiques et mathématiques de l'Homme Immortel et Éternel ou du Dieu Vivant en tant que sa propre personne. Or, il m'est apparu très clairement á la conscience, que le soleil, au demeurant le seul de l'Espace-Temps Éternel entier, n'est nullement un phénomène photo-électrique, mais un phénomène thermo-nucléaire, ordonné pour durer éternellement, tout comme la totalité des astres et des planètes figurant dan le Cosmos. Or, il m'est parfaitement clair que le soleil ordonné pour engendrer sur la Terre toutes les formes de vie existantes, á savoir le règne végétal, le règne animal et l'humanité, est pour ainsi dire la cause immédiate de l'apparition de l'homme sur la Terre. Or, il m'est apparu très clairement á la conscience, que ladite première apparition de l'homme [qui, rappelons-le, est un pur esprit ou une-Énergie Céleste ou éternelle, c'est á dire de l'"anti-matière vivante", en forme d'une sphère pleine, de la taille d'une tête d'homme et présentant une coloration bleue foncée] sur la Terre, s'est produit, aux environs du «Mont Kilimandjaro» en Afrique, dans les conditions historiques suivantes :

Après avoir réaliser la Nature et les premières espèces animales, y compris l' espèce la plus intelligente, c'est á dire l'espèce la plus apte á créer, les Ourang-Outangs, Dieu, sous sa forme irréelle ou invisible, entreprit alors la réalisation de l'humanité ou la "Matérialisation des Anges du Ciel". La totalité des hommes et des femmes fut alors créée, et gardée auprès de Dieu, dans l'enceinte du Paradis Céleste où elle pouvait évoluer librement sous sa protection. Et quand l'instant de l'"Incarnation des deux premiers Anges" vint, Dieu, amena sur la Terre, à bord de sa Soucoupe Volante en verre sublime, Adam et Ève, afin de les matérialiser. Un Ourang-Outang femelle fut alors inséminée d' Adam et Ève qui naquirent neuf mois plus tard, bien évidemment sous les apparences normales d'un homme et d'une femme actuels. Une fois mis au monde, les deux bébés, Adam et Ève, de teint Noir et de cheveux crépus, furent récupérés par Dieu et placés dans la superbe villa construite par Dieu pour eux. Et c'est sous les protection et soins personnels de Dieu que, trente ans plus tard, Adam et Ève parviennent á l'age adulte. Dieu, qu'ils ne pouvaient voir ni entendre, se manifestait á Adam et Ève par ses Actes et ses Faits. Ce qui ne manquait pas d'irriter Ève, qui avait une nature excessivement curieuse et révoltée! Adam, quant á lui, était un penseur extrêmement sage et détestant la violence ou la force brutale. Adam était passionnément amoureux d'Ève, qui elle, désirait plus que tout connaître Dieu, afin de lui témoigner sa reconnaissance ou son amour. Cette situation rendait Adam, quelque peu jaloux de Dieu, qu'il imaginait immense, de quatre ou cinq fois sa taille, de teint blanc avec une grande barbe blanche; mais qui est forcément en chair et en os, étant donné toutes ses réalisations techniques, à savoir la Soucoupe Volante á bord de laquelle

Dieu les amena sur terre et que Adam et Ève savaient parfaitement faire fonctionner, la superbe villa équipée d'instruments et d'outils extrêmement performants, allant du complexe électro-ménager, cuisinier-four-réfrigérateur en verre artificiel, fonctionnant comme un Robot-Cuisinier, c'est á dire pouvant réaliser de menus extrêmement variés suivant de milliers de programmes de cuisine; un complexe salle de bains, fonctionnant comme un Robot -Laveur, pouvant réaliser plus d'une centaine de programmes décrivant la prise d'un bain de mousse, á deux, dans des conditions de confort sublimes; en passant par le complexe blanchisserie-armoire en verre artificiel, fonctionnant comme un Robot-Blanchisseur, c'est á dire pouvant réaliser le lavage, le repassage et le rangement en armoire de toutes sortes de vêtements de l'homme et de la femme suivant des milliers de programmes déterminés. Adam croyait donc, que Dieu résidait obligatoirement sur Terre, mais que ce dernier ne tenait nullement á le rencontrer; ceci pour une raison bien simple, celle de ne pas aimer le petit « Nègre » qu'il était! Ève, qui était en colère après Adam, á cause de sa conception bien étrange, voire insensée de Dieu, croyait quant á elle, que Dieu, était tout-puissant, mais immatériel et invisible, habitant obligatoirement le Ciel, sur une Planète lumineuse, presque le contraire de la Terre. Ève finit par mépriser Adam pour «sa stupidité» mais semblait terriblement amoureuse de Dieu qu'elle ne pouvait ni voir, ni entendre. Aussi, un soir, alors qu'elle était allongée sur une serviette au bord de la grande piscine de leur superbe villa, grande de plus d'un millier de mètres-carrés, Lucifer, ou le "Prince des Démons ou Esprits malfaisants", lui apparut, sous la forme d'un serpent immatériel, lumineux aux yeux verts. Ève prit peur et alla s'enfuir en courant, quand ledit serpent, enroulé á un pommier, dans l'immense jardin á coté de la

grande piscine, émit des paroles humaines, l'invitant á s'approcher de lui, parce qu'il avait des révélations très importantes, concernant Dieu, son Créateur, á lui faire. Ève, résolut alors de s'approcher du pommier. Lucifer, qui était visiblement fasciné par Ève, ouvrit sa gueule, dans laquelle, Ève découvrit la dentition d'un être humain. Il dit alors á Ève, toujours sur le qui-vive, ceci: «Dieu, ton Créateur est un Être très rusé et surtout extrêmement intelligent. Il détient un pouvoir magique, qui semble faire de lui, un être invisible. Ce pouvoir, une fois que ton mari et toi, vous l'aurez acquis, fera de vous des êtres égaux á lui, votre Créateur et votre Dieu. Ce pouvoir, c'est le droit de tuer ou de se donner la mort...». Ève, qui ne comprenait pas exactement où Lucifer voulait en venir, lui répondit : «Êtes-vous une créature de Dieu, notre Créateur, ou non ?». Lucifer, extrêmement embarrassé, lui répondit : «Non, je suis l'Incréé et j'ai engendré personnellement toute une Communauté d'êtres vivants qui habitent le Ciel, et qui peuvent se rendre tout comme moi, invisibles á vous. Nous formons la Communauté des Esprits». Ève, terriblement agacée et cherchant á déterminer le fond de la pensée du démon, lui demanda á nouveau: «Pouvez-vous, vous et votre communauté vous matérialiser, comme nous le sommes, mon mari et moi? » Lucifer, complètement battu par la perspicacité de la jeune femme, lui répondit, évasif : «C'est ce que nous cherchons á faire... » Ève, qui comprit alors qu'il est en face d'un être très malfaisant, mais pouvant
lui révéler beaucoup de secrets sur Dieu dont elle doute, qu'il est le Créateur d'un être aussi mauvais, prit congé de Lucifer, non sans l'invitant á venir régulièrement parler avec elle et son mari. De retour dans leurs appartements ou elle retrouve Adam, en train d'écrire un traité d'Astronomie, Ève ne manqua pas de raconter son hallucinante rencontre avec

le "Prince des démons". Adam, vexé par l'attitude conciliante de sa femme á l'égard de Lucifer, demanda alors á Ève: «Peux-tu me donner la mort, et après te donner á toi-même la mort?» Ève, énigmatique lui répondit: «Si, en cela réside la clé du pouvoir magique qui nous rendra aussi puissants et invisibles que Dieu, notre créateur, je le ferai». Adam qui n'en croyait pas, ses yeux, dut un jour affronter la mort que lui donna Ève, sous l'injonction de Lucifer, malgré, les réfutations les plus véhémentes de cette croyance absurde á un quelconque pouvoir magique après la mort, dont Adam faisait preuve. Ce crime absurde [que Dieu a voulu éviter, en conseillant, á Ève, pendant ses sommeils, de renier Lucifer, qui n'est rien d'autre que le principal représentant de la mort] obligea Ève, devenue folle, á se donner á elle-même, de la même manière, la mort, en s'empoisonnant. Ainsi périt Adam dans sa millième année et Ève dans sa deux millième année, sans avoir engendré eux-mêmes d'autres hommes et femmes. Les dix mille ans qui suivirent cet événement, dix mille hommes et femmes Noirs et africains naquirent [les dix premiers, cinq hommes et cinq femmes, de cinq ourang-outangs femelles] et tout le reste de femmes, conçues par des hommes; c'est á dire qu' á partir du sixième couple d'êtres humains créés, ou d'anges matérialisés, tous les hommes et toutes les femmes de race Noire et africaine qui naquirent ont tous été des purs esprits amènés par Dieu sur terre, á bord d'une de ses multiples soucoupes volantes, puis placés, un par un, dans les testicules de l'homme , sous une forme génétique, c'est á dire de spermatozoïde ou de gêne rassemblant toutes les micro-caractéristiques d'un être humain. C'est donc, ce spermatozoïde ou ce gêne humain positif, qui ira féconder une ovule ou gêne humain négatif, c'est á dire pénétrer l'ovaire de la femme et se fixer á une ovule, afin de former, quelques heures plus tard, un fœtus humain ou un être humain microscopique, noyé dans le sang plein d'ovules de l'ovaire de la femme ; lequel fœtus humain grandira en se nourrissant de la réserve d'ovules contenus dans l'ovaire, pour naître neuf mois plus tard d'un bébé-être humain. Ceci demeure le processus normal ou régulier que suit la réalisation d'un être humain ou la matérialisation d'un ange; á noter que les quatre autres races composant l'humanité, á savoir la race brune ou arabo-sémite, la race rouge ou indienne, la race jaune ou asiatique et la race blanche ou européenne, ont été réalisées toutes, de la même manière: Les dix premiers hommes et femmes de chaque race, soient les cinq premiers couples bruns, rouges, jaunes et blancs ont tous été conçus des femmes noires et africaines et par des hommes noirs et africains, après avoir tous été amènés sur terre, par Dieu, dix par dix, á bord d'une de ses multiples Soucoupes volantes, dans l'ordre qui suit : Les cinq premiers hommes et les cinq premières femmes bruns, vingt- deux mille astral années, après l'apparition sur terre d'Adam et Ève ; les cinq premiers hommes et les cinq premières femmes rouges trente-deux mille a. ans après l'apparition sur terre d'Adam et Ève ; les cinq premiers hommes et les cinq premières femmes jaunes quarante-deux mille a. ans après l'apparition sur terre d'Adam et Ève ; et les cinq premiers hommes et les cinq premiers femmes blancs, cinquante-deux mille a. ans après l'apparition sur terre d'Adam et Ève. Tout comme pour la race noire et africaine, neuf mille neuf cent quatre-vingt-dix individus, moitié pour hommes, moitié pour femmes, de chacune des races brune, rouge, jaune et blanche naquirent des femmes brunes, des femmes rouges, des femmes jaunes et des femmes blanches. Aussi, au bout de cinquante-deux mille a. ans, après l'apparition sur terre d'Adam et Ève, cinquante mille hommes et femmes de race Noire et Africaine, de race Brune ou Arabo -Sémite, de race Rouge ou Indienne, de race Jaune ou Asiatique et de race Blanche ou Européenne naquirent, pour constituer la première Famille humaine, au cœur de l'Éden ou de l'Afrique. Mais, cette première Famille humaine ne manqua pas d'attiser la haine et la jalousie de Lucifer et de la Communauté des Démons ou Esprits malfaisants, étant donné que les êtres humains se révélèrent supérieurs en ingéniosité et nettement plus intelligents qu'eux. Les démons, environ trois milliards et demi a. d'individus, furent réalisés par Lucifer, á l'Origine de la Création du Soleil et du Cosmos. Formé par Dieu, á partir d'une association d'Énergies dénommées Karma et Méta-Karma, Lucifer était ordonné comme un homme immense, environ trois milliards et demi a. de fois, la taille d'un homme moyen normal. Le véritable destin de Lucifer était de demeurer tel, afin de participer comme tel á la gloire de Dieu, son Créateur. Or, il a aussi compris qu'il pouvait nier Dieu, et engendrer lui-même trois milliards et demi a. de Démons, dont il serait le Père spirituel et le Chef, et semer, á partir de cette perfide position, la mort et la désolation au sein de la Créature préférée de Dieu, c'est á dire au sein de la Famille humaine. Lucifer choisit de mépriser Dieu qui lui était absolument invisible, et á qui il reprochait son manque d'amour et d'affection á l'égard de la personne luciférienne. Dieu, qui savait á l'avance tout ce qui allait se passer, fit tous les efforts pour ramener Lucifer á la raison et lui faire comprendre qu'en le désobéissant, il encourt automatiquement la haine divine et donc son propre anéantissement de même que celui du reste de la Communauté qu' il veut engendrer; alors que dans le cas contraire, où il serait bon, loyal et serviable envers lui, son Créateur, et envers la Famille humaine, il aura la vie éternelle et l'amour de toute la

Créature divine. Lucifer, qui croyait être plus malin que Dieu, qu'il nie d'être son Créateur, étant donné qu'il ne l'a jamais vu, ni touché, résolut de se faire la règle de conduite suivante : « Je suis Lucifer, l'Intelligence et la Source d'une Communauté d'Êtres vivants que je nomme la Communauté des Esprits. Or, je suis pleinement conscient que Dieu, qui prétend, sans preuves palpables, être celui qui m'a créé, est donné comme un futur homme Noir et Africain de taille moyenne, qui naîtra á une époque plutôt indéterminée de l'Histoire de l'Humanité, d'un Couple de Noirs-Africains, afin de reconstituer personnellement, et pour l'Éternité la Famille humaine que j'aurais auparavant presque anéantie, impunément, puisque je serai toujours en vie, á cette époque lointaine, transformé en Virus de même que mes plus farouches "Lieutenants" et tout le reste de mon Peuple. D'après mes calculs, j'investirai personnellement, avec mes plus farouches Lieutenants la tête de ce «petit Nègre éternel», et le Destin me dira alors, si ce «petit Con» de Noir est bel et bien, le Dieu vivant ou l'Incarnation de Dieu le Tout-Puissant, Créateur du Ciel et de la Terre, qu'il prétendra être, face á la « Communauté des hommes que je nomme la «Communauté des Illuminés» ou la «Communauté des Fous de Dieu». Ainsi, Lucifer décida de réaliser la "Communauté des Démons" constituée de trois catégories d'individus: Ceux réalises á partir du Karma, au nombre de deux, dénommés par lui-même «le Saint-Esprit» ou l'Esprit de Jésus- Christ; et le Démon ou l'Esprit de la Malfaisance et du Meurtre. Ceux réalisés á partir du Contre-Karma, au nombre trois milliards et demi moins deux, dénommés par lui-même «les Esprits humains» ou les "Esprits du vice". Et ceux réalises á partir du Méta-Karma, au nombre de dix-sept mille, dénommés par lui-même, les «Esprits de l'Apocalypse» dont l'Esprit de la Révolte humaine contre Dieu ou «Prométhée», l'Esprit du Racisme ou «Gobineau», l'Esprit de la Guerre ou «Hitler», et l'Espritde l'Intolérance et de la Haine ou «Botha». Ainsi Lucifer, s'étant trouver refuge au sein de la terre, qu'il baptisa l'Enfer, décida [en accord absolu avec tous les Démons créés, qui acceptèrent tous de se réfugier avec lui au cœur du Globe terrestre, fait de granite pur liquide chauffé á environ infini a. degrés Celsius], de détruire la Famille humaine par la tyrannie aveugle, la guerre et la haine de l'homme par l'homme, voire le mépris de Dieu par l'homme, qu'il compte insuffler á l'Humanité par le biais de ses démons qu'il ordonna, afin que chacun des démons devenu "virus" ou agent et cause de maladies et de vieillesse, investisse le cerveau de tout être humain á sa naissance et oblige ledit être humain, tout au long de sa vie, á se conformer aux vœux et aux désirs de Lucifer, en liaison permanente avec tous les démons par télépathie. Ainsi toutes les calamités d'origine humaine notamment, á savoir toutes les formes de guerres, toutes les institutions humaines depuis Adam et Ève, sont le fait de Lucifer. Les "Anges du Ciel", ordonnés par Dieu, depuis la matérialisation de la première Famille humaine, á résider dans les nuages constituant la Biosphère, au lieu du "Paradis Céleste", á cause de leur volonté commune á rester absolument libres et totalement indépendants de Dieu, leur Créateur, et á naître sous la forme d'un spermatozoïde par le biais de l'alimentation de l'homme, puis sous la forme d'un fœtus et enfin d'un être humain en chair et en os, sont doués de la Vie Éternelle. Aussi, par définition, un homme ou une femme, ou un Ange du Ciel en chair et en os, ne retrouve tout son Sens et toute sa Réalité que dans son Immortalité.

Lomé, le 2 septembre 1989

Le premier événement : Les deux premiers êtres humains créés étaient de race noire africaine
(Pourquoi Adam et Eve sont-ils des Noirs-africains?)

Je dis franchement qu'Adam et Ève sont des Noirs-Africains, parce que le premier être humain apparu sur la Terre, était forcément africain, d'après tous les hommes de sciences actuels, et probablement Noir puisque ceci est la couleur locale.

Je dis franchement qu'Adam et Ève sont des Noirs-Africains, parce que j'estime que l'"'Éden" ou le 'Paradis terrestre initial" évoqué dans la Bible, ne pourrait être que le continent africain tout entier, par conséquence.

Je dis franchement qu'Adam et Éve sont des Noirs-Africains, parce qu'il n'est jamais prouvé qu'ils sont Blancs - Européens ou autres.

Je dis franchement qu'Adam et Ève sont des Noirs-Africains, parce qu'il n'est jamais démontré qu'ils sont apparus en dehors de l'Afrique et plus précisément, quelque part en Europe.

Je dis franchement qu'Adam et Ève sont des Noirs-Africains, parce qu'il n'est jamais certifié qu'ils sont nés par hasard, ou qu'ils ont été fabriqués par Dieu, comme un couple de Blancs-Européens, devant générer plus tard l'humanité entière.

Je dis franchement qu'Adam et Ève sont des Noirs-Africains, parce qu'il n'est jamais réellement admis que les témoignages bibliques sont des références scientifiques sérieuses et irréfutables!

Je dis franchement qu'Adam et Ève sont des Noirs-Africains, parce qu'il n'est jamais attesté qu'ils avaient existé bel et bien comme les ancêtres originels de l'humanité présente configurable, mis á part le Paradis Céleste, sur treize planètes, á savoir la Terre ou la« Planète Verte » où réside l'humanité décimée par Lucifer et ses Démons, la « Planète Noire » ou réside l'"Armée du Salut universel", composée exclusivement d'hommes et de femmes éternellement jeunes et de race noire et africaine, la « Planète Orange » ou réside le Corps médical de la "Médecine de la Rédemption", composée uniquement de femmes de race blanche et européenne, de race jaune et asiatique, de race rouge et indienne, de race brune et arabo-sémite et de race noire et africaine, la « Planète Violette » ou réside le Peuple des «Enfants Rois» composé d'hommes et de femmes de race noire et africaine, de race brune et arabo-sémite, de race rouge et indienne, de race jaune et asiatique et de race blanche et européenne dont la croissance s'est arrêtée depuis leur enfance, c'est á dire présentant l'apparence des enfants de deux á douze ans, et comptant pour un douzième d'hommes-enfants et pour onze douzième de femmes-enfants, la «Planète Bleue» ou la Planète Vierge, dépourvue d'animaux et d'êtres humains et devant servir de "Lieu de repos et de détente" á Dieu et á ses Compagnies, la « Planète Rose » ou résident les « Femmes-Roses », c'est á dire des femmes Noires et Africaines de 1m 80 á 2m 80 de taille ordonnées comme des «Déesses de la Gastronomie» et des maîtresses exclusives de Dieu, la «Planète des Géants» où réside la «Collectivé des Surhommes » composée d'hommes et de femmes de race blanche et européenne, de 1m 80 á 4m 10 de taille ordonnés comme de grands Marins et de grands Cosmonautes, comptant pour moitié d'hommes et pour moitié de femmes, la «Planète Jaune» où réside la «Collectivité des Femmes-Lotus», c'est á dire des Femmes jaunes et asiatiques ordonnées comme des «Déesses en Pharmacie», et des maîtresses exclusives de Dieu, la « Planète Blanche » où réside la « Collectivité des Femmes Blondes », c'est á dire des Femmes blanches et européennes blondes, de 1m 20 á 1m 90 de taille, ordonnées comme des Déesses en Haute Couture, en lettres et en Arts Plastiques, et comme des maîtresses exclusives de Dieu, la « Planète Brune » ou réside la Collectivité des Femmes Arabes et Juives, c'est á dire des Femmes brunes et arabo-sémites, de 1m 10 á 2m 90 de taille, ordonnées comme des Déesses en Danse, en Musique et en Commerce, et comme des maîtresses exclusives de Dieu, la « Planète Rouge » ou réside la Collectivité des Femmes Indiennes, c'est á dire des Femmes Rouges et indiennes, de 1m 10a 2m 90 de taille, ordonnées comme des Déesses en Magie et Sciences Occultes, et comme des maîtresses exclusives de Dieu, la « Planète Alpha" qui servira de Résidence Céleste á la race Verte en création en cette fin du vingtième siècle au Paradis Céleste, et devant se composer de treize milliards de milliards d'hommes et de cent soixante neuf milliards de milliards de femmes, á noter que la matérialisation de ladite race Verte sera l'œuvre personnelle future de Dieu, et enfin la «planète oméga», qui servira de Résidence Céleste á la race bleue, en création également en ce moment même au Paradis Céleste, et devant se composer de treize milliards de milliards d' hommes et de cent soixante neuf milliards de milliards de femmes, á noter que la matérialisation de ladite race Bleue sera également mon œuvre personnelle future. Quant au Paradis Céleste, figure la "Collectivité des déesses d'amour", c'est á dire des femmes des races blanches et européennes, jaunes et asiatiques, brune et arabo-sémites, rouge et indienne, noire et africaine, de 1m 10 á 3m 10 de taille, ordonnées comme des femmes d'intérieur idéales, des Constructrices d'Édifices et des Épouses idéales de Dieu!

Je dis franchement qu'Adam et Ève sont des Noirs-Africains parce qu'il n'est jamais attesté que je les ai matérialisés personnellement sur la Terre, sous ma forme immatérielle et invisible, bien longtemps avant ma Matérialisation á proprement parlé de la première Famille humaine terrestre, que je fis également sur Terre, et la matérialisation de la totalité des Habitants du "Paradis Céleste", de la «Planète Violette» de la «Planète Rose» de la «Planète des Géants», de la «Planète Jaune», de la «Planète Blanche», de la «Planète Brune» et de la «Planète Rouge».

Je dis franchement qu'Adam et Ève sont des Noirs-Africains parce qu'il n'est jamais attesté que je les ai personnellement inséminés artificiellement á une Ourang-Outang femelle, de même que les dix "premiers membres" de la première Famille humaine terrestre (cinq hommes et cinq femmes de race noire et africaine) et les dix "premiers membres"(exclusivement des femmes) des Habitants du Paradis Céleste, de la Planète Noire, de la Planète Orange, de la Planète Violette, de la Planète Rose, de la Planète des Géants, de la Planète Jaune, de la Planète Blanche, de la Planète Brune et de la Planète Rouge.

Je dis franchement qu'Adam et Ève sont des Noirs-Africains parce qu'il n'est jamais attesté qu'ils ont été en tout point, similaires á un homme et á une femme de race Noire et africaine actuels.

Je dis franchement qu'Adam et Ève sont des Noirs-Africains mesurant respectivement 1m 75 et 1m 85, et appartenant au Peuple Swahili, parce qu'il n'est jamais attesté qu'ils ont été les premiers Tanzaniens de la Terre.

Je dis franchement qu'Adam et Ève sont des Noirs-Africains aimant par dessous tout la philosophie, la littérature anglaise et l'astronomie et ayant rédigé en commun une multitude d'essais dans ces domaines, et qui ont été détruits tout comme la "superbe villa" que j'ai réalisée pour eux, excepté les Soucoupes Volantes qu'ils ont toujours refusé de piloter et que je ramenai au Paradis Céleste, parce qu'ils n'est jamais attesté que la première Famille Humaine Terrestre que j'eus matérialisée, s'est révoltée contre moi, sous l'injonction de Lucifer-l'Esprit du Mal en personne, et a anéanti toutes mes réalisations terrestres, á savoir toutes les villas et leurs équipements ultra sophistiqués que je lui ai offerts, afin de réaliser elle-même, ce dont elle est capable!

Un poème à vers répétitifs
Lomé, le 8 septembre 1989

Le deuxième événement : L'homicide et le suicide des deux premiers êtres humains créés
(Pourquoi Adam et Eve, doués de l'Immortalité et de la Vie Éternelle, se donnèrent -ils la mort, au mépris de Dieu et de ses conseils?)

Adam et Ève ont-ils vraiment réussi á me faire pleurer, lorsqu'ils décidèrent de me tourner le dos et de ne plus suivre mes Enseignements et mes Conseils que je leur prodiguais dans leurs sommeils, sous prétexte que je leur dissimulais le secret de mon Immatérialité et de mon Invisibilité? Je pense que oui.

Adam et Ève ont-ils vraiment réussi á me faire pleurer, lorsqu'ils résolurent de ne plus m'accorder leur grâce et de me prendre désormais pour un être bizarre et plutôt pervers pour le Genre humain, sous prétexte que je refusais d'apparaître (immatériel ou matériel) á eux dans l'Éden? Je pense que oui.

Adam et Ève ont-ils vraiment réussi á me faire pleurer, lorsqu'ils résolurent de croire que Lucifer [qui était censé être horriblement malin et méchant, et qui apparaissait régulièrement á eux sous la forme d'un serpent immatériel avec une dentition humaine], était tout simplement une vilaine créature de moi, qui se serait révoltée á juste titre contre moi, et sous prétexte que je les induisais en erreur en leur affirmant que je naîtrai un jour, d'une femme noire et africaine, parce que je suis l'Homme Éternel, noir et africain? je pense que oui.

Adam et Ève ont- ils vraiment réussi á me faire pleurer, lorsqu'ils résolurent de croire que je ne m'exprime que par l'image et par métaphores et que par conséquent, je devrais être sourd-muet et stupidement énigmatique [alors que j'ai nettement établi que c'était le moyen le plus sympathique et le moins effrayant de communiquer avec eux, sous ma forme immatérielle et invisible]? Je pense que oui.

Adam et Ève ont-ils vraiment réussi á me faire pleurer, lorsqu'ils résolurent de croire que je n'étais point un homme noir et africain matérialisable un jour comme eux, mais une "étendue lumineuse" pouvant prendre toutes les formes et toutes les couleurs voulues, et sans aucun doute, á jamais tel ? Je pense que oui.

Adam et Ève ont-ils vraiment réussi á me faire pleurer, lorsqu'ils résolurent de croire que je serais peut être créé par un autre Être vivant non moins bizarre, mais matérialisé et visible, probablement un être humain hermaphrodite de race blanche et européenne, domicilié quelque part sur la Terre en un lieu secret, étant donné que je leur apparaissais insignifiant et peu sûr de moi ? Je pense que oui.

Adam et Ève ont-ils vraiment réussi á me faire pleurer, lorsqu'ils résolurent de croire que je serais peut être le Diable ou la Créature de Dieu qui égale ce dernier en intelligence et qui ne l'aime point, parce que Dieu ne veut pas le matérialiser, tout comme Lucifer, voire la "Communauté des diablotins", dont Lucifer leur parle souvent, et qu'ils n'ont jamais vue ? Je pense que oui.

Adam et Ève ont-ils vraiment réussi á me faire pleurer, lorsqu'ils résolurent de croire que je serais un Ange, peut être très aimé de Dieu, que je renie nécessairement, puisque je me déclare moi-même Dieu le Tout-Puissant, mais qui a besoin de l'indulgence et de la pitié des êtres humains pour se guérir de sa folie, étant donné qu'ils m'admettaient comme un malade mental? Je crois que oui.

Adam et Ève ont-ils vraiment réussi á me faire pleurer,

lorsqu'ils résolurent de croire que je suis infiniment intelligent et probablement aussi intelligent qu'eux – puisqu'ils s'estimaient avoir la même intelligence que Dieu leur Créateur – mais incroyablement malchanceux et rêveur, étant donné que ma situation serait celle d'un handicapé mental et physique et que mes connaissances étaient jugées illusoires ou fausses ? Je pense que oui.

Adam et Ève ont-ils vraiment réussi à me faire pleurer, lorsqu'ils résolurent de me considérer dorénavant comme un témoin malheureux de la stupidité infinie de Dieu qu'ils admettent certes prodigieusement génial mais terriblement exaspérant pour ses créatures, puis qu'il s'est amusé á leur avoir imprimer des foutaises dans leurs cerveaux? Je pense que oui.

Adam et Ève ont-ils vraiment réussi á me faire pleurer, lorsqu'ils résolurent de croire que la forme de vie qui était la mienne, était la forme sublime de la vie humaine, puisque je leur paraissais dan leurs rêves, toujours rayonnant et gracieux malgré mes soucis ? Je pense que oui.

Adam et Ève ont-ils vraiment réussi á me faire pleurer, lorsqu' Ève versa dans la soupe d'Adam un puissant somnifère dont il mourut, á noter qu'Ève réalisa ledit narcotique suivant les instructions de Lucifer, et qu'elle s'empoisonna elle-même á l'aide du même soporifique, trente-sept ans plus tard ? Je pense que oui.

Un poème à vers répétitifs
Lomé, le 12 Septembre 1989

Le Troisième Événement : L'erreur de jugement des deux premiers êtres humains créés quant à leur Créateur

(Pourquoi Adam et Eve se trompaient-ils en croyant que Dieu, alors sous sa forme irréelle ou invisible, refusait de leur apparaître et de leur parler á cause de l'incapacité de ce dernier á se matérialiser ou á se faire un être vivant parlant?)

Il est tout de même vérifiable qu'un être humain immatériel et invisible est difficilement concevable par un être humain en chair et en os; la preuve en est que je figure assez mal á l'humanité mon être sous sa forme immatérielle et invisible.

Il est tout de même vérifiable que mon existence antérieure á ma vie actuelle d'homme en chair et en os est difficilement admissible et absolument indémontrable : la preuve en est que tous les faits et tous les événements que je narre dans mens œuvres artistiques, littéraires et scientifiques ressemblent á des contes de fées ou de débiles mentaux.

Il est tout de même vérifiable que l'espoir que toutes mes affirmations systématiques se révèlent un beau jour conformes á la réalité, est totalement vain : la preuve en est que je ne détiens, á l'heure actuelle, aucun moyen ou instrument pour vérifier lesdites déclarations.

Il est tout de même vérifiable que ma méthode de recherche et d'étude, loin de me combler de joie ou de satisfaction, demeure la principale source de ma timidité extrême : la preuve est en que je rédige toutes mes œuvres, á main levée, comme si c'est le néant qui me les dicte en silence.

Il est tout de même vérifiable que loin de me montrer celui que je crois être par mon comportement et ma parole, á savoir le Dieu Tout Puissant en chair et en os, je mène une existence plutôt malheureuse comme si le bonheur absolu dont je parle, réside bel et bien dans une vie paisible et tout á fait simple: la preuve en est que je me sens pleinement heureux, alors que je n'ai même pas un travail salarié.

Il est tout de même vérifiable que mes relations amoureuses, loin de m'étouffer avec des sollicitations matérielles ou financières, se bornent á m'aimer sans le sou, comme si elles ne cherchent d'ailleurs qu' á m'entretenir avec leur propre argent ou á me montrer que la valeur qu'elle m'attribue regarde uniquement mon intelligence infinie et leur espoir de devenir mes épouses: la preuve en est que je hais les femmes matérialistes et non cultivées.

Il est tout de même vérifiable que mon destin qui est probablement d'assumer mon règne divin éternel dans l'Univers, consiste dès lors á élaborer des projets divins et á les réaliser avec des moyens providentiels, ou avec le secours du néant: la preuve en est que je méprise le travail salarial au bénéfice de mon prétendu "travail divin".

Il est tout de même vérifiable que mon 'travail divin" que je définis comme la clé de ma réussite sociale, reste la cause véritable de la haine que j'endure continuellement de la part de l'humanité : la preuve en est que même mes amis les plus géniaux ne me témoignent pas du respect pour mes travaux de Chercheur autodidacte.

I est tout de même vérifiable que le témoignage de mon intelligence divine que j'ai commence á donner á l'humanité á partir de l'âge de trente ans, m'ordonne comme un savant trop insolite pour être pris au sérieux: la preuve en est que personne ne croit á mes connaissances jugées invraisemblables, á l'heure où nous sommes.

Il est tout de même vérifiable que mon désir permanent de collaborer avec des professeurs de mathématiques et des savants de bonne réputation, est sans arrêt frusté, du fait de mon manque de prétentions universitaires ou de diplômes universitaires, et du fait de mon incapacité á révéler toutes les connaissances mathématiques et scientifiques humaines d'un seul coup, afin de montrer que je les détiens en réalité; ce qui fait dire á mes amis les plus géniaux que je suis contradictoire dans la preuve de mon identité et alors que je ne fais que manquer de temps pour établir correctement lesdites connaissances humaines erronées ou fausses.

Il est tout de même vérifiable que mon incapacité actuelle á établir d'un seul coup tout le savoir mathématique et scientifique humain, révèle la tare identifiée comme la présence d'un démon infiniment idiot et cruel dans le cœur de ma conscience d'adolescence, ce qui m'empêchait de me montrer réellement génial ou surdoué, et que je recelais: la preuve en est que dès á présent que ledit démon est chassé de ma conscience, je peux préciser toutes les connaissances humaines existantes, pourvu que je m'en donne la peine.

Il est tout de même vérifiable que la population terrienne dont la conscience reste affreusement infectée par la communauté puante des démons, n'a pu créer que des connaissances absurdes depuis que les démons décidèrent de décimer l'humanité, jusqu'aujourd'hui: la preuve en est que même Adam et Ève raisonnaient mal sous l'influence de Lucifer qui pouvait communiquer par télépathie avec eux.

**Un poème à vers répétitifs
Lomé, le 22 Septembre 1989**

Le Quatrième Événement : La tromperie de l'Esprit du mal en personne face à l'être humain
(Pourquoi Adam et Eve se trompaient-ils en croyant que Dieu se complait dans l'invisibilité absolue, censée être la forme de vie suprême, ceci par trahison et par méchanceté á leur égard?)

Je croyais que ma présence au sein de l'humanité á partir du 28 mars 1957 est un fait bien raisonnable. Or l'être humain refuse toujours de croire que la forme de vie humaine sublime consiste á exister en chair et en os et pour la vie éternelle.

Je croyais que la possibilité que j'avais de me matérialiser Moè Messavussu pour la vie éternelle, est le véritable salut pour l'humanité aimant Dieu et la pratique du Bien absolu. Or, je n'ai pas encore rencontré un seul être humain qui me donne absolument raison ou qui me prend sérieusement pour le Bon Dieu-fait Homme.

Je croyais que mon pouvoir divin, consistant á ne penser que le déroulement des faits réels et leur réalisation, m'ordonne comme un homme infaillible. Or, tout mon entourage aujourd'hui, me regarde comme un jeune homme qui ne récolte que les fruits amers de ses erreurs passées.

Je croyais que ma volonté divine, ordonnée par moi-même comme le Souhait du Bonheur absolu pour moi-même et pour les hommes et les femmes qui me vénèrent, ferait de moi un homme extrêmement craint des méchants et les méchantes. Or, je demeure le principal victime des êtres humains refusant l'amour de leur prochain, et l'idée de Dieu, invisible ou pas.

Je croyais que mon désir de préparer durant les trente-trois premières années de ma vie sur terre, mon règne divin universel et éternel, consistant á programmer le déroulement de tous les événements universels futurs et á me faire reconnaître par l'humanité comme le présumé « homme éternel » ou l' « homme au destin divin », ferait de moi un homme estimé des gens. Or, j'ai toujours affaire aux médisances et aux mauvais traitements des hommes et des femmes que je prends pour des parents et des amis.

Je croyais que ma vie, que je veux pacifique et orientée par l'amour impersonnel de l'humanité entière, serait admise par les êtres humains comme le modèle de l'existence humaine. Or, nul homme, á ma connaissance, ne m'intéresse particulièrement par son mode de vie.

Je croyais que ma reconnaissance du fait que je me prends á raison pour le Détenteur de la puissance divine [consistant en la connaissance parfaite de toutes les lois et de tous les secrets qui régissent l'Univers visible et invisible et en ma capacité de reproduire sur terre la même technologie qui m'a servi á fabriquer ledit Univers visible et invisible], serait un tort á na réputation d'homme raisonnable et intellectuellement sain. Or je me prouve de jour en jour cette puissance divine qui est mienne.

Je croyais que mon principe fondamental qui consiste à rêver mon identité et celle de tout l'Univers visible et invisible, puis à les matérialiser comme telles, serait la source de mon Bonheur absolu divin. Or, j'assiste impuissant à la vie de ce principe qui m'ordonne comme un objet, c'est à dire comme un être dont l'existence dépend intégralement d'un autre être censé être supérieur.

Je croyais que ma propre réalité qui m'est totalement imposée comme celle de tout ce que j'ai engendré á partir de rien, apporterait un réconfort á ma détresse de n'être maître de ma propre vie et de celle du reste de l'humanité, qu'en idées et jamais concrètement ou en sentiments. Or je n'ai jamais subi de métamorphoses relatives á ma véritable identité qu á l'âge de trente ans conformément á un programme qui me donne pour la Matérialisation absolue de l'Homme éternel á l'âge de trente-deux ans et démi.

Je croyais que je ne pouvais pas me réaliser pleinement et sentimentalement comme le Bon Dieu en chair et en os, étant donné mon incapacité réelle á me sentir tel. Or, je persiste á penser que ledit sentiment sera mien dans les heures qui viennent, puisque j'ai trente-deux ans et deux mois.

Je croyais que je ne réussirais jamais á me sentir comme le véritable Fabricant de toutes les machines outils, de tous les objets célestes divins, et de tous les êtres vivants figurant dans l'Univers visible et invisible. Or je persiste á penser que ledit sentiment sera mien dans les heures qui viennent, puisque tel est mon désir.

Je croyais que je pouvais changer radicalement de manière de sentir les choses et les êtres afin de réaliser une bonne fois pour toute, ma vision divine de la réalité, censée être infiniment pénétrante et lucide. Or je persiste á penser que ledit état d'être sera mien dans les heures qui viennent, puisque tel est mon plus grand désir.

Un poème à vers répétitifs
Lomé, le 30 mai 1989

Le Cinquième Événement : L'incrédulité humaine face à la personne divine
(Pourquoi Adam et Eve se trompaient-ils en croyant que Dieu avait une femme aussi immatérielle et invisible que lui, voire des enfants de la même nature appelés des anges, et que la race humaine est créée par lui dans le but unique de se procurer des divertissements d'origine humaine?)

Mon premier principe qui est de ne jamais mentir, sinon que pour me protéger ou protéger la vie d'une tierce personne, me fait déclarer que je ne suis qu'un homme bien banal en face de tout ce que je suis censé avoir réalisé sous mes formes invisibles. Aussi dois-je me considérer comme le premier témoin de ma toute-puissance divine déjà prouvée.

Mon première qualité qui est de ne jamais jouer avec la vie des autres, sauf s'il s'agit d'un homme ou d'une femme qui se déclare mon ennemi ou qui me veut absolument du mal, voire la mort, me fait avouer que je ne suis qu'un homme bien banal en face de tous ces hommes et de toutes ces femmes, criminels en puissance, et qui ne cherchent qu'à me détruire pour se soustraire á mon empire. Aussi dois- je en permanence faire preuve de diplomatie pour ne pas me bagarrer tous les jours.

Mon premier trait de caractère qui consiste à demeurer fidèle dans mes relations humaines, jusqu'á ce qu'on me trahisse, me fait dire que je suis un jeune homme bien trop complaisant pour prétendre diriger un jour une Nation, voire l'Univers entier. Aussi dois -je faire montre de mes terribles colères pour faire reconnaître mon Autorité et ma force physique.

Mon premier désir d'homme qui est de ne jamais mourir,

même en cas d'accident extrêmement grave ou de guerre atomique, me fait peser que je suis un Africain bien trop naïf pour croire á la transmigration corporelle ou au fait qu'un être humain doué d'un pouvoir spécifique peut dans certaines conditions, devenir subitement invisible en un endroit donné, afin d'apparaître tout aussi subitement en un autre endroit. Aussi dois-je croire, á raison ou pas, que je suis nanti d'un tel pouvoir que je ne peux en ce moment précis encore révèler.

Mon premier condition de l'Homme éternel qui est de me tirer miraculeusement de n'importe quelle situation dangereuse voire mortelle que je vis, me fait admettre que je suis un «gentleman» peu ordinaire pour imaginer qu'un être humain infiniment lucide, peut prévoir n'importe quel danger á venir, et trouver en l'espace d'une fraction infime de temps, les moyens de se tirer d'affaire sans casses. Aussi dois-je obligatoirement avoir une conscience absolue et infiniment claire de mon existence á tout moment.

Ma première volonté d'un type qui se prend, á tort ou á raison, pour le Créateur du Ciel et de la Terre, et qui est de prouver par mon seul être, que je suis effectivement Dieu le Tout-Puissant en chair et en os, me fait croire que j'ai existé, durant mes trente-deux ans et demi passés, comme un être humain merveilleux en train de s'accomplir pas á pas, á mon grand regret d'ailleurs, puisque je désire être Dieu, un point, un trait. Aussi dois-je envisager réaliser totalement et parfaitement, au moins, mon talent divin de séducteur d'hommes et de tombeur de femmes á l'instant ou j'écris ces vers.

Ma première vérité de mathématicien, qui consiste á admettre que l'être humain qui est ma créature propre, ne peut, en aucun cas, prétendre être plus intelligent que moi, puisque je l'ai réalisé infiniment moins judicieux et moins créatif que moi, me fait établir que l'intelligence humaine se définit par la capacité que recèle l'être humain á comprendre tout ce que Dieu a fait, tandis que la mienne se définit par ma capacité á créer á partir de rien, tout ce qui existe. Aussi dois-je croire que mon identité réelle réside en l'identification parfaite de toute la réalité, de moment en moment.

Mon premier sentiment d'homme politique, qui est de penser que je ne devrais, en aucune condition, donner la mort á un adversaire politique, quel que soit son degré d'opposition á mon égard, hormis le cas virtuel ou ledit opposant politique désire ardemment me donner la mort pour le simple fait de mes idées politiques, me fait donner l'ordre humain régnant comme criminel et indigne d'exister. Aussi dois-je me préserver en permanence contre la brutalité humaine en faisant comprendre pacifiquement, et en tout moment á l'être humain que je ne lui veux du mal qu'en cas de méchanceté á mon égard et la mort qu'en cas de désobéissance á ma loi divine, consistant pour l'être humain, á donner la mort á son semblable afin de se soustraire á son empire.

Ma première envie quand je me trouve en présence d'une femme, qui est de retrouver en elle, toute la dignité humaine consistant pour la femme á témoigner sa gratitude pour son plaisir permanent qu'elle éprouve á la vue un bel homme, fort et intelligent, me fait dire que je ne croirai jamais á la bonté de la femme, qu'à la condition que cette dernière soit effectivement désirée de l'homme qu'elle a en face d'elle. Aussi dois-je me méfier en permanence des femmes dont je n'éprouve nullement envie de faire l'amour, parce qu'elles ne sont pas des déesses.

Mon premier penchant d'homme amoureux qui est de désirer en permanence faire l'amour avec la femme que j'aime, me fait dire, que je compare volontiers le corps de la femme amoureuse á une montagne de douceur et de volupté que rien n'égale au monde. Aussi dois-je avouer que l'amour n'a de sens que dans la mesure où on le pratique charnellement.

Mon premier défaut d'homme amoureux qui est de ne chercher qu'à monopoliser la femme aimée puisque je suis très jaloux en amour, me fait dire que le polygame terrible que je suis, refuse absolument d'être cocu. Aussi dois-je avouer avec peine que je rejette toujours définitivement la femme qui a cessé de m'être fidèle.

Ma première vertu d'homme amoureux qui est de souhaiter avoir quatre enfants de chacune des femmes que j'aime, me donne pour le père de quatre cent millions d'anges dans les cent mille ans qui viennent. Aussi dois-je considérer que mes cent millions de déesses futures formeront avec moi-même, mon immense foyer divin domicilé éternellement dans mon Château-Fort en or, céleste.

**Un poème à vers répétitifs
Lomé, le 2 Octobre 1989**

Le Sixième Événement : L'être humain défini comme une reproduction unitaire divine
(Pourquoi Adam et Ève se trompaient-ils en croyant que la condition humaine résidait dans l'ignorance quasi-absolue que l'être humain a de l'univers dans lequel il vit, et de Dieu le Tout-Puissant qui est censé être son Créateur ?)

Je définis la condition humaine comme étant l'émancipation du Dieu en chair et en os, on ce sens que je me réalise pleinement en faisant l'amour avec les femmes que j'aime et en gagnant ma vie par mon travail quotidien.

Je définis la condition humaine comme étant l'ennoblissement du Dieu en chair et en os, en ce sens que je me rehausse par ma profession qui consiste á concevoir mes projets divins et á me forger, á partir de rien, des moyens personnels pour les réaliser.

Je définis la condition humaine comme étant la gratitude du Dieu en chair et en os envers « x » pour le fait que je détiens toute la puissance intellectuelle et morale qui est mienne et qui semble me définir comme Dieu, c'est á dire l'Être immortel incréé, Origine et Source de l'Univers créé et de la vie.

Je définis la condition humaine comme étant la reconnaissance du Dieu en chair et en os du fait que celui-ci reste tributaire du reste de l'humanité pour sa réalisation de l'Édifice du Bonheur absolu.

Je définis la condition humaine comme étant la pratique constante du Bien absolu, sous peine de se rendre mortel et temporel, ce que témoigne Dieu en chair et en os.

Je définis la condition humaine comme étant le refus absolu

de la mort, de la criminalité et du suicide [ce que témoigne Dieu en chair et en os], á cause de l'orientation générale de sa conscience qui l'oblige á être infiniment bon et généreux.

Je définis la condition humaine comme étant la similitude de destin que je présente avec mes déesses en chair et en os et qui consiste á instaurer et défendre l'Ordre divin, révélé comme la reconnaissance par l'humanité du fait absolu que je suis le Bon Dieu fait Homme.

Je définis la condition humaine comme étant la reconnaissance humaine du fait que Dieu-le Père aurait été mystérieux jusqu'à l'absurde, pour avoir décidé de se métamorphoser en un jeune homme noir et africain nommé Moè Messavussu, au risque de paraître ridicule pendant les trente-trois premières années de sa vie, á l'humanité.

Je définis la condition humaine comme étant le Symbole du Dieu en chair et en os, consistant á ce que je ne crois que ce que je conçois et que je ne conçois que ce qui existe ou que j'ai déjà fait ou que je ferai.

Je définis la condition humaine comme étant le refus humain de croire que je suis Dieu le Tout Puissant en chair et en os, sauf dans le cas ou je lui aurais prouvé absolument une telle affirmation.

Je définis la condition humaine comme étant le refus humain de me considérer comme l'Homme éternel excepté dans le cas où je redeviendrai, au moins, aussi lumineux que je le fus pendant un laps de temps, á Paris.

Je définis la condition humaine comme étant le refus humain de m'honorer comme l'«homme au destin divin» excepté dans le cas où j'aurais réalisé, au moins totalement toute ma Technologie divine sur Terre.

Un poème à vers répétitifs
Lomé, le 20 Octobre 1989

Le Septième Événement : Le mode de communication entre Dieu et l'être humain
(Pourquoi Adam et Ève désiraient ardemment voir et parler avec Dieu dont ils eurent dans leur rêve commun une vision très claire comme un homme de teint noir et de cheveux crépus, de taille moyenne et d'une jeunesse éblouissante?)

Je désire ardemment rencontrer mes dix-sept mille deux cent déesses en chair et en os, habitant actuellement la ville de Lomé, repérable par leur beauté sublime et leur intelligence cent fois supérieure á l'intelligence humaine.

Je désire ardemment, mises á part Reine et Léa établir des relations amoureuses sublimes avec les autres épouses potentielles que je recèle á Lomé, et qui, en ce moment même, sont infiniment désireuses de me rencontrer.

Je désire ardemment revoir la très belle étudiante ivoirienne dont j'ai rêvée et que je rencontrai déjà une fois au Centre Culturel Français de Lomé, plutôt négligemment. Puisque ladite superbe jeune femme serait celle qui me donnerait mon premier enfant, si je le désire.

Je désire ardemment considérer Linda comme ma première épouse si elle le veut bien, malgré le fait qu'elle a enfanté déjà une superbe petite fille qu'elle élève d'ailleurs toute seule, et que j'aime enormément.

Je désire ardemment croire que mes craintes incessantes de penser automatiquement que les jeunes femmes qui semblent avoir fait le vœu secret de m'épouser un beau jour et qui me le témoignent en me faisant un clin d'oeil sympathique á chaque fois qu'elles me voient, sont dues au fait que lesdites jeunes femmes sont des déesses, c'est á dire des jeunes femmes passionnément amoureuse de moi et qui ne peuvent trouver leur bonheur conjugal qu' avec moi.

Je désire ardemment ressentir dorénavant mes penchants amoureux comme la première preuve de la nature divine des jeunes femmes en question.

Je désire ardemment dorénavant organiser ma vie affective par télépathie de manière á en finir une bonne fois pour toutes, avec mon isolement sentimental.

Je désire ardemment dorénavant pouvoir ordonner toutes mes déesses actuelles et á venir comme des jeunes femmes qui ne peuvent être heureuses sans me voir et sans faire l'amour avec moi.

Je désire ardemment dorénavant programmer ma vie affective et sexuelle de manière á combler de bonheur toutes mes déesses actuelles et á venir, puisqu' en cela réside aussi mon propre épanouissement.

Je désire ardemment dorénavant pouvoir prévoir et administrer minitieusement les élans passionnels de toutes mes déesses actuelles et á venir, conformément á mes farouches appétits sexuels propres.

Je désire ardemment dorénavant pouvoir conduire mon immense foyer conjugal polygame, indépendamment du souhait de toutes mes déesses actuelles et á venir, de me faire monogame.

Je désire ardemment dorénavant pouvoir témoigner á Ève qui vit toujours dans l'au-delà, qu'elle reste une de mes déesses adorées, et qu'elle devrait revenir sur terre en l'an 2002, comme une merveilleuse Rwandaise.

Un poème à vers répétitifs
Lomé, le 22 Octobre 1989

Le Huitième Événement : La crainte humaine de Dieu
(Pourquoi Adam et Ève se trompaient-ils en espérant éliminer physiquement Dieu quand ils l'auront rencontré, afin de se débarrasser á jamais de l'emprise spirituelle absolue qu'il avait sur eux?)

Je prétends qu'il est absolument impossible á qui que ce soit de me donner la mort, puisque je suis toujours au courant de tous les dangers qui me guettent et de comment je m'ordonne mécanquement pour y échapper.

Je prétends qu'il est absolument impossible á qui que ce soit de m'atteindre par balles, en me tirant dessus même á bout portant, puisque je détruis automatiquement á distance l'âme perfide d'un être humain qui s'apprête á me donner la mort, ce qui rend ledit être humain dorénavant absolument craintif et mécaniquement droit pour le reste de son existence, après avoir renoncé tout aussi mécaniquement et instamment á son funeste projet.

Je prétends qu'il est absolument impossible á qui que ce soit de me battre á mains nues, puisque je définis mon niveau de "Karaté" comme la réalisation de la figure du lion ou l'accomplissement de l'énergie invincible.

Je prétends qu'il est absolument impossible à qui que ce soit d'atteindre mon niveau de réflexe et de calme intérieur nécessaires á tout guerrier, puisque je vis en permanence dans mon état de grâce divin.

Je prétends qu'il est absolument impossible á qui que ce soit de me rivaliser en hypnose, puisque je contrôle mécaniquement la volonté de tous les êtres humains immatériels ou matérialisés et que je peux programmer n'importe quel être humain en chair et en os ou pas, afin de provoquer toutes sortes d'événements de mon choix.

Je prétends qu'il est absolument impossible á qui que ce soit de me rivaliser en magie blanche, c'est á dire en intelligence pure ou en créativité, ou en magie noire, c'est á dire en sorcellerie ou dans l'art de faire intervenir les mauvais esprits ou les démons, les bons esprits ou les âmes, et le Ciel ou l'ensemble des événements et des phénomènes cosmiques, en vue d'atteindre certains objectifs déterminés.

Je prétends qu'il est absolument impossible á qui que ce soit de me rivaliser en envoûtement ou en charme, c'est á dire en l'art de faire infiniment plaisir á un être vivant quelconque, afin d'obtenir de celui-ci des faveurs particulières ou des états d'esprit déterminés.

Je prétends qu'il est absolument impossible á qui que ce soit de me rivaliser en sortilèges ou en malédiction, c'est á dire en l'art de programmer un fâcheux événement quant á une personne qu'on a cessé d'aimer, événement qui se produit immanquablement.

Je prétends qu'il est absolument impossible á qui que ce soit de me rivaliser en l'art de la guerre, puisque par définition, je suis le Créateur de Lucifer qui aurait mis au point les meilleures stratégies guerrières existantes au monde.

Je prétends qu'il est absolument impossible á qui que ce soit de me rivaliser en l'art de commander les hommes ou de diriger un Etat, puisque par définition, nul homme n'est plus influent que le Bon Dieu.

Je prétends qu'il est absolument impossible á qui que ce soit d'être meilleur Prince ou meilleur Meneur d'hommes que moi, puisque par définition la grâce divine, ou la puissance de séduction de Dieu est infiniment supérieure á la puissance de séduction de l'homme ou de la femme.

Je prétends qu'il est absolument impossible á qui que ce soit d'avoir plus d'attrait sur les femmes que moi, puisque par définition, Dieu est le plus beau et le plus fascinant de tous les hommes, bien évidemment, quelque soit leur couleur.

**Un poème à vers répétitifs
Lomé, le 24 Octobre 1989**

Le Neuvième Événement : Le péché humain envers son Créateur
(Pourquoi Adam et Eve, une fois conscients qu'ils reviendront á la vie s'ils venaient á mourir, décidèrent-ils de se donner la mort?)

Je crois que je ne changerai plus d'opinion quant á mon constat de la cruauté humaine á mon égard, pour le fait que je suis conscient d'être Dieu le Tout-Puissant en chair et en os, après trente années d'ignorance totale de cette vérité, et surtout pour le fait que je semble posséder un caractère divin ou infiniment autoritaire, malgré ma misère matérielle actuelle.

Je crois que je ne changerai plus d'opinion quant á mon constat de la jalousie permanente de l'être humain á mon égard, pour le fait que je semble détenir un secret qui me permet de vivre absolument heureux sans le sou et dans le mépris absolu de la considération sociale basée sur la position sociale individuelle.

Je crois que je ne changerai plus d'opinion quant á mon constat du mépris souverain dans le quel me tiennent les gens, pour le fait que je refuse catégoriquement de penser comme eux en tous domaines, en leur présentant toute ma "parabole divine", incroyable pour l'être humain en ce moment même où j'écris ce poème.

Je crois que je ne changerai plus d'opinion quant á mon constat de la haine féroce que nourrissent á mon égard les femmes ordinaires, c'est á dire celles qui ne peuvent jamais être mes épouses parce qu'elles ne sont pas des déesses, pour le fait que je leur parais trop rayonnant et trop intellectuel, voire trop livresque pour leur goût de femmes matérialistes.

Je crois que je ne changerai plus d'opinion quant á mon constat de l'orgueil insolent que témoignent envers moi les tenants et les aboutissants de la technologie humaine ou probabiliste ou du hasard, c'est á dire de la technologie fondée sur les sciences erronées ou fausses des êtres humains, et pour le fait que je produis une totalité de connaissances scientifiques et technologiques qui nie la raison humaine et qui me donne, par la même occasion, comme un savant irréel et incroyable.

Je crois que je ne changerai plus d'opinion quant á mon constat de la lâcheté habituelle que manifestent constamment envers moi les chefs d'entreprise pour lesquels je suis toujours obligés de travailler et qui restent en général mauvais et plein de fausse modestie pour moi, á cause de mon intelligence infinie et ma tenue noble, qu'ils envie.

Je crois que je ne changerai plus d'opinion quant á mon constat du trouble continuel que j'occasionne dans mes entourages professionnels successifs, á cause de ma personnalité divine qui ne peut souffrir de supérieurs hiérarchiques, franchement parlant.

Je crois que je ne changerai plus d'opinion quant á mon constat du calme irréel que je produis dans toutes mes relations amoureuses, amicales ou professionnelles, afin de mener á la perfection et jusqu' á leur heureux dénouement mes discussions et mes négociations, conformément á mon tempérament certes infiniment autoritaire mais aussi infiniment doux.

Je crois que je ne changerai plus d'opinion quant á mon constat des caprices amoureux que m'adressent continuellement les femmes mariées de mes entourages professionnels ou autres, mais qui sont malheureusement des déesses c'est á dire des femmes qui, tôt ou tard, quitteront leurs maris pour venir vivre avec moi puisque c'est le vœu qu'elles font dès l'instant qu'elles me rencontrent.

Je crois que je ne changerai plus d'opinion quant, au constat de l'amertume que je provoque immanquablement dans tous les jeunes couples amis ou parents dont un malheureux hasard a fait que la jeune femme est une déesse, et que cette dernière jure dès l'instant qu'elle m'ait rencontré, de se séparer ou de divorcer de son conjoint, pour venir vivre avec moi.

Je crois que je ne changerai plus d'opinion quant au constat de la joie infinie qui demeure mienne, lorsqu'une déesse, liée ou pas auparavant á un autre homme, me déclare ouvertement sa passion et me sollicite en mariage.

Je crois que je ne changerai plus d'opinion quant au constat de la joie infinie qui demeure mienne, en pensant que je suis Dieu en chair et en os pour la vie éternelle, que mes déesses déjà incarnées le sont aussi pour la vie éternelle de même que celles á venir et le reste de l'humanité déjà incarnée et celle á venir, aimant passionnément Dieu et la pratique du bien absolu.

Un poème à vers répétitifs
Lomé, le 30 Octobre 1989

Thème : L'homme

L'homme

Mémento: La bonté absolue qui caractérise Dieu est, quant á l'homme ou la femme, souvent compromise, du fait de l'incapacité de la conscience humaine d'assujettir absolument les démons ou "Virus parlants" que renferment, pratiquement, toutes les têtes des êtres humains vivants. Cet état de choses a pour conséquences les faits suivants:
Premièrement, l'homme est, tout au long de sa vie, nié comme tel [c'est á dire comme l'Ange ou le Messager de Dieu ou le Porte-parole divin] par le démon présent dans sa Conscience et qui l'invite sans arrêt á faire le mal, voire á donner á ses semblables et á lui-même la mort.
Deuxièmement, l'homme réagit, en refusant de devenir un malfaiteur, voire un meurtrier ou un suicidair; ce qui lui occasionne tout de même une terrible souffrance, puisque « son démon » mécontent le punit en détruisant, peu á peu, toutes ses cellules cérébrales lui assurant les qualités et les fonctions de la "Jeunesse éternelle".
Troisièmement, l'homme ayant, de cette manière, absolument dominé « son démon », demeure impuissant, face á la vieillesse et aux maladies de toutes formes résultant du vieillissement de l'organisme humain.
Quatrièmement, l'homme ne comprenant plus sa Destinée et son Sens, en vient á nier Dieu ou á ne plus croire en la bonté divine.
Cinquièmement, l'homme ne reconnaissant plus en Dieu son Créateur et son "Bienfaiteur", en vient á conclure que Dieu est pour ainsi dire, le premier des "criminels parfaits" et mérite d'être imité par l'homme, comme tel!
Sixièmement, l'homme réduisant ainsi sa sagesse á cette contre-vérité toute simple, refuse catégoriquement de croire á une quelconque vie après la mort et décide de penser que Dieu est mort.

Septièmement, l'homme ainsi livré á lui-même et n'admettant le bonheur que dans la suppression de son prochain, programme alors tranquillement la Fin du Monde á travers ses institutions hypocrites et criminelles.

Huitièmement, l'homme enfin soulagé de son absurdité qu'il a réussi á établir faussement, s'enorgueillit d'être tout de même la créature la plus évoluée et la seule apte á provoquer une terrible catastrophe nucléaire sans précédent sur la Terre et dans l'Univers.

Neuvièmement, l'homme parvenu au comble de son irréalisme amère et de son bonheur absurde ou faux, se complait dans son asservissement par les valeurs du Matérialisme historique, ou de l'Idéalisme misérabiliste, ou du Tiers-Mondisme sophiste.

Dixièmement, l'homme déçu et meurtri, est par-dessus le marché, nié ou rejeté par la femme [qui cherche dorénavant á s'affirmer aux dépends de l'homme, et á s'identifier á la Libératrice et l'Émancipatrice de l'humanité, face á l' homme prétendu violent et oppresseur].

Onzièmement, l'homme finalement détourné de Dieu ou de sa propre bonté naturelle, se définit lui-même comme le Maître incontesté de l'Univers infini qu'il ne maîtrise d'ailleurs toujours pas par ses connaissances.

Douzièmement, l'homme enfin devenu adulte, ou libère de toutes ses superstitions, organise sa vie en fonction de sa profession et ne tolère point ne rien faire du tout.

Treizièmement, l'homme aujourd'hui avec peut-être l'espoir d'une nouvelle Ère pour l'humanité, dont je me fais l'Apôtre voire l'un des principaux Artisans, n'est toujours pas débarrassé de ses plus cruels ennemis, á savoir Lucifer et sa Communauté d'esprits malfaisants devenus des "Virus parlants".

Plaise au Ciel que ma volonté soit faite et que ladite Communauté de démons et Lucifer soient totalement anéantis d'ici l'an 2000.

Plaise au Ciel que mes douleurs, de même que celles du

reste de l'humanité, cessent, comme par miracle, sans délais.

Lomé, le 12 septembre 1989

Le Premier Événement : L'être humain et Dieu
(Pourquoi l'homme ressemble t-il à Dieu ?)

Il est probable que je possède en moi, tous les types de caractères humains ou tous les types d'homme ou tous les penchants humains existants dans l'Univers visible et invisible. La preuve en est que j'ai effectivement ordonné personnellement, c'est á dire, fabriqué de mes propres mains, sous ma forme invisible, toutes les machines célestes, devant réaliser la totalité des Âmes, soit infini hommes et femmes devant constituer l'Humanité immortelle d'ici cent millions d'années.

Il est probable que je détermine sans aucun doute le "bonheur absolu" pour le genre humain, en ce sens que tout être humain créé, qui me prend pour son "Père spirituel" ou son "modèle moral", accède automatiquement audit Bonheur Absolu caractérisé par une félicité infinie et perpétuelle pour ledit être humain, tandis que celui ou celle qui me nie comme l'"Autorité morale suprême" ou comme Dieu, se condamne á souffrir de désespoir et de solitude morale, c'est á dire, se nie lui-même ou elle-même comme Ange ou comme un "protégé de Dieu".

Il est probable que je connais toutes les turpitudes et les tourments de l'homme de condition sociale moyenne, qui se bat pour s'affirmer comme Dieu qui, par définition, est infiniment savant et modeste.

Il est probable que je crains en permanence de paraître moins lumineux ou moins intelligent que je ne devrais l'être, étant donné que je devrais briller comme le soleil, le jour et comme la lune, la nuit et me faire reconnaître par n'importe quel homme ou femme comme possédant effectivement l'in telligence de Dieu.

Il est probable que l'homme que je suis est fondamentalement différent de l'homme normal, puisque je me présente comme la matérialisation biologique ou en chair et en os, d'une "Lumière Céleste", ou "Intelligence éternelle et infinie" ou d'une forme de vie non engendrée et immortelle, dénommée la "Substance immortelle"; tandis que l'être humain normal est la matérialisation biologique d'une "Énergie absolument pure", ou "Conscience libre", ou d'une forme de vie entièrement créée par Dieu dénommée la "Substance humaine". Ce qui m'ordonne comme un homme plutôt dangereux pour l'être humain qui cesse d'être bon envers son prochain et envers moi.

Il est probable que je suis effectivement la forme de vie magique par excellence, ou inexplicable par la raison humaine sinon comme la forme de vie la plus merveilleuse, ou la plus bénéfique á la vie humaine, qui soit, comparativement á l'être humain qui s'admet lui-même comme la forme de vie animale la plus évoluée qui soit, c'est á dire comme une forme de vie qui peut concevoir et réaliser, en toute quiétude, sauf avec la peur du châtiment, le meurtre de son semblable pour des mobiles bassement matériels. Autrement dit, je serais infiniment idéaliste, puisque le matérialisme est infiniment méprisable.

Il est probable que je suis sans aucun doute l'homme le plus déterminé á réaliser l'Unité humaine ou la "Grande Famille Humaine" par la voie du dialogue et de la paix sociale. Or l'être humain refuse toujours de croire au "pacifisme politique absolu", en prétextant que ceci n'est qu'une utopie, par définition impossible á réaliser. Aussi dois-je croire á l'avènement de l'Ère Divine á partir de laquelle, l'histoire me donnera raison.

Il est probable que l'"Ordre politique et moral universel" que je préconise et que je définis comme la Réalisation de l'"Édifice du Bonheur Absolu", n'a guère d'adeptes fervents aujourd'hui que moi seul, étant donné qu'il ne m'est pas permis de créer dans mon pays un tel "Mouvement politique", á cause de la Législation en vigueur. Aussi, dois- je me contenter du « ghetto » politique, en esperant des jours nouveaux.

Il est probable que l'Opposition politique étant interdite à l' heure actuelle dans mon pays, je sois obligé, pour faire connaître mes idées á l'humanité, de ne compter que sur la publication de mes livres. Ce qui me fait dire que le Changement du Monde en Paradis Terrestre, ne pourra être qu' intellectuel et spirituel avant d'être politique voire économique et industriel.

Il est probable que mon espoir de me faire accepter par l'humanité comme le "Dépositaire" de la «Pierre philosophale» ou «Pierre de la Connaissance absolue» et de la "Voie du Salut du genre humain", soit juste et raisonnable. Mais je suis aussi convaincu que cette position ne pourra que m'attirer les pires ennuis á l'avenir.

Il est probable que mon métier multiple divin, consistant pour l'instant á élaborer mes Projets divins et á me forger les moyens matériels pour les réaliser, soit totalement ignoré du monde, mises á part mes activités commerciales du moment. Je regrette que je ne puisse vraiment pas encore révéler ma véritable identité et mes Projets divins au monde, á cause du caractère inachevé desdits projets.

I est probable que je ne présente pas encore tous les signes distinctifs de Dieu. Aussi dois je croire que je suis un homme qui sollicite le Néant pour s'accomplir comme Dieu le Tout Puissant-fait homme, étant donné que je ne trouve encore personne pour me prendre sérieusement pour le Bon Dieu en chair et en os!

Un poème à vers répétitifs
Lomé, le 30 Octobre 1988

Le Deuxième Événement : L'être humain et son dessein sacré
(Pourquoi l'homme se trompe-t-il en se définissant comme un dieu mortel ou le fils de Dieu maudit ?)

Je décide dès á présent de me montrer aux gens comme Dieu, c'est á dire comme un homme immortel qui prêche l'immortalité humaine.

Je décide dès á présent de considérer mes amies ou mes déesses comme immortelles, tout comme mes compagnies, c'est á dire les hommes et les femmes qui m'aiment passionnément et ne cherchent qu á vivre et travailler avec moi.

Je décide dès á présent de penser que je réaliserai magiquement ou miraculeusement tous mes projets divins conformément au calendrier établi, afin de rattraper mes vingt années de retard sur ma réussite professionnelle et sociale [lequel retard est dû á l'action ignoble du plus vil des démons, dénommé «l'esprit noir» qui s'était incrusté dans mon cerveau á ma naissance, et qui m'a rendu très longtemps taré en paralysant en permanence mes facultés de raisonnement et d'attention]. Ledit esprit infiniment malsain vit en ce moment présent, ses dernières minutes, agrippé á mon cuir chevelu.

Je décide dès á présent de penser que toutes mes œuvres musicales et chorégraphiques, théâtrale et cinématographiques dont j'ai programmé la réalisation pour la période allant du mois d'août 1989 á la fin de l'année 1991, me seront révéler intégralement toutes fignolées, afin de gagner tout le temps perdu á tenter d'en rédiger les parties sonores et scéniques.

Je décide dès á présent de penser que je dois absolument

convertir dans les quatre semaines qui viennent mon petit fonds immobilier en un fonds commercial qui me permettra de me doter de tous les moyens matériels pour produire, dans des conditions confortables, lesdites œuvres musicales et chorégraphiques, théâtrales et cinématographiques.

Je décide dès á présent de m'organiser comme l'astre scénique que je compte devenir pour toujours, c'est á dire á assouplir magiquement mon corps, á me doter magiquement de tous les types de voix merveilleux dont j'ai besoin et á préciser magiquement ma beauté physique.

Je décide dès á présent de devenir le « sexe – symbole » le plus merveilleux qui soit, c'est á dire l'homme le plus beau du monde, pour la vie éternelle !

Je décide dès á présent de transformer, durant les heures qui viennent, mon organisme encore bourré de virus, en un corps céleste, c'est á dire un organisme infiniment dangereux pour toutes les formes de virus [et bien évidemment absolument dépouillé desdits virus], pour la vie éternelle.

Je décide dès á présent de m'ordonner pour ne jamais plus contracter de maladies, fut-ce une toux ou une grippe, pour la vie éternelle !

Je décide dès á présent de pendre les gens de mon entourage á témoin devant mon pouvoir magique consistant á asseoir mon charme infini sur le fait que toutes les femmes, sans exception, me désirent et que tous les hommes, sans exception, souhaitent devenir mes amis.

Je décide dès á présent prendre les gens de mon entourage á témoin devant mon pouvoir magique consistant á asseoir mon influence politique infinie sur le fait que l'être humain est toujours absolument d'accord avec mes opinions et mon jugement.

Je décide dès á présent de croire que l'"humanité immortelle" est née, même si les êtres humains continuent de penser qu'ils vont mourir, sans doute parce qu'ils veulent découvrir ce qui existe au-delà de la mort, avant de s'immortaliser un jour en renonçant absolument á faire le mal et en vivant dorénavant dans l'amour de Dieu.

**Un poème à vers répétitifs
Lomé, le 10 novembre 1989**

Le Troisième Événement : l'être humain défini comme l'ange

(Pourquoi l'homme se trompe t-il en pensant être ordonné par Dieu pour vivre douloureusement; ce qui ne serait pas le cas de l'ange par définition immatériel et invisible pour l'homme ?)

Je crains que malgré la possibilité que j'ai d'anéantir, dans les minutes á venir, et pour la vie éternelle, tous les virus qui infectent mon corps et qui m'empêchent d'être pleinement heureux, mes souffrances ne seront pas pour autant totalement éliminées, puisqu'il y aura toujours des sadiques pour me torturer moralement voire physiquement, á moins de rendre l'humanité absolument inoffensive pour elle même, sans délais.

Je crains que la possibilité que j'ai de ressembler dans les minutes á venir, et pour la vie éternelle, á l'image que l'être humain se fait du Bon Dieu éventuellement fait homme, á savoir un être fait de lumière, absolument magique ou dont toutes les volontés sont toujours faites, soit en contradiction avec ma situation sociale et professionnelle d'agent commercial plutôt banal.

Je crains que la possibilité que j'ai de me transformer en une véritable torche humaine, dans les minutes á venir et pour la vie éternelle, ne soit pas une véritable bénédiction, étant donné que je me promène á longueur de journée, á la recherche de nouveaux clientes et clients pour mon établissement commercial dont je ne suis que le directeur commercial et mon le propriétaire.

Je crains que la possibilité que j'ai de me transformer, dans les minutes á venir, et pour la vie éternelle, pour la tenue du pari d'avoir enfin mon cerveau absolument débarrassé, et pour la vie éternelle, des infiniment cruels petits démons parlants, ne soit une véritable grâce, si j'admets que mes déesses terrestres de même que mes compagnies, ne doivent espérer leur propre délivrance que dans les jours á venir, étant donné le temps nécessaire aux exécutions de leurs démons propres.

Je crains que la possibilité que j'ai, de me transformer dans les minutes á venir, en une véritable trappe á démons, vu que les quelques milliers de démons restants en vie dans l'air, souhaitent sacrifier les quelques jours qui leur restent á vivre á tenter de détruire mon cerveau, en investissant celui-ci par vagues successives, soit perçue par les êtres humains méchants, comme un sursis á la peine de mort qu'ils prononcent eux-aussi contre moi, sans raisons, puisque lesdits gens aimant délibérément faire le mal, voire tuer leur semblables, ne me pardonneront jamais d'avoir eu la chance d'être le Bon Dieu en chair et en os.

Je crains que la possibilité que j'ai de me transformer, dans les minutes á venir, et pour la vie éternelle, en un véritable guérisseur miraculeux, qui soigne les malades rien qu'en les regardant ou en les touchant de la main, soit perçue par les mauvais hommes et les mauvaises femmes comme un bien piètre avantage pour eux, puisque j'écarte automatiquement de moi les gens qui se considèrent mes ennemis ou qui s'ordonnent des criminels.

Je crains que la possibilité que j'ai de me transformer, dans les minutes á venir, et pour la vie éternelle, en une véritable "illumination", [c'est á dire, un être vivant qui transmet á toutes les personnes qui le vénère, la paix absolue et le sentiment d'être pleinement heureux quelque soit la fortune que l'on a], ne soit perçue par les gens de mon entourage qui me détestent, pour des raisons que j'ignore, comme quelque chose qui ne les regarde pas, puisque lesdites viles personnes s'excluent automatiquement de ma grâce, á cause de leur état d'esprit malsain envers moi.

Je crains que la possibilité que j'ai, de me transformer, dans les minutes á venir, et pour la vie éternelle, en un véritable "Symbolisme vivant", [qui pose sa propre réalité comme la Source de la vie éternelle et comme la Machine á produire le "bonheur absolu" pour les bienheureux et la misère morale, voire les supplices et la mort pour les criminels ou les ennemis de Dieu], ne soit perçue par lesdits ennemis de Dieu, comme un affront á leur propre dignité d'hommes et de femmes qui s'imaginent les Maîtres de la destinée humaine.

Je crains que la possibilité que j'ai de me transformer, dans les minutes á venir, et pour la vie éternelle, est un véritable "totem vivant", [c'est á dire un être magique qui accorde á tout être humain qui remplit certaines conditions divines données – á savoir la passion pour le Dieu vivant, l'amour du prochain et le goût absolu de la pratique du "bien absolu"], l'immortalité et la grâce suprême d'être un Ange, ou d'être passionnément aimé de Dieu, ne soit perçue par les gens de mauvaise volonté, comme une béatitude qui leur est refusée, puisque je hais les hommes et les femmes qui ne me respectent pas.

Je crains que la possibilité que j'ai de me transformer, dans les minutes á venir, et pour la vie éternelle, en un véritable "magma biomagnétique" comparable aux sables mouvants, pour toutes les figures de bactéries qui se hasarderont á s'immiscer dans mon organisme, ne m'ordonne pas pour autant comme le jeune homme immensément fortuné que je désire être á cet instant précis où j'écris ce poème!

Je crains que la possibilité qu j'ai, de me transformer, dans les minutes á venir, et pour la vie éternelle, en une véritable "Caisse d'épargne" pour les femmes fortunées qui m'aiment passionnément et qui font absolument confiance en ma vertu divine d'homme d'affaires intègre et perspicace, ne me positionne plutôt comme un "Don Juan" á abattre!

Je crains que la possibilité qu'j'ai, de me transformer, dans les minutes á venir, et pour la vie éternelle, en une véritable Banque d'affaires qui se spécialise dans les activités commerciales et industrielles propres á promouvoir mon développement, á savoir pour les dix ans á venir, l'institution des sociétés : Achat Transatlantique et Transit (A.T.T.)- S.A.R.L., Groupe d'Intérêt Promotionnel (G.I.P)- Lomé pas cher ... Afrique pas chère...,Arts Graphiques et Publicité, Elégance Noire -Conseil en recrutement, Afrique-Agrumes, Afrique-Maraîcher, Afrique-Volailles, Afrique-Grains, Afrique Viandes, Afrique- Poissons, le Fonds de financement de la Compagnie de Dieu (spécialisé dans la production de spectacles, de disques, de cassettes et de cassettes-vidéo, et de la production cinématographique, littéraire et artistique), le Fonds de Financement du Centre de Recherche Aéronautique et Spatiale du Togo , le Fonds de Financement de MESSAVUSSU INDUSTRIES, les Assurances MESSAVUSSU, la Caisse de Sécurité Sociale MESSAVUSSU, les Mutuelles MESSAVUSSU et enfin la Compagnie Immobilière MESSAVUSSU, ne soit perçue par les "mauvaises langues de toutes espèces", comme un rêve plutôt irréalisable!

Un poème à vers répétitifs
Lomé, le 2 Décembre 1989

Le Quatrième Événement : La femme en tant que complément de l'homme
(Pourquoi l'homme se trompe t-il en croyant ne pas avoir de sens hors de la femme, censée être sa corruptrice ?)

La première idée que je me fais de la femme, est qu'elle doit rester éternellement indépendante de mon bonheur, en ce sens que mon véritable Sens réside dans ma réalité d'écrivain et de Savant autodidacte et ma joie de vivre dans ma réalité d'Homme public miraculeux et de fabricant non moins miraculeux d'appareils et de "situations historiques".

Le premier sentiment que j'éprouve face á la femme est que cette dernière ne doit en aucun moment influer sur mon destin, en ce sens que je n'ai effectivement commencé á me sentir Dieu le Tout-Puissant qu á partir de l'instant où j'ai cessé de considérer les "déesses" qui m'entourent comme devant obligatoirement vivre avec moi ou me tenir compagnie.

La première possibilité que j'offre á la femme qui me déclare son amour, et que je considère d'office comme une déesse, [vu que la femme ordinaire me hait ou me craint], est de s'intégrer á mon existence comme une de mes Amies légitimes, puisque je compte sincèrement me lier officiellement avec toutes mes cent millions de déesses existantes!

Le premier désir que j'éprouve envers une femme dont je suis effectivement amoureux, est de l'affecter á un poste imaginaire dans une de mes Affaires divines á venir, puisque j'organise ma vie professionnelle, largement en fonction des aptitudes professionnelles et des goûts des femmes qui m'aiment.

Le premier sentiment que j'inspire á une déesse qui me ren

contre pour la première fois, est de me prendre le plus vite possible pour son fiancé, quitte á s'occuper elle-même de tous les frais que ces manifestations occasionnent, puisque je ne gagne pas encore de l'argent et hais infiniment de servir un patron.

La première idée qu'une déesse qui me rencontre pour la première fois, se fait de moi, est de me prendre pour la matérialisation du Dieu du Ciel en personne, qui aurait en effet décidé de se faire Homme pour une fois, afin d'accomplir certaines œuvres capitales pour la race noire et africaine, ce qui n'est pas le cas de la femme ordinaire qui se borne á me prendre pour la matérialisation d'un Ange du ciel.

Le premier espoir que me donne une déesse qui me rencontre pour la première fois, est de persévérer dans la voie providentielle de ma propre réussite sociale, contrairement á la femme ordinaire qui me considère comme un râté et un écrivain sans le sou, et qui me déprime.

Le premier sens que je donne á ma liaison avec une déesse, est de me doter d'un pouvoir de conquérir l'estime des hommes qui s'imaginent tous que je suis simplement le plus grand génie de tous les temps, ordonné par le Bon Dieu pour laisser ses puissantes empreintes sur le début du vingt-et-unième siècle, [exceptés mes amis qui pensent que je représente toute la volonté et toute la pensée de Dieu sur terre, sans pour autant être Dieu en personne]!

Le premier jugement que je formule quant aux femmes qui agrémentent ma vie [plutôt pauvre] actuelle, est qu'elles me vénèrent uniquement parce qu'elles me trouvent beau et intelligent, contrairement aux femmes ordinaires qui m'estiment plutôt trop noir pour être vraiment beau et trop peu diplômé pour être qualifié d' intelligent!

Le premier jugement de Violette quant á ce qui me concerne, est que je suis vraiment trop peu exigeant et peut être trop peureux pour l'avoir laisser me quitter pour un foyer conjugal sans un réel intérêt pour elle.

Le premier jugement de Ginette quant á ma façon de courtiser une femme dont je suis amoureux, est que je suis sans énergie devant une femme mariée mais passionnément éprise de moi!

Le premier jugement de Mireille quant á l'idée que je me fais de ma propre dignité, est que je suis trop méchant envers les femmes ordinaires qui, par définition, sont matérialistes, mais qui ont eu la malchance de tomber amoureuses de moi, puisque je refuse catégoriquement de donner mon affection auxdites femmes.

Un poème à vers scellés
Lomé, le 20 Décembre 1989

Le Cinquième Événement : L'être humain défini comme une machine-outil divine

(Pourquoi l'homme se trompe-t-il en envisageant maîtriser l'Univers sans la contribution personnelle de Dieu, censé invisible et absolument inconnu de l'homme?)

Je suis un homme qui pense qu'il est l'incarnation de Dieu le Tout –Puissant, le Fabricant de l'Univers physique et sensible et de la Vie éternelle. Voilà pourquoi, j'organise ma vie, pour prouver cette vérité absolue, d'ici l'an 2010, en reproduisant sur la terre, á partir de rien, ma Technologie, qui doit me permettre de maîtriser absolument ledit Univers physique et sensible et ladite Vie éternelle.

Je suis un homme qui s'imagine qu'il est éternel et immortel et qu'il peut rendre éternels et immortels tous les hommes et toutes les femmes qu'il aime passionnément par la seule magie de sa Pensée. Voilà pourquoi, je prévois la transformation de la terre entière en une planète merveilleuse ou divine d'ici l'an 2210.

Je suis un homme qui croit foncièrement qu'il est celui qui détient tous les secrets et tous les mystères de la Vie éternelle et de l'Immortalité. Voilà pourquoi je révèle que nul être vivant dans l'Univers visible et invisible n'a le pouvoir de rendre un être humain éternel et immortel, sauf moi, puisque le néant qui ne saurait être une personne, n'existe que par ma pensée, c'est á dire, est effectivement rien.

Je suis un homme qui pose sa propre réalité primitive et première comme rien ou le néant et sa propre réalité actuelle et finale comme rien ou le néant. Voilà pourquoi je révèle que Dieu signifie le néant ou rien qui existe.

Je suis un homme qui prétend que l'Espace sans bornes,

ni limites qui contient l'Univers physique et sensible fabriqué par Dieu, est également une fabrication divine. Voilà pourquoi, je révèle que tout ce qui existe est créé par Dieu ou le néant ou rien qui existe.

Je suis un homme qui se présente á l'humanité comme le « nombril de l'Univers » en ce sens que je crois avoir programmé la totalité des événements qui se déroulent dans l'Univers, depuis Adam et Ève, et pour la totalité du Temps. Voilà pourquoi je révèle que je suis le Fabricant de l'Histoire universelle en cours.

Je suis un homme qui se définit comme le Président pour l'éternité, [á moins que la volonté populaire universelle en décide autrement], de la République de l'Univers qui admet pour Capitale Lomé. Voilà pourquoi je révèle que mon Peuple [qui ne saurait être que l'humanité toute entière et qui est présente non pas seulement sur la terre mais aussi sur un certain nombre d'autres planètes dans l'Univers], me distingue, par mes compétences divines, sauf erreur, comme le plus grand Génie politique de tous les temps.

Je suis un homme qui se prédestine á la Souveraineté universelle éternelle, puisque je veux absolument être reconnu par l'humanité toute entière comme le Bon Dieu en chair et en os. Voilà pourquoi je révèle que mon véritable Trône est Céleste ; c'est á dire que le simple fait que je vis, m'ordonne comme Dieu le Tout-Puissant, le Roi au Pouvoir absolu et silencieux.

Je suis un homme qui se prépare á apparaître en définitive á l'humanité, comme l'être vivant qui l'a fabriqué, en ce sens que j'ai réalisé personnellement, sous ma forme immatérielle et invisible, le Processus éternel qui doit produire mécaniquement, la totalité des hommes et des femmes que j'ai programmés figurer dans l'Espace-Temps éternel. Voilà pourquoi je me suis programmé un Homme en chair et en os- fait de lumière.

Je suis un homme qui symbolise la Paix et l'Harmonie universelles, en ce sens qui je hais la guerre, la discorde entre les êtres humains et la "Discorde prométhéenne" c'est á dire le désordre produit dans l'Univers par l'ambition humaine niant Dieu. Voilà pourquoi, je supprime dorénavant á l'être humain sa liberté organique qui s'opposait á ma Volonté divine, tout comme au Cosmos, sa puissance de travail libre qui me nuisait, tout comme au reste de l'Univers créé, sa propre maîtrise sur ma destinée, ce qui détruisait ma puissance de séduction auprès des hommes et les femmes, et tout comme á l'Espace sans bornes ni limites, sa capacité de me suggérer des idées, ce qui troublait ma lucidité et mon sens de commandement. Voilà pourquoi, je révèle que tout être vivant organique ou inorganique que je refuse est automatiquement condamné á disparaître de la Création de même que toute son espèce.

Je suis un homme qui préconise le Libéralisme pacifiste ou "Moèvisme" comme le Parti du salut universel, c'est á dire qu'j'institue magiquement dans mon pays, le Togo, le Parti libéral pacifiste togolais Porte-parole de ma Culture et ma Civilisation définies comme l'Ère éternelle du Dieu-fait homme et de la Réalisation de l'Édifice éternel du Bonheur Absolu de l'homme. Voilà pourquoi, j'invite á la sagesse politique, les Autorités gouvernementales de mon pays, afin que les Pourparlers en vue de l'institution dudit Organisme pacifiste se déroulent sans tragédie.

Je suis un homme qui pense qu'il ne mourra jamais de même que les hommes et les femmes qui ont une foi absolue en moi. Voilà pourquoi, je révèle que ma Justice divine se passe d'armes humaines, pour infliger les châtiments aux criminels et aux êtres vivants mortellement opposés á moi.

**Un poème à vers répétitifs
Lomé, le 22 Décembre 1989**

Le Sixième Événement : L'immortalité humaine en question
(Pourquoi l'homme se trompe-t-il en idolâtrant Jésus-Christ, censé être le Sauveur de l'humanité, alors que l'Enseignement de ce dernier niait l'immortalité et l'éternité de l'homme en chair et en os?)

Il est vrai que durant toute l'existence de Jésus-Christ, j'ai séjourné quelque part, sur le "Mont Sinaï", sous une forme invisible, donnée comme un homme de taille moyenne, en une argile Céleste infiniment noire, dénommée l'"Énergie de la transmigration".

Il est vrai que durant toute l'existence de Jésus-Christ [qui symbolisait pour le Peuple Hébreu le "Messie", étant donné que ledit Peuple attendait de Jésus-Christ qu'il délivre, par des moyens divins le Pays Hébreu du joug des Etrangers, en l'occurrence les Romains], j'étais tenu sous la triple obligation, de me débarrasser de ce qui fut mon derner corps avant mon incarnation deux mille ans plus tard, deuxièmement de réaliser á la place de Jésus-Christ tous les miracles de sa vie, et troisièmement de veiller personnellement sur Marie qui était en permanence menacée de mort.

Il est vrai que durant toute l'existence de Jésus-Christ, j'étais sans cesse sollicité par les Hébreux qui priaient continuellement Jaweh de renforcer l'énergie vitale de Jésus-Christ, afin que ce dernier arrive á mettre sur pied une "Armée de libération" du Pays Hébreu.

Il est vrai que durant toute l'existence de Jésus-Christ, je m'étais présenté á l'humanité comme le Créateur de l'Univers visible et invisible, et le Père céleste de Jésus-Christ, un être vivant absolument invisible des êtres humains, mais absolument omniprésent, et déterminé á soutenir spirituellement et physiquement Jésus-Christ dans l'accomplissement de son Destin.

Il est vrai que durant toute l'existence de Jésus-Christ, j'ai eu á venir deux fois jusque parmi ses apôtres et lui-même, absolument invisible d'eux, [la première fois lorsqu'il s'agissait de changer l'eau en vin, que j'ai réalisé en convertissant les molécules d'eau de pluie, dont était remplie la grande cruche á vin et dont se servaient Jésus-Christ et ses apôtres, en acétate de vinyle pur liquide grâce á mon puissant fluide vital; et la seconde fois lors de la "Pêche miraculeuse" que j'ai réalisée en drainant les bancs de poissons de leurs cachettes jusque dans les filets des apôtres et de Jésus-Christ.

Il est vrai que durant toute l'existence de Jésus-Christ qui enseignait aux hommes et aux femmes que l'essence humaine réside dans le martyr humain pour le règne divin du Christ á venir [lequel règne divin consiste á la réincarnation de Jésus en vue d' instituter son Empire chrétien basé sur l'Église chrétienne éternelle et universelle, et définie comme le Salut pour l'humanité mortelle qui renaît après la mort pour une existence immatérielle et éternelle après du Père céleste hypothétique qui serait probablement Lucifer ou l'Esprit du mal en personne, puisque ce fut ce dernier qui dictait sournoisement á Jésus-Christ un tel Enseignement], je n'avais pas cessé de conseiller á Jésus-Christ, par le biais de sa mère Marie ma Parabole qui donne l'être humain pour le véritable "Ange du Ciel" en chair et en os qui deviendra immortel avec l'avènement de mon Ère qui débutera 2000 ans après la naissance de Jésus-Christ. À noter que Marie qui trouvait sa propre consolation et sa joie de vivre dans mes pensées, était très appréciée pour ses propres discours publics.

Il est vrai que durant toute l'existence de Jésus-Christ [qui refusait d'admettre l'existence d'un être humain Noir et africain, encore invisible de l'humanité, qui serait Dieu le Tout Puissant-le Créateur de tout ce qui existe], je fus très malheureux de me rendre compte qu'aucun être humain n'admettra, 2000 ans plus tard, que je suis la matérialisation du Bon Dieu, malgré toutes les preuves que j'apporterai á l'humanité, sauf si je devenais éblouissant de lumière pour toujours!

Il est vrai que durant toute l'existence de Jésus-Christ qui croyait que la prétendue Trinité qu'avait inventé Lucifer-le Prince des démons, était la vérité suprême, [puisque ledit Enseignement me niait comme Dieu-le Père á l'avantage de Lucifer et considérait comme le Saint-Esprit, le démon qui s'est incrusté dans le cerveau de Jésus à son baptême et l'âme du "petit Jésus" qu'il détruisit comme le fils qui fut sacrifié], j'étais en permanence tenu de démontrer aux gens de la région que si l'âme du petit Jésus mourut étouffé, il n'en demeure pas moins vrai que j'ai réalisé le "vrai Destin de Jésus de Nazareth" malgré l'opposition absolue dudit cruel et inhumain démon surnommé "le Saint-Esprit", en ce sens que j'ai réalisé tous les miracles que le petit Jésus aurait voulu accomplir puisqu'il les a tous rêvés avant d'être anéanti.

Un poème à vers répétitifs
Lomé, le 23 Décembre 1989

Le Septième Événement : Le choix délibéré de la condition humaine de mortel
(Pourquoi l'homme refuse-t-il d'admettre que son véritable sens et sa réalité propre résident dans son immortalité et son éternité?)

J'en fais le serment que l'être humain que je souhaite immortel et éternel, le devient automatiquement, puisque mes désirs sont donnés comme le "Moteur de l'Histoire universelle".

J'en fais le serment que l'être humain qui me déteste pour une raison ou une autre, perd automatique son humanité, [définie comme la capacité á l'être humain d'être infiniment joyeux et en parfaite santé pour la vie éternelle], puisque mon Pourvoir de contrôle absolu ou d'Administration divine c'est á dire silencieuse, que j'exerce en tout temps et en tout lieu sur la totalité de ce qui existe, passe par la destruction pure et simple de tous les êtres qui me sont allergiques.

J'en fais le serment que l'être humain qui me refuse sa grâce ou qui refuse de m'honorer, devient automatiquement un être désespéré et suicidaire, puisque par définition, le non-respect de ma personne signifie quant á un homme ou une femme, que ces derniers sont pervers et maudits par l'humanité.

J'en fais le serment que l'être humain qui refuse catégoriquement de voir en ma réalité actuelle le Symbole du Bon Dieu [á savoir ma bonté et ma capacité de raisonnement sublime, voire mes multiples découvertes prodigieuses], demeure perpétuellement l'esclave du mode de pensée matérialiste et du principe de l'être humain mortel qui réside en la croyance absolue au fait que tout être humain vivant vient toujours á mourir.

J'en fais le serment que l'être humain qui refuse catégoriquement de croire que je représente effectivement les Principes de la vie éternelle et du Bonheur absolu humain [c'est á dire l'Être humain qui réalise en permanence, par le seul fait de son existence, l'équilibre de toutes les Forces Célestes qui engendrent l'Univers physique et sensible, en ce sens que mon État d'esprit et mon humeur organisent en bien ou en mal le psychisme de l'humanité et l'Ordre inorganique universel], se condamne á une souffrance morale infinie et perpétuelle.

J'en fais le serment que l'être humain qui souhaite ma mort, est donné comme inexistant du point de vue de son âme, dans les heures qui suivent sa funeste détermination [le seul principe le maintenant encore en vie demeurant le battement de son cœur, ou son être biologique, en association éventuellement avec le ou les démons incrustés dans son cerveau et qui le rendent infiniment pervers et horriblement craintif de ma personne].

J'en fais le serment que l'être humain qui prépare secrètement ou pas de se bagarrer avec moi, voire de m'éliminer physiquement par le biais d'une arme ou à mains nues, accède automatiquement á la conscience d'un être humain incapable de faire du mal á une mouche, parce que infiniment peureux de la Colère du Ciel et de la mienne propre.

J'en fais le serment que l'être humain qui me croit mortel et qui se réjouit d'avance de me voir « crever » avant lui, se condamne á une mort violente et accidentelle.

J'en fais le serment que l'être humain qui refuse catégoriquement de reconnaître en moi l'Intelligence sublime, Origine et Source de l'Univers créé et de la Vie ou le Détenteur de la Pierre philosophale ou de la Pierre de la Connaissance absolue, et qui me prend, somme toute, comme un homme en proie á un délire bien incroyable, se condamne á une folie bénigne consistant á ne plus savoir discerner la bonne opinion de la mauvaise et la vérité du mensonge, [puisque me nier revient á nier l'homme de sciences qui ne se trompe jamais, fût-ce á ce stade primitif de l'identification de mes Connaissances.

J'en fais le serment que l'être humain qui pense résolument que je ne réussirai jamais á réaliser mes projets merveilleux, á cause de l'antipathie générale qui m'entoure, met en fin de compte le doigt sur l'impossibilité de collaborer avec ledit entourage, á moins d'arriver á gagner miraculeusement suffisamment d'argent á cette époque actuelle de mon existence, et de préciser le plus rapidement possible les contenus de mes "livres miraculeux".

J'en fais le serment que l'être humain qui pense résolument que je n'apparais point au monde comme Dieu le Tout-Puissant, met en fin de compte le doigt sur mon caractère doux et violent, qui refuse toutes formes de souffrance morale ou physique, et toutes les formes de Pouvoir humain qui me prennent pour un sujet ou un homme identique aux autres hommes, tandis que mon désir est que l'humanité me considère en tout et pour tout comme le Bon Dieu-fait homme.

J'en fais le serment que l'être humain qui m'identifie á juste titre aujourd'hui comme un homme bien ordinaire [sans aucun problème autre que sa réussite sociale qui met trop longtemps á venir], met en fin de compte le doigt sur mon incapacité apparente á devenir absolument lumineux et á m'affirmer sérieusement comme un Savant á l'instant précis ou j'écris ce poème et conformément á mon désir, alors que j'attends fiévreusement la réalisation desdits miracles.

Un poème à vers répétitifs
Lomé, le 24 Décembre 1989

Le Huitième Événement : La raison du doute face à Dieu-fait chair
(Pourquoi l'homme refuse-t-il d'admettre la certitude d'une Ère future ou l'homme devenu enfin immortel et éternel tout comme Dieu en chair et en os, pourra, en association avec celui-ci, réaliser son plus grand rêve, celui d'être le Maître effectif de l'Univers?)

Le souvenir de ma vie passée de Dieu, Créateur de l'Univers, absolument invisible des êtres humains matérialisés et immatérialisés, me fait admettre que ma vie actuelle sous mon apparence définitive de Moè Messavussu, demeure la chose la plus remarquable que j'ai pu accomplir, au regard du fait que je me donne comme l'homme au quotient intellectuel infiniment élevé, au charme infini et á la beauté sublime, des qualités essentielles que je possède depuis toujours.

Le souvenir de mon enfance malheureuse du fait de l'antipathie constante de mes Enseignants successifs et des jeunes filles de mon entourage á mon égard, me fait admettre que mes modes de raisonnement personnels, á partir de ma trente-et-unième année, constituent la preuve irréfutable que je suis, sans nul doute, la Parabole divine-fait chair, ou tout simplement le Bon Dieu-fait homme, qui aurait vécu les trente premières années de sa vie dans l'ignorance totale de sa réelle identité, á cause de toutes les tares intellectuelles occasionnées essentiellement par le Prince des démons dénommé "Lucifer", dans son esprit, durant ladite période de son existence.

Le souvenir des divers schémas mentaux, me révélant les principaux personnages que j'ai joués sous ma forme immatérielle et invisible passée, me fait comprendre que je demeure la forme de vie la plus surprenante qui soit, puisque je me serais auto-fabriqué un homme invisible et immatériel multiforme conformément aux tâches divines historiques que j'eus á accomplir, avant de me réaliser aujourd'hui, [sans l'intervention génitale de mon père], un homme nommé Joseph Moè Messavussu Akué.

Le souvenir de l'homme que je serai les deux décennies á venir conformément á l'organigramme des œuvres artistiques et littéraires, mathématiques et scientifiques que je me force á réaliser, me fait admettre que j'opère dorénavant avec ma toute-puissance divine même si je conçois que je dois nécessairement encore me prouver tous les termes de ladite puissance dans mes moindres actes et paroles.

Le souvenir de mon problème principal quant á ma propre reconnaissance comme le Fabricant Céleste de toutes les machines-outils usitées par l'humanité aujourd'hui, [á savoir mon insatisfaction permanente face á mon incapacité de me déclarer ouvertement á l'humanité que je suis en mesure d'établir, de A á Z, tous les principes de la technologie humaine actuelle], me fait admettre qu'avant l'âge de trente ans" Lucifer" et ses démons m'ont vraiment rendu sublimement taré, et que je ne devenais sublimement intelligent qu'après avoir anéanti ledit "Prince des démons" et ses plus farouches lieutenants, il y a quelques mois de cela.

Le souvenir de ce qu'est ma principale souffrance actuellement, á savoir l'investissement de mon cerveau, par vagues successives, du restant de la Communauté des "Virus parlants" ou démons, me fait croire que ma tête demeure profondément avilie et mes pensées largement discréditées, [puisque celles-ci m'arrivent par lambeaux, comme déchiquetées par l'action perturbatrice des dits "Virus parlants".

Le souvenir de ce que sera ma conscience une fois tous les virus de l'Univers entier anéantis, me fait admettre que je ne me reconnaître probablement moi-même, c'est á dire le Bon Dieu, qu'une fois ce "grand travail" accompli.

Le souvenir de la haine absolue qui m'anime face á l'humanité aujourd'hui totalement orientée par le crime, mis á part mes compagnes et mes compagnons qui refusent á tout moment de me faire du mal et qui font tout pour me plaire, me fait croire que mon Essence réside certes dans ma bonté infinie mais aussi dans le châtiment impitoyable de quiconque me trahit ou me fait injustement mal.

Le souvenir de ma pauvreté insoutenable actuelle [qui consiste á ne pas avoir un emploi salarié comme tout le monde et á ne pas pouvoir convertir instamment mon fonds immobilier propre en argent liquide], me fait croire que Renée, ma belle Gitane brune ou même Yoyo, ma belle Mulâtresse togolaise, voire Monique, ma belle Lyonnaise ou Justine ma superbe "Hand-balleuse" doivent se demander á l'heure actuelle, pourquoi je refuse énergiquement de vendre mon âme á une femme contre son amour protecteur et sa fortune.

Le souvenir de mon premier principe en matière de relation amoureuse qui est de rester absolument fidèle non á la femme aimée, mais au sentiment amoureux que je lui porte, conformément á l'esprit qui reste le mien, me fait admettre que la femme qui sera mon épouse légitime payera sans aucun doute pour la douleur mentale excessive qu'occasionne aujourd'hui comme hier, dans mon esprit, Linda et les autres qui refusent de se donner á moi, parce qu je suis si pauvre "á faire pleurer les femmes"!

Le souvenir de l'espoir que je mets dans la réussite sans délais de mes affaires et dans la réalisation ultra-facile de mes œuvres divines me fait croire que ma vengeance impitoyable contre l'humanité qui me fait aujourd'hui si mal, sera par essence le refus absolu de mon affection á ladite humanité [ce qui équivaut pour celle-ci au désarroi et á l'amertune dans l'abondance matérielle].

Le souvenir de mon ultime décision de demeurer éternellement mauvais pour tous ceux et celles qui me déshonorent aujourd'hui, de près ou de loin [parce que je suis sans emploi, tout fauché, mais me prend pour Dieu le Tout-Puissant en personne], me fait admettre que le jour où je serai milliardaire, je serai aussi radin comme si je n'avais que quelques sous en poche!

Un poème à vers répétitifs
Lomé, le 27 Décembre 1989

Le Neuvième Événement: La raison du refus humain de sa condition angélique

(Pourquoi l'homme peut-il croire sans aucun risque de se tromper, qu'il est la Matérialisation de l'Ange du Ciel et demeure, comme tel, la créature adorée de Dieu, son Créateur?)

Celui qui prétend que l'homme á été conçu avant la femme, et comme "Principe de subordination au Bien absolu et á la Justice", tandis que la femme serait conçue par Dieu comme principe de subordination au Bonheur absolu humain terrestre, me ressemble bien évidemment comme deux gouttes d'eau.

Celui qui s'imagine que je préfère en général la compagnie de l'homme á celle de la femme, se trompe lourdement, car si je hais absolument la femme matérialiste et l'homme méchant, j'adore infiniment la compagnie de mes compagnes et de mes compagnons qui sont en général des idéalistes qui m'aiment passionnément parce qu'ils me trouvent très beau et très intelligent!

Celui qui croit que le Bon Dieu en est pour quelque chose quant á l'état actuel de la corruption humaine universelle consistant á la négation par l'être humain de la Morale ou de la pratique du Bien absolu, et á la passion effrénée des acquisitions matérielles, se goure, puisque chaque homme et chaque femme demeure libre d'être bon ou mauvais.

Celui qui m'identifie au "Père céleste", tout simplement parce qu'il me trouve absolument intelligent et bienfaisant, ne fait en réalité qu'apporter de l'eau á mon moulin, vu que la démonstration ultime de cette vérité serait ma conquête du "Paradis Céleste" puis du Reste de l'Univers visible et invisible, á bord de ma "Flotte Céleste", somme toute, d'ici l'an 2020!

Celui qui craint que l'être humain que je hais profondément pour une raison ou une autre, sera effacé de l'Univers, après sa mort, met bien évidemment le doigt sur ma cruauté extrême envers les hommes et les femmes qui, pour une raison ou une autre, me haïssent profondément.

Celui qui craint que l'humanité actuelle ne soit définitivement perdue, mis á part mes compagnes et mes compagnons qui espèrent leur Salut par ma personne et ma Pensée, ne fait que signifier mon intolérance des hommes et des femmes qui ne se réclament pas de ma "Parabole" ou qui me prennent pour un esprit très malin qui fabule.

Celui qui craint que mon devoir ultime [qui est d'enrayer de l'existence, par ma simple volonté, le Mal et la mort pour l'être humain], ne me conduise á rester impassible et sans réactions devant les ignobles crimes perpétrés par l'humanité, de nos jours, ne fait que signifier ma haine absolue des bagarres et de la violence.

Celui qui craint que mon tempérament d'un homme qui se considère Dieu le Tout-Puissant en chair et en os, ne fasse de moi en définitive, que quelqu'un qui rejette absolument toutes formes de subordination á une autorité humaine, ne fait que signifier la difficulté extrême que j'ai á gagner ma vie actuellement comme un employé quelconque.

Celui qui craint que ma véritable réussite sociale ne réside actuellement que dans l'art que je recèle á instituer une multitude d'Agences économiques, et á me réaliser comme le "Détenteur de la Pierre de la Connaissance suprême", ne fait que signifier mon Destin divin.

Celui qui craint que mon intransigeance á vouloir réaliser un foyer multi-conjugal avec mes compagnes actuelles et á venir, ne m'ordonne en définitive comme un homme rejetté par toutes les religions non Noires et africaines, ne fait que signifier le caractère fondamental de l'homme Noir et africain que je suis.

Celui qui craint que je rassemble á l'heure où j'écris ce poème, tous les attributs divins, ne fait que signifier mon rêve présent consistant á me donner comme un "Vent purificateur" tout puissant et "Toute la Lumière du Ciel-fait homme".

Celui qui craint que je recèle, somme toute, l'incroyable magie consistant á me déclarer Dieu le Tout-Puissant en chair et en os et á le prouver á l'humanité entière, ne fait que signifier l'ultime secret de mon être que je découvris moi-même, á l'âge de 29 ans!

Un poème à vers répétitifs
Lomé, le 28 Décembre 1989

Thème : La femme

La femme

Mémento: Le charme de la femme réside essentiellement dans la grâce ou l'harmonie de son corps. Le corps de la femme éveille chez l'homme un vif sentiment d'origine émotive, caractérisé par un désir de se séparer momentanément de la charge sexuelle et sensuelle née d'une telle vision ou observation, á condition que la femme regardée par l'homme témoigne pour ce dernier de l'amour ou l'envie d'appartenir audit homme. Ce sentiment de vouloir appartenir à un homme est le propre de la femme, en ce sens que cette dernière est ordonnée par Dieu, pour donner son amour á l'homme, [c'est á dire faire comprendre á l'homme qu'elle le veut plus que toute autre richesse au monde]. En échange, l'homme, par rapport á la femme, est ordonné par Dieu, pour être le "mari de la femme", [c'est á dire, que l'homme est programmé pour servir de rempart á la femme et assurer á leur couple et á leur foyer, tous les biens et les choses utiles ou agréables dont ils ont besoin].
Aussi, la femme a donc besoin de "mari" et non d'"amant".
Or, l'amour de la femme pour l'homme, ne s'exprime uniquement par l'acte sexuel, [donné l'acte amoureux á proprement parlé]. Mais, l'expression de ce sentiment d'amour de la femme pour l'homme, ne peut se faire que si la femme se sent aimée de l'homme. Or, le seul témoignage d'amour que la femme attend de l'homme, est que l'homme la demande en mariage. Mais la demande en mariage d'une femme, pour l'homme, n'est pas uniquement une preuve d'amour ou de désir de la femme, mais aussi et surtout, la grâce ultime ou l'honneur suprême que l'homme peut faire á la femme. Ainsi la femme aimée de l'homme peut ne pas être l'objet de demande en mariage de la part de l'homme.

Ce que n'admet point la femme, qui pense généralement l'homme mauvais ou méchant. Cette culpabilisation est, bien entendu, mal acceptée par l'homme qui d'ailleurs, ne fait rien pour changer sa nature. Cette mésentente entre l'homme et la femme signifie que la femme ne peut se donner ou aimer plus qu'un homme dans un même moment; tandis que l'homme peut aimer ou désirer plusieurs femmes dans un même moment, mais ne demander qu'une seule en mariage, ce qui par ailleurs est le propre de l'homme quant á la femme.

Le Premier Événement : Le destin divin de la femme
(Pourquoi la femme est-elle reputée la corruptrice de l'homme?)

Pourrais-je prétendre avoir le contrôle absolu de Linda et de mes autres déesses "Loméennes" ou d'ailleurs ? Je n'en suis pas bien certain; puisqu'elles évoquent toutes, le prétexte de mon manque d'argent et de situation professionnelle respectable, pour ne pas vivre avec moi.

Pourrais-je me déclarer aujourd'hui absolument heureux, vu que je me trouve dorénavant en possession absolue de mon intelligence de Dieu le Tout-Puissant en chair et en os? Certainement pas; puisqu' aucune des jeunes femmes que je désire passionnément, ne s'est donnée corps et âme á moi; en ce sens que je les trouve incroyablement infidèles ou menteuses, voire chapardeuses.

Pourrais-je m'affirmer effectivement Dieu le Tout-Puissant en chair et en os, en cette époque de mon existence où je n'ai pas de quoi entretenir une femme et un foyer ? Je crois sincèrement que non. Et c'est justement une des raisons pour lesquelles je n'ose jamais dire á qui que ce soit que je serais l'Incarnation de l'"Intelligence sublime Origine et Source de l'Univers créé et de la Vie".

Pourrais-je faire croire á quelqu'un, aujourd'hui que je suis bel et bien le Bon Dieu-fait homme, alors même que je présente, d'après les "esprits" matérialistes et vulgaires, toutes les tares d'un homme râté, qui se fait lamentablement "Homme d'affaires" ? Je pense bien évidemment que non. Et j'en meure chaque jour, puisque je reste un célibataire maudit, ou un type qui n'a pas les moyens de sortir les femmes!

Pourrais-je faire admettre á quelqu'un ou quelqu'une, aujourd'hui, que je suis né un "Homme d'affaires magique" qui compte sur les Hommes et les Femmes d'affaires qui l'aiment passionnément dans le monde, pour devenir milliardaire avant l'âge de 40 ans ? À vrai dire, non.

Pourrais-je faire comprendre á tous ceux et celles qui me prennent pour un illusionniste [qui s'illusionne qu'il se réalise le plus grand Savant-Fabricant de machines-outils de tous les temps, une Super-Star prodigieuse du show-business et un Homme politique magique et miraculeux, indestructible et éternel], qu'ils se trompent lourdement ? Je crois sincèrement que non.

Pourrais-je espérer déterminer par ma production artistique, littéraire et scientifique, la plus riche de mes "déesses" ivoiriennes, en ce moment toujours Étudiante á Lomé, á fonder avec moi, dans les six ans á venir, mon foyer conjugal? Je crois que je ne dois m'en douter.

Pourrais-je penser honnêtement que mes multiples liaisons amoureuses actuelles se donnent comme une terrible vengeance que je prends contre les femmes qui ne m'ont finalement, jamais rendu vraiment heureux ? Sans doute, oui.

Pourrai-je dire sans ambages que l'homme que je suis devenu, ne pardonne que très difficilement á un être humain un mal que ce dernier lui aurait fait ? Certainement; puisque j'estime chaque être humain conscient, suffisamment intelligent, pour ne poser que des actes toujours réfléchis.

Pourrais-je décider de faire croire aux gens que toutes les images du Bon Dieu qui peuvent apparaître dans leurs consciences, restent de purs symboles á déchiffrer, en ce sens que les seuls êtres humains qui ont vu Dieu en songe sous mes traits actuels, sont Adam et Ève ? Oui, Puisque ceci est conforme á la vérité.

Pourrais-je donner á croire aux gens que ma force musculaire actuelle est absolument identique á l'énergie physique que je pouvais déployer, lorsque, sous mes multiples formes invisibles, je fabriquai l'Univers physique et sensible ? Certainement oui. Puisque ceci est conforme á la vérité.

Pourrais-je faire croire aux gens que ma voix actuelle n'a jamais varié, depuis la nuit des Temps, même si, sous certaines de mes formes invisibles, je m'efforçais de toujours parler très bas, ou de ne pas parler du tout. Bien évidemment, oui. Puisque ceci reste véridique.

Un poème à vers répétitifs
Lomé, le 29 Décembre 1989

Le Deuxième événement: La femme refusant sa subordination naturelle à l'homme
(Pourquoi la femme refuse-t-elle d'admettre l'homme son supérieur?)

Je formule, en mon âme et conscience, que si l'homme symbolise, somme toute, la force musculaire et la créativité, la femme, en revanche, représente la ruse ou le goût du meurtre avec préméditation et l'insolence envers l'homme qu'elle égale en fin de compte en intelligence.

Je formule, en mon âme et conscience, que si l'ultime secret de l'homme est de se substituer á Dieu sur le Trône universel, tandis que le mien est de prouver á moi-même et au reste de l'humanité que je suis bien Dieu le Tout-Puissant en chair et en os, celui de la femme serait tout simplement de faire échec á l'homme, ou de se prouver que le Bon Dieu n'est finalement qu'une idée dans l'esprit humain.

Je formule, en mon âme et conscience, que le premier principe de l'homme est de se concevoir terriblement malheureux sans la femme, tandis que le mien est de rendre amoureuses de moi mes "déesses" sans pouvoir vivre avec elles, en chair et en os, et celui de la femme serait en fin de compte, de faire de l'homme son serviteur et son esclave.

Je formule, en mon âme et conscience, que le deuxième principe de l'homme est de se considérer l'être suprême [face á la femme censée être son complément, et face á Dieu qu'il finit par admettre irréel, mystérieux et éternellement invisible], tandis que le mien est de me concevoir le seul être humain au quotient intellectuel infiniment élevé et effectivement doté du Pouvoir de l'Invisibilité; et celui de la femme serait de se prendre pour le "bien suprême" que puisse posséder l'homme.

Je formule, en mon âme et conscience, que si le troisième principe de l'homme est d'anticiper sur mon Pouvoir créateur effectif, [en me concevant comme simplement un Être énigmatique engendré par la Providence pour, peut être, libérer la Race Noire et africaine], tandis que le mien est d'induire en erreur mon entourage en me faisant passer pour un Étudiant – Chercheur autodidacte [ayant malheureusement abandonné ses études en France pour venir échoir dans son pays natal, alors même que je suis déjà en possession de la Table des Lois mathématiques qui ont ordonné l'Univers physique et sensible et que j'ai déjà réuni tous les moyens matériels devant me permettre de m'accomplir effectivement comme Dieu le Tout- Puissant en chair et en os]; celui de la femme serait de me considérer comme un homme beau et intelligent mais qui ferait mieux de retourner vivre en France, ou quelque part en dehors de l'Afrique!

Je formule, en mon âme et conscience, que si le quatrième principe de l'homme est de décider tout bonnement qu'il ne me respectera que dans la mesure où je serai devenu riche et prospère, tandis que le mien est de penser ridiculiser l'être humain dès lors que je serai en possession de ma puissance financière; celui de la femme serait de ne jamais comprendre que je ne pardonne jamais á quelqu'un qui m'a trahi.

Je formule, en mon âme et conscience, que si le cinquième principe de l'homme est de se moquer de Dieu en l'acceptant comme le Réceptionniste invisible de ses "prières hypocrites", tandis que le mien est de mépriser souverainement tous les livres saints fabulateurs de l'humanité et toutes les religions existantes aujourd'hui sur terre; celui de la femme serait d'admettre que je paraîs effectivement bien trop "lumineux" pour ne pas vouloir fonder une religion bien á moi, á l'instar de Jésus-Christ.

Je formule, en mon âme et conscience, que si le sixième principe de l'homme est de se proposer un "Chef de guerre" dans la conquête de la Terre et du Ciel, tandis que le mien est de nier toutes les Armées de l'Univers et leur Idéaux, [en ce sens que je me présente comme le Chef d'État Major de l'Armée du Salut universel, une Armée qui sera composée exclusivement de mes Robots-Anges-Gardiens]; celui de la femme serait de me nier comme Détenteur d'une autre nationalité actuelle que la togolaise.

Je formule, en mon âme et conscience, que si le septième principe de l'homme est de se proclamer Dieu en chair et en os, en comparaison avec le Père Céleste qui serait éternellement invisible, tandis que le mien est de démontrer á l'être humain qu'il est tout simplement jaloux en refusant d'admettre ma réalité du Bon Dieu-fait homme; celui de la femme serait de me concevoir bien trop timide, pour celui que je pense bien sincèrement être!

Je formule, en mon âme et conscience, que si le huitième principe de l'homme est de toujours ruser avec moi, [ou de me faire croire á son amitié afin de profiter de ma Gloire, et en attendant de m'anéantir physiquement], tandis que le mien est de jeter impitoyablement dans les "Ténèbres" tout être humain qui me fausse compagnie, voire me trahit; celui de la femme serait de n'aimer, en fin de compte, l'homme que pour le confort matériel que ce dernier lui assure.

Je formule, en mon âme et conscience, que si le neuvième principe de l'homme est, somme toute, d'induire en erreur la femme en lui faisant croire qu'il lui est supérieur en intelligence, tandis que le mien est de m'accepter très malheureux sans vivre avec une de mes déesses; celui de la femme serait de s'admettre anéantie sans l'affection de l'homme.

Je formule, en mon âme et conscience, que si le dixième principe de l'homme et de se plaire, en contemplant la femme son objet ou sa possession, tandis que le mien est d'anéantir immédiatement ou progressivement, par ma magie, tout être humain qui me veut la mort ou continuellement du mal; celui de la femme serait de voir périr tout être humain qui la trahit.

**Un poème à vers répétitifs
Lomé, le 30 décembre 1989**

.Le Troisième Événement : La femme rejetant l'autorité divine
(Pourquoi la femme refuse-t-elle de croire que Dieu est absolument bon et généreux?)

Je vous jure que depuis ma prise de conscience, il y a trois ans de cela, que je serais, sans nul doute, Dieu le Tout-Puissant lui-même, en chair et en os, j'attends impatiemment de me sentir effectivement éternel et immortel, [puisque par définition, ne peut accéder á l'immortalité et á l'éternité qu'un être humain absolument bon et infiniment généreux, des qualités que je recèlerais déjà depuis ma plus tendre enfance]!

Je vous jure que depuis ma prise de conscience, il y a une heure á peine, que Lucifer ou "l'Esprit et le Fait de la Déchéance humaine" et ses créatures, sont á jamais supprimés de l'Univers, du point de vue de leurs actions, j'attends impatiemment de me sentir effectivement le Maître absolu de ma vie professionnelle et de mes déesses, puisque, par définition, je dois me réaliser avant l'âge de quarante ans un Homme d'affaires togolais très puissant, et que toujours par définition, toutes les femmes matérialistes ou vulgaires de par le monde doivent cesser de l'être, á partir de maintenant!

Je vous jure que depuis ma prise de conscience, il y a une minute á peine, que l'homme se sentant libèré du poids du mal, s'ordonne automatiquement comme un être affreusement orgueilleux, j'attends impatiemment de prouver á tout le monde que je suis incontestablement le "meilleur en tout" dans l'existence, en commencent par mon art de démontrer en tout lieu et á tout moment, par mon seul maintien, que je suis bel et bien Dieu le Tout-Puissant en chair et en os.

Je vous jure que depuis ma prise de conscience á l'instant même, que ma haine intarissable pour l'humanité insolente envers moi, ordonne systématiquement la suppression au fil du temps de ladite humanité, j'attends impatiemment de ne plus avoir affaire á aucun homme ou aucune femme irrespectueux envers moi, quitte á ce que ladite humanité maudite par moi, évite á tout moment de me rencontrer physiquement.

Je vous jure que depuis ma prise de conscience, á cet instant précis, que mon tempérament divin, en fait, rejette toutes les formes d'assujettissement ou d'avilissement qui sont le propre des systèmes des relations humaines, j'attends impatiemment de ne plus avoir á demander service á un homme ou une femme sans mon "coup de pied á son cul', une manière de prouver que je peux être aussi le plus méchant des hommes!

Je vous jure que depuis ma prise de conscience, á cet instant précis, que ma situation professionnelle présente tend á faire de moi un quémandeur maladroit et méprisé de ses relations masculines et féminines, j'attends impatiemment le moment á partir duquel l'humanité entière se prosternera á mes pieds ou me demandera l'aumône!

Je vous jure que depuis ma prise de conscience, á cet instant précis, que tout être humain que je maudis pour le mal qu'il me fait, tombe automatiquement sous le couperet de la vengeance divine, j'attends impatiemment le moment á partir duquel j'aurais á pleurer la mort de quiconque me montre clairement son mépris ou sa haine!

Je vous jure que depuis ma prise de conscience, á cet instant précis, que le "Père Céleste" de l'humanité que je pense être, est un homme catégorique et foncièrement autoritaire, j'attends impatiemment le moment à partir duquel tout être humain préfèrera rencontrer un de mes Anges ou une de mes Déesses plutôt que moi-même!

Je vous jure que depuis ma prise de conscience, á cet instant précis, que de n'importe quel endroit où je me trouve et á n'importe quel moment, je peux jeter tous les sorts possibles á un être humain qui se déclare mon ennemi, j'attends impatiemment le moment á partir duquel tout être humain rejettera sciemment et pour toujours son envie de me détruire.

Je vous jure que depuis ma prise de conscience, á cet instant précis, que je peux posséder toutes les femmes qui me plaisent, quelque soit leur situation conjugale, étant donné mon "Pouvoir de séduction" suprême, j'attends impatiemment le moment où je n'aurais plus qu' á désirer silencieusement une femme, pour que cette dernière me court aussitôt après!

Je vous jure que depuis ma prise de conscience, á cet instant précis, que toutes mes imaginations en matière amoureuse comme d'ailleurs en tout, deviennent systématiquement la réalité que je vis, j'attend impatiemment le moment á partir duquel j'aurais toujours effectivement tout ce que je désire!

Un poème à vers répétitifs
Lomé, le 31 décembre 1989

Le Quatrième Événement : La femme croyant à l'Esprit du mal en personne
(Pourquoi la femme refuse-t-elle catégoriquement de croire á la Justice divine ou á un monde sans haine, ni violence?)

Je ne prétends pas qu' á l'heure actuelle, un seul homme ou une seule femme m'identifie, sans moquerie, comme le Bon Dieu; mais je peux affirmer qu' á partir du jour ou j'apparaîtrai, sans équivoques, "luminescent", et que je ferai paraître mes Œuvres artistiques, littéraires et scientifiques, les gens cesseront de me considérer comme un gars somme toute, bien malheureux.

Je ne prétends pas déterminer scientifiquement l'opinion des hommes de sciences qui établissent que le soleil est un phénomène photoélectrique ; mais je crois tout simplement, et sans pouvoir le démontrer encore, que ces connaissances sont fausses; puisque le soleil serait un phénomène thermonucléaire.

Je ne prétends pas identifier tous les Chefs d'État actuels du Monde comme des criminels malgré eux ; mais je pense sincèrement que le "Statu-Quo" est inhumain et les hommes et les femmes qui le servent bien dangereux pour l'humanité.

Je ne prétends pas signifier que la "Technologie humaine" que je qualifie de "savoir-faire de l'homme-singe", recèle toutes les tares de Lucifer-le Prince des démons; mais je confirme tout simplement que je suis en train d'établir, sous ma forme actuelle et définitive, toute la Technologie qui m'a servi, sous mes multiples formes invisibles, á fabriquer la totalité de ce qui existe.

Je ne prétends pas définir ma créativité comme le premier

terme de ma Magie qui m'ordonne comme le seul être qui peut tout faire á partir de partir de rien; mais je réalise tout simplement que l'homme, plutôt insignifiant que je suis aujourd'hui, sera reconnu, avant l'an 2010, par l'humanité entière, comme Dieu le Tout-Puissant en personne, attesté en toute évidence par les technologies sublimes, que je me forge aujourd'hui, á partir de rien.

Je ne prétends pas réinventer, tout seul, le monde; mais je déclare sans ambages que le nouvel ordre économique et humain que je pense engendrer dans le monde d'ici l'an 2200 est la matérialisation de toute ma bonté.

Je ne prétends pas proposer á l'humanité un Gouvernement éternel axé sur ma personne et mon Enseignement; mais je continue à croire que j'ai déjà accèdé á ma Souveraineté terrestre et céleste depuis l'âge de trente ans, ce qui veut dire que je travaille pour réaliser une infinité d'Œuvres immortelles devant célébrer mon règne absolu éternel, invisible de nos jours, dans l'Univers visible et invisible.

Je ne prétends pas, somme toute, être un être tour á tour visible et invisible, selon mon humeur et en fonction des situations vécues, mais je peux m'assurer que je suis indestructible puisque d'après mes rêves, je peux me métamorphoser, pour échapper á n'importe quel danger de mort, conformément á un programme préétabli avant ma naissance en chair et en os, et dont je ne suis pas encore de nouveau pleinement conscient.

Je ne prétends pas préciser mon destin comme le fait pour un homme d'être infiniment heureux, sans argent et sans femmes, mais j'avoue que ledit "Bonheur absolu" réside essentiellement dans l'élaboration de mes Œuvres.

Je ne prétends pas donner toutes les femmes que je désire

actuellement et qui refusent de se donner á moi á cause de ma misère matérielle actuelle, comme des êtres humains qui ne connaîtront jamais plus la joie de vivre sans moi; mais je suis sûr qu'elles doivent toutes penser en ce moment, que je leur ai jeté un bien mauvais sort!

Je ne prétends pas que je n'aurais jamais réussi socialement sans admettre que je constitue tout simplement le seul homme sur terre dont la valeur intrinsèque s'identifie á la Puissance de Dieu, [ce qui veut dire l'art de se plaire sans aucune compagnie]; mais j'affirme tout bonnement que mon grand malheur est d'avoir créer Lucifer-le mal personnifié, ce que je regrette infiniment pour toutes les souffrances qu'il eut occasionnées á l'humanité et á moi-même.

Un poème à vers répétitifs
Lomé, le 1er janvier 1990

Le Cinquième Événement : La femme rejetant l'autorité de l'homme
(Pourquoi la femme croit-elle qu'elle représente l'avenir de l'humanité?)

Si la femme savait qu'elle se définit en fait comme l'être qui se fait chair pour le bon plaisir de l'homme, elle m'en voudra de l'avoir réalisée absolument malheureuse sans l'affection de l'homme.

Si la femme se doute du fait qu'elle ressemble á Dieu, de par sa volonté permanente de toujours plaire á l'homme, elle aura enfin compris que c'est á Dieu, puis á la femme que se destine la grâce ultime de l'homme qui ne pense d'ailleurs qu' á son propre plaisir.

Si la femme se concrétise comme la bienfaitrice de l'homme et non sa corruptrice, elle accède en général, automatiquement á la grâce divine consistant pour elle, á être en permanence joyeuse.

Si la femme se représente, somme toute, la grâce que l'homme lui témoigne, tout comme á Dieu, comme l'incapacité dudit homme á vivre sans elle et sans prier Dieu, elle ne se trompe guère.

Si la femme se rend compte en définitive que Dieu et l'homme cessent de l'aimer ou d'éprouver pour elle de l'affection et du respect, á partir du moment où elle se prostitue ou qu'elle préfère l'argent á l'être humain, elle me trouverait bien dur pour elle [puisque ma loi interdit la prostitution féminine et l'homosexualité masculine et proclame la tolérance et l'amitié entre les hommes, de même qu'entre les femmes, qui sont tenues elles aussi de ne par se livrer á l'homosexualité].

Si la femme réalise que ma loi autorise la polygamie et interdit la polyandrie, sous réserve que ladite loi soit acceptée par la majorité des hommes et des femmes peuplant l'Univers, elle me jugerait sans aucun doute plus ami á l'homme, [qui est par essence bon et doux dans son existence] qu' á la femme qui est par essence dominatrice et violente ou coléreuse.

Si la femme prétendait qu'elle serait á l'instar de moi, l'incarnation du "Libéralisme pacifiste" c'est á dire l'"Idéologie de la Réalisation pacifique du Paradis terrestre", elle ne ferait que mettre le doigt sur mon dégoût fondamental de la bagarre et de l'être humain brutal, ce qui retarde longuement mon engagement décisif dans la vie politique de mon pays

Si la femme se doutait du fait qu'elle n'incarne point l'avenir de l'humanité, du simple fait qu'elle considère que le monde est et restera á jamais un champ de guerres permanentes entre individus, peuples et nations [qui ne peuvent se passer de règlements de comptes sanglants]; elle me trouvera bien utopique ou trop rêveur, puisque je crois qu á partir d'environ l'an 2050 l'être humain. redeviendra simplement un Ange du ciel-fait-chair. C'est á dire une créature infiniment bonne et généreuse tout comme Dieu le Tout-Puissant que j'incarne ou que je suis.

Si la femme n'était pas aussi peu réaliste quand elle affirme qu'avant de penser que je suis le Bon Dieu-fait homme, je dois non pas l'affirmer avant de le prouver, mais le prouver [par exemple en devenant invisible devant et parmi les gens, un nombre incalculable de fois], avant de l'affirmer; elle aurait enfin compris que je me donne, á mon insu, comme Dieu en chair et en os tout en espérant de tout mon âme que je ne me trompe point, puisque ma pensée était tout autre, [c'est á dire celle d'un jeune homme normal aimant profondément le Bon Dieu], il y a trois ans et demi.

Si la femme me prend finalement pour un rêveur terriblement idéaliste qu'il faudrait excuser pour ses prétentions intellectuelles miraculeuses, á moins que je me mette á montrer á tout le monde que je recèle effectivement tous les pouvoirs hypothétiques dont je serais en possession; elle aurait totalement raison, car je ne me demande en fait que de prouver lesdits pouvoirs sans délais.

Si la femme m'autorise á me considèrer en somme comme quelqu'un qui serait en possession de la Pensée divine ou d'une pensée qu' elle croit comme telle, [comme si Dieu le Tout Puissant qui ne saurait jamais être moi, s'amuserait á mon dépend, par méchanceté ou par trahison, en me faisant établir toutes les « conneries" avec lesquelles je confectionne mes manuscrits littéraires et scientifiques que je crains de faire connaître au public; je la mets par contre au défi de ne pas croire que ma phénoménologie existentielle est exactement celle d'un homme qui serait l'incarnation du Bon Dieu.

Si la femme déduit en fin de compte que le Bon Dieu n'existe pas, ou serait un personnage inventé par l'intelligence humaine, je dirais, quant á moi, pour finir ce poème, que je ne crois et ne croirai jamais plus en Dieu, sinon en mes vérités que j'établis par devers moi-même et qu'il me reste á amplement prouver.

UN poème à vers répétitifs
Lomé, le 2 janvier 1990

Le Sixième Événement : La femme refusant le monde tel qu'il est
(Pourquoi la femme croit-elle que le symbole de l'homme, c'est la guerre ou la rivalité armée?)

Je vous en conjure, je ne ferai jamais l'amour á la femme qui me hait [ou qui cherche par tous les moyens á me nuire, par plaisir, parce qu'elle m'identifie á un homme sans le sou et sans grâce professionnelle].

Je vous en conjure, je suis vraiment las de constater que depuis ma venue en ce monde, les femmes qui ont prétendu m'aimer finissent toujours par me laisser tomber définitivement, á cause de mon tempérament très autoritaire ou á cause de mon infortune matériel inné.

Je vous en conjure, je deviens quelque peu anti-humain quand je me rends compte que mon espoir de trouver la jeune femme de mes rêves reste vain en considération de ma misère matérielle actuelle, et qui, hélas, risque de durer longtemps!

Je vous en conjure, je reste très sceptique quant á mon "Bonheur absolu" que je réclame au destin, et qui serait absolument indépendant de ma "fortune infinie future"ou de ma multitude de déesses présentes et á venir.

Je vous en conjure, je deviens silencieusement bien fâché contre l'humanité, quand je réalise que l'homme ou la femme renonce toujours volontiers á Dieu et á la pratique de la "Fraternité universelle", pour poursuivre son propre enrichissement matériel.

Je vous en conjure, j'en suis arrivé á me dire honnêtement que je n'ai plus de Parents puisque je comprends avec amertume que je suis devenu un objet de railleries et de mépris pour eux, et étant donné qu'ils pensent tous que je suis tombé au bas de la "pyramide social" et que je ne puisse jamais plus me relever, sans leurs fausses aides hypocrites et empoisonnées.

Je vous en conjure, je ne peux vraiment plus croire en ma bonté naturelle que j'imagine infinie, si mon pays qui ploie aujourd'hui sous le joug de son Armée nationale, ne devienne pas, comme par magie, le "Territoire fétiche du Libéralisme pacifiste" dont je suis le "Porteur d'idéologie" exclusif.

Je vous en conjure, je crois que je ne peux m'imaginer autre que le "monstre d'amour" á l'égard des déesses que je rencontre et l'homme incroyable qui croit éperdument á tous les axiomes mathématiques qu'il établit inlassablement au fil des jours, que je suis. Or, je rêve aussi de correspondre exactement á l'image et á l'idée que tout être humain se fait de Dieu le Tout- Puissant.

Je vous en conjure, je n'admettrai jamais que l'être humain que j'aurais imaginé puis réalisé comme "Concept d'intelligence et de soumission absolue á ma pensée, celle du dénommé Joseph Moè Messavussu Akué, puisse irrémédiablement devenir mon ennemi mortel dans sa soif de puissance et son appétit infini de richesse matérielle.

Je vous en conjure, á l'heure où nous sommes, je n'oserais prétendre jamais tuer un être humain qui porte atteinte á ma vie, si dans une telle circonstance tragique, je ne devenais invisible, comme il me convient de le dire.

Je vous en conjure, dans la mesure où il ne m'est pas encore été donné la circonstance périlleuse où je deviens instantanément invisible, je ne pourrais prétendre avoir réellement ledit pouvoir magique qu'au vu de ma première prestation dans le domaine dont j'ai la prémonition pour le mois en cours.

Je vous en conjure, puis qu'en fin de compte, personne ne me croira, lorsque j'affirme avoir déjà expérimenté mon pouvoir de l'invisibilité récemment durant mon sommeil, je prévois que ma prochaine démonstration dudit pouvoir se fera en public et en plein jour.

Un poème à vers répétitifs
Lomé, le 3 janvier 1990

Le Septième Événement : La femme dépravée
(Pourquoi la femme rêve-t-elle de dominer l'homme par le biais du mariage?)

S'il m'est permis de me prendre effectivement pour Le Bon Dieu, je crois que je me ferai haïr par l'humanité entière qui déteste souverainement avoir un homme ou une femme qu'elle n'immole pas, au-dessus d'elle.

S'il m'est permis de me prendre tout simplement pour un homme, je crois que je me ferai magistralement détester par la femme qui refuse catégoriquement l'homme supérieurement intelligent et qui par-dessus le marché, est très beau, á moins qu'elle n'asservisse ledit homme par le biais de sa grâce féminine.

S'il m'est permis de m'imaginer une femme, je crois que je me surprendrai en train de vouloir tout le temps supplanter, par le biais du foyer conjugal, [donné comme le principe du bonheur de l'homme], l'autorité dudit homme et l'autorité divine sur la vie humaine, [donnée comme la négation de l'autorité de la femme sur l'homme, laquelle autorité féminine devant se limiter aux enfants].

S'il m'est permis de n'imaginer un enfant, je crois que je me prosternerai devant le vieillard savant et sage qui représenterait á mes yeux toute la bienveillance et la générosité humaines.

S'il m'est permis de me considérer un vieillard, je crois que je serais en tout temps, en admiration devant la Jeunesse identifiée comme la "force physique et mentale de l'humanité", c'est á dire le Symbole de l'Ordre universel ou l'Emblème de la Justice divine.

S'il m'est permis de me considérer un Esprit humain désincarné, je crois que je serais toujours en proie au souvenir tragique de ma mort antécédente, ou de mes morts antécédentes, et au rappel fréquent de mes premiers moments d'existence dans la "Machine á rêver de l'Homme Éternel dénommé aujourd'hui Joseph Moè Messavussu Akué" et enfin au rêve non moins fréquent de mon Peuple et de mon Père á venir.

S'il m'était permis de me considérer un être humain maudit par Dieu ou par l'humanité, c'est á dire un être humain irrémédiablement mauvais ou pervers et absolument destructeur pour son semblable, je crois qu'en ce moment là, je cesserai de croire que Dieu est infiniment bon et je commencerai á savourer le sentiment du Néant, [puisqu' après ma mort je cesserai aussi d'exister comme Âme ou Conscience humaine immatérielle].

S'il m'était permis de croire que mon père [qui fut un Homme politique de première importance au Togo et un grand Historien, n'ait jamais manqué d'affection pour moi alors qu' il s'est toujours douté qu' aucun homme, y compris lui-même, n'ait été á l'origine de ma conception par ma mère], et de croire que le sentiment ferme que j'ai de ma véritable identité, celle du Bon Dieu-fait homme, demeure identique depuis les premières secondes de mon existence en chair et en os jusqu'aujourd'hui, voire en tout temps et en tout lieu; je dirais tout simplement que j'ai toujours manqué de l'affection des êtres humains que j'ai rêvés néfastes á mon grand Dessein de Gouverneur immuable et immortel de l'Univers entier.

S'il m'était permis de me concevoir en effet le Chef immortel et éternel de l'État universel-Chef indestructible de L'Armée du Salut universel-Commandeur Suprême de L'Ordre universel-Génie Suprême de la créativité et du raisonnement-

Maître absolu du Temps et de l'Espace, je dirais en un seul mot que j'admets pour Territoire l'Univers entier, pour Peuple l'Humanité entière, et pour Nation la Grande Famille humaine á édifier par mes propres soins.

S'il m'est de rire aux larmes, quant á la grande farce que j'ai fait á tous les Princes et les Princesses de ce monde qui se considèrent des animaux sacrifiés une fois qu'ils décident d'accéder á leur Souveraineté, je pense en contre-partie que tuer son semblable relève d'une folie irrémédiable, équivalant á la perte intégrale de son Âme ou de sa Conscience, et á laquelle n'échappent que le Bon Dieu et les Anges par définition absolument bons.

Sil m'est permis de dire que seul le Bon Dieu peut tuer impunément un être humain, et dans les cas de ma défense les Anges, puis dans les cas de légitime défense les mêmes Anges, je crois par contre personnellement, que je n'aurais jamais á me battre physiquement et pour l'éternité á venir puisque je n'aurai qu'à me rendre invisible á ces moments tragiques, de même que les Anges.

Un poème à vers répétitifs
Lomé, le 4 janvier 1990

Le Huitième Événement : La femme devenue diabolique
(Pourquoi la femme espère-t-elle asservir l'homme par les valeurs de la "Civilisation de la machine-outil"?)

Je considère que toutes les femmes que je désire, me sont automatiquement acquises, puisque faire l'amour avec moi, devient pour elles une obsession.

Je considère que la femme d'Alfred, Roberta, la femme de Leonard, la femme de mon dernier patron et les autres, souffrent terriblement de ne pas pouvoir dormir avec moi toutes les nuits, puisqu' á chaque fois qu'elles posent leur regard sur moi, je frémis d'envie de faire l'amour!

Je considère qu'il y a trois catégories de femmes sur terre: les Déesses ou mes compagnes actuelles et á venir, qui se distinguent par leur beauté sublime, leur intelligence extraordinaire et leur amour-passion pour moi, les femmes idéalistes ou les femmes prédestinées des Anges, qui sont bien évidemment des Anges á part entière, et qui se distinguent par leur comportement infiniment respectueux á mon égard, leur grande compétence professionnelle et leur fidélité á l'homme aimé, et les femmes matérialistes ou femmes-mères qui se distinguent par leur corruptibilité ou leur attachement exclusif aux biens matériels, et le dégoût qu'elles inspirent á ma personne contrairement aux hommes pervers ou méchants qui les revendiquent.

Je considère que je n'ai pas encore fait la connaissance de la déesse ivoirienne ordonnée par la Providence pour être mon "ombre" pour l'éternité, ce qui explique le fait que j'ai actuellement un grand mal á faire venir vivre une déesse quelconque dans ma demeure actuelle, á mon grand désarroi d'ailleurs.

Je considère que l'essentiel de mon bonheur conjugal actuel, qui consiste en ce que je n'ai pas encore de progénitures á nourrir et que je dispose en même temps de tout une « panoplie » de superbes femmes qui ne désirent qu á devenir mon « épouse légitime », m'ordonne finalement comme un homme qui vit fondamentalement triste alors même qu'il refuse absolument de se considérer tel, soi-disant que c'est infiniment plus agréable d'être totalement libéré de ses multiples compagnes, que d'être enchaîné á un foyer conjugal monogame, voire morose.

Je considère qu'il me sera toujours extrêmement facile de penser et de réaliser le Bonheur absolu de chacune de mes compagnes, en admettant qu'elles constituent chacune, une partie intégrale de mon Foyer conjugal céleste.

Je considère qu'en définitive, vu ma foi présente, je dois me donner les moyens de célébrer la totalité de mes liaisons amoureuses á venir, par le biais de mes Institutions religieuses propres que je baptise « la Religion immortelle de Dieu fait-homme » ou « La Maison Céleste du Verbe-fait Chair pour l'Eternité ».

Je considère que mon "État religieux" que je confonds avec mon "Empire industriel et commercial" ou la "totalité de mes propriétés á venir" ou l'ensemble des institutions sociopolitiques fabriquées par mes soins propres á venir, s'articule autour de l'idée suivante: « Je m'identifie á Dieu le Tout-Puissant, de par la puissance de mon esprit et la totalité de mes actes passés, présents et á venir. Dès lors, ma Volonté suprême est de me faire admettre par l'humanité entière comme tel.»

Je considère que si nul être humain ne m'a pas encore déclaré que je réunis effectivement tous les attributs divins imaginables, je me sens en revanche posséder la totalité desdits attributs, mais á l'état non totalement manifestés!

Je considère que si je n'ai pas encore révèlé clairement le secret de mon identité á qui que ce soit, j'attends en revanche impatiemment le prouver á tout le monde, á tout moment et en tout lieu.

Je considère que ma Civilisation, celle de l'Homme Éternel, axée par ma réalisation dans les décennies á venir du "Paradis terrestre", admet pour commencement, le jour de mes trente ans, le 28 mars 1987, et pour fin le jour de ma mort qui n'aura jamais lieu!

Je considère que mon existence en chair et en os que j'ai voulu unique et finale, recèle pour l'instant une tare: ma condition humaine apparente, et une grâce exceptionnelle: ma condition de Dieu le Tout -Puissant en chair et en os, mais non encore apparente.

Un poème à vers répétitifs
Lomé, le 5 janvier 1990

Le Neuvième Événement : La femme suicidaire
(Pourquoi la femme préfère-t-elle la richesse matérielle á l'homme?)

L'homme que je suis, s'est créé immortel, [puisque la mort signifie la délivrance pour l'être humain aimant désespérément soumettre son semblable, par le biais de la pratique du mal et du meurtre], tandis que la "Vie éternelle" ou l'"Immortalité" symbolise le 'Bonheur absolu" pour l'être humain qui vit á l'image du Bon Dieu fait-homme en ma personne, et consistant á être absolument loyal et généreux dans l'existence.

L'homme que je suis s'oppose férocement á la conduite de sa propre vie par les valeurs humaines essentielles qui sont la réussite professionnelle plus ou moins précoce, une famille bien heureuse et une longue vie prospère; car je prétends que la seule chose qui me tient le plus à cœur, est mon affirmation continuelle et perpétuelle comme Dieu-le Père Céleste en chair et en os, ce qui signifie des qualités, que je montre d'ailleurs aujourd'hui au monde, á peine.

L'homme que je suis, s'ordonne comme la matérialisation en chair et en os de l'Intelligence sublime, Origine et Source de l'Univers créé et de la Vie, c'est á dire un homme de taille moyenne, merveilleusement luminescent, d'une intelligence infinie, et absolument magique, des termes essentiels d'une Puissance qui est á ses débuts de manifestation.

L'homme que je suis, refuse catégoriquement de sortir avec la femme matérialiste que je pense méchante et non sentimentale, tandis que je m'abstiens de toucher á la femme idéaliste ou intellectuelle et ne dors qu' avec les "déesses ou femmes absolument vertueuses".

L'homme que je suis, admet donc trois catégorie de femmes existantes: Les femmes matérialistes, qui prétendent que la vie humaine [qui est la forme de vie suprême, mis á part l'existence de Dieu éternellement immatériel puisque ce dernier serait la Conscience de l'Univers entier tout court], doit se borner á la jouissance illimitée des biens terrestres. Les femmes idéalistes qui prétendent que l'être humain doit en tout temps et en tout lieu chercher á se définir comme "Principe de vie éternelle", á l'image de Dieu donné comme une forme de vie physiquement indéfinissable, mais omniprésente dans l'histoire humaine et universelle. Et les femmes de Dieu en chair et en os en ma personne, qui prétendent que le "Paradis terrestre" ou le monde sans ses maux humains ou providentiels actuels, n'est pas une illusion de l'esprit humain, mais demeure réalisable avec l'aide de Dieu en chair et en os ou pas.

L'homme que je suis s'est fixé comme but ultime de sa Vie en chair et en os, la Matérialisation de sa Toute-Puissance divine, ce qui correspond á un programme de réalisations personnelles, souligné en tous points par le fait que j'apparais au monde éblouissant de toute la « Lumière Céleste. »

L'homme que je suis, se présente, somme toute, comme le seul homme au monde qui, méprisant absolument la force brutale et le vice, s'ordonne la "Foi humaine fait-chair", [vu que je définis deux catégories d'hommes existants : Premièrement, mes amis ou les Anges, donnés comme des génies de naissance ou des hommes aimant passionnément s'affirmer par le travail et la vertu, encore appellés les "Hommes-Mages" ou les "Artisans de la Rédemption universelle"; deuxièmement, les « hommes du caverne » ou les « anges déchus » ou les hommes aimant par-dessus tout dominer l'humanité par le biais de la force brutale, de la trahison et de la perfidie, c'est á dire, en définitive mes ennemis déclarés].

L'homme que je suis, se détermine ainsi comme Pratiquant constant du "Bien absolu" et comme Destructeur perpétuel du Mal que j'ai engendré par fatalité c'est á dire par nécessite historique.

L'homme que je suis, se chiffre par le nombre infini, c'est á dire, se comprend comme Celui qui a engendré la Vie et l'Espace-Temps infini par sa seule pensée, et qui peut reproduire le néant par la même pensée; en comparaison de l'être humain que je chiffre par le nombre sept, c'est á dire, qui se comprend comme le Générateur spontané de l'Ordre universel, et de son contraire le Chaos ou la folie organisée ou la Pratique viscérale du mal; et en comparaison de l'animal qui se chiffre par le nombre dix-sept, [c'est á dire qui se comprend comme le Destinataire de la cruauté humaine spécifique, consistant á tuer des êtres vivants dans le but de les manger] ou comme le "Principe de son auto- acceptation comme être vivant qui meurt pour que vivent les formes de vie supérieures ou comme l'"Objet de l'acte de domestication de l'être humain" consistant pour ce dernier á élever un être vivant dans le but de le plier totalement á ses propres plaisirs; et en comparaison du végétal qui se chiffre par le nombre cent dix sept, c'est á dire qui se comprend comme le "Purificateur de l'environnement biologique et naturel de l'être humain"; et enfin, en comparaison du minéral qui se chiffre par le nombre mile cent dix sept, c'est á dire qui se comprend comme la "Limite supérieure du néant", la "limite inférieure' étant un fluide incompressible dénommé « l'Encre de la Conscience divine ».

L'homme que je suis, n'imagine point se faire le Représentant de l'Humanité toute entière, ou du Peuple Togolais en particulier, mais le Porte-Parole incorruptible des hommes et des femmes désirant par dessus tout, la Réalisation du Paradis terrestre avec pour Capitale éternelle Lomé, ma ville natale, dans la voie du Libéralisme pacifiste, c'est á dire du Dialogue et de la Paix universels.

L'homme que je suis, réalise somme toute son irrépressible penchant capital qui est de se penser le Créateur du Ciel et de la Terre, tout en vivant comme s'il n'était que Monsieur Joseph Moè Messavussu Akué.

L'homme que je suis, confirme en quelque sorte le vieil adage populaire africain : « L'incroyable réalité divine transcende l'intelligence humaine et se donne comme le Lieu de l'ultime Vérité et de la Magie suprême ».

Un poème à vers répétitifs
Lomé, le 6 janvier 1990

**Thème:
L'Éternelle Jeunesse**

L'Éternelle Jeunesse

Mémento: Le cerveau humain peut être défini comme le principe de la Vie éternelle, [en ce sens qu'il est le siége de la Conscience humaine symbolisant la négation de la mort] ou la "Parabole de la Jeunesse éternelle". La conscience humaine est donnée comme l'image de Dieu en chair et en os, c'est á dire le reflet de la Vie éternelle pour tous les hommes et toutes les femmes composant l'humanité. Le reflet de la Vie éternelle pour tous les hommes et pour toutes les femmes composant l'humanité est donné comme un vif sentiment d'origine intellectuelle, ressenti par tout être humain dont le cerveau est débarrassé de l'empire de Lucifer, et qui se caractérise par une joie sans limites et la comprenhension du fait que l'on ne viendra plus á décéder. Ce vif sentiment d'immortalité est le reflet de l'Éternelle Jeunesse.

Le Premier Événement : La conscience humaine et l'immortalité.
(Pourquoi la conscience humaine reflète-elle le désir d'immortalité de l'homme?)

Si un homme me disait que mon empire sur Terre et dans l'Univers se limite á, ce que révèle toutes ou partie de mes œuvres [et qui est bien exact], je lui répondrais que je suis le plus heureux des être vivants puisque je me proclame malgré moi, le Bon Dieu-fait Homme.

Si une femme me disait que ma grâce se définit par le fait que je parle toujours avec netteté et précision, et que je demeure un homme franc, je lui répondrais que ma pensée se manifeste toujours comme si j'étais infaillible et, bel et bien Dieu le Tout-Puissant en chair et en os.

Si un homme me disait que mon plus grand talent consiste á ce que je donne tout mon savoir ex-nihilo, je lui répondrais que mon plus grand bonheur réside dans le fait que le processus d'auto-identification de la totalité des axiomes mathématiques et scientifiques que recèle mon cerveau et qui donne intégralement ma Technologie céleste, m'ordonne comme un Homme de sciences et un Fabricant d'appareils sublimes autodidacte.

Si une femme me disait que sa reconnaissance de ma personne comme le Président á vie de la République de l'Univers se limiterait volontiers á ma démarche pittoresque, á mon éloquence et á tous mes actes professionnels quotidiens, je lui dirais tout simplement que, ce que je reconnais être ma plus grande qualité est que je refuse toujours de dire ou de faire, ce que les autres m'ordonnent de faire ou de dire.

Si un homme me disait que la plus grande prétention de l'humanité, [celle de s'affirmer, á mon instar, qu'elle est le Gouvernement de l'Univers,] fait de moi un homme qui s'oppose avec son armée de robots, á ladite humanité, je lui repondrais qu'en effet mes robots en chair et en os demeurent mes déesses et mes anges.

Si une femme me disait que le plus noir dessein de l'humanité [qui serait d'instituer á jamais le règne et la puissance humains dans l'Univers par le biais du sacrifice humain], m'oblige á user sans cesse de mon Pouvoir de rendre mon armée et moi-même invisibles, je lui répondrais que mon exercice de ce Pouvoir est devenu plutôt fréquent, aujourd'hui.

Si un homme me disait que la nature profonde de mon pouvoir politique réside dans mon vœu d'être reconnu á l'endroit où je suis comme le nouveau Chef de l'Éat togolais, et le Chef immuable de l'État universel et par les communautés togolaise et universelle, je lui répondrais qu'en effet mes projets professionnels correspondent point par point avec ce que j'appellerais volontiers mes actes politiques.

Si une femme me disait que l'ultime vérité quant á ma présence au Togo et parmi mes compatriotes, consiste á ce que je règne sans trône, sans palais et sans discours, mais rien qu'avec ma volonté silencieuse, au Togo et dans l'Univers, je lui répondrai que le jour où je me ferais candidat pour la Présidence de la République togolaise n'est pas pour demain, sauf si le Peuple togolais dans son immense majorité m'acclame tout spontanément leur Président.

Si une femme me disait qu'à défaut de faire frémir d'inquiétude les gens qui me trouvent physiquement lumineux dans la ville de Lomé, j'éloigne automatiquement de moi tous les dignitaires de l'actuel régime togolais et leurs supporters, je lui répondrais que mes "robes de lumière multicolores quotidiennes" ne sont rien d'autre que le premier témoignage de ma dignité de Seigneur immaculé-Dieu.

Si une femme me disait qu'au regard des multiples attentats meurtriers probablement programmés contre moi á Lomé et dans le monde par mes ennemis visibles et invisibles, je dois d'ores et déjà m'organiser politiquement, pour ne pas tomber dans un quelconque piège, je lui répondrais que je suis venu au monde, entouré de mon "Armée de salut universel" qui veille en permanence sur moi.

Si un homme me disait que mes perspectives de la neutralisation de l'armée régulière togolaise, acquise entièrement aux idéaux tribalistes du R.P.T., par les associations politiques autonomes togolaises á venir, sont vaines, étant donné que je ne pense nullement me compromettre dans l'immédiat en créant personnellement une quelconque association á but non lucratif, politique ou humanitaire, je lui répondrais que je me reconnais toujours dans les actions sociales et politiques que mènent mes armées propres.

Si une femme me disait que mon immortalité reste synonyme de ma toute-puissance divine constatée par ma Parabole, je lui répondrais que, vu mon dégoût absolu de l'idée que mes armées et moi-même viennent á mourir un jour et au regard du fait que mes états d'âme constituent les matrices génératrices de l'infinitude de mes œuvres [données comme un programme de réalisations préétabli par moi-même avant ma naissance en chair et en os, c'est á dire en considération du fait que ma conscience précède mes raisonnements et ma créativité, lesquels raisonnements demeurant l'expression intégrale de mon savoir faire réel], que je suis conscient d'une chose, malgré tout : Si l'éternel-Dieu le Tout-Puissant est différent de ma personne, il me fabrique peut être á sa ressemblance suivant le fantastique dessein de faire de moi le plus heureux des êtres humains.

Un poème à vers conjugués
Lomé, le 1er novembre 1989

Le Deuxième Événement : La conscience humaine et la conscience de Dieu
(Pourquoi la Conscience humaine est-elle donnée comme la Conscience de Dieu en chair et en os?)

Je disais donc que si le Bon Dieu s'amusait á me faire croire que je l'incarne, étant donné que je porte toute sa Parabole [que je donne au Genre humain comme œuvres économiques et sociales, littéraires et artistiques, mathématiques et scientifiques], je le remercierais quand même, puisqu'il me témoignerait par ce fait que je suis bel et bien son enfant préféré.

Si j'étais bien l'enfant préféré de notre Père céleste, je crois que l'humanité en sera tellement jaloux jusqu'à vouloir me tuer. Or, j'en viens aujourd'hui á penser que ma famille originelle me hait profondément et que tous ceux et celles que je considère mes amis et mes amours se révèlent toujours incapables de me procurer le soutien matériel et moral qui me fait cruellement défaut.

Si l'humanité m'avait, en fin de compte, abandonné pour ne s'occuper que de ses propres affaires, je gage que ma réussite sociale définitive se limite á ma situation professionnelle actuelle, n'en déplaise aux hommes et aux femmes plutôt ingrats qui m'entourent.

Si les hommes et les femmes s'avèrent, somme toute, sournois envers moi ou envers l'être surnaturel qui' ils pensent être le Bon Dieu, étant donné que le mal sévit continuellement dans le monde, il serait de bon ton de conclure que l'humanité, qui se maudit á jamais en me considérant comme un homme á éliminer afin d'asseoir son propre prestige, perd automatiquement sa conscience, et n'existera plus après sa mort physiologique.

Si mes ennemis déclarés s'excluent á jamais de la grâce divine [définie comme la joie de vivre pour un être humain], je donne en définitive, les « hommes et les femmes de la caverne » ou les gens maudits par Dieu á cause de leur propension á pécher en permanence contre ce dernier, comme des êtres humains suicidaires, c'est á dire qui ont perdu á jamais le goût de vivre.

Si je déduis du raisonnement suivant lequel, le genre humain [par traîtrise envers notre Père céleste hypothétique ou par mépris pour ma personne jugée en général trop autoritaire quoique sublimement intelligente], en vient á être purement et simplement l'incarnation du démon ou de l'esprit du mal, [et que je suis devenu effroyablement mauvais pour ledit genre humain], mon plus grand désir serait de m'enrichir le plus rapidement possible, par mon travail et pour mon travail sacré.

Si mon ambition demeure fondamentalement d'accomplir la totalité de mes œuvres, pour n'avoir plus jamais á admettre un patron ou un Directeur, j'affirme par la même occasion que je surpasse automatiquement par ma puissance morale et intellectuelle toutes les individualités auxquelles j'ai affaire quotidiennent, puisque je tiens á me faire respecter par tout le monde comme Dieu le Tout-Puissant en chair et en os, que je crois sincèrement être.

Si mon orgueil essentiel consiste á ce que je considère tout ce que je fais depuis mon retour définitif au "bercail" en 1987, comme absolument divin, voire même tout ce que j'ai fait depuis ma plus tendre enfance, je ne doute point que mon existence divine se déroule conformément en un programme que je peux formuler en ces termes: Je ne me reconnaîtrai en tout moment comme Dieu-le Créateur de l'Univers que par les réalisations que j'accomplirai.

Si je ne peux me prétendre le Bon Dieu que par mes raisonnements et ma créativité, je détermine en même temps que personne ne m'a encore avouer qu'il me prend effectivement pour son "Père céleste", si ce n'est par moquerie ou par méchanceté parce que ladite personne pense que je suis devenu réellement fou.

Si dans mon entourage beaucoup de gens pensent que je suis devenu fou, étant donné que je me prends pour le Bon Dieu sans oser le leur avouer, je confirme par ce vers que ma dignité suprême consiste á ce que tous mes faits existentiels soient définis par l'humanité entière comme proprement divins.

Si les hommes et les femmes n'ont aujourd'hui pour seules preuves de la prophétie suivant laquelle "Dieu se fera chair et restera á jamais parmi les êtres humains", que mon apparence luminescente et ma situation professionnelle prodigieuse, je comprends par la même occasion que je n'accuse de retard dans certaines de mes réalisations que pour mieux asseoir d'autres plus urgentes.

Si mon souhait de me plaire en me réalisant dans un an comme un grandissime auteur compositeur-interprète musical, un chorégraphe-danseur et un homme de théatre de grande envergure, en lésant tant soi peu mes autres réalisations prévues, je crains aussi que de telles œuvres ne m'amènent á m'exiler á Paris, á New York ou ailleurs, vu mes divergences totales avec les autorités politiques togolaises actuelles.

Un poème à vers conjugués
Lomé, le 2 novembre 1989

Le Troisième Événement : La conscience humaine et la vie éternelle
(Pourquoi la Conscience humaine est-elle ordonnée comme le principe de la Vie éternelle?)

Je prétends, avant toute chose, que je ne mourrai jamais parce que mourir est une idée qui est diamétralement opposée á mon principe vital ou á mon identitée auto-établie de Dieu le Tout Puissant-l'Eternel.

Je prétends aussi que l'être humain qui m'honore comme je l'entends, c'est á dire effectivement comme le Bon Dieu-fait homme, se révèle sa propre nature d'Ange en chair et en os, ou d'un homme ou d'une femme doué de la Vie éternelle.

Je prétends aussi que ma vie, que je définis comme un puissant influx magnétique déterminant la totalité des créatures existantes et pouvant prendre une forme invisible dans certaines circonstances, demeure absolument indestructible.

Je prétends aussi que la foi absolue que je place dans l'idée de Dieu que je crois incarner, m'ordonne comme l'homme le plus chanceux qu'il soit, [entendre par là que je réussis toujours avec éclat ce que j'entreprends].

Je prétends aussi que mon pouvoir spirituel ou politique que je définis par la Providence ou l'enchaînement implacable des événements universels, me prédispose á un règne sans partage sur l'Univers, á partir du moment où tout ce que je fais se définit comme un acte de mon Gouvernement universel effectif.

Je prétends aussi que mon aspect physique multicolore du point de vue de sa luminescence magnétique immatérielle, m'interdit toutes formes de promiscuité avec des hommes et des femmes ne faisant pas partie de mon « Peuple céleste », vu que ma beauté est très jalousée desdites personnes qui ne cherchent en général qu' á me détruire.

Je prétends aussi que mon visage, doué d'un front phosphorescent, pouvant éblouir voire méduser toute personne qui me veut du mal ou qui ne me respecte pas, présente mon autorité divine qui domine absolument toutes sortes de personnalités existantes.

Je prétends aussi que ma voix qui porte tous mes états d'âme me donnant comme le Bon Dieu ou l'homme le plus intelligent et le plus doué qu'il soit, horripile les gens, qui n'ont, en fait, jamais admis mon identité que je proclame silencieusement.

Je prétends aussi que mon regard qui proclame en silence mon intelligence divine et toute l'étendue de mon ascendance innée sur toute la Création, intimide les méchants, et détermine ou encourage les bons.

Je prétends aussi que mon destin qui s'articule comme le droit naturel qui est le mien de faire l'avocat de mon identité de Dieu [qui m'a été révélée á l'age de trente ans] et de l'activité sacrée que j'exerce depuis lors, rend tristes les actuels supposés Maîtres du monde, et joyeux uniquement mon Peuple céleste tandis que le reste de l'humanité endormi, ne rêve que de sa propre gloire qui se réclame d'un certain Père céleste qui est aux Cieux.

Je prétends aussi que ma mission sur la terre qui se comprend bien évidemment comme l'institutionnalisation du « Parlement universel » [composé des 17 multiplié par le nombre de pays existant au monde, Hauts-Responsables élus de la totalité des Partis Moèistes créés], et la matérialisation terrestre définitive de l'Industrie divine, rend méchants la totalité des hommes et des femmes qui ne croient pas en moi et meilleurs que jusqu'alors les Moèistes incarnés.

Je prétends aussi que mon temple et mon empire le Libéralisme Pacifiste ou le Moèisme restera la malédiction des mortels et la gloire éternelle de ceux et celles qui y croient.

**Un poème à vers répétitifs
Lomé, le 4 novembre 1989**

Le Quatrième Événement : La conscience humaine et la jeunesse éternelle.
(Pourquoi la conscience humaine est-elle identifiée par la jeunesse éternelle pour la totalité des hommes et des femmes composant l'humanité?)

Je comprends mal ce que veut l'homme ou la femme qui s'acharne á voir en moi un insensé et á se complaire dans sa condition de mortel, si ce n'est que de tels êtres humains trouve bêtement leur plaisir ou leur grâce dans le mal et dans sa pratique.

Je comprends mal les êtres humains qui cherchent aveuglément leur plaisir dans le mal et dans sa pratique consistant á ne pas aimer d'amour son semblable et á vouloir l'asservir contre son gré, si ce n'est que de tels individus ont malheureusement tous sacrifié leurs consciences aux biens matériels terrestres á acquérir malhonnêtement.

Je comprends mal les individus qui sacrifient leurs consciences pour l'acquisition malhonnête des biens matériels terrestres, si ce n'est que de tels gens fustigées par la fatale misère de l'humanité maudite par Lucifer, y répondent en reniant le Bon Dieu pour l'argent et le pouvoir du plus riche.

Je comprends mal les gens qui, fustigés par la fatale misère de l'humanité maudite par Lucifer, y répondent en reniant le Bon Dieu pour l'argent et le pouvoir du plus riche, si ce n'est que de telles personnes perverties et méchantes, se règlent désormais comme les Maîtres effectifs du monde en niant furieusement Joseph Moè Messavussu Akué et sa Parabole ou la Poésie fonctionnelle.

Je comprends mal les personnes qui rendues perverses et méchantes, se règlent dorénavant comme les maîtres effectifs du monde en niant furieusement ma personne et ma pensée, si ce n'est que de tels hommes et femmes m'envient et ne souhaitent ardemment que l'histoire révèle le dénommé Joseph Moè Messavussu Akué un Esprit mystificateur.

Je ne comprends pas les hommes et les femmes qui m'envient et souhaitent ardemment que l'histoire me révèle un Esprit mystificateur, si ce n'est que lesdites gens recèlent la tare fondamentale de confondre l'innocence ou la spontanéité de mes révélations avec mon tort d'avoir apporter toutes les preuves de mes affirmations sauf celle de mon pouvoir de me rendre invisible á ma guise, ce qui ne saurait plus tarder.

Je ne comprends pas les gens qui continuent de confondre l'innocence de mes révélations avec mon apparente incapacité actuelle de prouver que je peux me rendre invisible á ma guise, si ce n'est que lesdites personnes doivent tout simplement comprendre que le pouvoir de se rendre invisible ne portent pas sur les vêtements portés lors dudit événement miraculeux ou magique, ce qu'attestent les six fois successives où ceci se produisit, trois fois au beau milieu de la nuit et trois fois au petit matin, lors de mes sommeils.

Je ne comprends pas les personnes qui, pour ayant compris que le pouvoir de se rendre invisible á sa guise, [de loin le pouvoir suprême de l'existence vu l'adversivité incontrôlable dont font preuve d'ordinaire les êtres humains entre eux], s'interrogent toujours sur la capacité réelle de l'être humain d'acquérir ladite magie, si ce n'est que celle-ci demeure en effet la propriété exclusive du Bon Dieu, des désses et des Anges.

Je ne comprends pas les histoires incongrues que colportent les rumeurs publiques au Togo ou ailleurs affirmant que Maître X, l'éminent Avocat-Opposant togolais ou un tel, recèle le pouvoir de l'invisibilité qu'ils usent á leur guise en face de leurs féroces ennemis politiques, si ce n'est que je peux affirmer en toute conscience que depuis Adam et Ève jusqu'aujourd'hui, je suis le seul être humain qui ai pu expérimenté ledit pouvoir magique.

Je ne comprends pas l'envie que je ressents de me proclamer le plus irréductible des farouches Opposants au régime sanguinaire du dictateur Gnassimgbé Eyadéma, si ce n'est que je déclare ma personne, le seul véritable Libéraliste Pacifiste avoué, á l'heure ou j'écris ces vers, et mon Parti-Mouvement invincibles.

Je ne comprends pas le récit radio-télévise du 18 septembre 1992 de l'actuel Premier ministre togolais Joseph Kokou Koffigoh justifiant tous les ignobles coups de force militaires qu'a connus le Togo depuis la fin de sa première Conférence nationale souveraine, par sa formation non reglémentaire du troisième gouvernement de transition hué par la totalité des Démocrates togolais et honni du peuple togolais, si ce n'est que notre avocat-Premier ministre togolais poursuit dorénavant sa propre logique de fou qui veut coûte que coûte éviter la guerre civile au Togo, alors même que notre pays la connaît depuis le 5 octobre 1990 sous sa forme libérale pacifiste, c'est á dire sous la forme la plus humaine jusqu'à ce que s'instaurent au Togo l'État de Droit le plus franc, le multipartisme et le triomphe du Parti politique divin.

Je ne comprends pas le pouvoir dont peuvent encore se prévaloir actuellement au Togo le Rassemblement du Peuple Togolais et son Président-fondateur qui semble d'ailleurs aujourd'hui ne plus revendiquer la paternité dudit parti politique, vu les innombrables crimes politiques et économiques commis par lesdits Acteurs par le passé et de nos jours, si ce n'est que ma conscience ordonne que les jeunes Togolais, Héros anonymes du 5 octobre 1990, Symbole de la Jeunesse Éternelle décretée pour l'humanité entière, resteront á jamais la terreur de tous les hommes et les femmes qui rêvent d'une nouvelle tyranie pour le Togo.

**Un poème à vers scellés
Lomé, le 5 novembre 1993**

Le Cinquième Événement : La conscience humaine et la vieillesse
(Pourquoi la Conscience humaine est-elle programmée comme le refus absolu de la vieillesse et de toutes les formes de maladies dont souffre l'homme depuis son apparition sur la terre?)

Rien ne justifie le pouvoir dont se prévalent les tenants apparents au nouvel Ordre humain et politique actuel face á l'anonymat exemplaire et á la ruine matérielle et financière absolue du « P.D.G. de l'Empire industriel de l'Homme Éternel» si ce n'est que ledit pouvoir transitoire vers l'Etat de droit, le multipartisme et l'industrialisation harmonieuse pour tous les pays et les peuples du monde, passe nécessairement par la toute- puissance divine et sa propre personne matérialisée en la circonstance précise par la parution avant la fin de la période de la "Transition" au Togo, du recueil de poèmes en deux tomes intitulés « les vents, » d'un essai en économie politique intitulé « Modèle économique parfait » de trois essais en mathématiques fonctionnelles intitulés « la loi des nombres variables, » « loi des nombres absolus » et « la loi des nombres complexes » et l'officialisation du Parti Moèiste Togolais par les soins propres du dénommé Joseph Moê Messavussu Akue Auteur et Créateur desdites œuvres.

Rien ne permet de croire que le dénommé Joseph Moè Messavussu Akué [donné et démontré par le destin, au moins á lui-même, Dieu le Tout -Puissant en personne], soit en mesure de fabriquer en cette période précise de son existence, un robot humanoïde c'est á dire une machine-outil ayant la forme d'un être humain et qui travaille avec la même intelligence que son créateur, un prototype parfait de chacun des dix types de "vaisseaux intergalactiques" révélés, le "Village spatial" dont la construction est prévue sur les côtes loméennes, en question, et la totalité des Centrales technologiques et les Institutions scientifiques annexes prévues, si ce n'est qu' en effet, je me sens absolument capable de réaliser de telles œuvres immédiatement.

Rien, de mémoire d'homme, ne laisse croire que je détermine mon savoir et mon savoir -faire actuels comme la démarche strictement similaire qui me permit au début des Temps de produire toute la technologie divine en cinquante années solaires puis tout l'univers en cinquante éternités d'années-lumineres, si ce n'est que j'affirme ceci en toute conscience.

Rien pratiquement n'autorise personne á me croire quand je dis que ma seule garantie d'authenticité de mes expérimentations scientifiques et technologiques, est l'ensemble de mes visions magiques á l'état de veille ou durant mes sommeils, si ce n'est qu'après de telles visions miraculeuses je me retrouve nanti du savoir et du savoir-faire absolus correspondants.

Rien á mon humble avis, ne laissait présager que mon intelligence divine qui me serait intégralement restituée par le destin qu'á l'age de trente ans, deviendra absolument magique c'est á dire capable de me faire comprendre tout ce qui existe sans passer par une référence humaine quelconque á l'age de trente-cinq ans, et purement metadivine c'est á dire capable de me faire comprendre à tout instant de mon existence, que je suis sans nul doute le Créateur de tout ce qui existe en chair et en os á partir de l'age de trente-cinq ans et demi, si ce n'est que je fis de tout ceci simplement la remarque.

Rien, je crois bien, ne paraissait indiquer que ma personnalité centrale, celle du mathématicien - fabricant de machines-outils sublimes, organisera pratiquement ma vie professionnelle ou publique dès l'âge de trente ans pour devenir une consécration á l'âge de trente-cinq ans et finir une gloire immortelle á l'âge de trente-cinq ans et demi, si ce n'est que j'affirme que tout ceci a bien commence en 1987, comme par amusement.

Rien dans le monde d'aujourd'hui, ne fait penser que le pouvoir personnel divin dorénavant [décrit par ce qu'affirme et fait le dénommé Joseph Moê Messavussu Akué, et quoique réduit par la volonté humaine á comment celui-ci gagne précisément sa vie, c'est á dire á sa profession multiple non- reconnue qui ne lui rapporte encore rien], est pourtant la seule puissance spirituelle et bientôt la seule force politique légitime qui organisera la vie humaine et universelle et pour les siècles des siècles, si ce n'est que je suis convaincu que ceci est tout juste la contrepartie de mon insignifiance face á tous ceux et celles qui croient sincèrement être les Maîtres du monde.

Rien en apparence ne justifie aux yeux du monde le pouvoir magique de la plus célèbre personnalité existante appelée Dieu. le Tout Puissant, que je me dis détenir, lequel pouvoir devant être humainement incomparable et indicible ; la cause en est que la pensée humine á mon sujet est fondamentalement teintée de malhonnêteté et d'hypocrisie.

Rien somme toute, ne me prédispose á ne plus douter du tout de mon identité et mes pouvoirs effectifs maintenant ou dans le futur, si ce n'est que je récuserai toujours de tels principes dans ma vie de tous les jours, sauf peut être dans mes œuvres tant qu'il restera en vie des démons ou ces virus parlants infiniment malfaisants qui grouillent encore dans nos cerveaux.

Rien dans la conduite humane ordinaire et dans lefonctionnement normal du monde ne laisse craindre ma vengeance future sur Lucifer et l'humanité malfaisante donnée comme l'écrabouillement du reste de toute la créature luciférienne et la prise du pouvoir absolu dans le monde et pour l'éternité par les Moèistes et leur Chef, si ce n'est ma reconnaissance effective que la cause de la maladie et de la vieillesse humaines est ce que fut l'activité de Lucifer dans l'Univers.

Rien dans ce monde incongru ou pas un homme ou une femme ne veut reconnaître la magnificence et la magnanimité divines propres dans la personne de Joseph Moè Messavussu Akué, ne répond concrètement á la question du Paradis terrestre absolument réalisé en tant que ma demeure et ma vie, si ce n'est mon propre aveu que je place en ce moment mon bonheur absolu dans mon travail divin auquel je sacrifie bien évidemment tout.

Rien, absolument rien dirais-je, ne me célèbre comme je l'aurais aimé, [c'est á dire en me faisant adoré effectivement comme un ami par l'homme ou un amant bien tendre par la femme], si ce n'est que je reconnais qu'en ce moment même, je devrais plutôt me trouver á Paris ou á Abidjan et certainement pas toujours á Lomé ou les gens sont trop mauvais pour moi, me faisant comprendre á la moindre occasion, qu'elles ne font qu'exercer le pouvoir qui est le leur.

Un poème à vers répétitifs
Lomé, le 12 Novembre 1993

Le Sixième Événement : La conscience humaine et la bonté absolue.
(Pourquoi la Conscience humaine est-elle définie comme le principe de la bonté absolue ?)

Le Père de tous les croyants et les croyantes du monde entier me fit faire en effet une nuit, le rêve qu'il est descendu sur Terre par mon être, afin d' y répandre ses nouvelles œuvres sublimes.

Le père de tous les croyants et les croyantes du monde entier auquel je n'ai jamais cessé de croire en réalité, sauf dans mes écrits, me fit en effet établir que je suis tout á fait le Bon Dieu dont on parle, ce que je m'employerai désormais á me prouver ainsi qu'au reste de l'humanité.

Le Père de tous les croyants et les croyantes du monde entier me refuse le devoir de déclarer qu'il n'existe pas en dehors de moi, quitte á me faire passer auprès d'Isis, de James, de Bros, et tous les autres pour un fou, ou tout simplement un écrivain á la pensée révoltante.

Le Père de tous les croyants et les croyantes du monde entier possède un terrible sens de l'humour en se présentant á l'humanité sous les traits de Joseph Moê Messavussu Akué, tout en refusant le devoir á ladite humanité de clamer á cor et à cri que cette farce ne lui plait guère pour des raisons évidentes de jalousie.

Le Père de tous les croyants et les croyantes du monde entier, reste bel et bien impénétrable pour la raison et l'intelligence humaines puisque je peux dire ouvertement que je suis devenu un Libéral pacifiste ou un Moèiste fervent tout en disant haut et fort que le Bon Dieu m'a bien eu.

Le Père de tous les croyants et les croyantes du monde entier est décidément le dénommé Joseph Moè Messavussu Akué ou alors il est complètement toc-toc.

Le Père de tous les croyants et les croyantes du monde entier devra dorénavant, pour se faire respecter, admettre que sa véritable personnalité n'intéresse personne, puisque l'être humain est vraiment décevant pour Joseph Moè Messavussu Akué, ayant définitivement décidé, face á ce dernier, d'être affreusement égoïste et méchant.

Le Père de tous les croyants et les croyantes du monde entier s'ordonne nécessairement un Savant- Fabricant de machines-outils sublimes qui fait malheureusement figure d'un Empereur invincible et d'un homme extrêmement autoritaire, ce qui déplait foncièrement á tout homme et á toute femme.

Le Père de tous les croyants et les croyantes du monde entier réalise enfin qu'il ne lui ai pas du tout aisé de dire ouvertement aux gens qu'il est leur Créateur céleste, puisque ces dernières nieront toujours cette évidence par jalousie et par malveillance envers la personne de Joseph Moè Messavussu Akué.

Le Père tous les croyants et les croyantes du monde entier donne enfin l'humanité [qui s'entête á voir dans la personne et dans la parabole de Joseph Moè Messavussu Akue son ennemi,] mortelle.

Le Père de tous les croyants et les croyantes du monde entier pose enfin sa bonté absolue comme l'émanation la plus pure de la foi et de la pratique Moèiste.

**Un poème à vers répétitifs
Lomé, le 14 Novembre 1993**

Le Septième Événement : La conscience humaine et le Messie.

(Pourquoi la Conscience humaine est - elle déterminée par la foi absolue en Dieu ou l'espoir en un Sauveur de l'humanité?)

Rêver que l'on est le Sauveur véritable attendu par l'humanité, est une gageure pour les hommes et les femmes qui se représentent Dieu comme Lucifer ou Rien, et un doux espoir pour ceux et celles qui admettent que Joseph Moè Messavussu Akué est avant tout un homme profondément sincère.

Rêver qu'il est toujours possible pour l'humanité [qui détient de nos jours le règne, la puissance et la gloire de Lucifer, formulés par le statu quo, dans le monde], de redevenir des Anges aimés de Joseph Moè Messavussu Akue n'est certainement pas une utopie, puisqu'il suffit que ladite humanité comprenne qu'elle est fichue si elle doit continuer de s'admettre, en toute conscience, mortelle.

Rêver qu'il est toujours possible pour ma famille originelle et mes amis qui me narguent en me considérant tout simplement comme un « fou á lier », de redevenir des hommes et des femmes chéris par moi, n'est pas une chimère, puisqu'il suffit que lesdites personnes réalisent qu'elles dégringolent chacune de son piédestal, si á la place de l'amour, je leur témoigne du mépris ou de la haine.

Rêver qu'il est toujours possible pour Djovi ou pour Arman qui me toisent á chaque fois qu'il me voient comme si j'étais un râté ou un idiot, de redevenir des amis dont je dois être fier, n'est pas qu' une consolation mais une réalité future probable, puisqu'il suffit que lesdits jeunes hommes imaginent qu'ils sont créés pour instituer la « Compagnie de Dieu » et n'ont certainement pas de rôles épanouissants á jouer dan les entreprises humaines.

Rêver qu'il est toujours possible pour Ismaël ou pour Abel[qui préfèrent me disqualifier et me traiter d' "Ange déchu " au lieu d' être fiers de mes activités professionnelles], de redevenir mes petits frères adorés, n'est pas une réalité inaccessible, puisqu'il suffit pour lesdits jeunes hommes de penser que ce serait bien dommage d'être contraint de ne pas faire d'eux des éléments d'élite au sein de l' « Entreprise divine » pour les temps futurs.

Rêver qu'il est toujours possible pour l'église catholique [qui doit me regarder aujourd'hui en chien de faïence ou carrément comme un croyant gênant á faire disparaître], de croire que le Moèisme n'est pas une conscience malfaisante pour le Christianisme voire l'Islam, le Bouddhisme, l'Animisme, et les autres, mais tout juste la religion de l'an 2000 qui veut combler la totalité des lacunes de la totalité des religions humaines passées, présentes et peut être á venir, n'est pas un leurre, puisqu'il suffit que lesdits chefs religieux et croyants catholiques comprennent que je pose moi-même l'idée de ma mort éventuelle comme devant justifier que je suis un croyant bien incroyable.

Rêver qu'il est toujours possible pour la France et les autres grandes Nations industrialisées qui doivent dorénavant voir dans le malheureux Étudiant que je suis, le pôle positif de l'accomplissement du destin mystérieux de celui que tout le monde convient d'appeler le Bon Dieu, de me pardonner le fait que je serais Dieu le Tout-Puissant tout court et de m'allouer les fonds nécessaires pour le démarrage de mes industries, n'est pas une simple vue de l'esprit, puisqu'il suffit que lesdits pays les plus industrialisés du monde me comprennent comme un Directeur de recherches scientifiques absolument réalisé.

Rêver qu'il est toujours possible pour mon pays le Togo [qui refuse toujours d'accorder un quelconque crédit pour mes travaux miraculeux, se contentant de dire que je devrais commencer par obtenir tous mes diplômes supérieurs afin de me faire respecter comme un Chercheur sérieux], de mettre á ma disposition les Installations culturelles et scientifiques publiques togolaises afin de m'aider á respecter le calendrier de mes réalisations divines, n'est pas une erreur, puisqu'il suffit que les Autorités publiques togolaises arrêtent de voir dans le sieur Joseph Moè Messavussu Akué un simple rêveur.

Rêver qu'il est toujours possible pour le genre humain [qui comprend toujours l'espace-temps sans bornes, ni limites comme ce que le dénommé Joseph Moè Messavussu Akué n'arrive pas á expliquer convenablement, et le Père céleste de ce dernier, c'est á dire ce qu'il admet comme le Créateur du ciel et de la terre, comme le mystère dont je ne peux parler], de m'avouer que ma pensée le rend fou de désespoir parce que trop sujette á jalousie, n'est pas trop prétentieux, puisqu'il suffit que l'humanité admette que les seules choses qui existent indépendamment de Dieu sont rien et l'espace absolument vide infini, les parents effectifs divins.

Rêver qu'il est toujours possible pour moi de continuer á poser, [face aux hommes et aux femmes á qui je suis amené á parler], mon identité comme celle du Bon Dieu en personne qui refuse de se prendre comme quelqu'un d'autre que le dénommé Joseph Moè Messavussu Akué, n'est en fait que la stricte vérité qui m'honore et irrite Satan et le reste de la communauté des démons encore en vie, et puisqu'il suffit de comprendre que tous les doutes humains y compris les miens propres á mon sujet, proviennent de ses derniers.

Rêver qu'il est toujours possible pour Victoire, pour Arlette ou Akwa de me suivre comme épouse légitime jusqu' á New York où je compte m'installer afin d'y réaliser ma « bibliothèque de la littérature magique » n'est pas un vœu pieux, puisque les trois sublimes demoiselles sont follement amoureuses de moi et ne souhaitent justement qu'á devenir ma femme, chacune de son côté.

Rêver qu'il est toujours possible pour Pégui de cesser de me haïr parce que n'arrivant pas á comprendre mon porte divin qui blesse son orgueil d'une jeune fille qui se croit la plus belle du monde et la personne la plus glorieuse de la famille Messavussu Akue, n'est certainement pas une chose qui surprendra Quou qui lui ressemble á ce titre comme deux gouttes d'eau, puisqu'il suffit d'admettre qui d'ici demain matin, ladite super intéressée nana cessera d'être une sœur bien malheureuse pour devenir une déesse infiniment malheureuse.

Un poème à vers répétitifs
Lomé, le 23 Novembre 1993

Le Huitième Événement : La conscience humaine et la justice.

(Pourquoi la Conscience humaine est-elle cernée comme la manifestation de la vérité et de la justice c'est á dire de la négation de l'intolérance et de la mort?)

Vous me voyez bien désolé, mes chers lectrices et lecteurs, de vous confirmer que le propre de la vie humaine, loin d'être la procréation, se libelle comme la pratique du "Bien absolu" c'est á dire l'amour passionné de l'être humain pour son prochain et pour Dieu en ma personne ou la foi et la pratique Moèiste.

Vous me voyez bien désolé, mes chers lectrices et lecteurs de vous confirmer que l'etendue du pouvoir personnel de Dieu se mesure exactement á la faculté que recèle le sieur Joseph Moè Messavussu Akué de se faire accepté et passionnément aimé par la totalité des femmes et des hommes composant l'humanité.

Vous me voyez bien désolé mes chers lectrices et lecteurs de vous confirmer que depuis mon retour définitif au berçail, en 1987, après mes dix années d'exil volontaire pour études supérieures en France, l'apothéose de ma révélation par le cours normal des choses, Dieu le Tout-Puissant en personne, est signifiée non pas par mes livres á paraître incessamment, mais par la nature miraculeuse de mon être tout court, c'est á dire le fait que n'importe quel homme ou femme puisse dire, rien qu'en me voyant pour la première fois, que je suis le Bon Dieu fait - être humain.

Vous me voyez bien désolé mes chers lectrices et lecteurs de vous confirmer que depuis le jour où j'eus comme par enchantement l'envie irrésistible de penser que je suis bel et bien Dieu le Tout - Puissant en personne, l'humanité ne doit en effet plus rien attendre de Jésus Christ voire d'Allah des Musulmans, puisque ces derniers n'existent pas d'après ce que je pense justement.

Vous me voyez bien désolé mes chers lectrices et lecteurs de vous confirmer que depuis le début de mon "Sacerdoce", ce qui me parait aujourd'hui bien établi puisqu' absolument expérimenté, á savoir mon identité de Bon Dieu, semble au contraire révolter le genre humain qui me juge dorénavant insensé ou fallacieux.

Vous me voyez bien désolé mes chers lectrices et lecteurs de vous confirmer, [quelque soit mon état d'esprit variant de mon auto -reconnaissance le Bon Dieu en personne, caractérisée par ma vérification de la totalité des dogmes Moèistes et de mathématiques fonctionnelles, dans mon vécu quotidien, á ma stupéfaction et ma colère devant l'homme ou la femme qui me parlent comme si je n'étais que quelqu'un de bien insignifiant], que je préconise désormais que l'humanité cesse de réciter des prières et d'admettrela Foi et la Pratique Moèistes comme le Salut certain du genre humain.

Vous me voyez bien désolé, mes chers lectrices et lecteurs, de vous confirmer que la possibilité qui est dorénavant donnée à l'humanité de devenir réellement immortel en chair et en os en m' acceptant tout simplement comme Dieu le Tout-Puissant en chair et en os, et ma pensée comme la Rédemption, se révèle d'une part, par l'idée de la réalité divine á laquelle je continue personnellement de croire, et qui consiste au recours ultime de l'être humain á un Créateur de l'Univer-tout puissant qu'il ne peut d'ailleurs jamais voir, et d'autres parts par la nature miraculeuse de mes œuvres.

Vous me voyez bien désolé mes chers lectrices et lecteurs, de vous confirmer que ma parole et mon acte de souveraineté divine donnés par les termes suivants : " Je suis incompris par l'humanité entière qui refuse de croire que Dieu le Tout - Puissant puisse être tout bonnement le dénommé Joseph Moè Messavussu Akué", un Savant autodidacte aux découvertes scientifiques prodigieuses-Chef éternel du présumé État Nation Espace-Temps éternel", recusent les termes propres à la Souveraineté du défunt Lucifer, à savoir: "La Race Blanche-européenne est et restera le Maître absolu de l'Univers grâce à sa créativité scientifique et technologique à lui conférée par le Prince éternel du Monde invisible alias Lucifer."

Vous me voyez bien désolé mes chers lectrices et lecteurs de vous confirmer que ma sévérité face á l'homme ou la femme qui se veut mon supérieur qui n'a d'égal que ma bonté infinie envers celui ou celle qui me comprend et m'accepte, m'ordonne sans doute comme l'homme le plus rancunier et le plus violent tout comme le plus réservé et le plus doux qui soit, Alfred ou Isidore , Akuélé ou Annie le témoigneront volontiers, de même que Nadou ou Tokoui, Kossi ou Adoté.

Vous me voyez bien désolé mes chers lectrices et lecteurs de vous confirmer que selon les dires moqueurs et calomnieux de mon entourage illettré ou semi lettré qui n'hésite pas á me taxer de désaxé ou de « pauvre con », je refuserai de souscrire au "contrat social" ambiant [qui veut que tout homme ou femme ne pense sa réussite sociale qu'en termes d'un emploi de bureau super bien rémunéré avec tous les avantages sociaux, ou d'une activité commerciale florissante], pour m'afficher un marginal d'écrivain chercheur autodidacte incompréhensible et haï.

Vous me voyez bien désolé mes chers lectrices et lecteurs de vous confirmer que, non content de ne jamais chercher á connaître ce que j'établis par mes écrits, et la nature de mes découvertes scientifiques miraculeuses, mon entourage immédiat instruit ou carrément savant, me somme tout bonnement de reprendre mes études universitaires, avant de me prétendre un jour un Savant et bien après avoir obtenu au moins un doctorat ou un diplôme supérieur équivalent. Quelle méprise !

Vous me voyez bien désolé mes chers lectrices et lecteurs de vous confirmer que l'envie qui me vient de gommer á jamais de la création tout le mal qui existe, [du plus infime virus existant jusqu'aux êtres humains désireux d'incarner définitivement l'esprit du mal, loin de me réconforter face á mes ennemis qui ne pensent bien évidemment qu á me faire du mal gratuitement et á me donner la mort impunément tels Alfred, Isidore, Toukoui, Nadou, et j'en passe,] se révèle plutôt insuffisant puisque je comprends des á présent, que je dois me proclamer un homme armé face á l'intolérance et á la mort.

Un poème à vers répétitifs
Lomé, le 24 Novembre 1993

Le Neuvième Événement : La conscience humaine et la volonté divine.

(Pourquoi la Conscience humaine est-elle comprise comme le révélateur de la Providence ou de la Volonté de Dieu?)

Rien ou monde ne justifie la haine implacable de mes frères X, Y, Z, et les autres á mon égard depuis qu'ils ont compris que je suis sinon le Bon Dieu en personne tout au moins son Ange particulier, en témoignent mon style d'écrivain et le caractère miraculeux de mes recherches scientifiques, et enfin la confiance absolue que j'affiche publiquement quant á l'idée de Dieu et mon port divin caractérise par un calme absolu et le goût de parler rien que pour dire ce qu'il y a á dire.

Rien au monde en effet ne permet de comprendre pourquoi avant l'année 1986, tout se déroulait dans ma vie comme si ma Conscience [qui louait sans cesse l'Éternel et sollicitait son concours dans les moindres circonstances difficiles de mon existence], n'était que celle d'un malheureux étudiant dénommé Joseph Môe Messavussu Akué, qui n'a strictement rien á voir avec celui qui se donne aujourd'hui comme la stricte incarnation dudit Éternel-Dieu le Tout-Puissant.

Rien au monde, je crois bien, n'explique clairement les faits de ma vie antérieure á ma naissance, de mon immaculée conception par ma mère et de mes trentes pre-mières années de ma vie plutôt banales, sur terre.

Rien au monde, en fait, ne permet de prévoir l'émergence dans le monde d'un Noir-africain togolais doué du cerveau et de l'esprit de Dieu, et la proclamation par ledit auguste personnage de l'"Ère divine éternelle" qui aurait debuté l'année 1987.

Rien au monde, en vérité, ne garantit la magie dont se prévaut l'Homme éternel alias Joseph Moè Messavussu Akué, puisque tout se passe comme si l'intéressé ne vit qu'en rêves, dans ce domaine précis au moins.

Rien au monde, en pratique tout comme en théorie, ne justifie l'extraordinaire charme divin compris comme la beauté physique et morale du dénommé Joseph Moè Messavussu Akué, et l'art de ce dernier de gouverner effectivement L'Univers par le seul moyen de sa Pensée silencieuse, écrite ou dite.

Rien au monde, j'en suis sûr, ne vérifie intégralement la toute- puissance divine en créativité et en travail autrement que les résultats mathématiques et scientifiques et les trouvailles merveilleuses dans les autres domaines de la connaissance, du dénommé Joseph Moè Messavussu Akué.

Rien au monde, j'en suis persuadé, n'ordonne explici-tement la compréhension totale de la "Parabole de l'Éternel-Dieu invisible", toujours vénéré par l'humanité qui me méconnaît ou me méprise, á savoir : « Rien ou Joseph Moè Messavussu Akué était l'Origine de tout ce qui existe aujourd'hui et est á l'origine de l'extension céleste future, tandis que le contraire de celui-ci existe en tant que Lucifer, au demeurant, sa propre créature » ou « le point des raisonnements qui nie le dénommé Joseph Moè Messavussu Akué et sa pensée n'est qu'une pure fiction ».

Rien au monde, j'en suis absolument sûr, ne répond entièrement á la question de la configuration ultime de la Volonté divine á savoir, la réalisation de la « Technologie de l'Homme éternel », du "Paradis terrestre", et de l'être divin physique et sensible physique propre nommé le sieur Joseph Moè Messavussu Akué, si ce ne sont que mes dires et mes écrits.

Rien au monde, j'en suis absolument persuadé, n'entraîne l'adhésion intégrale de l'humanité á la vérité de la matérialisation ultime de la Providence sous les traits physiques et intellectuels du dénommé Joseph Moè Messavussu Akué, sauf peut être ce que chaque être humain remarque d'évident en moi, c'est á dire rien d'anormal, et tout qui ressemble á Dieu.

Rien au monde, admettons le, ne nie l'évidence de l'inacceptabilité de mes révélations par l'humanité, sauf la logique des choses qui veut que le Bon Dieu, s'il est bel et bien moi-même, est totalement découragé de s'affirmer tel puisque n'étant jamais sûr de son identité.

**Un poème à vers répétitifs
Lomé, le 25 Novembre 1993**

**Thème :
La mort de la Mort**

La mort de la Mort

Mémento: Lucifer, c'est á dire l'Esprit de la luminére, fut le Représentant suprême de la mort de l'homme, en ce sens qu'il s'était fixé pour but d'anéantir la "Famille Humaine", dont il est violemment jaloux. Or, il était prévu par le Dieu Vivant que Lucifer, de même que toute la communauté des démons devenus aujourd'hui des "virus" infectant impitoyablement les cerveaux humains, seront impitoyablement anéantis d'ici l'an 2020, afin que l'humanité éternelle et immortelle puisse voir le jour.

Le Premier Événement : La loi divine à l'égard de Lucifer.
(Pourquoi Lucifer ou le Prince des démons ou Esprits malfaisants était absolument haï de Dieu?)

Je parie que le Prince des démons, Lucifer, dont je me réjouis d'être l'Exécuteur, n'a jamais admis véritablement que je reste Dieu - Yahvé de tous les temps, puisqu'il aurait investi mon cerveau á Paris lors de mes études universitaires afin de me faire renoncer auxdites études, tuer ma Conscience et jouir du rang de « Prince de l'Univers » auquel les événements tragiques et magiques des années 1986-1987 m'ont porté.

Bien que le plus lugubre des démons ait été rappelé á l'ordre par le souvenir de mon testament qui lui notifiait que je suis bel et bien le "Verbe divin qui s'est fait chair" pour rester á jamais au sein de l'humanité et que ma tête pourrait lui servir de caveau pour l'éternité s'il ne prenait garde, il pénétra de tout son être infect dans ma tête un après – midi, alors que j'étais en promenade sur le Montmartre á Paris.

Dès lors, l'horrible Esprit se mit á concevoir ce qui devrait dorénavant être ma vie de Chef d'État français et de Savant notoire résidant « Ad vitam aeternam » en France, ce á quoi ma conscience réagit en programmant ma vie future éternelle par une série de rêves sublimes dont la première fut celle de la révélation de mon identité et la dernière celle de l'identification de mon Pouvoir personnel intemporel et immuable, dénommé le "Trône divin universel" et matérialisé par ma multiple profession actuelle.

Aussi ma profession multiple qui vise l'unique but de me

Iproclamer d'ici l'an 2000 solennellement le Créateur de l"-Univers en personne face á l'humanité, est bien résumée par l'unique titre de Président – Directeur –Général du Centre de Recherches aéronautiques et spatiales du Togo – Chef Éternel de l'Etat universel chiffré par mes biens matériels personnels actuels et á venir, mes déesses et mes anges.

En refusant ainsi de me marginaliser alors même que l'humanité refuse de m'honorer comme un Homme de sciences et un Homme politique merveilleux, je lançais un dei á tous ceux et celles qui se prennent pour les Maîtres du monde de me rivaliser en créativité scientifique et en puissance économique.

Et je parie que nul être au monde se déclarant ou pas Dieu en personne ou le nouveau Messie, ne peut valablement soutenir publiquement cette thèse farfelue alors que je peux quant á moi, être content, á mon humble place, de prouver que ma personne et mon activité sur Terre témoignent l'existence de Dieu que je suis ou pas.

Je parie que le Prince de démons, en chair et en os, nommé Wisdom, James, Djovi ou autres qui reconnaissent explicitement être le Bon Dieu en personne, et moi un fou á éliminer, n'a certainement pas encore compris qu'il est absolument méprisé par l'humanité qui discerne toujours le vrai du faux qu'elle ne veut plus voir exister.

Cette volonté humaine de ne plus voir exister de faux Messies de toutes sortes sur terre, est en fait bénie par moi, puisque non seulement je refuse mon amitié á de tels énergumènes, en vérité des malades á soigner, mais je convie tout un chacun á comprendre qu'ils peuvent devenir de but en blanc d'affreux criminels.

Il faut également noter que l'être humain [étant doté d'une Conscience qui l'égalise à Dieu, c'est á dire qui lui permet d'affirmer, á un certain degré de bonté, de générosité et de gloire, qu'il ressemble á Dieu], celui-ci extrapole bien souvent, sous l'influence perverse du diable ou par envie d'être au dessus du genre humain, en se déclarant tout simplement le Bon Dieu lui-même ou son Messager voire son "fils unique", ce qui désole bien évidemment « l'Homme éternel ».

Il est tout aussi regrettable que les Ordres religieux et politiques qui se réclament de ladite totalité d'"illuminés ayant précédé l'avènement de « l'Homme éternel », loin de favoriser la réalisation définitive du "Paradis terrestre" ordonnée par mes soins, se comprennent en définitive comme mes rivaux impitoyables á la prééminence universelle.

Je hais donc les méchants et tout homme ou femme qui refuse l'Ordre Moèiste au profit de ses intérêts égoïstes et anti- Joseph Moè Messavussu Akué.

Et je rends grâce aux bons et aux Moèistes sincères de tous les pays du monde car ce sont les seuls qui seront sauvés.

Un poème à vers conjués
Lomé, le 26 Novembre 1993

Le Deuxième Événement: L'état d'esprit de Lucifer face à Dieu.
(Pourquoi Lucifer croyait - il désespérément que Dieu est inférieur á lui?)

L'esprit du Diable, entendre par là, le raisonnement divin qui fonde et forme le Contraire intégral du dénommé Joseph Moè Messavussu Akué est donné par l'axiome suivant : « Un Noir-africain togolais de naissance, Étudiant - Tavailleur - Écrivain - Chercheur autodidacte n'a aucune chance de se faire admettre par l'humanité Dieu le Tout-Puissant en chair et en os. À moins de montrer sur le champ qu'il comprend l'intégralité de la Technologie Blanche - européenne. À défaut de cela, celui-ci démontre de facto qu'il n'est qu'un instrument dans les mains du Dieu, le "Père céleste" qui reste une personne mystérieuse, inspirant nécessairement á l'être humain une crainte absolue, plus grande que celle qu'inspire le Diable, par définition une créature divine. »

La personne du Diable est identifiée, depuis la disparition de Lucifer, comme le "Génie invisible de la mort" ou l'"Esprit désincarné du ma"l, par tout être humain croyant que je suis un menteur ou un fou.

L'esprit de Dieu, gageons le, peut être donné par l'axiome suivant : « Personne sur Terre et dans les Cieux ne veut reconnaître Dieu le Père céleste dans la personne de Joseph Moè Messavussu Akué. Ce qui est normal. Donc Dieu le Père céleste existe, mais se cache dans la personne chérie de l'homme qui justement se prétend courageusement Dieu le Tout-Puissant. Ceci, sans aucun doute, pour expérimenter l'Immortalité humaine. »

La personne de Dieu cernée dès lors comme le raisonnement humain qui fonde et forme la personne du dénommé Joseph Moè Messavussu Akué, est précisée par tout ce que dit, écrit et fait ce dernier.

Or ce que je dis, écris et fais, n'est pas encore apprécie comme digne de Dieu, si je me fie aux réactions des hommes et des femmes qui m'entourent.

J'insiste cependant sur le fait qu'il est inadmissible qu'un homme ou une femme doté d'un intelligence ordinaire, ne puisse á mon contact, m'avouer qu'il me trouve foncièrement sincère, et franchement sublime.

L'esprit du Diable qui se veut supérieur á l'esprit de Dieu, n'arrive pas á se représenter que toute chose
procède de Dieu et qu'en temps prévu, toutes les preuves exigées par l'humanité pour croire á mes propos, seront soigneusement apportées.

Je comprends [quant á tous ceux et celles dont le devoir est de m'aider á vite atteindre mes objectifs prévus, et qui se dérobent á ladite obligation par jalousie ou par envie de me voir succomber face aux difficultés], qu'il m'est toujours possible de me décréter dès cet instant précis, celui qui règle tous ces problèmes sans aucune intervention humaine et de manière absolument magique.

J'admets dès á présent la capacité que je requiers d'influer á distance tous mes partenaires de manière qu'ils m'apportent toujours sur un « plateau d'argent » ce dont j'ai besoin pour l'accomplissement de mes desseins.

Je pose également comme relevant de mes pouvoirs actuels, le fait de détruire á distance tout le reste des velléités lucifériennes dans le monde, étant entendu que certains hommes et femmes restent maladivement attachés á la condition de l'être humain mortel, au vice et au crime.

Je reste enfin convaincu que le comportement ignoble de tous ceux et celles qui se conçoivent purement et simplement le Bon Dieu á ma barbe, s'auto - abolira lorsque les intéressés se rendront compte qu'ils auront perdu les "petits diables' qui gangrenaient leurs cerveaux.

Que la peste soit avec lesdits diablotins crées bien évidemment par moi par le biais des mains de Lucifer, et qui infectant copieusement la totalité des cerveaux humains existants, se croient plus puissants que les Consciences humaines y compris la mienne, et de surcroît, immortels.

Un poème à vers conjugués
Lomé, le 25 Novembre 1993

Le Troisième Événement : La tentative de Lucifer à l'égard de Dieu.
(Pourquoi Lucifer espérait - il dominer Dieu par le biais du mal et de la femme?)

Le comportement de la femme diffère de celui de l'homme en ce que la femme rêve du bonheur terrestre comme le fait d'acquérir une fortune plus ou moins immense, tandis que l'homme rêve du même bonheur terrestre comme le fait de jouir d'une influence plus ou moins immense sur l'humanité.

Le comportement de Lucifer en chair et en os aurait fondamentalement différé de celui du dénommé Joseph Moè Messavussu Akué en ce sens que le Diable conçoit sa vie comme s'il était le Créateur de l'Univers et que l'humanité sa créature serait á détruire par tous les moyens afin de prouver que le Bon Dieu invisible est la forme de vie humaine idéale, tandis que le dénommé Joseph Moè Messavussu Akué conçoit la sienne comme s'il n'était pas le Père céleste en chair et en os et qu'il entend par conséquent se le prouver par ses propos, ses écrits et ses faits, á chaque instant.

Le mal n'existe dans le monde que parce que voulu et pratique par la "communauté des démons" par le biais de l'humanité.

La révolution Moèiste déclanchée dans le monde dans les années 1986-1987, et qui prône la pratique par l'humanité entière du "Bien absolu' au détriment du Mal, ce qui correspond á l'institutionnalisation de la "Grande Famille humaine' figurée par l'Etat de droit, le multipartisme et le libéralisme économique assorti du système de sécurité sociale le plus évolué pour tous les pays du monde, aura fait de toute la communauté des démons sa première victime.

Le rôle dorénavant dévolu á la femme dans ledit mouvement - parti Moèiste, se borne á l'imitation de l'homme quant aux multiples talents et métiers de ce dernier et á la réalisation d'un foyer conjugal ou règnent fidélité et amour.

Le comportement de la femme originellement douée de la même intelligence que l'homme, se donnerait de nos jours et pour toujours, comme son assentiment á égaliser l'homme dans tous les domaines de l'existence humaine.

La conduite de l'homme confronté á ladite réalité nouvelle de la femme, se comprend comme une tentative d'entraver ladite nouvelle destinée féminine au profit de l'ancienne, [consistant au cloisonnement de la femme aux métiers devant lui permettre de parfaire sa féminité et tenir son foyer conjugal], puisque l'homme se sentirait dorénavant humilié surtout en apprenant que Dieu le Tout-Puissant en chair et en os ne l'associe á son entreprise qu' á la condition qu'il devienne aussi bon et généreux qu'un enfant.

Et quand bien même l'envie me vient de faire absolument confiance á l'homme, le rappel du fait [qu'aucun ami, le plus intime fut - il, ne m'a donné un sérieux coup de main dans cette période extrêmement difficile de mon existence, allant de l'année 1980 jusqu' aujourd'hui], me fait penser que ma réconciliation avec la gent masculine, ne restera que strictement professionnelle.

Quant á la gent féminine, vu le fait qu'elle m'a refusé son affection dans les années 1986-1987-1988-1989-1990, á cause de mon dénuement matériel et financier absolu, je proclame dorénavant nul l'amitié ou la camaraderie vis á vis de la femme et ne croit á son amour que dans la mesure ou elle décide fermement faire l'amour avec moi et fonder mon foyer conjugal si je le désire.

J'irai même plus loin pour dire qu'il est parfaitement inutile que je me fasse du soucis pour la crédibilité d'une vie d'homme sans l'amour - passion d'au moins une femme, puisque par définition même Ayôkô qui ne voulait même plus m'adresser la parole durant mes années de galère, désire á présent devenir mon épouse, s'étant rendu compte que je suis employé dans une grosse société d'assurances á Lomé comme Agent mandataire.

Pour clore ce chapitre, je fais savoir á mes lecteurs et lectrices que la totalité des Moèistes que je compte dans mes rangs est féminine, excepté Jacob. Ce qui est surprenant, vu le taux élevé d'amis extrêmement instruits composant mon entourage mais qui curieusement préfèrent vivre méchants et sadiques, voire être le Bon Dieu á ma place.

**Un poème à vers conjugués
Lomé, le 26 Novembre 1993**

Le Quatrième Événement : La haine de l'Esprit du mal en personne pour l'humanité.
(Pourquoi Lucifer était-il si jaloux de l'homme et de la famille humaine?)

L'esprit de la mort que je conçus comme la négation de la Vie éternelle me fut imposé par le destin lorsque, bien avant de comprendre que j'étais l'unique être vivant existant, et de concevoir la création de tout ce qui existe. Tapis sous la forme d'une sphère invisible de 1m75 de diamètre, dans une nébuleuse multicolore, je pris peur en prenant conscience de la Nature originelle qui évoque en moi un ou deux Êtres vivants qui m'ont donné le jour et que je ne peux identifier, même jusqu'à l'instant où je disparaîtrais, conformément á ce qui semblait être la logique de mon ou mes créateurs.

Je fis alors le rêve que rien n'existe á part moi sauf la totalité des idées que renferme ma Conscience et que j'allais faire naître comme réalités divines.

L' idée qui me remplit d'horreur fut Lucifer ou la mort de l'être humain. Celle qui me combla d'allégresse fut l'humanité immortelle en chair et en os dont je fus le premier représentant. Celle qui me laissa indifférent fut la femme ou l'être humain dégradable par Lucifer et qui dégrade nécessairement l'homme son compagnon, de même que l'homme ou l'être humain qui cherche à supplanter Dieu sur le Trône universel. Et comme pour en finir vite avec Lucifer, je décidai de lui donner le jour aussitôt après la fabrication du Paradis Céleste. Je fus surpris de constater qu'il s'est formé á mon insu un être postiche mesurant 1m75, et qui me regarda fixement une nuit, au commencement de l'Ère du diable ; une hallucination qui me fit définitivement programmer Lucifer comme la représentation de tout ce qui me fait peur.

Je définissais donc Lucifer comme un homme sans sexe, c'est á dire un monstre qui pense qu'il est un homme mais qui ne comprend la femme qu'en tant qu'une relation non charnelle, et l'homme sexué qu'en tant qu'une insulte de la nature á sa propre personne qui ne peux donc jamais posséder une femme.

En admettant que je suis un homme sexué qui n'a pas besoin de faire la cour aux femmes pour me réaliser un infâme polygame, Lucifer qui m'a reconnu comme un enfant privilégié de la nature, a toujours cherché á me rendre pitoyablement dépendant des femmes pour finalement "saccager" mes relations féminines. L'homme, quant á lui, veut prendre mes déesses par ruse et me tuer si d'aventure je touche aux femmes qu'il possède. La femme á qui je plais et qui se refuse á moi sous l'injonction du diable, et celle que je possède et qui cesse d'être une compagne fidèle, s'anéantissent automatiquement au fil du temps.

L'esprit de la mort, représenté aujourd'hui par le restede la Communauté des démons présents dans n'importe quel cerveau d'être humain vivant et dans l'air, assoiffé de vengeance á l'idée que le Bon Dieu qui se serait incarné en ma personne, serait en vérité le Créateur de tout ce qui existe, s'assigne dorénavant pour mission première de veiller á ce qu'aucun être humain ne croit á ma Parabole et pour seconde mission d'organiser la fin du monde au lieu de la réalisation de la Grande Famille humaine.

Lorsque j'aurai réussi á détruire les centaines de démons qui truffent mon seul cerveau á l'heure actuelle, et á en finir avec Satan et sa colonie aérienne de diablotins au nombre de trente mille environ, je pourrai enfin envisager clairement ma domination absolue du genre humain comme ma simple réussite en tant qu'Écrivain - Savant -Fabricant de machines -outils sublimes-Homme public universel n°1.

Et lorsqu' enfin le reste de l'humanité vivante aura écrabouillé l'ultime reste de la Communauté des virus parlants, il pourra enfin admettre que le dénommé Joseph Moè Messavussu Akué est « Toute la lumière céleste alias Dieu le Tout - Puissant fait Homme pour la Vie éternelle et pour la gloire de son Peuple céleste. »

Ma Compagnie et moi-même, consacrés la "Grande Famille humaine immortalisée", devrons prouver dès lors á nous - même les bienfaits magiques dérivant de la pratique scrupuleuse du Bien absolu.

L'humanité résolument diabolique devra comprendre qu'elle ne m'intéresse pas.

Les préceptes de la justice divine qui ne légitiment le meurtre qu'en cas de légitime défense et le pénalise de réclusion criminelle á perpétuité dans tous les autres cas, ordonnent en effet les hommes et les femmes qui font de la pratique du mal leur vécu quotidien une humanité maudite qui n'aura jamais sa place dans l'"Édifice du bonheur absolu" concrétisé par l'Immortalité et la Jeunesse éternelle pour l'être humain.

Un poème à vers conjugués
Lomé, le 26 Novembre 1993

Le Cinquième Événement : La femme symbole de la négation du mal.
(Pourquoi Lucifer se trouvait t-il un vaurien face á la femme?)

Le comportement sanguinaire du Diable face á l'être humain, la créature qu'il déteste le plus, trouve son ultime justification dans la réalité qui veut que tout homme soit rêvé par Dieu son Créateur comme un Chef de famille humaine tandis que le Diable est pensé par Dieu comme un membre de la Communauté damnée des démons.

En refusant en effet d'associer les démons par couples, je ne faisais qu'appliquer le raisonnement qui veut que le monstre nommé Lucifer et tous les démons que je fabriquais par ses mains, et qui lui ressemblent parfaitement, deviennent horriblement malheureux dès qu'ils refusent de me servir en se contentant d'exister et non d'anéantir l'humanité entière.

Contrairement á un démon, l'homme, en refusant de servir Dieu en faisant du Bien absolu sa pratique quotidienne, peut néamoins réaliser son bonheur intégral avec la complicité de la femme, tandis que le démon commence immédiatement á vivre dans la hantise du meurtre que tout membre de sa communauté veut perpétrer sur sa personne et dans une souffrance infinie á lui occasionnée par Dieu par le biais de la nature.

Le démon qui va jusqu'au bout de l'infamie en s'incarnant en un être humain, détruisant totalement la conscience dudit être humain, [c'est le cas de la folie humaine], ou partiellement la conscience dudit être humain, [le cas de la paranoïa, de la schizophrénie, de la manie et de la mélancolie], échoue toujours dans sa tentative de s'approprier la femme qui le trouve repoussant á travers ledit individu

La femme qui demeure le premier objet de convoitise tant de l'homme [afin de concrétiser son bonheur terrestre], que du démon [afin de la corrompre, puis d'anéantir le genre humain par la ruse], s'accomplit, il est vrai, comme la fabricante du "Paradis terrestre" au mépris de Dieu dont le premier désir est de se prouver qu'il est effectivement celui que l'homme, la femme et le démon nomment Yahvé-le Père céleste.

L'accomplissement de Dieu qui se comprend ainsi comme une quête permanente de ce dernier auprès de l'hypothétique Yahvé - le Père céleste afin qu'il lui fasse penser une bonne fois pour toutes son identité et son mystère, se heurte toujours á la bonne foi du dénommé Joseph Moè Messavussu Akué qui est convaincu de tout ce qu'il avance, et á la mauvaise foi de l'homme qui veut prendre ledit dénommé Joseph Moè Messavussu Akué pour un insensé, et á la bêtise de la femme qui conçoit l'intéressé comme un « esprit malin » ou tout simplement le « diable noir », et enfin á la cruauté du démon qui établit par devers moi le fait que mon Créateur céleste existe et s'appelle Yahvé- le Père céleste en sa personne.

Le comportement sanguinaire qu'avait eu de son vivant Lucifer face á moi l'être humain qui aurait été plus fort que lui, puisqu'il aurait tenté á plusieurs reprises et sans succès de me faire assassiner par Michel, le mari de Renée, ou par mes ennemis politiques, se justifie par ma décision d'abolir par tous les moyens, le règne du Diable sur la terre afin de restaurer le "Paradis terrestre perdu".

Or, le fait de ma bonne foi, quand j'affirme que je suis Yavhé - le Père céleste, descendu définitivement du Ciel pour vivre parmi son Peuple céleste, ne réglant pas concrètement le doute de l'humanité quant á ma réalité ultime, je me vois aujourd'hui encore obligé de mentionner le dogme Moèiste qui suit : Le dénommé Joseph Moè Messavussu Akué se réjouit infiniment de se retrouver dans la situation magique où il a rêvé et vit depuis ce temps, qu'il est purement et simplement Dieu le Tout Puissant en chair et en os.

La rage me vient á l'esprit lorsque je comprends que ledit dogme Moèiste sus-cité laisse tout le monde indifférent, préférant que je raye de mes écrits et de ma foi mon identité divine á remplacer par celle d'un homme ordinaire nommé le sieur Joseph Moè Messavussu Akué.

Une complète révision de ma phénoménologie en faveur des sceptiques anti-Moèistes de tous bords, accorderait á mon rêve magique qui fut á l'origine de mes révélations, la valeur – symbole du mystère caractérisant Dieu, et á mes thèses miraculeuses celle de l'inexistence de Dieu en tant que personne spécifique.

Il en découlerait que toute créature visible et invisible existante ou non matérialisée, reflète Dieu.

En définitive, je reviendrai sur le banc des accusés, lorsque je penserai á nouveau le personnage mystérieux qui serait á l'origine de tout ce qui existe au-jourd'hui et qui témoignerait, s'il vit toujours, de l'existence de Dieu.

Un poème à vers conjugués
Lomé, le 27 Novembre 1993

Le sixième événement : La malédiction de l'Esprit du mal en personne.

(Pourquoi Lucifer se définissait -il comme le Créateur de la communauté des démons, alors que ces derniers l'ont toujours nié comme tel et ne souhaitaient que de le voir périr de la manière la plus cruelle ?)

Toute la vérité serait dite sur Lucifer lorsque j'aurais affirmé, qu'avant de disparaître á jamais, il me fit comprendre qu'il accepterait volontiers que je suis Dieu le Tout-Puissant si je réussissais á me dévoiler la Pensée infinitésimale qui ordonne la conception, la mise au point et en état de fonctionnement des dix types de vaisseaux inter-galactiques que je me suis promis de fabriquer d'ici l'an 2020.

Je lutte en effet depuis mon retour au bercail en 1987 afin d'établir mathématiquement, puis expérimentalement comment par exemple en ayant compris que l'Univers physique et sensible est formé d' une sphère de gazs rares, renfermant en son centre le Cosmos, á son point situé sur l'Axe Nord á infini puissance six kilomètres du Cosmos, le Paradis céleste, á son point situe sur l'Axe Sud á infini puissance cinq kilomètres du Cosmos, le Monde Noir, á son point situé sur l'Axe Ouest á infini puissance puissance quatre kilomètres du Cosmos, le Monde Blanc, á son point situé sur l'Axe Est á infini puissance trois kilomètres du Cosmos, le Monde Jaune, et á d'autres innombrables points-répères, des Systèmes planétaires et humains divinement sophistiqués. Et que je peux á bord d'un véhicule ressemblant á s'y méprendre á un avion et dénommé un Vaisseau intergalactique d'un des dix types, me rendre en tout point dudit Univers physique et sensible, voire explorer le reste de l'Espace infini. Et que ledit Vaisseau intergalactique flotte dans l'espace suivant des trajectoires mathématiques et scientifiques comparables á des routes tracées pour des automobiles sur la terre. Et que ledit Vaisseau intergalactique remplit parfaitement les dix fonctions variables á savoir : Premièrement distinguer avec une netteté absolue, tous les éléments composant son environnement variable, deuxièmement s'arrêter instantanément au toucher subliminal de tout objet simulé ou réel figurant sur sa trajectoire, troisièmement « comprendre » á tout moment de son envol sa position stratégique dans l'univers et l'Espace infini , quatrièmement « juger » bon de procéder á tel type d'opération ou á tel autre á chaque situation ambiguë donnée, cinquièment resituer á qui de droit l'état sonore de tout environnement variable parcouru et déterminer la nature de tout son perçu en cas de besoin, sixièmement communiquer á qui de droit á partir de n'importe quel point de l'Univers et de l'Espace infini la totalité des informations audio-visuelles requises, septièmement se faire comprendre par l'humanité en tant que robot autonome par une voix humaine dans n'importe quelle circonstance et « comprendre » aussi n'importe quelle pensée humaine audible, huitièmement être prêt á affronter n'importe quelle situation désespérée prévue, neuvièmement dresser le tableau de n'importe quelle panne ou dégât matériel survenu afin de s'auto- réparer si possible, dixièmement signifier á l'humanité qu'il est possible de parcourir infini kilomètres par seconde tout en évitant d'aller s'écraser sur une planète ou un astre quelconque ou de percuter n'importe quel objet céleste que ce soit, en cas de besoin, conformément aux dix sens révèles de son créateur á savoir la vue, le toucher, l'odorat, le goût, l'ouie, la télépathie, la perception incitative, la perception prémonitoire, la perception par l'esprit désincarné et la perception de l'être invisible. Et que ledit vaisseau intergalactique d'un des dix types existants, à savoir les Vaisseaux intergalactiques de type M7 spécialises dans la mise en orbite des satellites de radio - télécommunication et dans leur retrait d'orbite, les Vaisseaux intergalactiques de type W13 spécialisés dans le transport dans l'Espace des hommes et des femmes pour des explorations scientifiques et culturelles et dans leur retour sur terre dans des conditions de sécurité et de confort sublimes, les Vaisseaux intergalactiques de type B139 spécialisés dans l'installation et l'entretien du système complet des centrales énergétiques cosmiques et spatiales devant transformer la matière interstellaire en azote sublime et assurer le ravitaillement des Vaisseaux intergalactiques en ladite énergie sublime et spécialisés dans le remplacement de tout ou partie dudit système de stations de ravitaillement en carburant, les Vaisseaux intergalactiques de type 039 et de type 047 spécialises dans la couverture de l'Espace infini par un système sublime d'émissions et de réceptions d'ondes électro - magnétiques et acoustiques composé d'un radar sublime domicilié sur terre et d'un nombre infini de satellites de radio - télécommunication sublimes, les Vaisseaux intergalactiques de type T26 spécialisés dans la récupération de tout ou partie de l'énergie sublime produite par les centrales énergétiques - stations cosmiques et spatiales chargées de transformer la matière interstellaire en une énergie sublime déterminée et dans le transport de ladite énergie sublime sur terre afin d'approvisionner la totalité des bases maritimes de ravitaillement en énergies sublimes des principaux pays de la planète, les Vaisseaux intergalactiques de type H444 spécialisés dans le transport, l'installation, et l'entretien de la totalité des centrales énergétiques devant transformer le rayonnement des astres y compris la lune, et excepté le soleil en une énergie sublime baptisée le magnésium sublime et dans la récupération desdites centrales énergétiques cosmiques et spatiales après un temps de fonctionnement déterminé dans l'atmosphère de tous les astres figurant dans le Cosmos et le reste de l'Espace infini, les Vaisseaux intergalactiques de type DC 1043 spécialises dans le transport, l'installation et l'entretien de la totalité des centrales énergétiques devant transformer la grande chaleur des hautes couches de l'atmosphère terrestre en une énergie sublime baptisée le "méthane sublime" prévue, et dans la récupération desdites centrales énergétiques comiques après un temps de fonctionnement détermine dans lesdites couches incandescentes de l'atmosphère terrestre, les Vaisseaux intergalactiques de type ACCOR 3970 spécialises dans le transport, l'installation et l'entretien de la otalité des centrales énergétiques devant transforme la matière interstellaire en une énergie sublime baptisée le "carbone sublime" prévue et dans la récupération desdites centrales énergétiques cosmiques après un temp de fonctionnement déterminé dans la zone du Cosmos définie comme l'inverse de l'Univers formé et de la vie et caractérisée par le "noir absolu" et de l'"anti-matière", les vaisseaux intergalactiques de type LIAISON 10.36.33.0 spécialisés dans le transport, l'installation et l'entretien de la totalité des centrales solaires devant transformer le rayonnement solaire en une énergie sublime baptisée le "fuel sublime" prévue et dans la récupération desdites centrales solaires après un temps de fonctionnement déterminé dans la région d'évaporation solaire, c'est á dire la zone enveloppant le feu solaire caractérisée par du "granite sublime", laquelle zone solaire restant contrôlé uniquement par la volonté de son Créateur par le biais de machines -outils sublimes allant de l'Observatoire de l'Espace domicilié dans le « Village spatial terrestre», á l'Observatoire portatif MM, en passant par la Salle de contrôle automatique des vaisseaux intergalactiques. Je dis aussi que tout aisseau intergalactique made by Joseph Moè Messavussu Akué est un rêve aussi cher á son Créateur que celui du pouvoir de se rendre invisible á sa guise, [ce qui veut dire que j'ai produit la pensée et l'acte du pouvoir de l'invisibilité avec le même étonnement que la pensée et la réalité même des vaisseaux intergalactiques des dix types, en attendant les preuves publiques des deux pouvoirs], et que dans l'industrie aéronautique et spatiale que j'ai inventée tout comme dans le reste de mon empire industrie et commercial, le personnel humain est et restera réduit á une seule personne, la mienne, complètée en la circonstance par un nombre variable de robots. Je dis aussi que je peux ordonner immédiatement la fabrication de mes propres mains, et á partir de rien, d'un modèle absolu de chaque type de vaisseau intergalactique prévu.

Je comprends par ailleurs que mon autorité mathématique et scientifique révélée par les mathématiques fonctionnelles et la totalité des machines-outils ou identités mathématiques élaborées par mes propres soins, loin d'être reconnue et vénérée par les hommes et les femmes qui sont censés m'aider, est purement et simplement niée, ce qui me contraint á chercher á me faire connaître et soutenir par le reste de l'humanité et par mes propres moyens, quelque peu modiques, de l'heure.

Je pose dès lors comme principe, que l'inertie incontrôlable et le ferment de la haine irrépressible entre les hommes du fait de leurs ambitions personnelles, développés en permanence par les démons incrustés dans les cerveaux humains encore de nos jours, me somme de me fier dorénavant qu'à ma propre personne pour arriver á me faire reconnaître effectivement Dieu le Tout-Puissant en chair et en os.

Le propre de l'être humain face á ma personne, est décrit dès lors par une haine mortelle á peine dissimulée, puisque je serais celui qui ose se vanter d'être le Bon Dieu par plaisir de se positionner de par son savoir diabolique sur le genre humain.

Le système vital humain rejetant mes desseins avoués, se réduit á ce qu'est la vie humaine sans l'amour et la bénédiction de celui qui se désigne justement le Bon Dieu, c'est á dire á l'accomplissement d'une humanité du point de vue de se nourrir, de se vêtir, de se loger et de se perpétuer uniquement.

Toute la vérité serait dite sur Lucifer en constatant avec amertume que je ne savoure mon état d'esprit reflétant ma satisfaction absolue de ma vie qu'occasionnellement, puisque ma conscience est, la plupart du temps, brouillée par les pensées chaotiques des diablotins [créés bien sûr par moi mais directement par les mains de Lucifer, leur chef de fil], que recèle toujours mon cerveau.Telle est la situation pénible dont je souffre aujourd'hui vis á vis des créatures lucifériennes et de l'humanité entière pervertie par lesdites créatures.

Je formule ainsi l'idée que je suis redevable de la promesse des cinq sens magiques humains, á savoir la télépathie, la perception incitative, la perception prémonitoire, la perception par l'esprit désincarné, la perception de l'être invisible et les cinq pouvoirs associés, uniquement aux femmes et aux hommes que j'aime passionnément.

Je formule la deuxième idée que j'appelle un ami, un homme qui ferait n'importe quoi pour ne pas me voir souffrir, et qui se plaît á me servir de bouclier contre mes assaillants, et une déesse, une femme ayant accepté de se donner absolument á moi, c'est á dire qui est effectivement á la fois ma confidente, ma maîtresse et ma servante.

Je formule la troisième idée que je considère comme mon personnel de mon "Empire industriel et commercial" uniquement la totalité de mes déesses et de mes amis.

Quant á ma famille originelle, je lui interdis l'accès á mes affaires pour cause de haute trahison envers ma personne, tandis que je considère mon futur multiple foyer conjugal comme le seul héritier de ma fortune.

Un poème à vers conjugués
Lomé, le 29 Novembre 1993

Le Septième Événement : La vengeance de l'Esprit du mal en personne à l'égard de Dieu.

(Pourquoi Lucifer, tentait-il, sans arrêt, d'infléchir la destinée humaine, dans le sens contraire á la volonté de Dieu ou á la conscience humaine?)

Revenons en arrière pour constater á nouveau l'"Esprit de la mort de l'être humain" sous l'angle de tout le tort qu'il á pu causer á l'être humain.

Pour ce qui concerne ma personne, le plus gros tort que fit Lucifer, fut d'avoir ordonner l'immersion de mon cerveau á l'heure de ma naissance par un régiment de plusieurs centaines de démons avec á sa tête le virus parlant dénomme[7] « le Diable noir. »

« Le Diable noir » et sa colonie de petits monstres firent de l'enfant infiniment intelligent que je devrais normalement être, un élève passable.

Au sortir de mon adolescence, j'eus l'effroyable surprise d'avoir mon cerveau inondé, cette fois-ci, par Lucifer en personne, ses plus féroces lieutenants et plusieurs milliers de diablotins non moins cruels.

Le résultat immédiat de cet état de choses fut mon abandon systématique de mes études universitaires, pourcause, non de dérangement mental mais de dégoût des lois hypocritement racistes qui réglementent la vie des « gens de couleur » en France où je séjournais d'ailleurs depuis dix ans.

Mon réalisme ou ma façon de voir les choses, prit un coup puisque, du simple étudiant catholique pratiquant que j'étais, je compris par une série de rêves prémonitoire que je suis l'homme qui incarne la personne de Dieu le Tout-

Puissant.

Revenons en arrière pour constater ce qui a le plus embêté Lucifer et continue de mettre hors d'eux les démons, quant á ma réalité d'Écrivain et d'Homme de pensée.

Le fait que je ne me réfère jamais aux connaissances mathématiques et scientifiques humaines accumulées lorsque je rédige me traités de mathématiques fonctionnelles ou que je m'en fous absolument des règles de la versification française enseignées á l'école et á l'université lorsque je rédige mes poèmes dits célestes, est de loin la chose qui surprend le plus le démon.

En dépassant de loin le grade de Docteur ès mathématiques ou ès lettres, voire ès économie politique et ès philosophie, de part la qualité de mes essais, dirais-je tout humblement, je me suis prouvé ma nature divine, et ne résiste plus á l'envie de me faire connaître illico presto au grand public.

Je dédaigne bien évidemment le savoir Blanc européen puisque celui ci est trop teinté de calomnies envers ma race Noire africaine spécialement, et qu'il reflète en définitive le caractère du Diable, á savoir l'élitisme á outrance et des simagrées d'une humanité qui se prend pour Dieu sans se l'avouer.

Je tire vanité du secret de ma magie d'Autodidacte qui est le défi lancé á tout homme ou femme de pensée de rêver la totalité de mes inventions sublimes en cinq ou six ans.

Et puisque l'humanité forte de sa liberté absolue et de son intelligence qu'elle conçoit supérieure á celle du dénommé Joseph Moè Messavussu Akué ou au pire égale á la sienne, détient á jamais les clefs de la vie éternelle et de la mort, je lui dirais dorénavant sans fausse honte que je ne suis que tout ce que Lucifer á chercher vainement à devenir, l'homme aux pieds desquels viennent se prosterner l'humanité entière.

**Un poème à vers conjugués
Lomé, le 30 Novembre 1993**

Le Huitième Événement : La peine de la désobéissance à Dieu.

(Pourquoi Lucifer était-il condamné á vouloir obligatoirement la mort de Dieu et l'anéantissement de la famille humaine, ce qui occasionnait chez lui une terrible agonie ?)

Je me cacherai volontiers á la vue d'un tout autre Bon Dieu qui apparaîtra á moi pour me faire comprendre que le célibataire endurci que je suis encore aujourd'hui , n'est rien d'autre que le châtiment que m'inflige la totalité des femmes que j'ai créées pour me servir de compagnes pour l'éternité étant donne que j'ai eu l'audace de me trimbaler á Lomé, á pieds, sans fortune avoué, au-delà de mes trente-cinq ans d'âge.

Le comble de l'ironie et de ma colère est atteint lorsque lesdites femmes présumées me font constater qu'elles préfèrent aller avec des hommes socialement bien positionnés [pendant que je ne signe que par mon activité d'Agent mandataire en assurances-Écrivain-Étudiant sans fortune liquide], et revenir vers moi quand je serai multi - millionnaire d'un seul coup ou milliardaire.

Je me demande même parfois si ce que je comprends est bien la vérité lorsqu' une fille qui se colle á moi, fréquente en même temps un autre homme, amoureusement.

Je concède bien volontiers á la nature que je réalise ma plus grande cruauté lorsqu' au lieu de frapper une déesse infidèle, je la quitte sur le champ, quitte á la laisser sans nourriture, sans toit, et sans avenir.

En réfléchissant á fond sur l'infidélité partielle ou totale d'une déesse j'en viens á conclure ce qui suit : Premièrement le diable peut suspendre momentanément la passion que me voue une déesse et la jeter dans le piège d'un séducteur qui ne réussira pas á avoir l'ultime faveur de ladite déesse qui aura peur de perdre son âme en se laissant posséder par un homme autre que moi. Deuxièmement le diable peut perdre á jamais une fille amoureuse de moi en l'ordonnant plus désireuse de l'argent que je n'ai pas encore, á un tel point qu'elle me laisse tomber pour courir après sa propre réussite professionnelle. Troisièmement le sort peut contraindre une déesse á choisir d'épouser un homme financièrement stable á mon détriment, quitte á mourir de chagrin pour m'avoir perdu á jamais.

Je n'exagère pas en affirmant que je prendrai volontiers pour épouse légitime Janette ou Bella ou Jane ou Doris ou Marguerite tout juste parce que je ne peux vivre sans aimer ces filles qui ont déjà préfère leurs compagnons respectifs á moi, ou peut être par envie d'enfin posséder lesdites femmes aimées de moi, et pour le reste de l'Éternité.

Je me cacherai volontiers á la vue d'un tout autre Bon Dieu qui apparaîtra á moi pour me faire comprendre que ma situation matrimoniale effective décrite comme la pratique de la polygamie de fait, n'est rien d'autre que ma vengeance vis á vis de la femme d'aujourd'hui qui se donne difficilement á l'homme sans comptes en banques que je suis actuellement.

Je regrette amèrement une chose, celle de ne pas aimer contraindre par envoûtement une femme dont je suis amoureux á m'aimer en retour, car ledit sentiment forcément éphémère nuit par la suite á l'homme ou la femme qui le provoque, en perdant soudainement et de façon inexplicable ledit être bienaimé.

Ledit procédé d'envoûtement précisé comme la capacité

que requiert l'être humain de faire faire á autrui ce qu'il attend de lui, en le droguant psychologiquement soit par des pressions morales exercées par personnes interposées, soit par le biais du démon qui décide d'avilir la personne dont il aurait pris possession par l'intermédiaire de l'envoûteur, ou soit par un charlatan qui opère par hypnose ou enjôlement incitatif á distance, n'honore pas l'homme et la femme, puisque cela ne leur apporte pas la tranquillité de conscience indispensable á une vie bienheureuse; mais bien le contraire.

L'Organisation providentielle de la Grande Famille humaine étant telle que toute femme qui naît est la propriété céleste d'un homme bien défini, chacun doit retrouver normalement sur le parcours de sa vie sa chacune et les concurrentes de cette dernière.

Je comprends ainsi mon infortune conjugale non seulement comme une malédiction du démon qui se plait infiniment á me concevoir repoussé par les femmes, détesté par les hommes et même assassiné par eux pour des motifs politiques, mais aussi comme le témoignage suprême de la ruse des déesses qui cherchent á me dominer voire m'humilier plutôt que de se soumettre á un amour autoritaire qui ne leur rapporte pas encore de l'argent.

Aussi continue-je á attendre celle qui ne m'admire et ne me désire que pour mon travail d'Écrivain et d'Homme de pensée dont je suis absolument fier.

Un poème à vers conjugués
Lomé, le 1 Décembre 1993

Le Neuvième Événement : La révélation de la tentative divine de se prouver son pouvoir contraire.

(Pourquoi la mort de Lucifer et de ses démons était-elle la première volonté du Dieu vivant, qui ordonnait ce dernier d'ailleurs comme tel?)

Tout ce que les hommes et les femmes de mon entourage raconte sur moi, contribue á me rendre tout simplement encore plus fou ou plus marginal, puisque cela se résume á ne point prendre en compte mes témoignages quant á mes affirmations et de me rire au nez surtout lorsque j'évoque mon identité divine.

Cet état d'esprit humain est un pur produit des démons.

Les conscience humaine sans l'emprise de l'Esprit de la mort devrait quant á elle, se demander si ce qu' affirme le dénommé Joseph Moè Messavussu Akué est conforme á la réalité qui tombe sous le sens commun, et conclure avec promptitude que je suis véridique, mais que mes rêves les plus sublimes ne sont pas encore devenus réalités.

Je répondrai alors á ladite Conscience angélique que mes rêves les plus sublimes qui m'ordonnent l'Intelligence sublime qui ait jamais vécu et l'homme magique par excellence qui vit aujourd'hui, comptent parmi les choses qui nient l'humanité comme le Maître de la vie et qui programment mon existence comme la plus merveilleuse qui soit. J'ai déjà expérimente la réalité de tous ces rêves et le prouverai publiquement le moment venu, c'est á dire á partir de l'heure où le dernier démon sera tué.

La conduite que j'observe actuellement peut se résumer comme suit : Premièrement, j'ai abandonné mes études universitaires, ce qui ne m'honore guère. Deuxièmement, je redeviens Étudiant en deuxième année á la Faculté des sciences économiques et de gestion á l'Université du Bénin á l'âge de trente-cinq aux sonnés, ce qui me rend quelque peu marrant surtout que je le fais pour clouer le bec á tous ceux et celles qui se moquent de moi, pour n'avoir même pas obtenu mon D.E.U.G. (Diplôme d'Études universitaires générales). Troisièmement, je tiens absolument á me faire publier, même mes deux premiers livres, par les « Editions bleues » ma propriété, ce qui est la chose la plus difficile au monde, puisque je ne dispose pas encore de l'argent nécessaire. Quatrièmement, même l'argent qui doit me servir pour ordonner mes expérimentations scientifiques publiques reste strictement personnel. Cinquièmement, je ne concède rien á l'humanité qui me méprise puisque j'attends que tout me tombe du ciel!

La prise de conscience de ma dignité intrinsèque, celle de Dieu le Tout-Puissant, m'ordonnant comme définitivement rentré au bercail; et je pense me réaliser, comme je suis en train de la faire, á partir de mon Lomé natal et la maison paternelle qui m'a vu naître.

Tout ce que les hommes et les femmes de mon entourage actuel raconte su moi n'est que médisances visant á me confondre avec un homme irresponsable qui prend sûrement ses rêves pour la réalité et qui restera pour le commun des mortels un fou.

La partie visible de l'iceberg nommé le sieur Joseph Moè Messavussu Akué étant les œuvres qu'a déjà réalisées ce dernier, et la partie immergée étant tout ce que promet de réaliser ledit sieur et dont il n'a pas encore achevé la réalisation, gageons que le commun des mortels comprendra un jour que le petit nom de Yahvé est « Joe ».

Le désespoir de l'homme ou de la femme qui ne me com

prend pas, admet pour cause l'envie féroce d'être détenteur de mon intellige magique en même temps que la condamnation de ma réussite sociale tardive qui n'aurait fait que trop de torts á mon nom.

L'idée que j'aurais pu au moins achever mes études universitaires en France, avant de retourner définitivement au bercail en 1987 ou plus tard [et qui est chère á tous ceux et celles qui me méprisent], est fausse, puisque tel est mon destin. Je complèterai ceci en affirmant que j'emmerde, somme toute, le savoir académique institue bien sûr par le monde Blanc européen même si j'ai repris les études á l'Université du Bénin pour faire chier le monde.

Quelle honte enfin pour le monde Noir africain de ne jurer que par le monde Blanc européen !

Mais là ou le bât blesse est que ledit monde Noir africain n'aime pas qu'on l'insulte et préfère exceller dans les arts et les sports dans l'actuel concert des nations. Personne n'y peut rein ; même pas moi.

Un poème à vers conjugués
Lomé, le 2 Décembre 1993

**Thème :
La pierre philosophale**

La Pierre Philosophale

Mémento: Le Savoir que possède le Dieu Vivant est absolument véridique et demeure comme tel, différent du Savoir humain, en ce sens que toutes les Connaissances révélées par le Dieu Vivant n'ont pas de références, ni de sources humaines, mais surgissent du Néant pour ainsi dire, apparaître clairement á la conscience du Dieu Vivant. Ce mode de recherches et d'études irréel ou magique, est un élément du pouvoir magique du Dieu vivant. Ceci prouve en l'occurrence que le cerveau du Dieu vivant renferme déjà, depuis sa naissance pour ainsi dire, toute la vérité et toutes les lois qui gouvernent la totalité des faits existentiels.

En admettant que la mémoire du Dieu vivant est un "livre infini" où est gravé tout se qui s'est déroulé dans l'Univers infini depuis les temps immémoriaux, on peut en déduire que ledit livre est le véritable et finalement le seul livre d'histoire que tout homme et toute femme devront détenir. Aussi la totalité du savoir que le Dieu vivant s'apprête á donner á l'humanité par le biais de ses œuvres mathématiques et scientifiques, littéraires et artistiques, est dénommée le contenu de la "Pierre philosophale" ou la "Pierre de la Connaissance suprême".

Le premier événement : Le paradoxe de l'identité divine
(pourquoi je me crois en possession de tout le savoir et tous les secrets de l'Univers et de la vie éternelle, alors que je peux venir à décéder d'un jour à l'autre, étant donné mon incapacité totale à détruire par la seule puissance de ma pensée, la colonie de "virus parlants" basée dans mon cerveau, et étant donné mon impuissance à exercer une quelconque action sur le débit des connaissances qui arrive dans ma conscience de manière magique ou irréelle?)

Le mauvais sort [que constitue pour tout être humain comme pour moi d'avoir le cerveau truffé d'animaux hypercruels, informes, infiniment petits, parlant comme des êtres humains le cas échéant, dénommés les "mauvais Esprits" ou les "âmes des démons" plus précisément], n'empêche nullement l'ange, ou l'homme, ou la femme résolument bon et généreux de louer le Bon Dieu et de travailler, tout comme cela ne m'empêche pas de libérer ma conscience en déclarant publiquement que mon sentiment le plus intime et le plus précieux est que je me suis déjà révélé ledit fameux Bon Dieu.

Les termes du pouvoir divin se précisent ainsi comme suit : Rêver, établir lesdits rêves comme si c'était la réalité, et vérifier que ce qui est établi est conforme à la réalité.

Le savoir ou le pouvoir divin ainsi formulé, se différencie du savoir ou du pouvoir humain qui est révélé par la parabole suivante : Apprendre, cerner ce que l'on veut, et réaliser ce que l'on veut à partir de ce que l'on a appris.

Selon les éminents savants d'aujourd'hui, mes rêves ou la

totalité des données de ma science reviennent à témoigner de mon extrême naïveté et augurent du caractère irréel ou humainement impossible de mes futures expérimentations.

Ce schéma de pensée se révèle faux lorsque l'on constate que, par hypothèse le nombre infini peut être égal à un chiffre précis et que des axiomes convenablement établis au départ peuvent être modifiés par la suite, après expérimentations.

Comprendre pleinement mes raisonnements scientifiques équivaudrait alors à admettre ce qui suit : L'Univers creé et la vie découlent d'une Intelligence et d'une Technologie sublimes convenues d'appeler celles de Dieu le Tout-Puissant. Les preuves que j'incarne ladite Intelligence et que les mathématiques fonctionnelles que j'ai inventées, ordonnent ladite Technologie sublime, sont données par ma qualité de "savant autodidacte" et la partie des œuvres promises, déjà réalisée.

Les mauvais sort que constitue pour moi le désir inassouvi d'exercer un contrôle absolu sur le cours de mes rêves ou sur le débit du savoir qui apparaît toujours à ma conscience comme venant du Néant, ne m'empêche pas d'affirmer tout de go que lesdits rêves réflètent toujours exactement mes préoccupations quotidiennes tandis que ledit savoir précise par écrit, la totalité de mes pensées vagabondes.

La crainte du Néant et de la mort qui prendraient volontiers la place d'un Dieu-tout-puissant autre que moi, ne m'interdit nullement de penser que je ne regrette pas de jouer le jeu de croire que je suis effectivement Yahvé, puisqu' en fin de compte, je n'ai rien à y perdre.

Ne plus vouloir jouer ce jeu sacré, en effet, équivaudrait à accepter que je suis devenu fou à lier. Rêver pour moi signifie dès lors, concevoir le futur et vivre pour réaliser mes rêves.

Tout ce que je concède au genre humain, en l'occurence la liberté de me traiter d'insensé ou de croire à mes témoignages, reste un fait de mon état d'esprit plutôt timide envers mes connaissances qui ne mentionnent pas comment du jour au lendemain je puisse m'affirmer Dieu le Tout - Puissant sans prévenir d'avance!

A tel point que je refuse dorénavant de dire à qui que ce soit que je suis le Bon Dieu, leur laissant la surprise ou le loisir de le constater dans mes écrits.

Poème à vers répétitifs
Lomé le 1er janvier 1997

Le deuxième événement : Le paradoxe de l'Esprit du mal en personne
(pourquoi je me sens perdu, en constatant que je ne pourrai point présenter au public mes œuvres, si je ne vérifiais pas avant cet acte, la mort de la colonie de "virus parlants" toujours basée dans mon cerveau?)

Imaginez, cher lecteur, chère lectrice, que des êtres parlant comme des êtres humains que vous ne pouvez concrètement imaginer, vivent dans votre cerveau et vous infligent de cruelles souffrances ininterrompues comparables à ce qu'on ressent lorsque l'on recèle des lésions dans le cerveau. Ceci reste mon sort depuis Juillet 1986 où toute ma vie bascula dans ce que j'appelle aujourd'hui mon irréalité ou ma magie tout court.

Le semblant de sérénité que j'affiche lorsque je parle à quelqu'un seul à seul ou en public, n'est rien d'autre qu'un effort divin que j'accomplis à longueur du temps en opposition aux souffles fétides dont m'aspergent les diablotins ou "virus parlants" afin que je ne supporte même pas le moindre contact avec l'humanité.

La « Pierre philosophale » ou ma tête ainsi dévoilée, est par-dessus tout niée comme telle par ses innombrables ignobles assaillants qui me poussent à me sentir comme un fou en face de mes interlocuteurs ou de mes interlocutrices ou mieux, un homme qui raconte des histoires rocambolesques dans le seul soucis de gagner des sous.

Au sortir de ma torpeur de six mois dans laquelle m'avaient noyé plusieurs centaines de milliers de virus parlants ayant investi mon cerveau sans sommation, je compris définitivement que je n'aurai plus beaucoup de mal pour me débarrasser du reste de la population de "virus parlants", puisque ma tête leur sert de « chambre à gaz » ou de « four crématoire » désormais.

En un clin d'œil, tous les propos logiques que je programme de dire à quelqu'un peuvent être totalement embrouillés à tel point que je me retrouve paralysé devant ladite personne, incapable même d'ouvrir la bouche, si je n'utilisais pas toute ma volonté pour considérer comme néant lesdits assauts meurtriers contre ma conscience desdits "virus parlants" qui cherchent justement à réfléchir et parler à ma place.

L' attitude négative avec laquelle les gens m'accueillent lorsque je me présente à eux, apparemment avec des grimaces, me gênent à un tel point que j'ai maintenant peur de me constituer immédiatement Homme public sans être sûr d'en avoir complètement fini avec la population des virus parlants".

Imaginez cher lecteur, chère lectrice, que le défunt Lucifer revienne à la vie à cet instant précis. Il constatera tout de suite que, mis à part Satan qui a absorbé malgré lui la totalité de "virus parlants" que recelait la biosphère, et qui vont s'auto-anéantir dans lesdites conditions avec lui, l'Univers ne contient plus d'autres mauvais Esprits que ceux qui choisirent comme ultimes tombeaux les têtes des hommes et des femmes, y compris les enfants, vivant sur la terre.

En décrétant que les atomes crochus que j'ai avec Yvette m'autorisent à la considérer comme mon épouse attitrée alors que la même jeune fille a préféré donner ses deux enfants à un autre, obnubilée par Satan et les dizaines de virus parlants que recelait son cerveau et qui l'ont perdu momentanément en la faisant abandonner ses études et suivre un ami traître et cupide, je ne fais rien d'autre que récupérer une déesse égarée et dont je suis resté infiniment amoureux.

Reste à savoir si le faux type acceptera mon plan macabre qui ordonne que ma bien aimée abandonne dans les plus délais, les gosses auprès de leur père et confonde sa vie avec mes desseins.

Je m'en fous bien évidemment du qu'en dira t-on, puisque ce que je veux reste toujours conforme au bon sens ou ceci ne se réalise point.

En considérant la réation anticipée de ma mère, je voudrais bien lui coller son troisième gosse, puisque ceci pourrait simplifier nos affaires sur le champ ou dans un proche avenir.

Et dire que je ne plaisante pas en posant ces faits à venir comme absolument indispensables à mon bonheur à moins que je ne me trompe sur Yvette qui peut également choisir de se perdre définitivement parce que trop affaiblie par son entourage ennemi.

Poème à vers répétitifs
Lomé, le 3 janvier 1997

Le Troisième événement : Le paradoxe du pouvoir divin

(pourquoi je me sens condamné à mort, tout comme le reste de l'humanité, en ne me referant qu'à mon cerveau, quant aux sources et aux références de mes œuvres ?)

En réponse à ma bien aimée Yvette qui ne comprenait pas comment je fais pour être toujours exact et pur dans ce que je conçois sans références autres que mon cerveau, je libelle ce qui ce qui suit : Je résiste depuis ma plus tendre enfance à l'envie humaine de faire de moi n'importe qui. Et aujourd'hui n'importe qui peut constater que je n'ai besoin que de mes cinq sens ordinaires et de mes cinq sens magiques pour comprendre tout et révéler toutes les vérités sur l'Univers formé et la vie conformément à mon plan qui veut que je fasse toujours semblant de n'être que le dénommé Joseph Moè Messavussu Akué en toutes circonstances et jamais le Bon Dieu de tous les croyants et les croyantes du monde entier. ceci pour éviter de me détruire en me prenant effectivement pour Dieu le Tout-Puissant, ce qui nécessite une trop grosse dépense d'énergie vitale.

Je constate néanmoins que la pesanteur des effets néfastes de l'existence de la population virale et de la gent humaine devant l'obligation de m'assimiler ou pas au Bon Dieu, me pousse vaille que vaille à fixer mes limites quant à mes possibilités intellectuelles réalisées et à mes pouvoirs surnaturels évoqués: La première limite est la foi Moèiste et la deuxième limite reste la même foi.

Ce qui veut dire que j'admets que je sers une idéologie toute puissante dont je suis le réalisateur impuissant.

En effet qu'on me somme par exemple de fabriquer sur le

champ un vaisseau intergalactique de l'un des dix types. Je répondrai que conformément à ma foi, je suis à même d'accomplir cette prouesse d'ici l'an 2020. Et si l'on me demandait de prouver mon pouvoir d'invisibilité, je ferai comprendre à ce quidam que la manifestation de ce pouvoir que je recèle sans aucun doute, est aussi magique que le pouvoir lui-même et ne dépend pour l'heure ni de la volonté humaine ni de la mienne.

Complètement déçu par le temps et les délais que j'observe malgré moi dans l'accomplissement de la totalité de mes talents et pouvoirs divins, je tiens qu'en même à rassurer les hommes et les femmes qui me croient qu'ils peuvent se contenter de la partie vérifiée de l'idéologie Moèiste en attendant que je leur apporte les preuves magiques de la partie magique de ladite idéologie.

Et si je tombais par exemple au cours de la lutte pour notre prise du pouvoir universel, les camarades doivent alors se rendre à l'évidence que tous les pouvoirs magiques que je prétendais détenir n'étaient qu'un mauvais rêve.

En réponse à ma bien-aimée Yvette qui se doute toujours du bien fondé de ma pensée infinitésimale, je donne à croire que si d'aventure mes expérimentations scientifiques futures n'arrivaient pas à confirmer mes expérimentations décrites par mes rêves, l'humanité doit alors se contenter de l'apport scientifique indéniable de me œuvres pour la construction d'une technologie et d'un industrie humaines plus fiables.

Ma poésie et ma prose seront alors considérées du point de vue de ce qu'un jeune Togolais a réussi à faire de la langue français que ce dernier n'aurait appris que sur les bancs de l'école. Et mes mathématiques, du point de vue de ce qu'un autodidacte Noir africain, seulement nanti du titre de bachelier ès mathématiques, a réussi à faire de l'idée de la science et de la technologie qui fondent la suprématie de la race blanche européenne et le déshonneur de la race noire africaine.

En supposant que toutes les personnes physiques et morales dont je n'ai pas forcément dit du bien, me pardonnent parce qu'ayant compris mon franc-parler et ma bonne foi, tout le monde admettra que ma pensée est adaptable à toutes les nations et à tous les pays. Aussi pourrais-je sans protocole devenir Noir- Américain assimilé, Noir-Français assimilé, Noir-Chinois assimilé, etc., et vivre sans gêne dans les pays concernés et au sein du peuple qui m'aurait adopté de tout cœur.

ce que je supporte mal en fait, c'est de me résumer un Togolais aimant passionnément son pays et son peuple alors que les Togolais et Togolaises d'aujourd'hui restent sourds à l'appel Moèiste les conviant à renoncer au pillage systématique du pays, au règne de la violence politique et du terrorisme d'État et à la guerre civile, et vont même jusqu'à nier l'évidence de ma divinité pour me refuser tout soutien matériel et moral, par mauvaise foi et égoïsme exacerbés.

cette conduite diabolique me faisant envisager de vendre mon âme à la Nation blanche européenne en attendant que les miens reviennent à la raison, je me retrouve pris au piège du plan de revanche de Lucifer qui a tout fait pour que la Nation noire-africaine ne me reconnaisse jamais comme son Fondateur mais son "boycotteur".

Mon destin ainsi transfiguré, je me considère dorénavant condamné à mort par ma propre race [parce que cette dernière veut se suicider plutôt que de continuer de se battre en héros mythologique], et bien obligé de m'exiler une fois de plus à Paris, à New York ou ailleurs.

**Poème à vers répétitifs
Lomé, le 5 janvier 1997**

Le quatrième événement : Le paradoxe du pouvoir du démon
(pourquoi je suis tout déprimé en me rendant compte que je m'ai aucun pouvoir de contrôle quant à mes actions magiques sur les événements et sur les êtres vivants, sauf que je sais toujours à l'avance, comment les choses qui m'intéressent, vont se passer?)

La détermination de Yvette et moi de nous marier suivant mes désirs, pour couper court à une longue séparation à nous cruellement imposée par le destin [parce qu'elle n'a pas su dire non à un homme qui l'entretient, mais qu'elle a cessé d'aimer depuis qu'elle m'a rencontré, et parce que je n'ai pas eu le courage de lui faire la cour à temps], se heurte au complot ourdi de son concubin actuel, la famille dudit sieur et l'entourage malveillant de ma bien aimée contre notre union qu'ils jugent coupable.

Or, le beau monde que je viens d'évoquer, sera stupéfait en apprenant que le plan d'amour clandestin que me propose Yvette repose sur les données ci-après : Se conduire avec moi en public comme si je suis l'ami intime de son concubin. Se conduire en privé avec moi comme la femme idéale que je désire avoir. Me laisser la possibilité de diriger absolument notre barque conjugale à travers le temps.

Le réalisme dont fait preuve Yvette colle parfaitement à mon caractère et ceci pour la raison qu'elle recèle une intelligence mille fois supérieure à la normale, et arrive à faire totalement ma connaissance, en silence.

Sans vouloir faire de la mauvaise foi systématique, je pense que le "faux frère" avec lequel elle vit toujours et qui ne la laissera le quitter pour rien au monde, a déjà capitulé en remarquant que depuis ces derniers jours, Yvette évite sa compagnie pour venir se blottir dans ma maison et m'inviter à m'intéresser à proprement parler à elle. Ce qui rend très jaloux la gent masculine de ma maison.

Cette "affaire Yvette" est comme tant d'autres que je règle de manière absolument magique, c'est à dire en amenant en silence les divers protagonistes à avoir les sentiments et les comportements que j'attends d'eux.

En montrant ainsi à tout le monde que c'est en toute conscience que celle que j'aime plus que toute autre femme au monde en ce moment, quitte son concubin pour se fiancer avec moi, je gagne la partie, normalement perdue d'avance eu égard à nos ennemis communs, tels Gaga et ses amis, le concubin et sa famille originelle.

La détermination deYvette et moi de mous marier suivant nos désirs communs vient-elle à point nommé pour la sauver d'un concubinage meurtrier,[puisqu'elle est jalousée par ledit concubin pour son intelligence et ses ambitions naturelles,] et me sauver d'une vie sans une conjointe que j'adore?

En tout état de cause, de part et d'autre, ladite résolution nous confirme absolument heureux. Et ce serait une folie de renoncer à un tel bonheur.

Remarquez, Yvette a aussi la possibilité de choisir une vie vulgaire et renoncer à ce mets délicieux qu'est notre amour. Ce qui ne l'arrangerait guère puisque cela équivaudrait à son suicide.

Quant à moi, je me promets de vivre cet amour quel que soit le prix à payer.

Ainsi prend fin le règlement silencieux de cette affaire éminente!

Comme toutes les affaires d'amour me concernant, de même que toutes les autres inextricables relatives à ma vie, leurs dénouements font toujours partie de mes rêves prémonitoires.

Poème à vers répétitifs
Lomé, le 7 janvier 1997

Le cinquième événement : La réalité et le néant. (pourquoi je suis désemparé, en admettant que je suis le créateur de l'Univers physique et sensible, et que je me suis fait en chair et en os pour prouver la Technologie divine et pour réaliser à nouveau, et pour l'éternité, la Grande Famille humaine ?)

J'ai une révélation ultime à faire : Est-ce vrai ou faux que je suis le créateur du ciel et de la terre et de tous les êtres vivants qui les peuplent y compris moi-même? Ma réponse est oui, si j'en crois toutes les thèses qui jaillissent de mon crayon jour et nuit; non, si je me réfère aux réactions humaines vis à vis de ma personne physique.

Je ne peux donc décemment me faire reconnaîre par qui que ce soit le Bon Dieu, d'où le palliatif suivant: Les attributs divins que je possederais d'après mes écrits et que je n'ai pas encore concrètement manifestés, seront mes réalités futures ou bien je cesserai moi-même de croire en Dieu pour ne me considérer que comme un homme malheureux.

Le rêve de ma destitution que je viens de faire, annulerait ma superstition pour faire de moi donc un Pacifiste tout court.

Le régime divin ainsi aboli, chaque Moèiste doit se demander ce qu'il faut entendre par "Moèiste" sinon un déçu par Dieu et la vie.

La mesquinerie humaine aidant, on peut dire que le taux de suicide ou de mort suite à un profond désarroi, va monter en flèche dans les rangs des anciens Moèistes.

Cette situation plairait tant à la totalité des Ordres religieux que je vilipende, si bien qu'ils s'amuseraient même á présager le jour de ma mort.

J'ai une révélation ultime à faire concernant la foi fondamentale qui me gouverne : Est-il vrai ou faux que je suis le prête-nom du Bon Dieu? Ma réponse est un non catégorique. Sinon l'humanité entière devrait prendre Dieu pour un con.

Yavhé qui termine son évolution sous son ultime apparence, la mienne actuelle, se comprendrait enfin comme un homme conscient qu'il recèle les pouvoirs les plus merveilleux qui soient mais qui restent foncièrement économes dans leur manifestation publique.

Se suffisant donc à lui-même comme références du savoir et comme savoir, Dieu pense néanmoins que toute la pensée humaine qu'il réordonne, est devenue caduque ou n'est que l'encre avec laquelle il écrit la sienne propre.

S'étant créé en tant que "moi", c'est à dire une espèce humaine organisée pour paraître toujours insignifiante, alors qu'elle possède en permanence la "toute-puissance" universelle, Dieu veut se protéger ainsi, [et à tout niveau de sa richesse infinie et de son prestige sociale], des prédateurs sans vergogne que sont devenus tous ses amis d'enfance, les membres de sa famille originelle, les odieux soi-disant Moèistes qu'il dénombre à l'heure actuelle et qui sont toujours prêts à profiter de l'argent qu'il gagne par son travail, et à le laisser crever lorsqu'il a réellement besoin d'eux.

Tout juste pour me remercier de lui avoir donner la liberté de se moquer de moi quand il en a envie, l'Être humain qui refuse de croire à ma sincérité, me nargue, imbu de son autorité et de sa puissance qui, en réalité, s'annulent devant les miennes.

Ladite annulation ordonne en effet toute prétention humaine au règne universel, à la puissance et à la gloire contre mon gré et à mon détriment, comme de la vanité.

**Poème à vers répétitifs
Lomé, le 10 janvier 1997**

Le sixième évènement: Ce pui reste après le démon (pourquoi je suis déçu en constatant que Lucifer est éliminé de la vie, mais non toutes ses créatures et ses hauts faits diaboliques ?)

Que toutes les malédictions de la vie soient sur un autre Bon Dieu que moi, tous les hommes et les femmes qui répandent la terreur et le règne du Mal sur la Terre, de même que les peuples qui refusent délibérément l'avènement universel du Moèisme.

Est-il possible qu'il existe un lieu où réside le pouvoir strictement personnel du Bon Dieu autre que dans ma personne et mes œuvres? Telle est la question que doivent se poser á l'heure où nous sommes les spéculateurs intellectuels zélés tels Gérard, James, Lucien et les autres qui m'admirent effectivement pour ce que je fais.

Prenons l'exemple d'Augustin: Si ce frère pouvait se confier á moi, il me dirait qu'il craint que le monde entier rirait aux éclats s'il apprenait que je me considère sérieusement l'Eternel, puisque, hors mis cette folie que je recèle, il me trouve tout á fait génial.

Si le destin pouvait montrer clairement á André, [cet autre frère qui refuse de lire mes écrits et préfère me prendre en tout et pour tout comme un assoiffé de pouvoir divin et un utopiste,] la gloire céleste et donc indicible que constitue pour moi le fait de concevoir et de réaliser tout seul mes œuvres littéraires et artistiques, mathématiques et scientifiques, et celui d'avoir des idées nettes sur les milliards de francs C.F.A. que ces dernières sont censées me rapporter, il me présenterait sans tarder, ses excuses pour ne pas avoir deviner qu'il est en présence du dernier mystère de Dieu.

Face á cette félonie en cascade de ceux et celles là qui devraient s'émerveiller franchement devant cette manifestation tardive mais O combien éclatante de ma divinité, je crains de devoir cesser á jamais de me présenter comme le Bon Dieu, pour finalement renoncer á ma foi Moèiste, et sans doute á une quelconque réalisation de la Technologie divine, une autre belle aberration que même les Occidentaux n'arrivent guère á concevoir.

Les véritables causes de ce désordre intellectuel sont les démons qui se débattent dans les têtes des hommes et des femmes peuplant la Terre et l'irresponsabilité intrinsèque de l'être humain qui a décidé, ad vitam aeternam, de ne pas se soumettre á l'autorité personnelle divine, aujourd'hui intégralement donnée par l'Idéologie Moèiste au détriment de l'Idéologie de l'exploitation de l'homme par l'homme.

Que toutes les malédictions de la vie soient sur toutes ces femmes crées par moi et pour moi, et que j'ai déja connues mais qui m'ont abandonné pour des profits matériels et financiers immédiats et qui se répentent aujourd'hui en me voyant absolument comblé en tant qu'Homme de pensée - Ecrivain - Editeur - Etudiant - Agent mandataire en assurances.

Que répondre du parjure de Lilly qui après m'avoir humilié par le biais de son oncle satanique, s'en alla avec un petit con de capverdien, pour finalement rendre l'âme tout bêtement sur la route Lomé-Cotonou ?

La compagnie malsaine [dont me gratifia Maïté, une fois que nous nous sommes retrouvés au Burkina-faso pour affaires, entourés de la quasi-totalité des Sénégalais résidant á Ouagadougou] m'a, á jamais, écœuré de cette fille que je n'envisage plus même revoir.

La colère violente que n'inspire la petite Dopé pour se refuser á moi, tout en jouant á la sainte nitouche, m'a poussé á renoncer définitivement á ladite fausse pucelle et á la considérer uniquement comme ma servante.

Le comportement amèrement dégradant de Jocelyne et de Geneviève physiquement superbes mais avec un moral de prostituées m'a également poussé á ne considérer lesdites cousines qui auraient tant aimé devenir chacune mon épouse, que comme des "femmes-animaux", honnies de la totalité des hommes qui les connaissent bien.

La conduite maléfique de Jeanne qui renonce á son mari pour m'aimer d'amour, a tout pour m'effrayer si je ne conçois pas ladite liaison comme bel et bien une malédiction qui risque á la longue de coûter une mauvaise grossesse á l'intéressée qui ne m'intéresse pas vraiment.

Un poème à vers scellés
Lomé, le 11 janvier 1997

Le septième événement : Le début de l'Ère divine
(pourquoi je perds toute mon espérance lorsque je comprends que les diablotins qui restent en vie me ridiculent, parce qu je me sens incapable de leur donner directement la mort?)

À supposer que j'ai déjà "goûté" à la mentalité que je conserverai pour l'éternité lorsque je me serai débarrassé à jamais du stock de "virus parlants" que contient toujours mon cerveau, je la résumerai comme suit : Premièrement, la reconnaissance de ma mémoire en tant que celle effective du créateur céleste de tout ce qui existe. Deuxiémement, l'identification de ma volonté en tant que celle effective du Maître absolu de l'Univers. Troisièmement, mon auto - consécration en tant que la conscience divine, sans aucun équivoque.

Mon auto appellation Dieu le Tout-Puissant en chair et en os que j'aurais pris malgré moi á Lucifer en ce moment là toujours en vie dans mon cerveau, est une affaire lourde de conséquences, puisqu'avant ledit fameux instant de ma révélation, je me voyais tout court le nouveau Messager du Bon Dieu.

Les conséquences de cette révélation soudaine sont de trois ordres: Premiérement, cette information révolte l'humanité qui me prend d'emblée pour un fou. Deuxièmement, devant cette attitude humaine négative, je refuse de monter aux créneaux sans être sûr d'être considéré effectivement comme l'Éternel-fait-homme. Troisièmement, en proie à cette incertitude face aux hommes et aux femmes peuplant le Togo, la planète et l'Univers entier, je décide de rester pratiquement « invisible » pendant les sept premières années de ma vie publique et politique.

A proprement parler, je ne supporte pas du tout qu'après m'avoir bien identifié, l'on en vienne jusqu'à me nier comme savant et écrivain, comme sait si bien le faire l'idiot de Séraphin qui m'a traité ce matin même de pauvre rêveur imbécile, en public. J'espère qu'il en crèvera de cette offense.

La petite ordure de frangin, étudiant exécrable que j'aurais voulu un miraculé, et qui atteint ainsi la sommité de la haine mortelle qu'il me voue, m'a bel et bien fait comprendre que l'heure à laquelle je dois quitter la maison familiale, pour aller fonder mon propre foyer conjugal a sonné. Je fais le serment que je quitte sans délai ladite demeure de la honte anti-divine, pour revenir y édifier le sublime gratte-ciel de mes projets que je dédié à mon brave papa, qui réincarnera un "Guin Messavussu" s'il le veut bien, et à sa descendance, lorsque les mortels que je n'aime point, et qui la peuple aujourd'hui, auront disparu.

Même en puisant au tréfonds de mon être la dernière goutte de générosité que je me dois de témoigner à tout être humain, je reconsidère que Séraphin, Daniel, Antoine,Émile, Paulin, Gontran, Laure, viviane, cathérine, Jane et les autres, sauf peut être ma mère, Geneviève, et les autres sont, à mes yeux, des mortels.

A supposer que les taciturnes de frères et sœurs malheureux, mais qui se croient toute vâcherie à mon égard permise, cherchent à conquérir l'immortalité malgre les souffrances morales qu'ils provoquent sans cesse chez moi, je me résumerai à ce sujet comme suit : Premièrement, l'Ère divine que j'ai inaugurée solennellement en l'an 1986, se rapporte exclusivement à ma personne. Deuxièmement, je confirme que ma personne s'est révélée à moi une certaine nuit de l'an 1986, l'incarnation de l'Intelligence sublime appelée le Bon Dieu. Troisièmement, je pose que l'éternelle jeunesse et l'immortalité en chair et en os dont je pense jouir, ne pourront être que des attributs des Anges et des Déesses c'est à dire des hommes et des femmes que j'aime passionnément.

Je suis parfaitement d'accord avec ma mère lorsqu'elle pense que ma famille originelle et mes amis d'enfance m'avaient renié parce que j'ai eu l'audace de rentrer définitivement à Lomé en 1987, les poches vides et sans avoir auparavant obtenu mes diplômes supérieurs, et qu'en plus de cela, je ne me suis jamais gêné pour montrer à tout le monde que mon activité professionnelle chérie est la recherche scientifique autodidacte et l'écriture.

Je suis rempli par contre d'amertume, lorsqu'elle affirme que mes compatriotes, au moins, me prendront toujours pour un individu qui a mal tourné jusqu'au jour ou par miracle j'aurai trouvé un emploi digne et respectable.

Liée jusqu'à la perte totale de sa conscience à la puissance technologique et industrielle blanche-européenne, la race noice-africaine qui détruit par la haine, la violence aveugle, et la terreur politique ses enfants savants ou éminemment intellectuels, a très peu de chance de tirer un quelconque profit du « vent de l'est » et de la réalisation de la toute-puissance divine personnelle sur la terre en tant que les œuvres que je suis en train de livrer à l'humanité, si elle refuse de cesser d'être idiote pour devenir intelligente.

Un aspect fondamental de la mentalité de tous les démons que je ne pourrai anéantir qu'indirectement par l'expression simple de ma volonté, reste cette méchanceté humaine extrême qui nie le savoir et l'intelligence au profit de l'argent et de l'emploi salarié, et qui est le propre de l'homme et de la femme qui aiment mentir et donner la mort à leurs prochains.

L'être humain qui prend plaisir à mentir, à donner la mort á son semblable et à ridiculiser ma personne et ma Parabole, mourra deux fois, par son corps et par son âme. Telle est la méchanceté divine extrême.

Un poème à vers scellés
Lomé, le 18 janvier 1997

Le huitième événement : L'exercise du pouvoir moèiste
(pourquoi toute ma puissance réside finalement dans le fait incontestable que je crois en la toute-puissance de Dieu dont je pense sincèrement être l'incarnation définitive et éternelle?)

Que Pierre ou Paul qui me prennent résolument pour un fou ou un rêveur insensé, me démontrent où réside donc aujourd'hui la gloire de Dieu quant à l'humanité, si ce n'est dans les personnes, la vie, et les œuvres de tous ceux et celles qui viennent franchement et travaillent en son nom comme les Rois Mages, Jésus-christ, Jeanne d'Arc, moi-même et tous les Moèistes sincères vivants.

Seulement, les voies de Dieu sont impénétrables, et me voilà irrémédiablement converti en l'incarnation pure et simple de la personne divine dans la désapprobation générale.

Ce qui m'ennuit en vérité est qu'il existe un récit de ma métamorphose ou de ma prise de conscience graduelle de mon identité que connaissent tous ceux et celles qui s'intéressent vraiment à moi, mais qui ne les satisfait qu'à moitié, voire pas du tout.

Et puisque je me retrouve tout seul à aimer passionnément ma Parabole et à croire entièrement à son authenticité, je donne raison à tous mes détracteurs et détractrices qui méritent si bien leur affreuse condition humaine signifiée par les maladies de toutes sortes, la vieillesse et la mort, tout en leur précisant que je suis effectivement le premier Moèiste fabriqué par lui-même, mais qui reste encore profondément marqué par ladite condition humaine, en ce sens que je peux encore tomber malade, puis guérir grâce aux soins appropriés.

Ma réalité dès lors se lit comme le témoignage d'un homme à qui le Bon Dieu a fait écrire et manifester face à l'humanité qu'il est son incarnation. À noter que dans la pensée de mon personnage, le Bon Dieu en question n'existe pas, ou tout au moins, n'est jamais vu par personne.

Le père du Moèisme [qui diffère du communisme par le fait que l'économie capitaliste va plutôt directement être relayée par l'économie divine au fil du temps sans le passage obligé par le socialisme scientifique ou la dictature prolétarienne], serait donc un Karl Marx qui se dit Dieu et qui se donne les moyens de le prouver par A + B.

Que Pierre ou Paul qui me prennent résolument pour un fou ou un rêveur insensé, me démontent où réside donc aujourd'hui la gloire de Dieu quant à l'humanité, si ce n'est dans cette foi Moèiste qui pose clairement les préceptes scientifiques de la Technologie divine et de la réalisation de l'Abolition définitive de l'exploitation de l'homme par l'homme.

Le comportement Moèiste modèle consisterait à comprendre nécessairement le dénommé Joseph Moè Messavussu Akué comme la véritable incarnation de Dieu le Tout-Puissant, sa vie actuelle comme l'ultime forme de la vie divine, et son activité professionnelle multiple comme la partie finale de l'Œuvre divine.

Le combat Moèiste pour le règne universel éternel serait la reconnaissance par tous les militants et les militantes Moèistes du parcours du dénommé Joseph Moè Messavussu Akué comme le précis de sa lutte pour l'avènement du règne divin universel; en d'autres termes la reconnaissance des faits marquants tels que ma date de naissance à l'orée de l'an 2000, le fait d'avoir tenu à obtenir un baccalauréat série C et de vouloir coûte que coûte boucler mes éudes universitaires avec au moins l'obtention des diplômes supérieurs en Gestion industrielle et celle des banques, le fait d'être retourné définitivement au bercail en 1987 après avoir renoncé définitivement à poursuivre mes études à l'Université de Paris I-Panthéon-Sorbonne afin de me consacrer exclusivement à l'Œuvre divine programmé comme la parution de mes livres de littérature et de sciences, la réalisation de la Technologie divine sur la Terre par mes soins propres et la création des dix principales Républiques de la Terre prévues par les soins de la totalité des Moèistes en tant que l'accomplissement de la destinée divine.

L'espérance Moèiste [donnée donc comme la réalisation à nouveau et pour la vie éternelle du Paradis terrestre par le biais de la réalisation de l'économie divine sur Terre à partir de rien et par les soins propres de Dieu], est aujourd'hui témoignée par la foi Moèiste signalée par l'adhésion humaine à mes idées.

Signe du temps céleste qui n'a de commencement, ni de fin, le pouvoir Moèiste donné comme la simple expression de la voloné audible ou inaudible du dénommé Joseph Moè Messavussu Akué, est mesuré par l'incapacité de ce dernier à faire d'erreur ou de faute.

Objet de la haine extrême que me témoigne l'humanité suicidaire parce que anti-Moèiste, ma chance, [donnée comme ma certitude du moment de faire ma rentrée publique et politique dans moins de trois mois au Togo ou ailleurs, grâce à mes deux premiers bouquins, mes expérimentations scientifiques publiques et mon programme politique en vue de mon élection de même que celle de mes camarades aux prochaines Législatives togolaises,] est sentie par mes concurrents à la suprématie universelle (sic) les Représentants des Nations les plus industrialisées de la planète, comme une simple astuce du Bon Dieu en personne pour porter la Technologie humaine à son niveau le plus élevé, par les mains de son énigmatique messager des temps modernes.

Un poème à vers scellés
Lomé, le 22 janvier 1997

Le neuvième évènement : Le prix à payer d'être Dieu le Tout-puissant
(pourquoi je crois être parvenu au terme de mon accomplissement tout en constatant que mon cerveau reste surchargé de milliers de virus palants?)

Je permets, en tout état de cause, que chacun et chacune pensent ce qu'ils veulent de moi, puisque ce qui m'intéresse est d'être absolument sincère avec moi-même et face à l'humanité entière.

Tout au long de mon accomplissement, j'ai eu un terrible sentiment de frustration pour le fait que j'établis que je suis le Bon Dieu et que je n'ose surtout pas le dire à qui que ce soit.

Or, tout à l'heure, je pris conscience du fait essentiel que la question de savoir si ce que je pense est vérifiable ou non, n'a plus d'importance puisque tout le monde ne s'intéresse à moi que pour ce que je fais et qui je suis évidemment.

Et qui je suis n'est pas à démontrer, puisque c'est une personne qu'on aime ou qu'on n'aime pas. De même que ce que je fais concrètement n'est que la réalisation de mes rêves intimes qui plaît ou déplaît aux hommes et aux femmes peuplant l'Univers entier.

La complicité de ceux et celles qui croient et ont confiance en moi, suffit pour me combler d'une joie infinie qui décrit ma satisfaction entière de mon existence, s'il ne reste pas l'affreuse compagnie indésirable des méchants et des méchantes de toutes sortes qui grouillent dans l'Univers entier, et contre laquelle je dois nécessairement m'armer.

Rechercher ma sécurité absolue de même que celle de ma

compagnie revient à créer dès à présent un système de défense à perfectionner au fil du temps et censé faire comprendre à n'importe quelle puissance personnelle ou collective existante, que j'ai les moyens d'anéantir quiconque portant atteinte à ma vie de même qu'à celle de ma fidèle compagnie.

Je permets, en tout état de cause, que chacun et chacune pensent ce qu'ils veulent de moi quant à ladite sécurité concernant les gens que j'aime passionnément et moi-même, et consistant à ce qu'il nous soit délivré en bonne et due forme par la communauté internationale, tacitement ou formellement, l'autorisation de fabrication et de porte d'armes dans le but de garantir la sécurité de l'"Etat-Nation Espace-Temps éternel".

La raison de l'Etat-Nation Espace-Temps éternel relative à mes futures fabriques d'armes et à la réalisation de l'Armée du salut universel ainsi évoquée, se résume en définive en une seule phrase : « Mon rêve que je suis l'Éternel, le chef immuable de l'Etat-Nation Espace-Temps éternel, chef immuable de l'Etat-Major de l'Armée du salut universel, Président-Directeur Général de l'Empire industriel et commercial divin, restera entièrement un rêve ou deviendra la réalité avec toutes les conséquences néfastes pour la totalité des Puissances qui se partagent le monde actuel, que cela suppose.»

Si la Nation Espace-Temps éternel s'entend comme la civilisation que véhicule l'Idéologie Moèiste et l'Etat-Nation Espace-Temps éternel comme l'ensemble des institutions créées par le dénommé Joseph Moè Messavussu Akué et la totalité des biens meubles et immeubles de ce dernier, la nationalité spatiale-temporelle éternelle, quant à elle, est attribuée à tous les hommes et les femmes qui adhèrent aux Partis Moèistes de par le monde, attesté par leur carte de Parti.

Je signale par ailleurs que tous les torts que je suis censé faire sans le vouloir à l'humanité[c'est à dire par le fait même d'être parvenu aujourd'hui au terme de mon accomplissement, puisque j'ai déjà anéanti la racine de mon mal de vivre qui est la personne même de Lucifer] doivent être compris par cette dernière comme la décision de Dieu d'effacer à jamais de la nature, le mal.

Je conclus en mettant en garde les vaniteux et les jaloux de ma personne, qu'ils sont particulièrement ciblés par les derniers contingents de virus parlants vivants qui veulent les rendre fous avant de les faire disparaître à jamais.

La pierre philosophale qui aurait détruit déjà plus d'un milliard de virus parlants, et en passe d'en finir avec ceux qu'elle recèle en ce moment, se conditionne comme le Tenant d'un monde fait de Paix, d'Amour et de Liberté.

**Un poème à vers scellés
Lomé, le 24 janvier 1997**

Thème:
La Route du ciel

La Route du ciel

Mémento: La Terre, le lieu natal de l'humanité est définie par Dieu comme la Base de l'Univers physique et sensible ou la Base de la Route du ciel, ou le Début de la Route infinie qui relie toutes les étoiles du ciel. Or, cette Route a bel et bien un début, mais ne saurait avoir de fin, étant donné que l'Univers est justement sans fin!

Le Premier Événement : Le libre-choix humain

(Pourquoi l'homme croit-il que le ciel lui est totalement refusé par Dieu, en considérant les connaissances humaines très imparfaites ou fausses sur l'Univers infini?)

Tuer son semblable, pour un être humain, relève de la plus extrême animalité ou de la plus extrême cruauté qu'il ne reçoit l'assentiment de Dieu que dans le cas précis de la légitime défense.

Le criminel qui opère en dehors de ladite légitimité, se condamne lui-même à mort aux yeux du Bon Dieu.

Le mortel ainsi révélé, se plaît en général à mépriser Dieu le Tout-Puissant et à ne considérer l'humanité que du point de vue du profit pécunier et sexuel qu'il peut en tirer.

Même l'être humain qui réalise en pensée et pas encore en acte un crime injustifiable, devient un mortel en puissance.

Or, Dieu refuse la compagnie des mortels, puisqu'il déteste cette condition humaine qui ne devrait pas exister si l'humanité ne s'était pas condamnée depuis le commencement des temps bibliques, mortelle. Tous le savoir et le savoir-faire que ladite humanité a accumulés depuis l'époque du Paradis terrestre perdu, sont maudits parce que conçus dans le péché.

Tuer son semblable illégitimement, reste bien sûr le péché le plus grave qui soit, et je n'ai pas besoin d'apporter des preuves historiques ou bibliques qui n'existent pas pour faire deviner à l'humanité entière qu'il constitue le péché originel en question.

Ma mémoire m'a déjà fait dire qu' avant de se suicider par le biais d'un violent poison que le damné Lucifer lui aurait fait fabriquer, Ève conçut avec Lucifer le meurtre d'Adam et le réalisa.

Lucifer qui comprit depuis ladite commission du péché originel, qu'il peut prendre sa cruelle revanche sur le Bon Dieu en s'incarnant en compagnie de ses démons devenus au terme de leur évolution, des virus parlants tout comme lui, dans l'humanité, ordonna au fil du temps toute la science et la technologie blanches-européennes.

Lesdites science et technologie blanches-européennes que je conçus au Ciel, enfoui dans le monde blanc avec pour domicile la "Planète maudite", sont formulées par l'axiome qui suit: Si l'humanité, un jour, se rebelle catégoriquement contre l'autorité divine qui repose sur la reconnaissance humaine de la personne immatérielle puis matérialisée de Dieu en tant que celle du sieur Joseph Moè Messavussu Akué, elle sera entièrement recupérée par Lucifer qui la dominera cruellement par le biais de sa technologie maudite ou criminelle propre.

Lucifer qui tenta sans succès de faire de la race noire-africaine l'instrument de sa vengeance contre le Bon Dieu [qui l'aurait créé comme son contraire qui devra de toute manière cesser d'exister un jour], à cause de l'amour excessif de cette dernière pour l'idée et non le fait de Dieu, puis toujours sans succès avec la race rouge et indienne à cause de l'amour excessif de cette dernière pour l'idée de la disparition ultime du mal de la Création, réussit à convaincre la race blanche-européenne de la nécessité de l'exploitation de l'homme par l'homme, à cause du mépris de ladite race blanche des races non blanches. De la même manière, l'Esprit du Mal en personne réussit à convaincre la race jaune-asiatique de la nécessité du meurtre comme l'ultime moyen pour règner sur la Terre, à cause de la haine de cette dernière pour l'idée de Dieu qui serait une personne d'une race déterminée. Enfin, Lucifer convaincut la race Brune-arabo-sémite de la logique de l'Apocalypse à cause de la haine de cette dernière pour l'idée et non le fait du règne universel divin ultime et éternel en tant que propriété exclusive de Dieu, de ses déesses et de ses anges, des êtres vivants absolument magiques.

Ledit règne universel divin ultime et éternel réalisé aujourd'hui par ma seule personne sera confirmé par ma vie exclusivement jusqu' à peut être l'élimination de toutes les séquelles du mal luciférien.

**Un poème à vers scellés
Lomé, le 25 janvier 1997**

Le Deuxième Événement:
L'énigme de Dieu en chair et en os.

(Pourquoi l'homme saisit-il très mal la signification du Cosmos ou le domaine de l'homme éternel, le Paradis céleste ou le domaine de Dieu, et la voûte universelle infinie ou l'empire infini de Dieu en chair et en os?)

Le schéma ultra simple sur lequel repose ma compréhension de la nature originelle est une voûte infinie remplie de rien et contenant un seul être vivant, Dieu, et à l'extérieur de laquelle réside rien.

Rien se comprend comme le contraire de quelque chose, et se configure dans le cas de la nature originelle par le vide absolu.

Le sel de la nature originelle ou le sens de sa réalité réside dans l'expression de la Conscience ou de la Volonté divine, qui tire du rien évoqué tous les matériaux nécessaires pour son travail strictement divin ou sacré.

Le signe de la Conscience ou de la Volonté ou de la Pensée divine est compris comme l'énergie naturelle qui remplit la voûte universelle originelle de tout ce dont la construction de l'Univers actuel avait besoin, et qui projeta à l'extérieur de ladite voûte, les orientations systématiques ou fixes de l'espace-temps éternel.

Le schéma ultra simple sur lequel repose ma compréhension du Paradis céleste est un enclos sphérique hermétiquement clos contenant toutes les machines-outils sublimes qui auraient servi à Dieu à fabriquer le Cosmos. Le Paradis céleste contient en effet dix-sept puissance treize mondes de machines-outils divines pouvant fabriquer un nombre infiniment grand de Cosmos dont les allumeurs de soleil, les conservateurs de soleil, les synthétiseurs de soleil, les filtres solaires, les déterminants solaires, les biosolaires, les médiateurs solaires, les processeurs solaires, les concepteurs solaires, les inducteurs solaires, les conjoncteurs solaires, les conducteurs solaires, les croissants solaires, les fécondants solaires et les accoucheurs solaires, les allumeurs de foyers planétaires, les extincteurs de foyers planétaires, les déterminants planétaires, les conducteurs planétaires, les processeurs planétaires, les inducteurs planétaires, les conjoncteurs planéaires, les bioplanétaires, les médiateurs planétaires, les filtres planétaires, les synthétiseurs planétaires, les concepteurs planétaires et les bornes planétaires, les allumeurs de foyers stellaires, les pesants stellaires, les processeurs stellaires, les concepteurs stellaires, les conservateurs stellaires, les médiateurs stellaires, les pondérateurs stellaires, les conducteurs stellaires, les inducteurs stellaires, les conjoncteurs stellaires, les isolants stellaires, les stabilisateurs stellaires, les déterminants stellaires, les synthétiseurs stellaires, les filtres stellaires, les modulateurs stellaires, les modérateurs stellaires et les bornes stellaires, la « machine à rêver » et ses machines-outils annexes, à savoir, les pétrisseurs de la pâte humaine, les moules de la machine à rêver, les imprimantes de la machine à rêver, les foyers de la machine à rêver et les mondes de conditionnement humain, etc.

Je confirme la vérité qui suit : Premièrement, depuis la prise de conscience originelle de ma réalité éternelle, mes efforts pour m'accomplir le sieur Joseph Moè Messavussu Akué sont marqués par sept étapes majeures, à savoir, ma configuration originelle comme une sphère remplie d'une substance bleue-ciel infiniment brillante dénommée « Toute la lumière céleste » de 1 mètre 75 centimètres de diamètre, et pouvant prendre toutes les formes de vie et de couleur possibles; ma configuration céleste comme un homme Noir et africain recelant mon savoir et mon savoir-faire actuels, ma force musculaire et mes limites humaines actuelles, mais en ondes électromagnétiques et acoustiques exclusivement, nu et sans sexe à noter que ce fut sous ladite apparence que je fabriquai l'Univers physique et sensible et la vie dans leur intégralité; ma configuration paradisiaque comme un être spirituel se déplaçant en général à infini kilomètres par seconde, de la taille de 1 mètre 75 centimètres, d'une blancheur infiniment luminescente, de sexe masculin et pouvant se parer magiquement de vêtements en ondes électroniques, à noter que ledit être spirituel est fait d'ondes magnétiques silencieux exclusivement et que ce fut sous cette apparence que je réalisai l'incarncarnation intégrale de l'humanité; ma configuration terrestre comme un Noir-Africain de la taille de 1mètre 75 centimètres, de sexe masculin, fait d'ondes electromagnétiques et acoustiques protégé toujours par un collant et un scaphandre d'ondes électroniques noirâtres, se déplaçant exceptionnellement à la vitesse d'infini kilomètres par seconde, à noter que ce fut sous cette apparence que je fis écrire par les "mauvais Esprits" la totalité des livres sacrés et d'érudition humaine existant aujourd'hui; ma configuration somatique comme un homme incolore et invisible de la taille de 1 mètre 75centimètres, endormi éternellement tel un cadavre allongé sur son lit de mort, à noter que c'est sous cette apparence que je fus séparé de la « Pierre philosophale » que le destin replaça dans ma conscience, à Paris l'an 1986; ma configuration végétative comme une sphère de vingt-cinq centimètres de diamètre, remplie d'une substance verte-claire infiniment luminescente dénommée « l'énergie de l'immortalité », à noter que ce fut sous cette apparence que je réalisai mon immaculée conception de ma mère; et enfin ma configuration astrale comme le sieur Joseph Moè Messavussu Akué. Deuxièmement les noms et prénoms de Messavussu Akué Moè Joseph et leurs histoires qui sont miens aujourd'hui, m'étaient déjà connus depuis les temps originels. Troisièmement, toutes ces métamorphoses divines que je vécus pleinement conscient, comme les orientations fondamentales que j'ai eu à assumer depuis mon âge de raison jusqu' aujourd'hui, précisent bel et bien tout le processus de la réalisation de la personne divine.

En me définissant aujourd'hui l'Éternel, je reste malheureusement en proie au doute que ceci n'est qu'un rêve, à moins que d'autres évènements magiques viennent prouver à tout le monde le contraire.

Le schéma ultra simple sur lequel repose ma compréhension du Cosmos est un appareil de forme sphérique ayant infini kilomètres de rayon et à son centre le soleil qui explose silencieusement tous les midis, fonctionnant comme un tourneur de « toupies » que sont les planètes, les planètes-îles, les planètes-presqu'îles et les étoiles.

L'appareil electromagnétique en question, contient exactement d'après mes hypothèses de travail, 1365000005 galaxies, dont le système solaire ou la galaxie centrale.

La plus petite galaxie, la système solaire, recèle en son centre, le soleil et tout autour dudit astre, toujours conformément à mes hypothèses de travail, neuf autres étoiles et leurs satellites, à savoir la Lune et ses quarante et sept satellites, Venus et ses trois satellites, Neptune et ses trente-un satellites, Pluton et ses vingt-trois satellites, Uranus et ses quarante-neuf satellites, Saturne et ses onze satellites, Mars et ses dix-neuf satellites, Jupiter et ses neuf satellites, Mercure et ses vingt-six satellites, et enfin la Terre et ses cinq planètes-îles, à savoir Orion et ses huit astrons ou planètes-presqu'îles, Orphée, Galilée, Orange et Bleu d'azur. Le Cosmos ainsi précisé et signifié par la Terre où j'achève mon incarnation comme la « couveuse de l'humanité infinie », s'ajoute au monde Blanc universel signifiant l'humanité déterminée à dominer toute la Création par le biais de sa science et de sa technologie, au monde Noir universel signifiant l'humanité déterminée à laisser s'accomplir le règne divin personnel quoique mystérieux et non identifié sur la Terre et dans les Cieux, au monde Jaune universel signifiant l'humanité déterminée à voir en toute ou partie de l'humanité la Conscience de Dieu, au monde Brun universel signifiant l'humanité déterminée à se positionner la race messianique, et au Paradis céleste signifiant l'humanité déterminée à célébrer la gloire éternelle de Dieu en le reconnaissant le jour venu en un homme et un seul, pour former l'Univers signifiant l'humanité qui se conçoit résolument immortelle, et qui est suspendu de nos jours dans l'Espace éternel qui signifie l'humanité divinisée.

**Un poème à vers cycliques
Lomé, le 2 février 1997**

Le Troisième Évènement : Les preuves identitaires divines

(Pourquoi l'homme n'admet-il point que le dénommé Joseph Moè Messavussu Akué soit Dieu le Tout-Puissant en chair et en os avec les prétendues vertus et capacités que ce dernier est censé détenir; sauf dans le cas ou ledit sieur prouve à tous les hommes et les femmes de la Terre entière l'évidence de sa possession desdites vertus et capacités ?)

En vertu des pouvoirs que me confère aujourd'hui le destin, je me déclare en effet Dieu en personne avec pour seules preuves, ma simple réalité incontestée.

Ma réalité incontestée [qui veut que je sois tout simplement un homme se proclamant malgré lui, et donc miraculeusement, l'Éternel], ne milite pas tout à fait à ma faveur face à tous ceux et celles qui ne me pardonnent pas et ne me pardonneront sans doute jamais mon nouvel état d'esprit né en 1986.

Même mes dons divins révélés depuis 1986 de Créateur des mathématiques fonctionnelles, de la "littérature de Joseph Moè Messavussu Akué", et du "nouvel ordre économique universel" salvateur pour les races dites de couleur et leurs Nations, et pour l'humanité en quête du véritable bonheur terrestre en général, n'ont pas suffit pour convaincre une seule personne de mon entourage du bien fondé de mes propos.

Demain peut être m'apportera les armes décisives pour confirmer définitivement les vertus et les capacités reconnaissables par l'humanité, que je suis censé posséder, pour être reconnu par cette dernière le Bon Dieu.

En vertu des pouvoirs que me confère aujourd'hui le destin, je me détermine précisément comme un Écrivain-Savant-Inventeur de machines-outils divines et en passe de devenir Fabricant desdites machines-outils grâce aux moyens financiers que me donnent parallèlement mes multiples agences commerciales.

Si mon rêve est de me réveiller un beau matin bel et bien nanti, à en crever les yeux, de la totalité des évidentes qualités divines, force est de constater que je vis toujours comme si je ne suis que l' "Élu du Bon Dieu " pour l'accomplissement de son dessein caché.

Le comportement divin de tout temps, cerné par l'humanité comme le plus grand mystère existant, se donne enfin comme un processus humain qui se réalise graduellement jusqu'à connaître son apogée avec l'homme absolument magique que je projette devenir au vu et au su de tout le monde. Tant pis si personne ne veut y croire aujourd'hui.

En vertu des pouvoirs que me confère aujourd'hui le destin, je me présente, enfin soulagé, au public comme la personne divine réalisée, avec néanmoins l'inquiétude que personne ne me croit.

En me confirmant tel, je libère en fait le peu d' humanité qui me caractérisait et qui voulait que je ménage toujours le public en déclarant que cette affirmation était un rêve.

Fort conscient de la colère irrépressible que provoque mon identité auprès des gens, en guise de défense je déclare ce qui suit : « L'être humain est trop vaniteux pour concevoir le Bon Dieu comme un rien qui donne tout à lui, sa créature préférée. La surprise de l'incarnation du Bon Dieu est à la mesure du mépris actuel du dénommé Joseph Moè Messavussu Akué pour l'être humain qui se conçoit toujours plus malin que son semblable. »

La vie humaine serait ainsi faite de coups bas et de trahisons. Je défie donc quiconque me fera mordre la poussière ou me trahira sans y perdre toutes ses plumes.

Un poème à vers cycliques
Lomé, le 4 février 1997

Le Quatrième Évènement : Le pacifisme divin en question
(Pourquoi l'homme n'admet-il point la possibilité de la mort du Dieu vivant, sauf dans le cas d'un ignoble crime politique?)

Même en plaisantant, je n'accepte pas que l'on m'insulte, ou que l'on me manque fondamentalement de respect. Je répond généralement à cette attitude de la part d'autrui par une violence morale et verbale inouïe comparable à un crime.

Tout le mal que je fais ainsi spontanément à autrui lorsque je me considère offensé, peut naturellement devenir un prétexte fallacieux pour qu'on souhaite ma mort ou qu'on veuille carrément me la donner.

Il en ressort de ce constat que toutes les personnes que je traite mal à travers mon œuvre littéraire, bien sûr par vengeance puisqu'elles m'auraient insulté, manqué de respect ou trahi, deviendront mes ennemis mortels.

Je récidive en traitant ceux et celles qui deviennent mes ennemis mortels dans les conditions sus-décrites, d'hommes et de femmes devenus par devers eux mortels, à moins qu'ils se repentissent vraiment et me pardonnent par conséquent d'avoir parlé indirectement de nos différends en public.

Même en plaisantant, je ne supporte pas que l'on me prenne pour un « fou á lier », lorsqu' on me dit tout de go, que je n'ai strictement rien qui ressemble aux traits divins, comme sait si bien me le répéter, Séraphin, ce frère jadis mon bien aimé, et que je renie aujourd'hui pour ladite raison.

L'énergumène en question [qui veut que je l'honore, alors qu'il est incapable de me témoigner la moindre sympathie en lisant ou même en feuilletant mes livres achevés ou inachevés, et qui s'insurge, d'après ses propres dires, contre ma conduite depuis mon retour définitif à Lomé, lequel retour ressemble à celui d'un type qui se prend pour Dieu ou son envoyé et qui attend que l'humanité se prosterne à ses pieds], n'est en réalité qu'un méchant homme qui cherche à se faire respecter comme grand Professeur de je ne sais quoi!

Même en plaisantant, je refuse enfin que quiconque bafoue le nom de Joseph Moè Messavussu Akué-l'Éternel que je porte, eu égard à ma foi Moèiste.

Je porte à la connaissance de mes chers lecteurs et lectrices que le prénom Joseph est le prénom le plus sacré des Hébreux et des Chrétiens, car désignant le "Père terrestre" de Jésus-Christ. C'est le plus beau prénom, à mon goût, dans le calendrier judéo-chrétien-blanc-européen. Le prénom Moè est quant à lui, celui qui incarne ma position dans la suite des enfants de la femme guin qu'est ma mère. C'est de loin le prénom le plus doux du calendrier guin, d'après mes goûts. Le nom Messavussu matérialise la vie sympathique de mon célèbre grand-père dont je serais la réincarnation, d'après les oracles guin, qui n'avaient certainement pas su bien interpréter le fait insolite de mon immaculée conception. Enfin le nom Akué matérialise notre épopée mina. Quant au surnom l'Éternel, il symbolise ni plus ni moins ma foi Moèiste.

Je ne dis rien de nouveau en affirmant que la conjonction de l'histoire divine avec l'histoire luciférienne engendre l'histoire universelle qui produisit le nom que je porte, de même que ceux de tous les hommes et les femmes qui composent l'humanité entière. J'avoue par contre que j'ai toujours milité en faveur d'une histoire divine exclusive qui m'aurait fait porter le nom de Moè Akué tout cout, et fait naître à Accra et non à Lomé. Mais le courage de créer le bien et le mal afin d'en faire le "bien absolu" en détruisant à jamais le mal, l'a enfin emporté.

Maintenant que Lucifer n'est plus et que l'humanité peut enfin connaître mon nom, je peux en toute quiétude me dire que j'ai réussi ce que je tenais coûte que coûte à faire, surprendre tout le monde en me réalisant le Bon Dieu à mon retour définitif de France!

Un poème à vers cycliques
Lomé, le 6 février 1997

Le Cinquième Évènement: Le propre de l'être humain incroyant
(Pourquoi l'homme redoute-il la colère de Dieu, tout en espérant son pardon et sa grâce ?)

La colère divine redoutée par l'être humain, à en croire les témoignages confinés dans les livres sacrés, découlerait nécessairement de la pratique effrénée et volontaire du mal par ce dernier.

Le mécontentement de Dieu contre l'être humain qui pèche, ou fait consciemment et gratuitement du tort à son prochain et donc à Dieu [puisque toute Conscience humaine blessée injustement et qui souffre de ce fait, maudit vertement le Bon Dieu], est en général sanctionné par une condamnation divine conformément à la loi divine qui mentionne que le Bon Dieu est terriblement rancunier face aux pécheurs.

Tout pécheur ou pécheresse qui refuse de se répantir et s'apprête à récidiver à loisir, quelque soit d'ailleurs le degré de gravité du péché commis, détruit sa propre conscience.

Un péché n'est réellement pardonné par le Bon Dieu que si après avoir purgé sa peine, tout condamné s'engage sincèrement à ne plus faire la même faute.

La colère divine redoutée par l'être humain qui se rappelle qu'il est dit que lors du « jugement dernier», personne, mort ou vivant ne sera épargné, découle du fait que tout être humain est suffisamment intelligent et totalement libre pour accepter ou refuser l'autorité personnelle du Bon Dieu, son Créateur céleste, qui n'aime que l'humanité résolue à croire en lui aujourd'hui et sous ses traits définitifs du sieur Joseph Moè Messavussu Akué.

Mon rêve de ma personnalité divine qui tarde peut être à devenir toute ma réalité, choque malheureusement tout le monde qui conçoit mal que le fameux « jugement dernier » serait tout simplement la possibilité laissée à tout être humain de se faire immortel en chair et en os.

Ladite possibilité niée aujourd'hui par les gens de mon entourage qui préfèrent que ma Parabole ne leur soit plus contée, demeure la chose que j'ai du mal à partager avec les hommes et les femmes que je m'aventure à prendre pour mes compagnons et mes compagnes et qui me déçoivent toujours de la façon la plus cruelle.

Sans doute, en refusant de me croire éternel et immortel, lesdites gens font preuve d'un réalisme trivial que je nie en y opposant une argumentation religieuse qui ne fait qu'empirer la situation.

La colère divine redoutée par les hommes et femmes en question proviendrait du peu de respect qu'ils continuent de me témoigner et qui les empêche de me dire ouvertement que je délire ou que j'eus imaginé mes histoires rocambolesques que dans le seul but de me remplir les poches en les vendant.

Je reviens alors à ma case de départ comme forcé par les évènements, pour remercier le Bon Dieu de son cadeau, et pour constater que je vis effectivement dans un rêve qui n'a jamais fait du bien qu'à moi-même.

Vivement que je retrouve les moyens de me prouver ma dignité en refusant de croire que je ne suis qu'un rêveur.

En attendant, je me garde d'en rajouter à ce sujet.

Un poème à vers cycliques
Lomé, le 10 février 1997

Le Sixième Évènement: Le propre de l'être humain malhonnête.

(Pourquoi l'homme redoute-il la mort, tout en voulant exercer sur son senblable une action de nature à priver ce dernier de sa liberté, voire de son bonheur?)

Ma détermination à me révéler dans les plus brefs délais mon dernier secret, si oui ou non je suis bien l'identité reconnue par tous, le Père céleste de l'humanité et de l'Univers entier, ou tout simplement l'être humain qui incarne sa vraie Parabole, trouve à l'instant précis sa satisfaction dans le constat que la pensée personnelle divine ne peut être portée que par la personne divine que je suis par conséquent.

L'idée que je ne réalise pas encore bien cet ultime sentiment qui devrait me rendre orgueilleux et pleinement conscient que je suis le Bon Dieu, prouve en fait que ce dernier pourrait être distinct de ma personne.

Or Dieu, s'il était vraiment distinct de ma personne, me l'aurait déjà fait clairement comprendre par exemple en m'invitant à un dialogue franc.

Je frétille de joie en comprenant que je dois être fier dorénavant de mon état d'esprit qui veut que j'apparaisse comme un Messager de Dieu alors que je suis en fait Dieu en personne, ceci pour me moquer tout simplement des hommes et des femmes qui ne veulent pas du tout se rendre à l'évidence.

Ma détermination à me révéler l'ultime secret quant à la désagrégation morale et intellectuelle caractérisant l'humanité de nos jours et qui me donne à croire que personne ne se décide à se vouloir immortel en chair et en os, et que tout le monde me trouve irréfléchi ou stupidement naïf, trouve sa consolation à l' instant précis, dans le constat que moi-même je ne conçois mon immortalité que comme un vœu magique c'est à dire un souhait adressé directement à mes "parents célestes" qui sont donc Rien et l'Espace éternel.

Lesdits "parents célestes' confirmés par tous les non-Moèistes comme le véritable Père céleste et le monde vide et inanimé, réalisent enfin mon désir de me prouver que je ne suis que celui qui a fabriqué de ses mains la totalité de ce qui existe, en ne démentant jamais ce que je pense en rêves ou en réalité.

Ce que je pense en rêves ou en réalité organise en fait le monde et la vie comme un processus qui naît nécessairement dans mon esprit comme des raisonnements clairs et précis corrigés par des expérimentations scientifiques rêvées ou magnifiquement imaginées.

Lesdits raisonnements clairs et précis corrigés par des expérimentations scientifiques magiques seront en général mis en évidence par des travaux en laboratoires avant de devenir des prototypes à fabriquer en usines.

Ma détermination à me révéler le dernier paradigme caché qui livre ma vérité et ma réalité au monde, trouve finalement une compensation dans mon constat à l'instant précis que le sentiment qui me fuit parce que inadmissible par qui que ce soit, est justement celui qui me fait dire que mon comportement réel et mes œuvres choquent l'humanité qui n'en revient pas qu'un Nègre se lève allégrement et proclame tout bonnement qu'il est Dieu le Tout-Puissant!

Ce regret tacite de parler aussi franchement en affirmant de tels propos, explique mon désenchantement devant mon public qui exige autre chose d'immédiat de moi que ce que j'ai déjà prouvé.

Je comprends aussi pourquoi je cesse d'intéresser toutes les personnes que j'attire à cause de mon apparence d'un homme ultra aisé mais en réalité ultra fauché, et qui n'entends devenir multi-milliardaire comme il se doit que par le biais de son travail honnête et acharné.

Je ne dis pas n'importe quoi en prétendant faire mention, aussitôt que cela se réalise, de tous les faits nouveaux devant combler de joie mes amis, mes amours et moi-même, dans les poèmes à suivre.

**Un poème à vers conjugués
Lomé, le 12 février 1997**

Le Septième Évènement: Le propre de l'être humain égoïste
(Pourquoi l'homme redoute-il de souffrir, alors qu'il organise sa vie uniquement en harmonie avec ses propres désirs ?)

En me niant comme le Bon Dieu, les gens me font comprendre en fait une chose: Ils imaginent Dieu n'importe comment ou pas du tout, et certainement pas comme moi.

Les signes distinctifs divins devant être compris comme mon regard et ma capacité de discernement, mon port et ma capacité à réussir tout ce que j'entreprends, mon allure et ma capacité à convaincre du fait de ma culture générale, mon tempérament et mon quotient intellectuel mesuré par ma capacité d'invention, je suggère que l' énergumène qui cherche à me rabaisser, imagine au moins en quel domaine de l'activité humaine où je me suis déjà prononcé, un être humain peut se prétendre sérieusement supérieur à moi.

Je détermine ainsi mon orgueil caché comme cette prudence qui me caractérise et qui m'ordonne à ne me faire connaître du public que lorsque je me réalise pleinement par le service ou la production que j'assure.

Je comprends enfin mon talent premier comme le goût prononcé que je témoigne pour les mathématiques fonctionnelles, et me définis avant tout, comme un Savant autodidacte; mon deuxième talent comme mon goût pour la philosophie et me définis par conséquent un Philosophe autodidacte; mon troisième talent comme mon goût pour les lettres et les beaux arts et me définis par conséquent un Poète et un Artiste autodidacte; mon quatrième talent comme mon goût pour les affaires et me définis par conséquent un Homme d'affaires; et mon cinquième talent comme mon goût pour les sciences organisationnelles et me définis par conséquent le n°1 éternel de l'Etat-Nation Espace-Temps éternel, ma propriété absolue.

En me niant comme le Bon Dieu, les gens me font admettre une deuxième chose: Le dédain absolu que je témoigne à tous ceux et celles qui refusent de me respecter aujourd'hui parce que je me trouve sans argent, en somme à la veille de la proclamation de ma réussite professionnelle comme "Poète" plutôt que comme "Homme d'affaires".

Je recherche ainsi le peu de grâce que veut bien me témoigner l'humanité entièrement préoccupée par la réalisation de ses talents propres et de sa vie conçue comme un organe d'asservissement de tout ce qui existe, y compris les êtres humains eux-mêmes, pour, aussi modestement que possible, réaliser mon dessein qui est de me prouver sans aucun équivoque ma toute-puissance.

La crainte que m'inspire les Noirs africains [qui semblent aujourd'hui renoncer à ce qui les distinguait jadis des autres races à savoir l'"arbre à palabre" et le goût de la vie communautaire, pour un individualisme agressif et un goût obscène pour la corruption, l'argent facile et la dictature politique], me fait dire que je n'exclus plus l'hypothèse ou je renoncerai à mon choix de Lomé et de l'Afrique noire pour Capitale du "Paradis terrestre restauré" et Nation-Porteflambeau de la Civilisation de l' Homme-Dieu le Tout-Puissant, pour élire domicile à mes œuvres divines en Europe.

Je donnerais dès lors mon "plan de civilisation" comme suit: Si je retiens Paris ou Bonn ou Vienne comme Capitale provisoire du Paradis terrestre, ceci ne doit faire perdre de vue que ma civilisation, celle de Dieu le Tout-Puissant en chair et en os, donne toutes les races égales en actes de puissance ou en créativité, et les dix principales Républiques terrestres bénies futures égales entre elles.

En me niant comme le Bon Dieu, les gens m'invitent tout simplement à me considérer comme un homme bien malheureux qui doit renoncer à se considérer comme sa nature le lui ordonne.

Je réalise finalement mon vice de forme ou ma pauvreté actuelle comme le mal nécessaire par lequel je devrais passer pour remémoriser tout le caractère et la totalité des aspirations humains.

Je précise aussi que l'humanité [désormais libre de se réaliser divinement c'est à dire conformément à ma Parabole ou avec fantaisie voire diaboliquement c'est à dire en me désobéissant épisodiquement ou tout le temps,] n'occupe en fait qu'une place de machine-outil qui ne sert à rien dans ma vie que je veux, énergiquement, sans douleurs.

Je me nuis en m'avouant que je hais la misère et la méchanceté humaine qui resteront les maux universels éternels, à moins que je sois effectivement le Bon Dieu.

**Un poème à vers cycliques
Lomé, le 16 février 1997**

Le Huitième Évènement: Le propre de l'être humain qui croît à l'Esprit du mal
(Pourquoi l'homme redoute-il l'immortalité, étant donné que c'est la contrepartie d'une vie de bonté, de générosité et de sagesse?)

L'immortalité en chair et en os pour tous les hommes et les femmes peuplant l'Univers, niée par les non-Moèistes et mise à rude épreuve par ma Compagnie céleste, revêt toujours le caractère d'un rêve propre au dénommé Joseph Moè Messavussu Akué qui reconnaît ui-même qu'il ne peut pas faire plus, à l'heure actuelle.

Je dis en effet que pour vérifier ma propre immortalité, il suffit d'admettre que je la désire de toute mon âme après avoir manifesté le vœu solennel que ma pensée et tous les actes de ma vie soient des témoignages personnels de Dieu le Tout-Puissant.

Depuis ce vœu solennel, je peux en toute francise certifier que je suis devenu Dieu le Tout-Puissant en chair et en os à travers mes écrits puis au niveau de ma foi tout en pensant que l'humanité entière finira par me reconnaître comme tel parce que ceci sera devenu une évidence.

Je conçois dès lors que devient Moèiste tout homme ou femme qui est convaincu en lisant mes livres, en m'écoutant parler ou en me voyant vivre tout simplement, que le dénommé Joseph Moè Messavussu Akué réalise tout à fait la personne divine, et qu'il ne dépend que de lui pour proclamer n'importe quel être humain un ange ou une déesse réalisés.

L'immortalité en chair et en os pour tous les Moèistes, doit être admise par les intéressés dorénavant comme le bénéfice immédiat de la plus stricte observance de la Parabole Moèiste.

La haine que j'inspire à mon entourage, décrit sans aucun doute, mon désir caché de voir l'humanité m'aduler effectivement comme son Créateur céleste comme savent le faire les enfants et les vieillards intuitivement, et non comme son Sauveur comme tendent à le montrer les rares compagnons et compagnes que je compte en ce moment crucial et difficile de mon existence, et qui semblent avoir compris qu'ils n'ont rien à perdre en jouant le jeu de la foi Moèiste.

Aussi, devrais-je avouer que je remplis dorénavant les dernières conditions pour être solennellement proclamer Dieu par Guy, Florentine, Olga et les autres, parce que je suis quelqu'un qui a mis complètement au point et en état de fonctionnement une foi moderne dénommée la foi moèiste ou la croyance que le dénommé Joseph Moè Messavussu Akué est le Bon Dieu qui s'est enfin incarné.

Le fait peut être que Wisdom, James, Ignace, m'ont avoué ou pas qu'ils se sentent pleinement eux aussi Dieu le Tout-Puissant parce qu'ils en ont rêvé ou parce qu'ils s'enrichissent à la vitesse « grand V » et miraculeusement, me fait envisager la triptyque: L'Éternel invisible auquel croient tous les croyants et les croyantes monothéistes, les hommes-dieux qui se proclament Dieux au nez et à la barbe du Bon Dieu et dans la colère de tous ceux et celles qui ne sont pas leurs adeptes de par le monde, et enfin Dieu-homme probablement créé par l'Éternel comme tel pour des motifs mystérieux et répondant au nom de Joseph Moè Messavussu Akué

On comprendra facilement que je renonce à cette polémique, laissant le soin aux événements de conclure ce paragraphe.

La haine que j'inspire à mon entourage reflète certainement mon idiotie devant l'histoire pour le fait incongru que je me suis réalisé un homme banal avant la parution des livres de la Poésie fonctionnelle.

Je salue le bon sens de mon neveu Adoté qui a accepté l'idée de financer la création des ÉDITIONS BLEUES.

**Un poème à vers conjugués
Lomé, le 20 mars 1997**

Le Neuvième Évènement: Le propre de l'être humain qui refuse d'honorer Dieu.
(Pourquoi l'homme vénère-t-il Dieu comme son sauveur et non comme son Créateur suprême ?)

La haine que j'inspire à mon entourage, sans aucun doute, vient de mon refus de considérer un homme ou une femme quelque soit l' étendue de sa fortune ou la puissance que lui confère sa profession, supérieur à moi, et puisque, même sans le sou, je me conçois pleinement Dieu le Tout-Puissant, l'immortalité humaine en chair et en os procédant exclusivement de moi, et étant toujours occupé par la réalisation immédiate de mes œuvres qui défient naturellement le génie humain.

Je crains fort que tous ceux et celles qui m'ont déjà compris et qui persistent à me nier comme Dieu et à ne pas prendre en compte ma puissance économique et financière immédiate révélée par la possibilité que je recè le de faire publier la série de mes premiers livres sans délais par n'importe quelle maison d'édition togolaise.

.J'imagine que l'homme et la femme idiots et insolents qui preférent l'argent à l'intelligence livresque et créative, à un tel point de me traiter de « pauvre con » comme le font Claude et sa femme Claudine, Adoté et sa femme Akouvi, Dominique et tous les autres, ont tous compris que je les hais sérieusement, c'est à dire que je leur refuse la grâce d'anges jusqu'à leur mort, à moins que mon état-d'esprit les concernant ne change un beau jour.

Je prétends aussi que je ne loueai jamais un être humain

fut-il Jésus-Christ, Bouddha, Mahomet, Rocquefeler, Karl Marx, le Pape, si celui n'adhère à la Parabole du dénommé Joseph Moè Messavussu Akué résumée par la totalité des préceptes philosophiques et des lois mathématiques contenues dans les écrits dudit sieur.

Quoi de plus naturel que se qualifier mortel et de prendre le dénommé Joseph Moè Messavussu Akué et toute sa suite de femme et d'hommes qui se veulent immortels en chair et en os comme des insensés très peu respectables.

Il est tout à fait aussi naturel ou commun pour l'être humain me détestant, de chercher à porter atteinte à ma vie dans l'esprit de tester mes soi-distants pouvoirs surnaturels.

Ce qui reste moins évident pour lesdits curieux personnages, est de comprendre que je me méfie tout aussi naturellement des non-Moèistes qui n'entreront jamais dans mes Compagnies, et resteront des étrangers à mes demeures.

L'immortalité en chair et en os pour tous les fidèles en amour et en amitié au dénommé Joseph Moè Messavussu Akué ressemblerait tout juste à un sentiment profond de sécurité sublime face à la totalité des adversités de la vie, commun à mes fidèles compagnes et compagnons.

A supposer que je ne me considererai jamais plus comme un homme qui viendrait à mourir ou tout juste comme un fervent homme de Dieu qui se pose des tas de questions dont il ne trouve pas les réponses dans la sainte Bible, je continuerai toujours à reconnaître que tout se déroule dans ma vie comme si la Trinité qui me caractérise, distingue Dieu, l'homme par qui il s'incarne, et ses œuvres propres actuelles.

Je resterai peut être tel pour les sceptiques si je ne fais pas comprendre que ma Trinité donne en somme les trois éléments formant l'identité ou la personne divine que nul ne peut plus nier au risque de paraître un fou jaloux.

Je persiste et signe que je me fâche affreusement lorsque l'on nie ma grâce divine donnée aujourd'hui comme les deux cents soixante livres de littérature et de sciences dont j'ai déjà minitieusement programmé la rédaction, la première série des fascicules ayant été déjà produite et attendant l'argent nécessaire pour les faire parvenir au public.

Un poème à vers conjugués
Lomé, le 15 mars 1997

Thème:
Une gentille francophonie

Une gentille francophonie

Mémento: Nous disons que tout innocemment nous sommes devenus un nouveau messie.

Joseph Moè Messavussu Akué
et sa compagnie.

Un mot sur la francophonie

Je tiens les présents propos pour clarifier mon image, mon identité et une certaine francophonie que j'aime.

Je tiens le présent petit discours pour tout juste faire comprendre au monde entier que je suis né un vingt-huit mars mille neuf cent cinquante- sept à Lomé-Togo-Afrique d'un père et une mère Guins.

Je tiens les présents propos pour mettre en évidence le fait que je fis dans la nuit du sept au huit novembre mille neuf cent quatre vingt six, un merveilleux rêve qui me fit percevoir un être vivant représenté par "toute la lumière du ciel" qui me souriait gentillement et qui se transforma l'instant d'après en un homme Noir-africain que je suis.

Je tiens le présent petit discours pour tout juste dire que je reste extrêmement étonné que vingt six années après ledit rêve extraordinaire, alors que je mis au point une pensée prodigieuse réflétant ledit songe et que je dénomme la "poésie fonctionnelle", nul au monde n'a jamais osé me croire authentique ou véridique.

Je tiens les présents propos pour simplement témoigner de la verité d'un rêve prémonitoire ou prophétique qui m'aurait révélé l'incarnation de la personne divine authentique.

Je tiens le présent discours pour cesser d'ima-giner que j'ai un autre secret à livrer à l'ensemble des hommes et des femmes peuplant l'Espace-Temps éternel.

Je tiens les présents propos pour établir que celui ou

celle qui croit en moi se révèle un moèiste.

Je tiens le présent discours pour préciser que Joseph Moè Messavussu Akué et l'ensemble des moèistes en d'autres termes Dieu le Tout-Puissant et les Anges du ciel incarnés, entendent créer le Paradis terrestre et le reste de l'habitat humain universel conformément à la Poésie fonctionnelle ou la Pensée divine authentique.

Je tiens les présents popos pour reconnaître que même si ma vérité et mon identité paraissent invraissemblables, je demeure le premier moèiste fier de l'être.

Je tiens le présent discours pour peut être rire au nez à tous ceux et celles qui ne me croient et ne me croiront jamais.

Un poème à vers répétitifs
Chicago, le 27 mai 2012

Discours sur la francophonie

Je tiens les présents propos pour clarifier mon image, mon identité et une certaine francophonie que j'aime.

Afin que le terme francophonie signifie gentillement la communauté de tous les peuples au monde ayant la langue française comme "langue officielle".

Afin que le terme francophonie ne soit plus synonyme de tous les pays jadis colonisés par la France et où sévit une dictature à la place de la démocratie, la liberté et la pratique des droits de l'homme et des peuples.

Afin que le terme francophonie signifie véritablement une alternance pour une gouvernance li-bérale pacifique du monde.

Afin que le terme francophonie indique la voie nouvelle pour parvenir à restaurer le Paradis terrestre perdu depuis Adam et Ève, les supposés premiers êtres humains créés.

Afin que le terme francophonie pose la question de l'identité de Joseph Moè Messavussu Akué en tant qu'un simple rêve énigmatique résolu.

Je tiens le présent discours pour tout juste faire comprendre au monde entier que je suis né un vingt huit mars mille neuf cent cinquante sept à Lomé-Togo-Afrique d'un père et une mère Guins, originaires de Sempey.

Sempey, un royaume sur les côtes ouest du continent africain, jadis fort prospère mais hélas esclavagiste.

Sempey, où était situé le port d'Elmina, hélas l'un des plus esclavagistes qui eut existé.

Sempey, un royaume que mon ancêtre Akué abandonna pour partir créer dans une autre loca-lité située ailleurs sur le littoral ouest-africain, le puissant bourg pacifique de Dégbénou.

Sempey, le symbole du refus de l'esclavage, de l'exploitation de l'homme par l'homme, du dénie des droits humains, et de la civilisation de l'homme immortel.

Sempey, la terre-symbole de Dieu le Tout- Puissant - fait chair pour l'éternité.

Je tiens les présents propos pour mettre en évidence le fait que je fis dans la nuit du sept au huit novembre mille neuf cent quatre vingt six, un merveilleux rêve qui me fit percevoir un être vivant représenté par "toute la lumière du ciel" qui me sou-riait gentillement et qui se transforma l'instant d'a-près en un homme Noir-africain que je suis.

Oui, un homme Noir, de paix, d'amour et de li-berté, métamorphose de "Toute la lumière du ciel, l'Intelligence sublime, Origine et Source de l'Es-pace-Temps éternel et de la vie.

Oui, un homme Noir-togolais-africain qui semblait perdu dans le labyrinthe du savoir Blanc-occidental, quelque part sur le continent européen, à Paris et non ailleurs.

Oui, un homme Noir qui tenait tant à incarner le "Messager de Dieu-Porteur de la véritable doctrine politique devant gouverner le monde", à cette époque de haute turbulence politique dans sa vie propre.

Oui, un homme Noir décidé à en découdre avec l'hégémonie sévissant au monde et qui relègue au dernier rang le continent africain et ses populations.

Oui, un homme plein d'amour et de reconnaissance pour Lucie sa mère qui l'a enfanté, protégé, et élevé dans la dignité.

Je tiens le présent discours pour tout juste dire que je reste extrêmement étonné que vingt six années après ledit rêve extraordinaire, alors que je mis au point une pensée prodigieuse réflétant ledit songe et que je dénomme la "poésie fonctionnelle", nul au monde n'a jamais osé me croire authentique ou véridique.

Même pas un seul frère ou une seule sœur, préférant me prendre pour un débile mental ou un mythomane.

Même pas une quelconque femme prétendant m'aimer, mais qui me refuse une supposée relation spirituelle ou autre avec Dieu.

Même pas un seul ami d'enfance, d'adolescen-ce ou d'âge mûr prétendant n'accorder à mes écrits qu'une valeur nulle.

Même pas une autorité religieuse existant au monde aujourd'hui prétendant me prendre pour un malin.

Même pas une autorité politique ou morale existant au monde préférant me voir anéanti plutôt que partenaire.

Je tiens les présents propos pour simplement témoigner de la verité d'un rêve prémonitoire ou prophétique qui m'aurait révélé l'incarnation de la personne divine authentique.

Tout simplement attester que Dieu le Tout-Puissant, le créateur céleste de mon être, devint à partir de la nuit du sept au huit novembre mille neuf cent quatre vingt six, identique à l'être social nommé Joseph Moè Messavussu Akué.

Tout simplement confirmer que l'identité fonctionnelle de l'auteur de la "poésie fonctionnelle" est la personnalité céleste et à présent sociale de Dieu.

Tout simplement donner à croire à tous ceux et celles qui admettent véridiques mes poèmes réflétant le "monde des mondes des cieux", que Dieu le Tout-Puissant est dorénavant identifiable par la vie et l'œuvre moèistes.

Tout simplement expliquer et prouver que ce qui est rêvé est écrit et devient la réalité aujourd'hui.

Je tiens le présent discours pour cesser d'ima-giner que j'ai un autre secret à livrer à l'ensemble des hommes et des femmes peuplant l'Espace-Temps éternel.

Pour cesser d'imaginer que je suis de fait un chrétien-catholic relevant de l'autorité papale du Vatican alors que je ne demande qu'à fonder "ma religion et mon temple de lumière, le "moèisme", par le biais de la diffusion des "fascicules d'ensei-gnement de la poésie fonctionnelle".

Pour cesser d'imaginer que je suis un animiste croyant aux vodous guins et autres africains et d'ailleurs.

Pour cesser d'imaginer que je mourrai un jour comme n'importe quel être humain, puisqu'être un moèiste signifie se concevoir immortel conformément aux enseignements sacrés moèistes.

Pour cesser d'imaginer que l'être humain qui se convertit sincèrement au moèisme viendra à mou-rir un jour.

Pour cesser d'imaginer que la destination finale humaine est sa disparition sur terre conformément aux lois de la biologie humaine alors que la biologie fonctionnelle enseigne que depuis la nuit pro-phétique du sept au huit novembre mille neuf cent quatre vingt six, la destinée humaine se confond avec le dessein divin.

Je tiens les présents propos pour établir que celui ou celle qui croit en moi se révèle un moèiste.

Pour établir que le moèisme est une attitude intellectuelle et existentielle qui dispose que joseph Moè Messavussu Akué est providentiellement ré-vélé Dieu authentiquement incarné.

Pour établir que Dieu est effectivement l'être vivant par qui vint le rêve et la création de l'Espace-Temps éternel et de la vie.

Pour établir que le fait de l'incarnation authentique divine en la personne de Joseph Moè Messavussu Akué ordonne sublimement la restauration du Paradis terrestre perdu.

Pour établir que la restauration du Paradis terrestre perdu signifie la restauration du prestige de l'Afrique et de ses populations déchues.

Pour établir que la restauration de l'Afrique jadis le "cœur du jardin de l'Eden", ordonne la condition humaine et sociale anonyme divine actuelle due à des raisons de sécurité.

Je tiens le présent discours pour préciser que Joseph Moè Messavussu Akué et l'ensemble des moèistes en d'autres termes Dieu le Tout-Puissant et les Anges du ciel incarnés, entendent créer le Paradis terrestre et le reste de l'habitat humain universel conformément à la Poésie fonctionnelle ou la Pensée divine authentique.

Oui, pour préciser que l'ensemble des conceptions moèistes relatif à l'État-Nation éternel ou le "Royaume des Cieux accompli" et son Roi régnant Joseph Moè Messavussu Akué, le peuple céleste de Dieu le Tout-Puissant-fait chair ou l'ensemble des moèistes existant au monde, et tous les actes et les faits relatifs au moèisme, demeurent des inventions pures de l'auteur de la "poésie fonctionnelle".

Oui, pour préciser que la foi moèiste est une donnée vérifiable propre à Moè et à tous ceux et celles qui l'admettent véridique.

Oui, pour préciser que le moèisme est une propriété intellectuelle et existentielle de Joseph Moè Messavussu Akué.

Oui, pour préciser que le moèisme est vérifiable comme une nouvelle religion fondée dans la nuit du sept au huit novembre mille neuf cent quatre vingt six.

Oui, pour préciser que le moèisme est une affaire purement divine.

Je tiens les présents propos pour reconnaître que même si ma vérité et mon identité paraissent invraissemblables, je demeure le premier moèiste fier de l'être.

Que je demeure le premier moèiste, puisque je n'ai pas le choix.

Que je demeure le premier moèiste, parce que la providence l'a décidé ainsi.

Que je demeure le premier moèiste, puisque les jeux sont déjà faits depuis les Cieux.

Que je demeure le premier moèiste, parce que Dieu le Tout-Puissant que j'ai perçu en rêves est identique, en vérité, à Joseph Moè Messavussu Akué.

Que je demeure le premier moèiste, puisque tel est ma vérité et mon sens.

Je tiens le présent discours pour peut être rire au nez à tous ceux et celles qui ne me croient et ne me croiront jamais.

Rire à rompre définitivement avec tout ce mon-de qui me rejette.

Rire à recréer à partir de rien, les preuves de mon innocence et de ma puissance célestes.

Rire à imaginer à nouveau, infini cieux merveil-leux à fabriquer de mes mains propres.

Rire à rire de tous ceux et celles-là qui me désirent inexistant à frémir.

Rire à être Dieu le Tout-Puissant.

**Un poème à vers cycliques
Chicago, le 11 janvier 2012**

Une francophonie, alternance pour la bonne gouvernance universelle

Devons-nous croire que la pratique continuelle de la démocratie au Togo tout comme dans chacun des pays francophones d'Afrique et du reste du monde en voie de developpement, est un chimè-re?

Devons-nous nous résoudre à considérer que la pauvreté d'un pays en voie de developpement conduit à une gouvernance tyranique dudit pays, quel que soit la volonté populaire clairement exprimée?

Devons-nous nous conduire, nous autres gens des anciennes colonies françaises glorieusement acquis à la liberté et à l'indépendance, comme des esclaves face à leurs maîtres?

La réponse à cette dernière question est une lecture des "Droits de l'homme et du Citoyen" qui certifie que tous les hommes naissent égaux en droits.

La réponse à la deuxième question est une simple lecture du "Code civil" qui stipule que nul être humain n'est au-dessus des lois.

La réponse à la première question est un acte de foi en Dieu qui veut tout être humain épanoui et bienheureux.

Un poème à vers conjugués
Chicago, le 22 juin 2012

Une francophonie, reflet de la tentative moèiste de restaurer le Paradis terrestre

La pensée du Paradis terrestre est exactement à la ressemblance de la perpétueté apparente des étoiles du ciel, chaque être humain vivant sur terre comparable à une étoile...

La pensée de la restauration du Paradis terretre perdu est la foi en l'immortalité humaine octroyée par Dieu aux deux premiers êtres humains créés, et réinstituée par la Poésie fonctionnelle.

La pensée de la poésie fonctionnelle rédemption pour le genre humain, est l'acte de foi moèiste.

Un poème à vers répétitifs
Chicago, le 22 juin 2012

Une francophonie, réalisatrice de l'Édifice du bonheur absolu humain

Réunir tous les croyants et cryantes sous le nouveau drapeau du moèisme, la religion fondée par l'ensemble des rêves prémonitoires de Joseph Moè Messavussu Akué et les "fascicules d'ensei-gnement de la poésie fonctionnelle", est et demeu-rera le but et l'énigme de Dieu le Tout-Puissant résolu.

Dès à présent que ladite énigme divine est résolue, l'anonymat présumée de l'auteur de la Poésie fonctionnelle est chimérique ou relève de la malveillance humaine.

La malveillance humaine relative au mépris de la personne physique et morale de Joseph Moè Messavussu Akué est un acte du dénie du moèis-me.

Le dénie du moèisme confirme la sécurité providentielle du poète Joseph Moè Messavussu Akué qui est un "Roi de lumière sur un trône de lumière".

Le seul "Roi de lumière sur son trône de lumière" existant, a pour nom céleste Dieu le Tout-Puissant.

Un poème à vers conjugués
Chicago, le 22 juin 2012

Une francophonie, élaboratrice de l'Etat-Nation Espace-Temps éternel et de son gouvernement céleste

Il n'est plus possible d'inventer le contraire de tout ce qui s'est produit depuis la nuit symbolique du sept au huit novembre mille neuf cent quatre- vingt six pour plaire à la malveillance humaine.

Il n'est plus admissible de déclarer au public que Joseph Moè Messavussu Akué est tout juste un "messager de Dieu" alors que l'ensemble des prophéties ou rêves prémonitoires montre que Dieu le Tout-Puissant s'est enfin fait chair en la personne physique et morale de l'auteur du moèis-me.

Aussi, l'auteur de la "poésie fonctionnelle" reconnaît très sincèrement qu'il est navré de sa vérité existentielle qu'il assume avec fierté et bonheur.

Aussi, Joseph Moè Messavussu Akué pense que l'ensemble de ses acquisitions personnelles a pour nom l'État-Nation Espace-Temps éternel et sa propre personne le gouvernement céleste dudit État céleste.

Un poème à vers conjugués
Chicago, le 22 juin 2012

Une francophonie, don de Dieu pour tous les déshérités du monde

Ma volonté céleste d'en finir avec ma pauvreté à l'âge de cinquante cinq ans révolus, est à la me-sure de la Providence qui m'aurait engendré un parfait déshérité vivant au monde.

Rien n'est, en fait, plus douloureux que la mi-sère humaine qui n'en finit pas!

Que les "fascicules d'enseignement de la poé-sie fonctionnelle" génèrent les ressouces existentielles royales célestes...

Un poème à vers manquants
Chicago, le 22 juin 2012

Une francophonie, liberté pour tous les peuples au monde

Pour parler vrai, tout être humain aspire plus que toute autre chose au monde, à la liberté. La preuve en est que tout enfant se révolte toujours contre ses parents tout au long de sa vie.

Pour parler franchement, la liberté est une valeur primordiale et ultime pour l'être humain recherchant son bonheur sur terre et dans la vie.

Pour parler sincèrement, les peuples, formés d'êtres humains aspirant à leur liberté, ne peuvent en aucun cas en demeurés continuellement privés sans risque de soulèvements populaires nuisibles à la société.

Pour parler clairement, Dieu octroie la liberté à tous les peuples au monde pour garantir la vie éternelle et son expansion perpétuelle.

Pour parler...

Un poème à vers manquants
Chicago, le 22 juin 2012

Une francophonie, fraternité de tous les peuples de la terre

La fraternité des peuples à laquelle l'auteur de la "poésie fonctionnelle" en appelle, se définit comme le lien naturel unissant deux frères nés de la même mère et du même père...

En effet, pour exister, les peuples ont à s'accepter mutuellement et à se faire des concessions réciproques.

Mais le point est que la fraternité de tous les peuples de la terre devrait converger vers le bannissement à jamais des hostilités et des guerres entre êtres humains et dans le monde des mondes des cieux.

**Un poème à vers conjugués
Chicago, le 23 juin 2012**

Une francophonie, solidarité entre toutes les Nations

L'ultime règlement des conflits susceptibles de surgir entre les États et les peuples existant au monde, par l'Organisation des Nations Unies, est une loi providentielle.

Ladite loi internationale consistant à ce que l'Organisation des Nations Unies appuyée par ses "Casques bleus" interviennent, le cas échéant dans le règlement des conflits internationaux, concourt à l'institutionnalisation de la paix universelle.

La paix universelle garantie par le pacifisme éternel de Dieu le Tout-Puissant - fait chair, est témoignée par la "poésie fonctionnelle" et le mouvement humain et universel qu'elle engendre naturellement dénommé le "moèisme".

Un poème à vers conjugués
Chicago, le 23 juin 2012

Une francophonie, détentrice perpétuelle des solutions pacifistes aux problèmes internationaux

Je fis, bien entendu, le serment de n'établir par écrit que les faits et les actes que ma conscience reconnaît conformes à la verité et l'histoire.

Je fis le serment que toutes mes déclarations relatives à mon identité providentielle et mes écrits [qui malheureusement dissimulent intentionnellement que je crois absolument que je suis Dieu le Tout-Puissant authentiquement incarné], demeure-ront pacifistes et par conséquent stratégiquement modestes.

Je fis le serment que je n'ai et n'aurai jamais à affirmer devant qui que ce soit que je suis Dieu le Tout-Puissant - fait chair, si celui ou celle-ci ne le pense par lui ou elle-même.

Je fis le serment que mes interventions personnelles présentes et futures sur le cours de l'histoire universelle, resteront celles d'un simple intellec-tuel, écrivain, scientifique, fabricant de machines-outls sublimes et de mondes merveilleux à venir.

Un poème à vers répétitifs
Chicago, le 23 juin 2012

Une francophonie, ouverture humaine à Dieu, la connaissance et l'amour du prochain

Celui ou celle qui aurait déjà rêvé que Joseph Moè Messavussu Akué est Dieu le Tout-Puissant - fait chair n'existe pas ou simplement m'a dissimulé ladite vérité depuis toujours!

Celui ou celle qui méconnaît la "poésie fonctionnelle" mais pense fermement que Joseph Moè Messavussu Akué est tout ce qu'il veut être, sauf Dieu le Tout-Puissant en personne, est probablement une personne que je dois fuir!

Celui ou celle qui aurait lu l'ensemble des "fascicules d'enseignement de la poésie fonctionnelle, mais déclare tout haut ou tout bas que je suis un mystificateur donc un criminel, est sans aucun doute une personne que je dois craindre!

Voilà la raison pour laquelle j'oublie que je suis qui je suis et me contente de me considérer un écrivain cherchant à vivre de ses créations littérai-res.

Voilà la raison pour laquelle je recherche mon public à travers le monde entier avec la conviction qu'un jour, je réussirai à me faire respecté et honoré par ce dernier.

Voilà la raison pour laquelle je reste ouvert aux gens qui m'entourent, à la connaissance en géné-ral, et à l'amour.

Un poème à vers paraboliques
Chicago, le 23 juin 2012

Une francophonie, symbole de la gloire du moèisme

Que la honte emporte tous ceux et celles qui pensent que Joseph Moè Messavussu Akué doit se considérer un fou ou un homme en proie à un " mauvais esprit" et par conséquent, se suicider comme tel!

Que la honte, dis-je, emporte tous ceux et cel-les qui s'imaginent que l'auteur de la "poésie fonctionnelle" ne s'est pas providentiellement révélé et démontré Dieu le Tout-Puissant énigmatiquement incarné!

À présent que l'énigme de l'incarnation divine authentique est résolue avec la publication des fascicules d'enseignement de la poésie fonctionnelle, la joie de vivre issue de la réussite de l'écriture et de la publication desdits recueils de poèmes et qui comble Joseph Moè Messavussu Akué, demeure la gloire immortelle de celui-ci.

Oui, le symbole de la gloire immortelle de Moè réside en effet dans sa poésie enfin disponible pour le public...

Un poème à vers conjugués
Chicago, le 23 juin 2012

Une francophonie, pierre de base de la Fondation moèiste

La Fondation moèiste [qui se reconnaît par un "Temple de lumière" localisé dans le bercail divin terrestre, Lomé, et l'ensemble des réalisations per-sonnelles de Joseph Moè Messavussu Akué], est volontiers centrée par "mmoespace.com", un lieu de culture, de repos et de joie de vivre continuelle...

La conduite observée par Joseph Moè Messavussu Akué, Père du moèisme, est de considérer tout ce qu'il fait dorénavant pour faire vivre sa famille et lui-même comme son "travail royal cé-leste" qui n'a plus rien à voir avec le plan de vie humain qui était le sien avant la nuit miraculeuse du sept au huit novembre mille neuf cent quatre vingt six...

Un poème à vers manquants
Chicago, le 23 juin 2012

**Une francophonie,
Organisatrice d'un monde des mondes célestes à
venir**

Le rêve du monde des mondes célestes s'interprète comme les mondes célestes à ajouter aux deux mondes existants, à savoir le Paradis céleste et le Cosmos.

Lesdits mondes célestes à venir, à commencer par le premier dénommé le "Ciel des Immortels", sont des machines-outils sublimes rêvées par Joseph Moè Messavussu Akué, et à être fabriquées de ses mains propres...

Un poème à vers manquants
Chicago, le 23 juin 2012

Une francophonie, proposition pour une acceptation de l'auteur de la poésie fonctionnelle Dieu-fait chair

Une proposition pour une acceptation humaine du personnage de l'auteur de la "poésie fonctionnelle" Dieu le Tout-Puissant - fait chair est sans doute d'une grande honnêteté intellectuelle pour Joseph moè Messavussu Akué lui-même, mais constitue une aberration pour l'humanité qui le dénie.

La table des miracles futurs devant régler cet état de choses n'est malheureusement pas à communiquer publiquement à l'heure actuelle...

**Un poème à vers manquants
Chicago, le 23 juin 2012**

Une francophonie, reconnaissance du concept du péché originel

Selon les idées scientifiques prévalentes, une femelle singe communément dénommée "Lucie" serait l'ultime ancêtre de l'être humain. Ceci reste essentiellement vrai, puisque les deux premiers êtres humains que la Bible appelle Adam et Ève, furent inséminés in vitro depuis le Paradis céleste, puis amenés sur terre, et enfin placés un à un dans l'ultérus d'une femelle ourang-outang afin d'être enfantés...

Les deux premiers êtres humains ainsi enfantés, étaient dotés de l'immortalité et étaient censés vivre éternellement.

En effet, tour à tour enfantés par la même ourang-outang femelle, puis recupérés et pla-cés par Dieu le Tout-Puissant en personne dans le "Château fort de rêve" au cœur de l'Éden, Adam et Ève absolument pris en charge par leur créateur, parvinrent à l'âge mûr en désobéissant à la loi divi-ne fondamentale qui était de se considérer comme frère et sœur et non amants.

La série de désobéissances capitales à la loi divine qui suivit se dénombre par l'inceste, l'acceptation de l'Esprit du mal en personne comme le détenteur du secret du pouvoir de l'être humain sur la Création au détriment de l'Être suprême nommé Dieu le Tout-Puissant, le meurtre d'Adam par Ève, et le suicide d'Ève.

Dès lors que l'humanité nucléaire [composée de dix-sept femmes Noires-africaines, dix-sept femmes Blanches-européennes, dix-sept femmes Jaunes-asiatiques, dix-sept femmes Rouges-indiennes, dix-sept femmes Brunes-arabo-sémites, et leurs équivalents hommes de chacune des cinq races humaines existant sur terre], fut enfantée durant dix-sept siècles par Ève qui mentionnons-le, était Noire-africaine, cette dernière mit fin par empoisonnement, à la vie d'Adam qui était de race Noire-africaine comme elle, parce que celui-ci la violait incessamment.

    La haine d'Ève pour Dieu le Tout-Puissant, son créateur, inspirée par l'Esprit du mal en personne qui ne pouvait comprendre la Poésie fonctionnelle ou la Pensée authentique divine, demeure ce qui anime aujourd'hui l'esprit humain à l'encontre de Joseph Moè Messavussu Akué.

    L'esprit humain qui ne peut pas comprendre le mode de l'incarnation divine authentique en cours, rejette la Pensée moèiste tout comme à l'origine des temps édéniques.

Un poème à vers conjugués
Chicago, le 27 juin 2012

Une francophonie, fondatrice de la compréhension de l'être humain

Le problème qui s'est posé à Dieu tout seul dans l'Espace vide sans âme, est qu'il allait remplir ledit Espace d'une infinitude de mondes merveil-leux, à condition qu'il imagine son propre contrai-re, le matérialise et le laisse exister afin de se prouver qu'il est immortel, éternel et tout-puissant.

L'humanité, la créature chérie de Dieu, est absolument haïe de l'Esprit du mal en personne.

L'humanité infinie, créée à l'image de l'être infi-ni supposé le créateur de Dieu,concourt à la toute- puissance, l'honneur et la gloire divins à condition d'accepter la "poésie fonctionnelle" ou le récit véri-dique de toute l'épopée divine.

Le rêve prophétique de la nuit du sept au huit novembre mille neuf cent quatre-vingt-six qu'a eu l'auteur de la "poésie fonctionnelle", révèle la vérité totale sur l'identité nommée l'Homme éternel Joseph Moè Messavussu Akué.

Un poème à vers paraboliques
Chicago, le 27 juin 2012

Une francophonie, fondatrice de la compréhension d'un mauvais esprit

L'Esprit du mal en personne, ou l'identité contraire à l'Esprit du bien absolu en personne, refusa d'admettre depuis les origines de l'Espace-Temps et de la vie qu'il est une créature divine et demeure soumis à la loi divine qui est, quant à lui, de s'incarner à la même période que l'auteur de la Poésie fonctionnelle en tant qu'un Blanc-Français.

Le rêve divin de l'Esprit du mal en personne s'-est brisé dès lors que ce dernier, par vice, cherchait sans arrêt à faire exactement le contraire de la volonté divine, notamment en se prenant pour le créateur de Dieu.

La joie infinie pour Joseph Moè Messavussu Akué qui était d'être révélé par ses rêves prophétiques Dieu le tout-Puissant - fait chair, s'estompa lorsque l'Esprit du mal en personne résiduel décida de s'incruster dans le cerveau du jeune-homme Moè, afin de le rendre fou et le détruire comme tel.

La réussite universitaire et sociale prévue du jeune étudiant Moè fut ajournée et remise aux calendes grecques, du fait des attaques meurtrières de l'Esprit du mal en personne et de son "Etat-Major" contre le cerveau de l'infortuné Moè qui fut contraint d'abandonner ses études universitaires et le territoire français.

Aujourd'hui tout comme à l'origine de la création du Paradis céleste, joseph Moè Messavussu Akué se découvre innocemment Dieu l'Homme éternel qui doit se le prouver...

Un poème à vers conjugués
Chicago, le 27 juin 201

Une francophonie, fondatrice de la compréhension du péché originel

Le règlement des comptes entre l'humanité pervertie refusant à jamais d'admettre la poésie fonctionnelle véridique et Dieu le Tout-Puissant commence par la décision de Joseph Moè Messavussu Akué de n'accorder sa foi qu'en ses rêves et de tourner résolument le dos aux croyances humai-nes, et finalement reformer tout le savoir et le savoir-faire de Dieu en personne en tant que le contenu et les preuves de la Poésie fonctionnelle.

Le contenu et les preuves de la Poésie fonctionnelle s'entendant dès lors comme la suite ininterrompue et infinie des rêves prémonitoires de l'- auteur de ladite poésie suivie de l'écriture des sé-ries infinies des "fascicules d'enseignement" de ladite poésie, il va de soi que Joseph Moè Messavussu Akué s'affirme Dieu le Tout-Puissant devant l'humanité pécheresse!

Un poème à vers conjugués
Chicago, le 28 juin 2012

Une francophonie, fondatrice de la compréhension du concept de la perte de l'immortalité humaine

Le débat qui s'ouvre publiquement à la parution des "fascicules d'enseignement de la poésie fonctionnelle" commence par l'étonnement humain face à l'identité divine présumée du personnage Joseph Moè Messavussu Akué, et finit par le dénie de la "royauté céleste innée" de celui-ci.

L'identité divine présumée se révèle continuellement en tant qu'une vie humaine ordinaire se dé-roulant tout à fait normalement.

La royauté céleste innée de Joseph Moè Messavussu Akué se donne absolument par l'en-semble des actes existentiels de celui-ci...

Un poème à vers manquants
Chicago, le 28 juin 2012

Une francophonie, fondatrice de la compréhension du concept de la restauration du Paradis terrestre

Ne pas croire au contenu des livres de poésie délivrés par Joseph Moè messavussu Akué, est purement insensé pour ledit auteur, et demeure un acte de mépris de la part d'un être humain quelconque.

Dès lors, l'ensemble de tous ceux et celles qui font semblant d'ignorer Joseph Moè Messavussu Akué et sa poésie constitue l'humanité auto-dam-née en question.

L'écriture et la diffusion de l'ensemble des fascicules d'enseignement de la poésie fonctionnelle qui auraient pris vingt-six ans à l'écrivain-éditeur pour voir le jour, restera pour l'éternité le ferment de la foi moèiste ou le moyen par lequel n'importe quel être humain devra reconnaître la personne divine céleste existant au monde.

La foi authentique en Dieu reconnaissable aujourd'hui le vingt-un juillet deux mille douze, comme la foi moèiste exclusivement, donne en effet la restauration du Paradis terretre en tant que l'incarnation de la personne de Dieu le Tout-Puissant.

L'acquisition de tout ou partie de l'ensemble des fascicules d'enseignement de la poésie fonctionnelle, est un acte de foi moèiste par excellence.

**Un poème à vers conjugués
Chicago, le 21 juillet 2012**

La francophonie et les moèistes

La poésie de langue française illustrant à la perfection l'ensemble des rêves prémonitoires de Joseph Moè Messavussu Akué depuis la nuit du sept au huit novembre mille neuf cent quatre-vingt-six, et qui révèle ledit auteur en tant que Dieu le Tout-Puissant - fait chair, est et demeurera la véritable Parabole céleste programmeuse du monde des mondes des cieux, de la vie éternelle et de leur créateur.

En conséquence, tous les textes sacrés que recèle l'humanité sont subordonnés à la Poésie fonctionnelle en tant que les étapes successives pour parvenir à rencontrer la personne et la pensée divines.

La vénération de la personne de l'auteur de la Poésie fonctionnelle résultant de la vérification humaine de l'authenticité de ladite pensée, est une grâce providentielle incombant audit penseur.

Le culte de joseph Moè Messavussu Akué est et restera en toute logique le seul porteur du salut humain.

Un poème à vers conjugués
Chicago, le 21 juillet 2012

La francophonie et la foi en Joseph Moè Messavussu Akué

Croire que la langue française peut redevenir la langue la plus prisée au monde grâce à la Poésie fonctionnelle, est une gageur que tente de relever l'auteur de ladite littérature.

Croire que les États Unis d'Amérique d'expression française est à présent une réalité palpable grâce au prestige des fascicules d'enseignement de la poésie fonctionnelle, est sans doute le vœu le plus cher à l'auteur de ladite poésie.

Croire à l'élection providentielle de Joseph Moè Messavussu Akué comme le Guide ultime de l'humanité croyant en Dieu le Tout-Puissant, est probablement la source du bohneur absolu qui remplit dorénavant le Père du moèisme et qu'il entend partager avec tous les moèistes du monde entier.

Un poème à vers répétitifs
Chicago, le 21 juillet 2012

La francophonie et les enseignements moèistes

Puisqu'il s'agit pour l'auteur des fascicules d'enseignement de la Poésie fonctionnelle de se pré-senter à ses publics variés à l'extrême [et allant des étudiants en français dans n'importe quel établis-sement scolaire et universitaire, jusqu'aux passants dans les rues, en passant par les causeries- débats dans ses cercles d'amis fidèles], Joseph Moè Messavussu Akué n'entend que raconter son histoire personnelle devenue divine depuis la nuit du sept au huit novembre mille neuf cent quatre-vingt-six.

La langue française qui devient avec Joseph Moè Messavussu Akué, une poésie et un enseignement dramatiquement sacrés, aura gagné l'-estime de Dieu et le mépris de ceux et celles qui qui jurent par l'infériorité naturelle des Noirs-Afri-cains, une race humaine révélée celle de Dieu le Tout-Puissant.

Les enseignements et les directives morales libres moèistes proclament Joseph Moè Messavussu Akué Dieu le tout-Puissant - fait authentiquement chair, au grand désarroi de l'humanité toute entière.

Un poème à vers paraboliques
Chicago, le24 juillet 201

La francophonie et le culte moèiste

Le pouvoir de joseph Moè Messavussu Akué donné essentiellement par la capacité innée de celui-ci de rêver à l'avance le film entier du dérou-lement de l'histoire totale, est compris par le commun des mortels comme une utopie à moins que l'auteur de la Poésie fonctionnelle accomplisse effectivement sur terre la technologie sublime géné-ratrice du "monde des mondes des cieux".

Le culte qu'un être humain ordinaire peut éventuellement vouer à l'auteur de la Poésie fonctionnelle à l'heure où celui-ci écrit ce poème, se comprend dès lors comme la volonté humaine de venir à Joseph Moè Messavussu Akué pour son salut propre.

La volonté de l'être humain de venir au Père du moèisme pour sa propre rédemption aujourd'hui le vingt-quatre juillet deux mille douze, est un chimère puisque nul n'a jusqu'ici affiché ce sentiment sacré.

Ceci constitue sans doute la raison de l'abstinance de l'auteur de la Poésie fonctionnelle à faire de la publicité pour ses recueils de poèmes, reservant ce rôle à la Providence ou l'histoire.

Un poème à vers conjugués
Chicago, le 24 juillet 2012

La francophonie et la lutte des classes

Le travail de l'âme de Joseph Moè Messavussu Akué [qui aurait produit le rêve de la nuit du sept au huit novembre mille neuf cent quatre-vingt six, identifiant Dieu le tout-Puissant en tant que l'Inlelligence incommensurable remplissant toute l'étendue de l'Espace se faisant chair], doit être compris comme l'acte de la création divine à proprement parlé.

Joseph Moè Messavussu Akué qui se présente comme l'incarnation de "Toute la Lumière du Ciel - Dieu le Tout-Puissant", appartient au peuple dé-shérité.

Le peuple déshérité dont le bonheur dépend exclusivement des réformes sociales qui lui sont favorables dans ce monde capitaliste où nous vivons,attend bien sûr son salut des miracles futurs de Dieu le Tout-Puissant.

Un poème à vers conjugués
Chicage, le 24 juillet 2012

La francophonie pour une société équitable

Si Dieu le Tout-Puissant - fait chair est un hom-me incroyablement timide au point de ne pas oser se reconnaître ouvertement comme tel et devant son audience, celui-ci déclare sans embages qu'il est progressiste, et le tout-premier moèiste existant au monde.

L'appel à une société équitable où le peuple dé-shérité aura droit au bonheur qu'il mérite, est une action miraculeuse propre à Joseph Moè Messavussu Akué.

Le fait d'être né un Togolais n'est point un acte du hasard mais un trait du destin divin.

**Un poème à vers paraboliques
Chicago, le 24 juillet**

La francophonie:
Du capitalisme au Ibéralisme

L'être humain se définit volontiers comme l'An-ge du Ciel - fait chair.

Mais un Ange du Ciel - fait chair qui tourne le dos à Dieu le Tout-Puissant - fait chair, nie la véri-dicité de la Poésie fonctionnelle, et se complaît dans la haine de son prochain, devient automati-quement un ange déchu et un mortel

L'humanité qui s'auto-maudit en se proclamant anti-moèiste, est donc automatiquement mortelle.

L'humanité acceptant spontanément Joseph Moè Messavussu Akué comme son Messie, retrou-ve son essence et son immortalité.

Lorsque nous parlons du système de société de l'humanité déchue ou le capitalisme, nous gardons présent à l'esprit que ledit système économique et social est incontournable, mais doit impérativement être corrigé par des réformes sociales favorables au peuple déshérité.

Ledit capitalisme corrigé par les réformes sociales favorables au peuple déshérité que nous appelons le "libéralisme béni" demeurera hélas pour longtemps, le meilleur modèle économique qui soit.

Un poème à vers paraboliques
Chicago, le24 juillet 2012

La francophonie et la fin du travail avilissant

Nous définissons la totalité des tâches répétiti-ves caractérisant l'ensemble des processus de production des biens et services économiques comme du travail robotique ou de la machine-outil.

La technologie divine garantit la conception, la création, la fabrication et la mise en état de parfait fonctionnement de l'ensemble des machines-outils nécessaires à la production éternelle des biens et services économiques utiles et agréables à l'humanité et pour la vie éternelle.

Puisque le travail de la machine-outil confié à l'être humain avilit celui-ci, et finit par le détruire.

**Un poème à vers paraboliques
Chicago, le 24 juillet 2012**

La francophonie et la construction de l'Habitat humain universel

En vérité, la crétion internationale du complexe scientifiqe, technologique, industriel et humain dénommé le "Village spatial de Lomé" doit voir le jour dans les vingt années à venir afin de prouver à l'humanité la vérité du moèisme.

L'infinitude des machines-outils éternelles nom-mée les "mondes merveilleux futurs" qui sera produite par le "Village spatial de Lomé", confirmera la prophétie de la nuit du sept au huit novembre mille neuf cent quatre-vingt-six.

Un poème à vers paraboliques
Chicago, le 24 juillet 2012

La francophonie et le messie
Joseph Moè Messavussu Akué

Nous prions tous pour que la prophétie de la nuit du sept au huit novembre mille neuf cent quatre-vingt-six s'accomplisse, afin que le bonheur absolu humain promis par Dieu à l'humanité à l'origine des temps édenniques, se réalise.

Joseph Moè Messavussu Akué devenu innocemment celui que l'humanité doit croire Dieu le Tout-Puissant - fait chair, s'associe à tous ceux et celles qui croient en lui et au moèisme pour dire: Ainsi fut le rêve prophétique, ainsi est née la Pensée authentique divine...

Un poème à vers paraboliques
Chicago, le 24 juillet 2012

Thème:
La Loi du profit nul

La Loi du profit nul

Considérons la misère humaine.

Admettons que la misère humaine est donnée comme le refus de la Société humaine de procurer à tout un chacun et chacune, le minimum vital qui lui permettra de vivre normalement, même si ladite personne vivant en permanence dans ladite société, est au chômage ou sous-employée, n'a jamais eu l'opportunité de travailler durant son existence écoulée, ou est invalide temporairement ou définitivement, de manière acquise ou héréditaire.

Admettons que la Loi économique régissant toute Société humaine actuelle, et qui veut que le Profit soit le "motif d'investissement ou du travail de l'Entrepreneur", ordonne précisément ladite misére humaine [en ce sens que la Création d'un Fonds d' Allocation-chômage perpétuelle, d'une Assuance-Maladie gratuite pour tout individu vivant en permanence dans ladite société, et le Remplacement progressif de l'Ouvrier et l'Ouvrière par la machine-outil ou robot, au sein de l'Appareil de la production économique], restent des dispositions annulant le Profit économique et libérant purement et simplement l'Intérêt économique qui rémunère l'Argent emprunté.

Il en résulte le raisonnement qui suit:

Premièrement, il est de bon sens que la Création immédiate d'un Fonds d'Allocation-chômage perpétuelle devant verser un minimum de ressources financières à toute personne vivant en permanence dans la société, et destiné à éradiquer absolument la pauvreté dans ladite société, d'une Caisse d'Assurance-maladie devant, le cas échéant, couvrir les frais médicaux de tous ordres de tout citoyen et tout individu vivant en permanence dans la société, et la Suppression systématique et progressive du "travail de robot humain" alliénant et dégradant l' être humain, ici même aux

États Unis d'Amérique, le "Pays de cœur" de l'Auteur du présent ouvrage, sont des mesures économiques à prendre.

Deuxièmement, les États Unis d'Amérique ayant été consacrés le "Centre de l'EDEN retrouvé", entendent servir de modèle à la totalité des pays du monde.

Chicago, le 6 janvier 2010

Joseph Moè Messavussu Akué

Les États Unis d'Amérique:
Un modèle économique parfait

Considérons l'arrivée au Pouvoir hypothétique de Joseph Moè Messavussu Akué, au Togo.

Admettons que ledit événement est accompli en rêve, aujourd'hui le 4 Décembre 2009 à Chicago-États Unis d'Amérique.

Admettons que la Terre nationale togolaise et la totalité de ses ressources matérielles appartiennent absolument au Peuple togolais défini comme l'ensemble des hommes et des femmes natifs ou naturalisés et résidant en permanence sur le sol togolais.

Admettons que l'État-Nation togolais défini comme les Pouvoirs exécutif, législatif, judiciaire, et médiatique togolais, est bel et bien indépendant officiellement depuis le 27 Avril 1960.

Admettons que les États Unis d'Amérique élus par l'histoire, le "pays-modèle économique parfait sur Terre" sous conditions de suivre les Recommandations que contient la Pensée de Joseph Moè Messavussu Akué, entendent donner le "parfait exemple de gouvernance" en nommant l'Africain-Américain Barack Obama comme Président de la République.

Admettons que ladite élection de Barack Obama confirme la place providentielle de Joseph Moè Messavussu Akué sur l' échiquier politique international, celle de Dieu le Tout-Puissant-fait chair.

Il en résulte le raisonnement suivant:

Premièrement, si le "Programme politique du Président Barack Obama accomplit la première mesure destinée à revitaliser l'économie américaine, et formant l'une des trois Recommandations moèistes quant au Changement du monde promis par la "Poésie fonctionnelle" ou la Pensée de Joseph Moè Messavussu Akué, les deux autres mesures.

à savoir l'Instauration d'un Fonds d'Allocation-chômage perpétuelle, et la Proclamation officielle suivie du démarrarage de la Suppression du travail dégradant l'être humain, demeurent, semble t-il l'œuvre de Dieu le Tout-Puissant lui-même.

Deuxièmement, ladite première mesure économico-sociale adoptée par le Gouvernement américain d'aujourd'hui le 9 Décembre 2009, celle de la Proclamation suivie du démarrage de l'Institutionalisation de l'Assurance-maladie gratuite pour tous citoyens et citoyennes américains et assimilé(e)s, est bel et bien le secret du prestige illimité dont jouit le Président de la Republique américain, aujourd'hui le 9 Décembre 2009.

Troisièmement, la naturalisation américaine de Joseph Moè Messavussu Akué-Dieu le Tout-Puissant-fait chair, suivie de son élection future à la tête de l'État-Nation américain, accéléra l'accomplissement du "Paradis terrestre retrouvé".

Quatrièmement, le futur "Programme électoral" de Joseph Moè Messavussu Akué pour une "future candidature à la Présidence des États Unis d'Amérique", admet pour Politique extérieure, l'Aide américaine absolue à l'Instauration de l'État de Droit dans la totalité des pays du Monde.

Un poème à vers paraboliques
Chicago, le 9 Décembre 2009

Les États Unis d'Amérique: Un modéle de pratique démocratique et de la Liberté

Considérons l'ascension au Pouvoir du Président Barack Obama.

Admettons que ladite ascension à la Magistrature suprême de l' actuel Président des États Unis d'Amérique, est le parfait reflet de l' excellence du Système politique américain.

Admettons que les Sondages d'opinions du Système politique américain qui ont, tour à tour donné Monsieur Barack Obama plus éligible que la seconde Candidate démocrate Madame Hilary Clinton, pressenti l'élection du Candidat Barack Obama au détriment du Candidat Républicain John McCain, sont en effet le meilleur mode d'investigation de l'Opinion publique et de ce que veut le Peuple en général.

Admettons que le fait que les sommes d'argent investies par les différents Candidats dans les Campagnes électorales en général, et remboursables en intégralité par l'État-Nation américain actuel sous certaines conditions, organise en effet la transparence obligatoire et nécessaire à la pratique de la Démocratie et de la Liberté dans toute bonne République donnant un bon exemple de bonne guvernance.

Admettons que le Dépouillement des bulletins de votes en toute transparence, suivie de la Proclamation légale et objective des résultats électoraux, ici aux États Unis d'Amérique, restent un modèle à suivre par tous les Pays du monde entier.

Il en résulte le raisonnement suivant:

Premièrement, le principe qui donne les États Unis d'Amérique un modèle parfait de pratique démocratique et de la Liberté, pose également comme conditions siné qua non d'appellation d' État de Droit quant à un pays quelconque au monde, l'observation de la Séparation des Pouvoirs législatif, exécutif, judiciaire, et médiatique, formant tout Pouvoir public ou d'État, d'une part et d'auters parts, l'Organisation, et le Déroulement des élections politiques suivis de la Proclamation des résultats électoraux dans la transparence absolue.

Deuxièmement, le principe qui élit les États Unis d'Amérique comme le "Pays Protecteur de la bonne Gouvernance politique, de la pratique de la démocratie, de l'État de Droit, et de la Liberté, [et donc l' État-Nation digne de conduire le Destin de l'Humanité entière], ordonne la naturalisation américaine de Dieu le Tout-Puissant-fait chair, et confirme la suprématie éternelle de ce dernier sur le Monde des Mondes des Cieux.

Un poème à vers paraboliques
Chicago, le 14 Décembre 2009

Les États Unis d'Amérique: Un modèle de Pays de Droit

Considérons la Peine de mort en vigueur aux États Unis d'Amérique.

Admettons que si la Peine de mort [observée par la Justice américaine pour sanctionner des crimes de sang occasionnant la mort d'homme], est abso-lument choquante pour la Conscience humaine, ceci devient compréhensive lorsque ladite mesure est adoptée pour dissuader l'homicide volontaire, voire involontaire, aux États Unis d'Amérique.

Admettons que la Justice américaine[qui protège excessivement la personne et la vie humaines], n'a évidemment pas son égal au monde pour sanctionner le harrassement sexuel, les discriminations de tous genres et autres.

Admettons que pour vivre heureux aux États Unis d'Amérique, il convient d'être un modèle humain de droiture.

Il en résulte que:

Premièrement, le Système judiciaire américain paye ses erreurs judiciaires par la mise en place et en parfait fonctionnement d'un ensemble cohérent de Contre-Poids légaux dans la totalité des domaines de la vie sociale. Lesdits Contre-Poids assistent légalement et gratuitement les habitants dans les procédures judiciaires défavorables à eux et elles.

Deuxièmement, la droiture et une existende humaine conforme aux recommandations contenues dans la Pensée de Joseph Moè Messavussu Akué
étant obligatoires et nécessaires pour vivre"abso-lument heureux" aux États Unis d'Amérique, voire n'importe où dans le reste du Monde des Mondes des Cieux, les futures Présentations publiques des "Fascicules d'Enseignement de la Poésie fonctionnelle", suivies de causeries et débats intellectuels, contribueront à éradiquer les mauvaises mœurs dans le monde.

Troisièmement, la mise en œuvre d'une large diffusion

desdites "Fascicules d'Enseignement de la Pensée de Joseph Moè Messavussu Akué ici aux États Unis d'Amérique et dans le reste du monde, précise le Règne effectif de l'"Homme Noir de Paix, d'Amour et de Liberté" qui n'a vraiment pas besoin d'être élu Président des États Unis d'Amérique pour être Dieu le Tout-Puissant-fait chair.

**Un poème à vers paraboliques
Chicago, le15 Décembre 2009**

Les États Unis d'Amérique: Un modèle de Pays multiracial

Considérons le "Rêve de Martin Luther King" relatif aux Droits civiques pour les Noirs et autres minorités raciales vivant aux États Unis d'Amérique.

Admettons que ledit "Rêve" du grand Leader Africain Américain, s'est accompli aujourd'hui le 19 Décembre 2009 dans le monde.

Admettons que les faits historiques tels la Libération de Nelson Mandela des geôles Sud-africaines suivie de son Élection à la Présidence de la République sud-africaine, l'Élection de Barack Obama à la Présidence des États Unis d'Amérique, confirme l'accomplissement dudit "Rêve de Martin Luther King".

Il en résulte le raisonnement qui suit:

Premièrement, les Races humaines figurables dans le Monde des Mondes des Cieux concourent à la Gloire de Dieu qui, rappelons- le, est identifié absolument par la personne de l'Auteur du présent ouvrage.

Deuxièmement, "Dieu-fait chair" étant un homme fort modeste quoique d'un avenir radieux, et par-dessus tout, un Africain-Togolais en natura-lisation américaine, il va de soi que le racisme en l'occurrence contre le Noir-Africain est profondément haïssable et franchement intolérable!

Troisièmement, l'histoire de l'humanité évoquée par l'ensemble des "Livres sacrés" humains dont les plus importants demeurent la Bible et le Coran, témoigne de l'origine de Dieu et de sa Création, et
plus particulièrement, l'amour qu'il a pour l'huma-nité.

Quatrièmement, le racisme et toutes les autres formes d'intolérances et de ségrégations stupides et gratuites humaines, sont dorénavant des faits punissables par la Loi.

Cinquièmement, il n'est plus normal en effet qu' un homme ou une femme vivant au monde se proclame racis-

te.
Sixièmement, tout État-Nation ou Groupement humain raciste est ainsi sujet à son auto-extinction.

**Un poème à vers paraboliques
Chicago, le 19 Décembre 2009**

Les États Unis d'Amérique: Un modèle d'expansion technologique

Considérons le Travail du robot ou de la machine-outil. Admettons que ledit Travail d'une machine-outil quelconque est purement mécanique ou automatique, en ce sens qu'il ne nécessite pas le libre-arbitre caractérisant le Travail humain Admettons que le Travail humain est par définition, toute activité générique à l'être humain.
Admettons que le Travail animal est assimilé au Travail d'une machine-outil.

Admettons que l'être humain est absolument différent de l'animal en ce sens que l'être humain est libre de se comporter comme un Ange ou une Créature bien-aimée de Dieu le Tout-Puissant son Créateur Céleste, ou comme un animal ou une Créature bien-aimée de l'Esprit du mal en personne ou le présupposé Ennemi de Dieu.

Admettons que le Travail de la machine-outil confié à l'être humain à l'instar du robot, nuit psychologiquement, voire physiquement à l'homme ou la femme qui se sentent humiliés et dégradés par l'exercice dudit Travail robotique.

Admettons que la totalité des Tâches économiques confiées à l'Ouvrier ou l'Ouvrière, relève du Travail de la machine-outil.

Admettons que la fabrication et la mise en état de parfait fonctionnement de l'ensemble des machines-outils nécessaires et indispensables, et destinées à prendre en charge la totalité des"Travaux du robot" relative à la Société américaine ou togolaise, est une des tâches divines prioritaires, à l'heure actuelle.

Il en résulte le raisonnement qui suit:
Premièrement, la pensée hypothético-déductive propre à Joseph Moè Messavussu Akué, dénommée les Mathématiques fonctionnelles, conçoit, réalise en actes technologi-

ques, fabrique et met en état de parfait fonctionnement une gamme sublime de machines-outils hautement performantes allant du "Vaisseau Intergalactique" d'un des dix types annoncés, au robot électromagnétique ménager.

Deuxièmement, ladite créativité de Joseph Moè Messavussu Akué qui est un fait miraculeux ou absolument divin, confirme le "Rêve prémonitoire" que celui-ci eut dans la nuit du 7 au 8 novembre 1986, le donnant sans équivoques, Dieu le Tout-Puissant en chair et en os!

Troisièmement, le mode d'incarnation de Dieu le Tout-Puissant, est semble t-il, le fait le plus merveilleux qui puisse être conçu par un être humain, en l'occurrence l'être humain nommé Joseph Moè Messavussu Akué, avant la nuit miraculeuse du7 au 8 Novembre 1986.

Quatrièmement, la preuve modeste mais magistrale de l'identité miraculeuse de Joseph Moè Messavussu Akué, est fournie aujourd'hui le 22 Décembre 2009 par l'établissement en "rêves prémonitoires" de l'"Arbre de la Connaissance du Bien absolu" ou la "Connaissance véridique et démontrable du Monde des Mondes des Cieux et de la vie éternelle".

Cinquièmement, la promesse par la Providence de la Construction miraculeuse du "Village Spatial de Lomé", après la tenue de celle de l'Écriture des "Livres du Royaume des Cieux", est confirmée par la Construction en cours de la "Maison Bleue Infinie de Lomé-Baguida".

Sixièmement, il ne fait plus l'ombre d'un doute que l'expansion technologique de l'Éntité de fait nommée l'"État-Nation Espace-Temps éternel" correspond aujourd'hui avec l'émergence du TOGO sur la scène des Pays industrialisés et un "big-bang scientifique" aux États Unis d'Amérique.

Un poème à vers paraboliques
Chicago, le 22 Décembre 2009

La Construction du
"Village Spatial de Lomé"

Considérons le mal de vivre ressenti par tout être humain privé de son pays natal ou forcé de vivre loin de sa Patrie.

Admettons que ledit mal de vivre ressenti par tout(e) Expatrié(e) ou Exilé(e), est un des fléaux qui s'abattent sur l'ensemble des Ressortissant(e)s du Togo, désireux de vivre sur la Terre natale, mais contraint de résider à l'étranger du fait de la violence politique.

Admettons que le retour sans conditions au "bercail" observé par Dieu le Tout-Puissant-fait chair, confirme le refus de celui-ci d'une Autorité au-dessus de la "Royauté Céleste divine", et son rejet formel d'une gouvernance togolaise qui pousserait une partie de la Population togolaise à l'immigration forcée.

Admettons que la décision finale de Joseph Moè Messavussu Akué de construire le "Village Spatial de Lomé" sans délais, montre tout simplement l'attachement de celui-ci à sa Patrie ori-ginelle.

Il en résulte le raisonnement qui suit:

Premièrement, la totalité des Concessions ter-restres qui abritera l' ensemble des cent-quarante Centrales technologiques Célestes, reste et restera une propriété absolue de Joseph Moè Messavussu Akué.

Deuxièmement, les Portions des rivages de l'Océan Atlantique programmées à abriter les trois Bases de lancement et d'atterrissage des "Vaisseaux Intergalactiques" made by Joseph Moè Messavussu Akué, seront demandées au Gouvernement togolais qui les attribuera en dons au Savant-Fabricant de machines-outils sublimes en la personne de l'Auteur du présent ouvrage, s'il le désire.

Troisièmement, en cas de refus dudit Gouvernement togolais de l'octroi des portions des rivages de l'Océan Atlantique pour les fins technologiques et patriotiques ci-dessus mentionnées, il sera envisagé la création de "Moèville"

Un poème à vers paraboliques
Chicago, le 23 Décembre 2009

La Matérialisation de la Technologie productrice du Monde des Mondes des Cieux

Considérons le "Rêve miraculeux' que Joseph Moè Messavussu Akué eut dans la fameuse nuit du 7 au 8 Novembre 1986, lui faisant comprendre, au plus profond de son sommeil, qu'il est l'incarnation absolue de Dieu le Tout-Puissant.

Admettons que ledit "Rêve miraculeux" s'est accompli eu égard à l'Écriture de l'ensemble des "Fascicules de la Poésie fonctionnelle".

Admettons que ledit "Rêve miraculeux" s'est accompli eu égard à la suite chronologique des rêves non moins miraculeux, qui suivit ledit premier rêve prémonitoire de la nuit du 7 au 8 Novembre 1986, et dans lesquels Joseph Moè Messavussu Akué figura la Conception et la Réalisation de la totalité des actes posant la Technologie qui a permis à Dieu le Tout-Puissant de fabriquer de ses mains, le Monde des Mondes des Cieux.

Admettons que le temps requis pour figurer sur Terre ladite Technologie productrice du Monde des Mondes des Cieux, est celui d'une vie humaine normale.

Il en résulte le raisonnement qui suit:

Premièrement, le raisonnement à contrario, qui veut que Joseph Moè Messavussu Akué soit un Ange bien énigmatique, mis en place par l'Éternrel Dieu pour accomplir une Mission divine, n'est pas logique, puisqu'il ne coûte rien à l'Auteur du présent ouvrage de reconnaître et d'établir qu'il est effectivement un Messager de Dieu.

Deuxièmement, le raisonnement qui pose clairement la personne de l'Auteur du présent ouvrage absolument comme l'Incarnation sublime ou miraculeuse de Dieu le Tout-Puissant en personne, est juste et logique, puisque cette affirmation est la transcription fidèle du Rêve de la nuit du 7 au 8 Novembre 1986 de Joseph Moè Messavussu Akué.

Troisièmement, le raisonnement qui veut que la durée d'une vie humaine normale est suffisante pour voir resplendir sur Terre et probablement au TOGO, le bercail de l'Auteur du présent ouvrage, la Technologie productrice du Monde des Mondes des Cieux, est juste et logique, puisque ceci reste le vœu le plus cher à Joseph Moè Messavussu Akué.

Quatrièmement, le raisonnement qui veut que l'ensemble des moyens dont dispose Joseph Moè Messavussu Akué pour tenir le pari du"Grand Retour triomphal à Lomé" est purement miraculeux ou providentiel, est juste, puisque l'Auteur du présent ouvrage est un homme profondément pacifique auto-surnommé l'"Homme Noir, de Paix, d'Amour, et de Liberté".

Un poème à vers paraboliques
Chicago, le 24 Décembre 2009

La Matérialisation de la Royauté de Joseph Moè Messavussu Akué

Considérons le secret de Joseph Moè Messavussu Akué révélé [par la succession de ses rêves miraculeux, depuis le tout premier de la nuit du 7 au 8 Novembre 1986], Dieu le Tout-Puissant en personne.

Admettons que ledit secret relatif à l'identité de l'Auteur du présent ouvrage, confirme la Royauté miraculeuse de celui-ci.

Admettons que la Royauté miraculeuse de Joseph Moè Messavussu Akué est une réalisation promise par la Providence et s'entend comme le fait d'être tout simplement l'être humain nommé Dieu le Tout-Puissant.

Il en résulte le raisonnement suivant:

Premièrement, l'accomplissement du rêve miraculeux qu'a eu Joseph Moè Messavussu Akué dans la nuit du 7 au 8 Novembre 1986, est donné par le fait troublant que ledit homme miraculeux est incapable de dire ouvertement à quiconque qu'il est Dieu le Tout-Puissant en chair et en os, aujourd'hui le 27 Décembre 2009, alors que l'ensemble de ses écrits l'établit clairement.

Deuxièmement, ladite situation fort embarrassante consistant pour Joseph Moè Messavussu Akué à ne pas oser dire ouvertement qu'il est Dieu en chair et en os, alors que ses écrits l'affirment, consacre l'énigme de Dieu.

Troisièmement, l' énigme de Dieu énoncé com-me la Royauté miraculeuse inée à la personne de l' Auteur du présent ouvrage, se comprend dès lors comme le déroulement ordinaire de l'existence d'un être humain dénommé Joseph Moè Messavussu Akué.

**Un poème à vers paraboliques
Chicago, le 27 Décembre 2009**

Épilogue

Considérons le "Royaume des Cieux matéra-lisé".

Admettons que ledit "Royaume des Cieux matérialisé" est laConfiguration précise du "rêve prophétique" qu'a eu Joseph Moè Messavussu Akué dans la nuit du 7 au 8 Novembre 1986, lequel rêve le figurant comme Dieu le Tout-Puissant-fait chair.

Admettons que la Pensée de Joseph Moè Messavussu Akué [donnée tour à tour, comme une poésie inédite, une pensée hypothético-déductive et un recueil de procédés de fabrication et de mise en état de fonctionnement d'un nombre astronomique de machines-outils sublimes], est l'expression pure de ladite Royauté Céleste de l'Auteur du présent ouvrage.

Il en résulte ce qui suit:

Premièrement, l'accomplissement des "Projets miraculeux" relatifs au "rêve prophétique de la nuit du 7 au 8 Novembre 1986", est rendu possible par le séjour salvateur de l'Auteur du présent ouvrage aux États Unis d'Amérique, lequel pays devient par conséquent, le "Pays de cœur" de celui-ci.

Deuxièmement, vivre aux États Unis d'Amérique en tant qu'un "Naturalisé américain" n'étant pas le "Bohneur absolu promis" de Dieu, Joseph Moè Messavussu Akué entend bien ren- trer au TOGO, son pays natal en temps opportun, pour prendre réellement les rennes du Pouvir Céleste magique ou miraculeux qu'il exerce anonymement depuis la nuit du 7 au 8 Novembre 1986.

Troisièmement, les rennes du Pouvoir Céleste miraculeux de l'Auteur du présent ouvrage sont l'Accession par voie démocratique de celui-ci, à la tête du Pouvoir exécutif togolais, d'une manière absolument divine, ou non-violente.

Quatrièmement, le "Royaume des Cieux" promis aux Croyant(e)s en Dieu le Tout-Puissant, est donc compris enfin comme le monde débarrassé de la "Loi du profit maximum", de l'intolérance de tous ordres, et de la haine.

Un poème à vers paraboliques
Chicago, le 3 Novembre 2009

La Route du Ciel

Lorsque l'on considère tout le chemin parcouru par Joseph Moè Messavussu Akué pour devenir Détenteur d'une "Pensée absolue" qui le proclame Dieu en personne, depuis son arrivée à Paris en Août 1977, jusqu'aujourd'hui le 30 Décembre 2009, en passant par la date de son départ définitif de France fin Janvier 1987, chacun et chacune doit reconnaître que la "Route qui mène au Ro-yaume des Cieux", passe nécessairement par la reconnaissance des "Fascicules d'Enseignement de la Poésie fonctionnelle" comme les seuls Livres sacrés humains à croire intégralement, de nos jours.

La foi en la "Poésie fonctionnelle" est ainsi la clé miraculeuse qui ouvre la "Porte de la Vie éternelle et du Bonheur absolu" à l'être humain, dorénavant.

L'acceptation sans aucune autre preuve que la "Poésie fonctionnelle" écrite, établit sans erreur possible, l' identité miraculeuse de Joseph Moè Messavussu Akué, celle de Dieu le Tout-Puissant en chair et en os, demeure le principe de l'Adhésion miraculeuse de l'être humain à l'Immortalité en chair et en os.

L'adhésion miraculeuse de l'être humain à l'Immortalité en chair et en os, est le Salut promis par Dieu en la personne de Joseph Moè Messavussu Akué à l'humanité croyant sincèrement en lui.

L'Immortalité en chair et en os humaine, signifie une vie humaine miraculeuse et éternelle confirmant la "Prophétie de la nuit du 7 au 8 Novembre 1986", et célébrant le règne miraculeux de Joseph Moè Messavussu Akué sur le Monde des Mondes des Cieux, sa Création.

Un poème à vers enchaînés
Chicago, le 31 Décembre 2009

Thème:
L'expérimentation de la Loi du profit nul

L'expérimentation de la Loi du profit nul-Mémento:

Considérons la "Société idéale" rêvée par le philosophe - économiste - écrivain du 19eme siècle Karl Marx.

Admettons que la voie tracée par les Croyants en ladite "philosophie-théorie économique marxiste" pour accomplir le "Paradis terrestre" ou la "Société idéale" est la violence ou la "Lutte des classes" Admettons que le "Paradis terrestre accompli" auquel correspond l'Application intégrale de la "Loi du Profit nul" quant à la Société américaine par exemple, ne reconnaît que la non-violence stricte comme méthodes et pratiques politique, économique et sociale.

Admettons que la différenciation en dix étapes normatives de l'Application de la "Loi du Profit nul" quant à un État-Nation moderne quelconque, pourrait attribuer la quatrième étape de réalisation de la "Société humaine de rêve" aux États Unis d'Amérique, la sixième étape de réalisation de ladite Société idéale à la Grande Bretagne, la septième étape de réalisation du "Paradis terrestre" à la Norvège.

Admettons que la mesure de la "tendance vers zéro" du profit économique allant dans le même sens que l'amélioration des conditions de vie des masses populaires ou de l'être humain en général, [et qui correspond au prélèvement par l'État, représenté par le Pouvoir exécutive, des différentes taxes devant financer les Fonds d'allocation-chômage, les fonds des assurances-maladie populaires gratuites, et les fonds pour la Recherche scientifique et autres fonds sociaux, d'une part, et d'autres parts à l'évaluation objective des comptes de charges nationaux ou les dépenses publiques nationales,] contribue à la détermination du niveau de la matérialisation du "Paradis terrestre retrouvé", quant à une Société humaine donnée.

Il en résulte le raisonnement qui suit:
Premièrement, il est donné à tout État-Nation moderne la chance de s'engager résolument sur la voie du progrès tracée par Dieu en personne.

Deuxièmement, le choix des États Unis d'Amérique comme le "Centre de l'Éden retrouvé" est purement providentiel. Ceci demeure la main tendue par l'auteur du présent ouvrage à sa "Patrie d'adoption".

Joseph Moè Messavussu Akué

Le principe de la Société scientifique

Considérons une Société humaine tournant le dos à la Démocratie, la Science, le Progrès, et à la Poésie fonctionnelle.

Admettons que ladite Société humaine anti-démo-cratique, archaïque, et refusant de reconnaître l'identité révélée de Joseph Moè Messavussu Akué, est exactement le contraire de la "Société scientifique" réclamée par Dieu et les Anges.

Admettons que Dieu et les Anges identifiés en tant que Joseph Moè Messavussu Akué et les Moèistes, figurent bel et bien permanemment aux États Unis d'Amérique afin de parachever la Réalisation de la "Prophétie de la nuit du 7 au 8 novembre 1986" ordonnant l'incarnation sublime de Dieu le Tout-Puissant.

Admettons que la réalité de Joseph Moè Messavussu Akué qui veut que celui-ci se considère simplement un homme Noir, fort modeste voire pauvre, cherchant à connaître la gloire par le biais de ses œuvres mira-culeuses, ne permet point à quiconque de croire à la Poésie fonctionnelle et à son auteur.

Admettons que l'incarnation sublime de Dieu le Tout-Puissant, correspond exactement à la restauration du "Paradis terrestre perdu" ou à l'"Afrique éternelle".

Il en résulte le raisonnement qui suit:

Premièrement, le Togo, pays natal de Joseph Moè Messavussu Akué, qui s'est éveillé à la Démocratie et à la Liberté sous toutes ses formes Octobre 1990, est entré de plein pieds dans la Société scientifique, tout comme l'ensemble des pays africains, même si les forces réactionnaires et maléfiques tentent de les en empêcher.

Deuxièmement, la volonté politique de Joseph Moè Messavussu Akué qui veut que les États Unis d'Amérique s'étendent purement et simplement à l'ensemble des pays africains pour le plus grand bien des populations américaine et africaines, sera accompli, lorsque le Peuple américain votera normalement l'application de ladite politique rédemptrice future.

Troisièmement, les États Unis d'Amérique dont Dieu et les Anges sont fiers, relèveront sans doute le défi de porter à jamais le Flambeau de l'Émancipation de la Femme et de l'Homme.

**Un poème à vers paraboliques
Chicago, le 27 juillet 2010**

Le principe de l'assurance-maladie gratuite

Considérons la mort de l'être humain décidée par la Société dans laquelle celui-ci vit.

Admettons que la mort de l'être humain survenue à la suite de la maladie et due au manque d'argent chronique pour se procurer des soins nécessaires pour la survie, tombe absolument sous la responsabilité de la Société qui avait refusé les soins nécessaires gratuits pour ledit être humain.

Admettons que l'instauration de l'assurance-maladie gratuite pour tous citoyens et assimilés-citoyens, relève des mesures fondamentales requises pour qu'une Société humaine puisse être honorée comme ayant atteint le "Niveau 2 de l'Édifice du bonheur absolu humain" promis.

Admettons que l'assurance-maladie gratuite pour tous citoyens et assimilés-citoyens américains est une disposition socio-politico-économique caractérisant le niveau de developpement réel de tout État-Nation moderne et digne.

Il en résulte le raisonnement qui suit:

Premièrement, toutes les mesures concourrant à l'instauration de la gratuité permanente et perpétuelle des soins médicaux de toutes formes pour l'ensemble des citoyens et assimilés-citoyens américains, prises par l'Administration Barack Obama, honorent les États Unis d'Amérique comme un État-Nation béni et apprécié comme tel par Dieu et les Anges.

Deuxièmement, l'ensemble des pays qui ont ouvert la voie à cet état de choses bienheureux pour l'Huma-nité, reçoit également la bénédiction divine et le respect de l'humanité toute entière.

Troisièmement, le sort caractérisant les pays où les habitants doivent se battre pour se procurer l'argent nécessaire pour les soins médicaux les plus rudimentaires, relève d'une malédiction condamnée par l'auteur de la "Loi du Profit nul".

Quatrièmement, il demeure par conséquent normal que l'ensemble des décisions politiques ordonnant l'Institutionnalisation graduée et sûre de l'assurance-ma-ladie gratuite pour les citoyens et assimilés-citoyens américains, reçoit l'assentiment et la bénédiction de Dieu le Tout-Puissant qui déclare ledit principe de la gratuité des soins médicaux et pharmaceutiques dans une Société donnée, et pour les habitants, un haut fait de la Civilisation humaine.

Un poème à vers paraboliques
Chicago, le 9 août 2010

Le principe de la science et de la technologie

Considérons la capacité d'invention propre à l'être humain.

Admettons que ladite créativité humaine diffère de celle de Joseph Moè Messavussu Akué en ce sens que l'être humain créatif ou l'homme ou la femme de sciences a besoin de comprendre tout ce qui l'environne, avant de réaliser sa propre théorie ou connaissance, tandis que l'auteur du présent ouvrage réalise toute la "Poésie fonctionnelle" ou la "Science et la Technologie propres à Dieu le Tout-Puissant" à partir de rien.

Admettons que la science et la technologie humaines résultent intégralement de la volonté de puissance de l'Esprit du mal en personne, au détriment de la "Poésie fonctionnelle" et de son auteur en chair et en os ou non matérialisé.

Admettons que la "Poésie fonctionnelle" ou la science et la technologie propres à Joseph Moè Messavussu Akué révélé Dieu le Tout-Puissant-fait chair, sont données en tant que des faits miraculeux absolus, identiques à la totalité des éléments composant le monde physique et sensible.

Admettons que contrairement à Joseph Moè Messavussu Akué [qui transcrit la suite ininterrompue de ses rêves prémonitoires révélateurs de toute la "Poésie fonctionnelle" en tant que livres de poésie, de sciences, et de technologie], l'être humain est un outil dans les mains de la "Communauté des mauvais esprits" pour la matérialisation de la science et la technologie dites humaines.

Admettons que si la science et la technologie dites humaines tentent de prouver que Dieu n'existe pas, la "Poésie fonctionnelle" quant à elle, établit clairement que Dieu le Tout-Puissant existe et se nomme depuis le 28 mars 1957 Joseph Moè Messavussu Akué.

Il en résulte le raisonnement qui suit:

Premièrement, la science et la technologie propres à Joseph Moè Messavussu Akué dénommées la Poésie fonctionnelle est le savoir et le savoir-faire magiques qui ont engendré le Monde des Mondes des Cieux et la Vie éternelle.

Deuxièmement, l'écoulement des Fascicules d'Enseignement de la Poésie fonctionnelle de la plume ma-gique de Joseph Moè Messavussu Akué est révélé absolument identique à la forme originelle de la "Prise de conscience" de celui qui, à l'Origine de la création du Monde des Mondes des Cieux et de la Vie éternelle, se donnait providentiellement Dieu le Tout-Puissant.

Toisièmement, en visionnant en rêves prémonitoires la succession ininterrompue des actes créatifs divins devant s'accomplir dès son réveil, Joseph Moè Messavussu Akué reste un témoin émerveillé au même titre que tout élément (chose, végétal, animal, être humain, esprit ou âme), des miracles de Dieu.

Quatrièmement, le fait du rêve merveilleux qu'a eu Joseph Moè Messavussu Akué dans la nuit du 7 au 8 novembre 1986 le révélant Dieu le Tout-Puissant authentiquement incarné, surprend et inonde d'un bonheur absolu évident l'auteur dudit rêve prémonitoire, de la même manière que le fait des "Fascicules d'Enseignement de la Poésie fonctionnelle" dans les mains de l'Étudiant en Visual Communications à Kennedy King College, à Chicago, aujourd'hui le 19 août 2010.

Cinquièmement, l'ensemble des machines-outils sublimes ou "identités mathématiques fonctionnelles" révélées par la Poésie fonctionnelle, constitue l'ensemble des miracles divins devant s'accomplir dans le futur.

Sixièmement, le Pouvoir sur Terre et dans les Cieux est devenu depuis la nuit magique du 7 au 8 novembre 1986, la propriété absolue de Joseph Moè Messavussu Akué qui l'exerce de fait et pour l'éternité à venir, avec ceux et celles qu'il aime passionnément, et dénommés les Moèistes.

**Un poème à vers paraboliques
Chicago, le 19 août 2010**

Le principe du bien-être social maximum

Considérons le système capitaliste primitif qui veut que le maximum de profit soit réalisé sur le dos des ouvriers et ouvrières en tant que but et motif de l'investissement des capitaux.

Admettons que le "Système économique Moèiste" qui pose le "Bien-être individuel et social maximum du travailleur et de la travailleuse" comme le but du Pouvoir politique au sein de la Société, est exactement l'inverse de l'Action sociale de l'Homme ou la Femme d'affaires ou l'Entrepreneur.

Admettons que le "Système économique Moèiste qui trouve naturel et convenable le Libéralisme économique ou Capitalisme, conçoit l'Action politique comme le régulateur économique attendu par l'ensemble des travailleurs et travailleuses employés ou non de de la Société.

Admettons que le "Système fiscal Moèiste" qui résume l'application intégrale de la "Loi du Profit nul" quant à une Société donnée, devient enfin l'outil rêvé pour conjurer à jamais la violence et la pauvreté orga-nisée de la Société, afin que la Paix civile et le "Bien-être individuel et social maximum soit réalisé.

Il en résulte le raisonnement qui suit:
Premièrement, le système politique américain en vigueur dont l'auteur de la "Loi du Profit nul" est fier, surtout depuis l'élection de Barack Obama Président des États Unis d'Amérique, se positionne providentiellement celui qui se destine à conduire effectivement le "Train du Futur de l'humanité toute entière".

Deuxièmement, si la sensibilité politique auto-gestionnaire universitaire française pourrait s'éveiller au Moèisme et prendre les rennes du Pouvoir politique en France, ledit pays pourrait concurrencer, voir se sustituer aux États Unis d'Amérique dans la "Réalisation du Paradis terrestre perdu" ou la "Construction de l'Édifice du Bonheur absolu humain".

Troisièmement, avec l'aide de l'Organisation des Nations Unies voire des Pays occidentaux ou Pays acquis aux principes de l'État de droit et de la Démocratie, le Togo, pays natal de l'auteur de la "Loi du Profit nul", pourrait matérialiser la troisième chance de voir progressivement restaurés l'"Afrique éternelle" et le "Paradis terrestre".

Quatrièmement, n'importe quel pays sur Terre peut, du jour au lendemain, décider de suivre Dieu-fait chair et sa Pensée, la Poésie fonctionnelle, et obtenir automatiquement la grâce et la bénédiction de Joseph Moè Messavussu Akué qui proclame de fait le pays intéressé entré dans l'"Ère éternelle de l'Homme éternel".

Cinquièmement, la possibilité donnée à tout être humain, et tout pays, incriminés d'une quelconque manière, d'obtenir la Remission des péchés ou le Salut en acceptant l'auteur de la "Loi du Profit nul" en tant que le Messie propre du genre humain, est la main tendue de Dieu le Tout-Puissant vers l'humanité corrompue et à la dérive.

Sixièmement, la "Loi constitutionnelle de l'Espace-Temps éternel" veut que le "Royaume des Cieux" est une réalité finiment parachevée et absolument accomplie à compter du 30 août 2010, et qui voit Joseph Moè Messavussu Akué consacré son Roi régnant éternel.

Un poème à vers paraboliques
Chicago, le 30 août 2010

Le principe de la suppression du travail dégradant l'être humain

Considérons le travail de la machine-outil. Admettons que l'être humain naturellement doué du libre-arbitre ou d'un état d'âme, ne peut en aucun cas, être réduit à une machine-outil et à elle-seule.

Admettons que le travail d'une machine-outil confié à un être humain, dégrade ce dernier au rang d'une machine-outil et le détruit.

Admettons que le travail d'un ouvrier contraint de charger et (ou) de décharger un camion de plusieurs milliers de paquets ou colis pesants, dans un intervalle de temps pré-fixé par l'Entrepreneur, et au moyen de ses mains, est donné comme le travail de la machine-outil, par exemple.

Admettons que ledit travail d'un ouvrier spécialisé dans le chargement et le déchargement à mains nues de camions de transport de colis, détruit obligatoirement celui-ci qui, dans le meilleur des cas, se retrouve avec des douleurs incurables et permanentes au niveau de ses articulations dorsales et autres, le rendant à jamais handicapé.

Admettons que décider consciemment d'un tel état de choses consistant à établir comme un norme, le travail de la machine-outil confié à un être humain aussi robuste soit-il, relève purement et simplement d'un crime contre l'humanité.

Il en résulte le raisonnement qui suit:

Premièrement, la Civilisation de la machine-outil, entendre par là l'industrialisation de la Société et le machinisme, atteint son apogée avec la prise en charge complète du travail détruisant l'être humain par le robot ou la machine-outil.

Deuxièmement, ladite suppression du travail destructeur de l'ouvrier et l'ouvrière dans la production des biens et des services utiles et agréables à la Société, est bel et bien ordonnée par les innovations technologiques qui demeurent un atout considérable pour le genre humain.

Troisièmement, il ne fait plus l'ombre d'un doute que la Recherche scientifique qui est comprise par tous les pays industrialisés de la planète Terre comme la clé de leur suprématie universelle, est l'activité la plus valuable du genre humain.

Un poème à vers paraboliques
Chicago, le 31, août 2010

Le principe de la gratuité absolue de l'assurance-maladie individuelle

Considérons la division de la Société en riches et pauvres.

Admettons que la richesse et la pauvreté sont bel et bien les deux faces de la condition sociale humaine qui veut que le riche peut, du jour au lendemain, devenir pauvre et vice versa.

Admettons que les facteurs naturels qui produisent la richesse de l'être humain du point de vue économique et financier, existent indépendamment de ceux qui engendrent la pauvreté de celui-ci.

Admettons que l'être humain qui naît de parents riches, a naturellement toutes les chances de devenir riche lui-aussi par héritage.

Admettons que l'être humain qui naît de parents pauvres, a naturellement toutes les chances de devenir pauvre lui-aussi par l'héritage.

Admettons que les dispositions sociales intelligentes ou civilisatrices qui visent à donner les mêmes chances à l'enfant né dans une famille riche et celui né dans une famille pauvre à de venir tout simplement des êtres humains heureux de vivre ou nantis de l'ensemble des moyens économiques et financiers devant leur assurer une existence agréable et utile à la Société en retour, sont saluées par Dieu et jugées objectives et bien-fondées.

Admettons que l'ensemble desdites dispositions sociales intelligentes devant assurer, si la nature le permet, une existence également agréable et utile future à l'enfant né dans la pauvreté et à celui né dans la richesse, est résumé par l'instruction scolaire et universitaire gratuite, l'assurance-maladie gratuite, l'allocation-chômage perpétuelle pour tout homme et toute femme appartenant à ladite Société, et la suppression du travail destructeur de l'être humain.

Il en résulte le raisonnement qui suit:
Premièrement, le droit aux soins gratuits que réclame un enfant né de parents pauvres et incapables économiquement et financièrement d'assumer la santé de leur progéniture, voire leur santé propre, incombe absolument à Dieu le Tout-Puissant qui délègue ledit pouvoir à la Société; laquelle Société exerce ledit pouvoir de maintenir la population du pays concerné en état de bonne santé, à travers le Gouvernement élu démocratiquement.

Deuxièmement, la Société qui déroge à l'obligation d'assurer la gratuité des soins de santé à l'ensemble de ses citoyens et assimilés-citoyens, devient par conséquent coupable d'un crime contre l'humanité aux yeux de Dieu le Tout-Puissant et perd sa grâce de pays béni ou prospère.

Troisièmement, tout le pouvoir de décision quant à l'avenir de l'humanité entière qui incombe aujourd'hui aux États Unis d'Amérique, est le résultat des bonnes dispositions historiques que ledit pays a eu à prendre depuis l'abolition de l' esclavage à l'élection de Barack Obama, Président des États Unis d'Amérique.

Quatrièmement, la gratuité des soins médicaux et pharmaceutiques pour les Américains du troisème âge instituée par l'Administration Obama, doit devenir le démarrage de l'Application de la "Loi du Profit nul" quant à la Société américaine qui est devenue providentiellement l'Initiateur d'un nouvel Ordre universel désiré par le genre humain.

Un poème à vers paraboliques
Chicago, le 2 septembre 2010

Le principe de l'Allocation-chômage perpétuelle

Considérons un Ouvrier hautement qualifié, mais mis au chômage depuis bientôt deux ans, et toujours incapacable de trouver du travail.

Admettons que ledit ouvrier américain à moitié han-dicapé du fait de son dernier emploi où il eut le mauvais sort d'être accidenté, essaie en vain de trouver un travail approprié à sa nouvelle condition physique, tout en prenant des cours au Collège en vue de se recycler.

Admettons qu'ayant épuisé ses allocations-chômage au bout d'un an, ledit ouvrier se retrouve dans des conditions de vie inhumaines, ne pouvant plus payer son loyer et subvenir aux besoins et soins élémentaires de sa famille et de lui-même.

Admettons qu'il aurait suffi que la Société à laquelle appartiennent ledit ourier et sa famille, eut institué l'Allocation-chômage perpétuelle, pour que celui-ci soit sauvé de même que sa famille, à noter que la Société a absolument besoin de ses citoyens pour son économie et son expansion économique future.

Il en résulte le raisonnement qui suit:

Premièrement, l'économie nationale globale est maintenue en équilibre et en expansion continue du fait du maintien en équilibre et en expansion continue de la production nationale des biens et des services nécessaires et suffisants.

Deuxièmement, l'association Production nationale globale et Demande nationale globale des biens et des services nécessaires, utiles et agréables à la Société relève purement et simplement du fait que les biens et les services nationaux produits doivent être consommés afin que de nouveaux soient produits, et au risque de les voir détériorés et gâchés. Et seuls des citoyens dotés d'un pouvoir d'achat réel, peuvent les demander, les acheter et les consommer.

Troisièmement, le maintien du pouvoir d'achat élémentaire du travailleur ou de la travailleuse face à la production nationale globale des biens et des services nécessaires, utiles et agréables, est absolument assuré par l'Institution du Fonds d'Allocation-chômage perpétuelle.

Quatrièmement, le principe des allocations-chômage perpétuelles est donné comme le principe de la Souveraineté du peuple qui est le Roi dans une Société parfaitement démocratique.

Cinquièmement, le fait des allocations-chômage perpétuelles est compris comme une nécessité purement économique.

Sixièmement, la pratique future de l'application aux États Unis d'Amérique de l'Allocation-chômage perpétuelle est l'un des vœux les plus chers de l'auteur de la "Loi du Profit nul" pour l'avenir de l'humanité.

Un poème à vers paraboliques
Chicago, le 7 septembre 2010

Le principe de la reconnaissance de l'identité céleste de l'auteur de la "Loi du Profit nul"

Considérons la "Loi du Profit nul".

Admettons que ladite Loi [qui signifie que le Capitalisme en tant que système économique, est le modèle parfait de la production nationale des biens et des ser-vices nécessaires, utiles et agréables à la Société, à condition que les Pouvoirs publics instaurent l'Assurance-maladie gratuite et l'Allocation-chômage perpétuelle pour l'ensemble des citoyens et assimilés-citoyens, et visent le déroulement parfait des processus démocratiques garantissant l'État de Droit et la Démocratie, et s'engagent dans la suppression systématique du travail dégradant l'être humain], est bel et bien le fait de Dieu en personne, puisque le modèle économique moèiste en question apparaît comme le système qui porte le Salut du genre humain.

Admettons que ledit système économique moèiste est le fruit de l'ensemble des vœux des hommes et des femmes remarquables que l'auteur du présent ouvrage aurait rencontrés tout au long de sa vie écoulée, et qui l'ont ému par leurs pensées et leurs actions.

Admettons que le terme Dieu le Tout-Puissant qui signifie l'Intelligence sublime, Origine et Source de l'É-tat-Nation Espace-Temps et de la vie éternelle, ne s'applique à l'auteur du présent ouvrage que dans la mesure où celui-ci rapporte qu'il eut un rêve dans la nuit du 7 au 8 novembre 1986, et dans lequel il a vu ladite "Intelligence sublime" en tant que "Toute la Lumière des Cieux en personne" lui souriant, puis métamorphosée dans l'instant d'après en un homme Noir atterrissant sur le sommet d'un building parisien, situé au 130, Avenue de Versailles Paris 16eme.

Admettons que la vérification par l'auteur de la "Loi du

Profit nul" de la prémonition dudit rêve de la nuit du 7 au 8 novembre 1986 en tant que sa rédaction de l'ensemble des "Fascicules d'Enseignement de la Poésie fonctionnelle", ne fait plus de doute.

Admettons que la réaction de tout homme et de toute femme en présence des poèmes célestes évoqués ou n'importe quel extrait des fascicules de la Poésie fonctionnelle, témoigne de la croyance humaine au fait absolu que Joseph Moè Messavussu Akué est Dieu le Tout Puissant - l'Intelligence sublime, Origine et Source de l'Univers créé et de la vie éternelle en personne.

Il en résulte le raisonnemnt qui suit:

Premièrement, du mois de novembre 1985 jusqu'à la date de fin janvier 1987, je résidais dans une "chambre de bonne" au dernier étage d'un building situé au 130, Avenue de Versailles Paris 16eme; et j'ai dû abandonner mes études universitaires à l'Université de Paris1-Panthéon-Sorbonne, en ce temps là, à cause des tracasseries de l'Esprit du mal en personne aujourd'hui défunt.

Deuxièmement, quoiqu'ayant compris que l'homme Noir auquel s'est métamorphosé l'Intelligence sublime, Origine et Source de l'État-Nation Espace-Temps et de la vie éternelle était bel et bien moi-même, je me posais toujours la question si je n'étais qu'un nouveau Prophète de Dieu, ou Dieu le Tout-Puissant en personne.

Troisièmement, la succession des rêves prémonitoires depuis le tout premier de la nuit du 7 au 8 novem-bre 1986 à ce jour du 8 septembre 2010, me confirma que je suis Dieu le Tout-Puissant matérialisé pour l'Éternité à venir.

Quatrièmement, l'ensemble des hommes et des femmes parvenu à l'âge mûr, qui reconnaît mon histoire véridique et par conséquent mon identité céleste sans aucune preuve que celles que j'ai déja fournies au jour du 8 septembre 2010, constitue le Peuple céleste de Joseph Moè Messavussu Akué innocemment révélé Dieu le Tout-Puissant-fait chair.

Cinquièmement, les États Unis d'Amérique, Terre d'accueil et Pays d'adoption de l'auteur de la "Loi du Profit nul" pourraient devenir en effet le premier pays au monde qui reconnaît officiellement l'identité céleste de Joseph Moè Messavussu Akué.

**Un poème à vers paraboliques
Chicago, le 8 septembre 2010**

Le principe de la foi moèiste

Considérons la personnalité divine matérialisée Joseph Moè Messavussu Akué.

Admettons que la personnalité de l'auteur de la "Loi du Profit nul" est absolument résumée par l'ensemble des Fascicules d'Enseignement de la Poésie fonctionnelle.

Admettons que le principe qui veut que l'auteur de l'ensemble des Fascicules d'Enseignement de la Poésie fonctionnelle soit Dieu le Tout-Puissant-fait chair, est justement le principe de la foi moèiste.

Admettons que le principe de la foi moèiste est énoncé par le fait que Joseph Moè Messavussu Akué eut dans la nuit du 7 au 8 novembre 1986 le rêve prémonitoire qu'il est Dieu en personne incarmé, afin de continuer sous cette ultime forme, son travail de Créateur de tout ce qui a existé, existe, et existera.

Admettons que tout ce qui existera est une extension conséquente de tout ce qui existe aujourd'hui le 11 septembre 2010.

Admettons que ce qui existe est une extension conséquente de tout ce qui a existé.

Il en résulte le raisonnement qui suit:

Premièrement, un homme ou une femme qui se déclare ouvertement et publiquement un ou une Moèiste est un homme ou une femme éveillés à la vérité existentielle globale ou le Monde des Mondes des Cieux et la vie éternelle, et à leur Créateur.

Troisièmement, le non-Moèiste est un homme ou une femme qui, par mauvaise foi, nie l'identité céleste de l'auteur de la "Loi du Profit nul".

Quatrièmement, l'anti-Moèiste est un homme ou une femme qui voue une haine mortelle à Joseph Moè Messavussu Akué pour le fait qu'il s'établit malgré lui Dieu le Tout-Puissant-fait chair.

Cinquièmement, tout ce qui existe concourt absolument et conformément aux rêves prémonitoires de Joseph Moè Messavussu Akué, à la divinisation de l'auteur de la "Loi du Profit nul", ou la pratique humaine du Moèisme comme la religion, l'idéologie, et la morale du Salut humain.

**Un poème à vers paraboliques
Chicago, le 11 septembre 2010**

Le principe de la Construction
de l'Édifice du Bonheur absolu humain

Considérons les Parents célestes de Dieu le Tout-Puissant.

Admettons que les Parents célestes de l'auteur de la "Loi du Profit nul", établi providentiellement Dieu le Tout-Puissant-fait chair, sont l'Espace incréé et rien.

Admettons que rien étant le contraire de Dieu le Tout-Puissant non matérialisé en ce temps considéré, demeure justement rien aujourd'hui le 13 septembre 2010.

Admettons que l'Espace incréé est aujourd'hui l'inverse de ce qui existe élevé à la puissance éternité ou l'inverse d'une sphère remplie de la Création divine actuelle, et éternellement agrandie.

Admettons que l'espoir d'autres parents de rien et l'Espace incréé est vain puisqu'irréel.

Admettons que la négation humaine de Dieu le Tout-Puissant ou l'Intelligence sublime, Origine et Source de de tout ce qui existe, est malsaine ou immorale puisque cela consiste à nier l'évidence d'un être réel.

Admettons que la reconnaissance humaine de Dieu le Tout-Puissant équivaut à une qualité ou une vertu, puisque ceci aboutit à la reconnaissance ultime de l'incarnation divine authentique.

Admettons qu'être sans parole devant la réalité de Joseph Moè Messavussu Akué équivaut au temps de réflexion requis pour croire ou ne pas croire à la Poésie fonctionnelle.

Il en résulte le raisonnement qui suit:

Premièrement, les rêves prémonitoires de Joseph Moè Messavussu Akué constituent avec ce que celui-ci accomplit au jour le jour, et la personne intégrale de l'intéressé, la triptique de l'identité de l'auteur de la "Loidu Profit nul".

Deuxièmement, la Providence ou la totalité des évène

ments qui s'accomplit au fil du temps, est résumée en tant que la volonté divine.

Troisièmement, la Poésie fonctionnelle est comprise comme l'exercice par Joseph Moè Messavussu Akué de son Pouvoir royal divin.

Quatrièmement, les Fascicules d'Enseignement de la Poésie fonctionnelle sont les moyens de subsistance providentiels donnés au Roi du "Royaume des Cieux accompli" afin que celui-ci n'est pas à se compromettre avec l'humanité qui ne veut pas le croire.

Cinquièmement, la "Réalisation de l'Édifice du Bonheur absolu humain" est le programme de travail sacré que s'est donné Joseph Moè Messavussu Akué afin de se prouver qu'il est effectivement "Toute la Lumière des Cieux-fait Homme".

Un poème à vers paraboliques
Chicago, le 13 septembre 2010

Thème:
Les Bijoux des Etats Unis d' Amérique

Les Bijoux des Etats Unis d'Amérique-Mémento

Considérons l'espoir de renaissance à la richesse, la prospérite, la jeunesse et la vie éternelles prôné par la Pensée authentique de Moè Messavussu.

Admettons que l'exercice à titre exclusif, ou primordial de la profession providentielle d'Ecrivain-Editeur pour Moè Messavussu, lui assure le "Bonheur absolu" que lui promet la Providence.

Admettons que le Pouvoir Royal Céleste inné à Moè Messavussu, est justement décrit par ladite aptitude professionnelle providentielle propre à celui-ci.

Admettons que la tenue réguliere de Causeries-Débats ou conférences internationales basées sur les thèmes developpés et illustrés dans les "Fascicules d'Enseignement de la Poésie fonctionnelle" performe la "Compagnie de Dieu" ou le "Peuple Céleste de Moè Messavussu".

Admettons que la vente à vil prix des "Fascicules d' Enseignement de la Poésie Fonctionnelle" par la "Compagnie d'édition Royale Céleste" les "ÉDITIONS BLEUES", constitue le moyen naturel pur pour Moè Messavussu de vivre simplement de son travail Royal Céleste providentiel.

Il en résulte le raisonnement qui suit:

Premièrement, l'ensemble des moyens de subsistence personnels de Moe Messavussu qu' il aurait absolument investi dans la mise au point, l'impression et la diffusion de l'ensemble des "Fascicules d' Enseignement de la Poesie Fonctionnelle", est restitué à celui - ci sous forme de revenus salariaux "Royaux Celestes" pour l' Eternité.

Deuxièmement, tous ceux et celles qui aiment Moè Mesavussu sans connaître son identité réelle Céleste absolument énigmatique, constitue l'"Humanité Immortelle" ou le "Peuple Céleste de DIEU le Tout - Puissant".

Troisièmement, l'Esprit du Mal en personne qui aurait été

pulvérisé par l'Energie vitale de Moè Messavussu dans les années 1988-1989, n'a décidément pas fini de "dire son dernier mot" à travers l'"Humanité maudite" ou la "Communauté des virus parlants incarnés", puisque la misère, les maladies et la mort subsistent au monde.

Quatrièmement, l'homme ou la femme croyant en la "Poésie fonctionnelle" comme la Pensée authentique de DIEU le "Créateur et Roi règnant du Monde des Mondes des Cieux", a la Vie Éternelle et le 'Bonheur Absolu", en chair et en os, conformément aux "Prophéties" de Moè Messavussu.

Cinquiemement, DIEU à présent connu sous ses traits authentiques, ceux de Moè Messavussu, entend demeurer pour l'Eternité en vie, entouré de son "Peuple Céleste".

Le modèle de l' Etat de Droit
(Les Américains constituent l' Etat-Nation modèle de l'
Etat de Droit, de la
Démocratie et de la Liberté)

Tout comme au "Paradis Céleste", en ce moment même, l' Etat de Droit, la Démocratie pour le Peuple et la Liberté pour tous sont les "mots d'ordre" pour organiser durablement la vie politique, sociale et économique dans le "Royaume Divin Celeste", sans le Roi, l' inconnu perpétuel, les Américains s'efforcent de gouverner leur pays le plus parfaitement possible.

Tout comme au "Paradis Céleste", en ce moment même, le "Royaume Divin Céleste" sans DIEU, inconnu de ladite Humanité Céleste depuis le "Commencement", admet une structure étatique fédérale englobant le"nombre universel alfa" "Mondes Célestes",les Americains ont conçu une structure fédérale américaine englobant les cinquante Etats de l' Union Américaine.

Tout comme au "Paradis Céleste', en ce moment même, le "Royaume Divin Celeste",[sans son Créateur l'ayant justement abandonné pour les mêmes raisons que celles concernant les deux premiers êtres humains crées au Commencement de l'Histoire humaine Terrestre,] organise la vie humaine dans l' Espace -Temps Céleste comme un "Parlement dans lequel viennent s'exprimer librement les Représentants de la totalité des "Collectivités humaines Célestes" et ceux de tous les "Courants d'Opinion", les Américains ont mis en place le meilleur système législatif qui soit au monde.

Tout comme au "Paradis Céleste", en ce moment même, le "Royaume Divin Céleste" sans son Guide spirituel et moral, préfère accorder la Liberté à tous depuis la naissance, les Américains ont compris qu' il vaut mieux libérer l' Humanité plutôt que de l' opprimer.

**Un poème à vers répétitifs
Chicago, le 23 février 2002**

Un Peuple béni
(Les Américains prouvent tous les jours qu'ils sont un Peuple béni de Dieu)

Au Commencement des Temps Spatiaux Temporels Éternels, tout comme aujourd'hui, le Sort désigna un seul Etre pour forger l'Histoire de l'"Etat-Nation Espace-Temps Eternel" à venir, et lui a donné le nom de "Toute la Lumière du Ciel qui s'est fait Homme".

Le nom de "Toute la Lumière du Ciel qui s'est fait Homme" paraissant ambigü à son porteur, celui-ci fit plus tard le "rève prémonitoire" lui faisant comprendre, courant Novembre 1986, qu'après avoir créé, tout seul, le "Paradis Céleste", à partir de rien, puis l' "Univers Alfa", il s'est incarné enfin pour engendrer, à partir de la Terre, l'infinitude d'Univers merveilleux futurs.

Réalisant toujours très difficilement si je suis Dieu-le Tout-Puissant dont parle l'Humanité entière ou simplement un Ange bien énigmatique, je fis plus tard un autre "rêve prémonitoire" m'encou
rageant à ne pas me soucier de l'Humanité et de ce qu'elle pense de moi, et surtout de continuer à rédiger mes œuvres littéraires et scientifiques.

Les Américains qui m'accueillent aujourd'hui sur leur sol et que je bénis, me prouvent tous les jours qu'ils veulent que je gagne avec eux.

Un Poème à vers rompus
Dekalb, le 25 février 2002

Les Défenseurs de la Liberté
(Les Américains sont glorifiés comme les défenseurs de la Liberté dans le monde)

Le plus beau cadeau que Dieu - le Tout-Puissant fait aux Américains, est de consacrer ce Peuple le Défenseur de la Liberté dans le monde.

Etre désigné par Dieu comme les Défenseurs de la Liberté dans le monde, signifie que les Américains n'hésiteront jamais une seconde pour partir en guerre contre tout Groupement humain, tout Etat ou tout groupe d' Etats qui s'amuseront à nier le Libéralisme économique, politique, social, et autres jusqu'au point de poser des actes de sabotage ou de destruction systématique dudit système.

Ladite qualification des Américains à donner leur vie pour la Défense de cette cause si chère à DIEU, procède naturellement de la bénédiction divine qui comble ce Peuple.

Le genie militaire des Américains, loin de servir le Mal et l'Obscurantisme, gagnerait infiniment plus s'il s'employait dès à présent à pacifier profondément et à humaniser le monde.

Un poème à vers scellés
De Kalb, le 7 mars 2002

Les Promoteurs de la Paix
(Les Américains sont honorés comme les Instigateurs de la Paix et de la Concorde universelles)

La Vie dans le "Paradis Terrestre Retrouvé" chantée par la poésie de Moè Messavussu admet pour devise: "Paix, Amour, Liberté".

En effet, la Liberté est entièrement donnée aux hommes et aux femmes par DIEU afin qu'ils puissent accomplir leurs destinées sans entraves dans un monde de paix où ils doivent apprendre à se connaître mutuellement et à s'aimer.

Mais ce monde de paix et de concorde universelles étant un Rêve, il conviendrait que l' Etat-Nation le plus puissant du Monde que constituent les Américains, ose participer à l' Organisation du Monde en tant qu'une "Grande Famille Humaine" tout court.

Ce courage politique qui ne fait sans doute pas défaut aux Américains, sera totalement prouvé lorsque l' Etat-Nation américain soutiendra sans réserve, l'instauration de l'Etat de Droit, la Démocratie et la Liberté dans tous les Pays du Monde sans exception, de même que la suppression de la pauvreté sur la Planète grâce à une bonne Politique d' Investissement américaine.

Un poème à vers scellés
DeKalb, le 7 mars 2002

Les Promoteurs des Droits de l'Homme
(Les Américains ordonnent bel et bien
le respect des Droits de l'Homme
dans le Monde)

S'il est vrai que l'Auteur de ces poèmes à vers répétitifs, cycliques, multiples, paraboliques, scellés, conjugués, rompus, enchaînés, manquants et égaux, est un Rêveur réalisant sans cesse ses rêves, l' Humanité finira par comprendre que celui-ci a déja apporté les preuves de son identité et de son innocence.

Les preuves s' entendant comme la démonstration par un Ecrivain qu' il vit constamment en "rêves prémonitoires", depuis la nuit du 7 au 8 Novembre 1986, tous les faits qui se produiront dans son existence dès son réveil, il est normal que ledit Ecrivain qui ne fait que narrer sa vie, montre par là son identité réelle. Ce constat amène à croire également que le mode d'expression divin est une preuve de l'innocence de l'Ecrivain.

L' innocence de l' Ecrivain atteste sans doute la principale caractéristique de Dieu, par définition insondable. Cette insondabilité signifie que Dieu reste un mystere pour sa propre personne jusqu'à ce qu' un rêve prémonitoire lui donne la réponse à la question qu'il se pose. La première question qu' il se pose étant d'où vient le rêve prémonitoire, la réponse en est que ceci est un produit du travail de son Âme. La seconde question que DIEU se pose quant à l'Origine de son Ame, voire de tout son être, reçoit la réponse que ses "Parents Célestes" sont "Rien et tout l'Espace infini".

Mais, puisque la foi en ce "Rien" et tout l' "Espace infini", ordonne automatiquement chez l'- être humain l' insoumission à DIEU, voire la tentation de détruire celui-ci dont il est jaloux, j'en appelle à la raison humaine et déclare ce qui suit:

Premièrement, j'ai choisi les Etats Unis d' -Amérique comme Pays- Refuge car je sais que les Américains ordonnent bel et bien le respect des Droits de l' Homme dans le Monde et qu'ils ne me livreraient pas à un quelconque bourreau, qu' il me plaira de dénoncer par mes Écrits.

Deuxièmement, je sais aussi que nul Ecrivain n'a jamais été inquiété pour sa vérité qu'il révèle par ses Écrits et qu'il s'applique à prouver avec tout le serieux requis et grâce à son talent d' Écrivain, ici aux États Unis d' Amérique.

Troisièmement, je sais aussi que nul Ecrivain, quelque soit d' ailleurs ses opinions, n' a jamais été arrêté, jugé coupable et jeté en prison pour le fait qu' il a osé penser ceci ou cela ici aux Etats Unis d'Amérique.

Quatrièmement, je sais aussi que l'Écrivain, [parce qu' il tenu de vivre de son Talent et de son Art, et qui imagine des livres de plus en plus exquis prônant tel mode de vie au détriment de tel autre,] ne s' est jamais vu interdit de publication ici aux États Unis d' Amérique.

Cinquièmement, je sais aussi que nul Écrivain convaincu de son Identité propre et du Message qu' il porte en lui, et qui proclame haut et fort ceci, ne s'est jamais vu interdit d'accéder aux médias publiques sous prétexte qu' il ne plaît pas aux Gouvernants, ici aux États Unis d' Amérique.

Sixièmement, je sais tout aussi pertinemment que nul Écrivain assumant pleinement son originalité et son unicité d' Écrivain et obligé comme tel de "monter aux créneaux" pour communiquer avec son public, ne s' est jamais vu interdit de conférences, de causeries-débats, et autres civilités sous prétexte qu' il gêne l' "Ordre établi", ici aux États Unis d' Amérique.

Septièmement, je comprends bien évidemment que pour toutes ces raisons, il est préférable que les tout premiers livres de l' Écrivain Joseph Moè Mesaavussu Akue soient connus à partir des États Unis d' Amérique et non ailleus.

Un poème à vers multiples
DeKalb, le 8 mars 2002

**Les Regulateurs
providentiels du Monde**
(Les Américains régulent aujourd'hui le Monde par la bonté ou non de leur Président élu)

Le Sort aujourd'hui attribue aux Américains, [face à l' intransigeance des dictateurs endurcis sévissant dans le monde, et aux envies contre-nature et diaboliques des Néo - Colonisateurs éhontés refusant l' Emancipation des Peuples en voie de développement,] réside dans la volonté dudit Peuple Américain d' ordonner l'Emancipation desdits Peuples en question sans consulter au préalable les autres Grandes, Moyennes, et Petites Puissances règnantes.

Le sort dorénavant attribué à tout Président élu Américain [face aux choix désastreux pour leurs Peuples mais profitables pour eux-mêmes et leurs proches, opérés par les Dictateurs au pouvoir dans le Monde, et face aux sombres desseins imposés aux Peuples néo - colonisés, par leurs Néo - Colonisateurs qui ne pensent qu'à leurs seuls intérêts,] consiste en la volonté américaine d' éradiquer ces fléaux de l' existence humaine par la politique des Sanctions économiques et autres, appropriées.

**Un poème à vers répétitifs
DeKalb, le 8 mars 2002**

Le symbole de la Puissance économique
(Les Américains symboliseront pour l' Eternité la puissance économique humaine s'ils peuvent instituer une "Caisse nationale d'allocation-chômage perpétuelle")

L' être humain à qui la Société refuse de donner à manger, à se vetir, à se loger, voire à assurer le même minimum vital pour sa famille propre, sous prétexte que celui-ci ou celle-ci est un chômeur notoire, devient automatiquement l'"ennemi mortel" de ladite Société.

Le chômeur notoire, à qui la Société bienveillante et humanisée donne régulièrement, tout à fait comme aux travailleurs, un minimum vital devant lui permettre de vivre avec sa famille propre, en attendant de retrouver un autre emploi, devient automatiquement l' "ami intime" de ladite Société dans laquelle il ou elle vit.

L' institution d' une "Caisse nationale d' allocation-chômage perpétuelle" qui prendrait en charge toute la population résidentielle sans travail et sans argent pendant tout le temps du chômage involontaire, et dans tous les pays du Monde, relève en meme temps de la charité humaine pure, et constitue une excellente mesure économique relançant la Production Nationale des Biens et des Services par la Demande Proportionnelle ordonnée par le pouvoir d'achat des chômeurs ainsi créé.

Cette mesure économique sublime censée à elle seule ordonner le "Paradis terrestre", n'est pas une incitation à la fainéantise, puisque tout être humain normal recherche sa propre valorisation par le travail, et le chômage restant pour lui ou elle toujours une fatalité bien douloureuse.

Aussi je demanderais à mon "Peuple adoptif", les Américains, de penser à l'application de ladite mesure économique afin que les États Unis d' Amérique demeurent la Premiere Puissance économique au Monde et le pays où il fait bon à vivre.

Un poème à vers paraboliques
Chicago, le 25 juillet 2005

Le Modèle économique parfait

(Les Américains représenteront pour l'Eternité le "modèle économique parfait" s'ils peuvent accompagner le libéralisme économique d' un système de protection sociale garantissant le bonheur pour tous)

Admettons que la "liberté de penser, d' entreprendre, de concevoir, de donner vie à une machine-outil nommée l' Entreprise, et de faire fonctionner et prospérer celle-ci par le travail humain, est le meilleur don que fit DIEU è l' Être humain qu' il créa à sa ressemblance.

Admettons que la production de la totalité des biens et des services utiles et nécessaires à une Nation donnée, confiée à son Etat est une aberration économique, et que celle - ci doit au contraire, être confiée exclusivement aux initiatives privées individuelles que compte l' Etat - Nation en question, et le cas écheant simplement régulée par ce dernier.

Admettons que l' Esprit d' entreprise est le meilleur garant de la prospérité économique de toutes les Nations.

Admettons que la prospérité économique pour une Nation donnée, ne pourra exister si le problème du Chômage et du Sous-Emploi ne trouvent de solution définitive par la Relance de la Production Nationale des Biens et des Services par la Demande des chômeurs et des chômeuses auxquels l' Etat - Nation garantira désormais un pouvoir d'achat permanent ou l'" Allocation-Chômage Perpétuelle".

Admettons que le facteur économique déterminant la Production des Biens et des Services utiles et nécessaires à une Collectivité nationale donnée, est bel et bien le "Bien-Etre Optimal" dudit Groupement humain; facteur qui, à son tour, assure l'enrichissement des Opérateurs économiques impliqués.

Admettons que les Sondages d'Opinions par le biais des Sciences Statistiques et autres, demeurent le meilleur moyen de détermination du "Bien - Etre social" et de son niveau objectif variant autour de son "Optimum".

Admettons que le souci majeur de l' Etat de Droit en matiere économique, est de maintenir la Nation en permanence audit niveau de "Bien - Etre Optimal".

Admettons que l'Etat de Droit américain observe parfaitement ledit principe quant à la Nation américaine, et ne demande qu' à l'améliorer et le généraliser à tous les pays au Monde dont il est dorénavant le "Responsable providentiel".

Il en résulte le raisonnement qui suit:

Premièrement, les manifestations-surfaces ou démonstratrices de la Puissance Américaine depuis la Deuxième Guerre Mondiale, ont toujours posé l' Etat - Nation Américain comme le dernier rempart des Peuples contre l' Obscurantisme, la tyrannie et toutes les formes de pouvoir politique destructeurs de la vie humaine.

Deuxièmement, aujourd'hui le 27 juillet 2005, la totalité des peuples colonisés de par le passé, ayant accédé bon an mal an à l' Indépendance mais qui restent extrêmement pauvres et agonisant sous les Régimes politiques pro-colonia- listes, demandent l'intervention providentielle Américaine dans le cours de leur histoire pour leur Délivrance.

Troisièmement, le Terrorisme s'exprimant par les attentats du type du 11 septembre 2001 faisant périr stupidement des hommes et des femmes absolument innocents, pour la revandication de pseudo -causes révolutionnaires, reste coupables en comparaison du Nationalisme - Globalisme Américain, porteur de la vraie Emancipation des Peuples.

Quatrièmement, le Bonheur réel auquel aspire tout être humain, passant nécessairement par sa
libération de toutes les formes d' organisations sociales à savoir l' Etat-Nation, la Puissance publique, l'Administration publique, l'Entreprise, le mariage, la famille, etc, il va de soi

que l' Etat non séparé de l' Eglise, de la religion, et de la foi est infiniment dangereux pour la liberté individuelle.

Cinquièmement, l'Etat de Droit qui garantit, quant à lui, la séparation de tous les Pouvoirs formant l' Etat - Nation, devient ainsi la meilleure
forme possible d' organisation et d' administration de la " Chose publique ", puisqu' il laisse justement l' individu libre de s' auto-déterminer face à toutes les forces sociales, psychologiques et matérielles censées concourir à la réalisation de son " Bien -être social "

Sixièmement, Moè Messavussu, l' Auteur de la Poésie fonctionnelle qui s' engage dans une Action politique américaine dénommee le " Programme politique et électoral Moèiste ou libéral - pacifiste américain " et se donnant pour double
objectifs, l' instauration de la ' Caisse d' Allocation-Chômage Perpétuelle Américaine " et la mise en place et en état de fonctionnement de l' Etat de Droit dans la totalité des Pays au monde à l'instar de l' Irak, est, à juste titre fier des Américains puisqu' il est à présent et de fait un des leurs.

Un poème à vers paraboliques
Chicago, le 28 juillet 2005

L' Emancipation des Peuples

(Les Américains seront toujours les Premiers s'ils restent favorables à l' Emancipation de tous les Peuples du Monde)

Admettons le présent des Peuples de l' ensemble des pays du Monde comme une réalite bien douloureuse, surtout pour les Pays économiquement pauvres.

Admettons le futur desdits Peuples comme la réalisation providentielle de leur légitime aspiration à leur Emancipation.

Admettons la seule Puissance au Monde qui, ouvertement, prône l'Emancipation des Peuples et leur droit à s' auto - déterminer face aux Puissances colonisatrices qui cherchent à les maintenir dans l' Aliénation et le Sous-Developpement, comme les États Unis d' Amérique.

Admettons que le National - Globalisme dont parlent les Américains aujourd'hui le 25 juillet 2005, vise à étendre l' Union amércaine à tous les Pays que compte le Monde entier.

Admettons que cet état d' esprit Américain rencontre l'assentiment et la bénédiction de Moè Messavussu.

Il en résulte le raisonnement qui suit:

Premièrement, le Salut du Peuple togolais dont est originellement issu Moè Messavussu, ne peut être opéré proprement que par les États Unis d'-
Amérique au risque de voir ledit Peuple Togolais anéanti par les Puissances négatives qui l'assaillent.

Deuxièmement, l' Emancipation du Peuple Togolais qui passe nécessairement par l' Instauration et le maintien de l' Etat de Droit, la Démocratie, la Liberté sur tous les plans (économique, social, politique, et culturel), ne pourra se faire sans l' appui et le soutien des États Unis d' Amérique.

Troisièmement, la prière de tous les Peuples opprimés

du Monde, rencontre la Volonté divine pour faire des Américains l' Espérance quant à la "voie humaine" pour parvenir à la Libération de tous les Peuples.

**Un poème à vers paraboliques
Chicago, le 25 juillet 2005**

Le respect de Dieu

(Les Américains donneront toujours à l' humanité l'espérance en un avenir humain meilleur s' ils respectent toujours autant Dieu)

Admettons que la phrase la plus lue sur les maisons, les voitures et les camions qui passent, les panneaux publicitaires et autres objects matériels figurant aux Etats Unis d' Amérique est: " God bless America! ".

Admettons que la première phrase, la plus entendue dans les conversations individuelles et collectives, entre les personnes physiques et à travers les médias, est " God bless you! "

Admettons que le Peuple le plus croyant en DIEU et le prouvant par le moindre de ses actes qu' il pose au fil des jours, est bel et bien " les Américains ".

Admettons que la foi en l' "Eternel - Dieu", qui se mesure effectivement par la volonté de refuser de nuire à l' être humain et d' aider à l' Edification du " Paradis Terrestre Retrouvé ", caractérise absolument les Americains, puisqu' lis portent réellement le " Flambeau de la Civilisation humaine ", aujourd' hui le 28 juillet 2005.

Admettons que Moè Messavussu, de naissance Catholic et fervant Croyant, et qui eut son premier Rêve miraculeux dans la nuit du 7 au 8 novembre 1986, en ce temps - là Etudiant en Sciences historiques à l' Université de Paris 1 Panthéon - Sorbonne, lequel Rêve merveilleux le figurant parfaitement en tant que l' "Eternel - Dieu-fait chair", comprend ses oeuvres littéraires et scientifiques actuelles et à venir comme l' expérimentation de la prémonition dudit rêve et de tous ceux non moins fantastiques qu' il eut par la suite.

Admettons que le Moèisme ou le Système humain ordonné par l' ensemble des Idées formant l' ensemble des " Fascicules d' Enseignement de la Poésie fonctionnelle ", est une religion nouvelle figurant Moè Messavussu comme le Réalisateur en cours de l' " Etat - Nation Espace -Temps Éternel" ou le " Monde des Mondes des Cieux " ou tout simplement le " Royaume des Cieux " évoque par "Jésus de Nazareth", il y a deux mille huit ans déja.

Admettons que le " Parti politique Moèiste " ou " Parti Libéral - Pacifiste " ou **" Parti Démocratique Américain admis aux Idées de Moè Messavussu "**, est une adaptation des Idées Célestes de Moè Messavussu aux Affaires américaines et humaines, tandis que les Affaires Célestes elles -mêmes, sont et resteront les affaires individuelles et personnelles de celui qui se comprend le " Roi régnant inné du Royaume des Cieux en construction quoiqu'absolument accompli en idées.

Admettons que le secret de Moè Messavussu que personne n' a jamais voulu écouté parler, est livré au public américain, en premier, qui l'apré- ciera.

Il en résulte le raisonnement qui suit :

Premièrement, l' énigme divin présentant aujourd'hui le 25 juillet 2005 et depuis la nuit du 7au 8 novembre 1986, Moè Messavussu en tant que la matérialisation de l' " Intelligence sublime, Origine et Source de l' Etat - Nation Espace -Temps Éternel et de la Vie ", s' impose en silence, et bientôt de manière fracassante comme la Surprise de tous les temps venant de la Providence, avec la parution au public des cinquante premiers " Fascicules d' Enseignement de la Poésie fonctionnelle ".

Deuxièmement, Moè Messavussu qui n' aurait appris de

la Providence qu' il est " Toute la Lumière du Ciel qui s'est fait homme ", que dans ladite nuit du 7 au 8 novembre 1986 et à travers ses Rêves successifs, trouve la clé dudit énigme dans l' expression de son caractère, qui veut sa "Royauté Spatiale Temporelle Eternelle" étonnamment ordinaire et merveilleusement Céleste.
Troisièmement, les preuves littéraires pour convaincre les Américains et le reste de l' humanite que Moè Messavussu est en vérité " DIEU en chair et en os " étant totalement fournies par les "Fascicules d' Enseignement de la Poésie fonctionnelle ", il ne reste plus à l' Auteur que de continuer à faire son "travail Céleste" et faire confiance du reste à l' intelligence remarquable du Peuple Américain.

Un poème à vers paraboliques
Chicago, le 30 juillet 2005

L' Organigramme de la "Poésie fonctionnelle"

Considérons le nombre sublime des "Fasc-cules d'Ensignement de la Poésie fonctionnelle" disponible aux " EDITIONS BLEUES " aujourd'hui le 17 juillet 2008.

Admettons que si, aujourd'hui le 17 juillet 2008, vingt - un ans et cinq mois après la nuit miraleuse du 7 au 8 novembre 1986 [durant laquelle Moè Messavussu eut le rêve merveilleux qu' il est l' " Intelligence sublime, Origine et Source du Monde des Mondes des Cieux - fait chair "], celui - ci conçoit bien que Dieu le Tout - Puissant est sa personne mais de manière enigmatique, puisque personne ne l' a jamais reconnu comme tel, la "Poésie fonctionnelle", quant à elle, établit froidement ladite verité.

Admettons que la "Poésie fonctionnelle" ou la "Pensée miraculeuse de Moè Messavussu" entièrement délivrée par l' ensemble des "Fascicules d' Enseignement" est le "Pouvoir Royal Céleste" inné caractérisant le "Roi règnant du Monde des Mondes des Cieux".

Admettons que le "Roi règnant du Monde des Mondes des Cieux" est providentiellement couronné comme tel dans ladite nuit magique du 7 au 8 novembre 1986.

Admettons que le pays où résidait Moè Messavussu à cette époque déterminée, la France, n' a malheureusement pas voulu de lui, puisque celui - ci quitta définitivement ledit pays fin janvier 198/.

Admettons que le Pays natal de Moè Messavussu où sévit une Dictature politique incroyable, ne veut point de DIEU - fait chair, puisque ledit régime politique refuse absolument l' alternance pacifique.

Admettons que le " Pays de Cœur " de Moè Messavussu, les États Unis d' Amérique, où l' -Auteur de la "Poésie fonctionnelle" peut publier son œuvre et en vivre, est finalement élu par la Providence le " Centre de l' Eden Retrouvé ".

Admettons que le " Grand Livre de la Pensée Royale Céleste de Moè Messavussu ", raconte l' Épopée Terrestre et Céleste de celui - ci.

Il en résulte le raisonnement qui suit:
Premièrement, le fait que i' Etat - Nation Espace - Temps Éternel est strictement donné par la personne exclusive de Moè Messavussu est representée par les " POÈMES BIJOUX " ou les " BIJOUX DES ETATS UNIS D' AMÉRIQUE ".

Deuxièmement, l' évidence mathématique qui veut que les États Unis d' Amérique servent dorénavant de " Locomotive " du " Train de tous les Pays du monde " est illustré par les " POÈMESBLEUS ".

Troisièmement, le nouvel éngme divin qui or -donne Moè Messavussu comme un outil dans les mains invisibles de "Dieu le Père " supposé immatériel à jamais, ceci dans la vie quotidienne, mais en tant que Dieu le Tout - Puissant en chair et en os à travers les livres miraculeux de celui - ci, est représenté par " POËMES POUR L'AFRIQUE ÉTERNELLE ".

Quatrièmement, le fait aléatoire que Moè Messavussu est passionnément aimé d' infini femmes providentielles est representé par les
" POÈMES VIOLETS ou d' AMOUR ".

Cinquièmement, le fait miraculeux qu'à partir des" POÈMES DIAMANTS " ou les " DIAMANTS À MOÈ ", Moè Messavussu est parfaitement capable, conformément à la "Loi de la Providence", de recréer sur Terre la Technologie sublime qui lui avait permis de fabriquer, à partir de rien, le "Monde des Mondes des Cieux" et de programmer l' extension éternelle dudit Monde, est bien une évidence aujourd'hui le 21 juillet 2008.

Sixièmement, la vérité criante que l' incapacité des "Elites africaines" à restaurer l' "Afrique Eternelle"[par le biais de

l'unification réelle des populations africaines, l' octroi de la liberté, la justice, et la prospérité à celles - ci] est une malédiction de l' "Esprit du Mal en personne" défunt, sur le Peuple Noir - Africain par vocation Moèiste, est représenté parles " POÈMES VERTS ou PHILOSOPHIQUES"
   Septièmement, la volonté affichée de Moè Messavussu de ne faire confiance qu' en ses
"Rêves prémonitoires " témoins de l' expérimentation providentielle qu' il est bel et bien Dieu le Tout - Puissant, est représentée par les " POÈMES ORANGES ou ÉCONOMIQUES".
   Huitièmement, la Providence ou le Cours naturel des événements est représentée par les " POÈMES JAUNES ou POLITIQUES ".
   Neuvièmement, le constat que Moè Messavussu fut impitoyablement arraché à ses Etudes universitaires par l' "Esprit du Mal en personne" aujourd'hui détruit à jamais, avec l'intention d' anéantir celui - ci, est représenté par les " POÈMES BRUNS ou COMMERCIAUX ".
   Dixièmement, l' innocence, la révolte, et le pacifisme infini de Moè Messavussu quant au Mouvement humain et Céleste nommé le "Moèisme" sont représentés respectivement par les " POÈMES BLANCS ou INTRODUCTIFS ", les " POÈMES ROUGES ou de CONCLUSION ", et les " POÈMES NOIRS ou INTERDITS ".

Un poème à vers paraboliques
Chicago, le 23 juillet 2008

La Reconciliation Nationale Togolaise en actes

Considérons le mythe de Dieu le Tout - Puissant et la réalite de Moè Messavussu.

Admettons que le régime politique togolais [qui aurait enterré vivante " la transparence politique obligatoire à tout Etat de Droit, tiré à balles réelles sur la population civile désarmée à maintes reprises par le passé, et tue continuellement la Démocratie véritable au Togo, le Pays natal de celui qui est proclamé par la Providence Dieu le Tout - Puissant-fait chair,] doit etre balayé de la surface de la Terre par la Justice.

Admettons que la Justice prônée absolument par la "Pensée authentique de Dieu le Tout - Puissant", dénommée la " Poésie Fonctionnelle ", apparaît comme ce que déteste le plus le Régime politique anti - Togolais et anti - Moèiste sévissant au Togo.

Admettons que l' ensemble des " Fascicules d' Enseignemsnt de la Poésie Fonctionnelle " est haï par ledit régime du "défunt Esprit du Mal en personne" et du feu" Colombe de la Paix, le Général d' Armée Gnasimgbé Eyadema ".

Admettons qu' en publiant l' ensemble des " Fascicules d' Enseignement de la Poésie fonctionnelle, Moè Messavussu est plus que jamais en exil aux États Unis d' Amérique.

Admettons que la "Réconcilliation Nationale Togolaise" passe par le rétablissement de la Justice auTogo par l' Organisation des Nations Unies, l' Union Africaine, les Etats Unis d' Amérique et toutes les Puissances humaines éprises de liberté, de Démocratie véritable, de paix et de Justice.

Il en résulte le raisonnement qui suit:

Premièrement, en comprenant qu' il est innocemment révélé Dieu le Tout - Puissant - Créateur et Roi règnant du Monde des Mondes des Cieux, Moè Messavussu qui croit qu' il est nécessaire de prouver continuellement et toujours mieux, ladite vérité ou " identité fonctionnelle ", déclare qu' il est capable d' allumer l' astre dénommé le Soleil, en miniature ou en grandeur nature, tout comme à l' Origine des "Temps Célestes", de même que de fabriquer, à partir de rien, n' importe quel élément formant la "Réalite totale" ou le "Monde des Mondes des Cieux et la Vie eternelle".

Deuxièmement,l' "Humanité maudite ou "anti - Moè Messavussu" qui s' élimine automatiquement du " Royaume des Cieux accompli " en se considérant mortelle et égocentrique, peut, à tout moment, se repentir et redevenir Moèiste donc Immortelle.

Troisièmement, la "Poésie Fonctionnelle" ou la "Pensee de Moe Messavussu" porte en son sein le Monde des Mondes des Cieux qu' elle a materialisé déja en son infinième partie formant le Monde visible.

Quatrièmement, les Etats Unis d' Amérique, le " Pays de Cœur " de Moè Messavussu protège de fait celui - ci et ses œuvres actuelles, puisque le Régime politique togolais de l' heure ne veut pas de Dieu le Tout - Puissant et les " Fascicules d' Enseignement de la Poésie fonctionnelle "

Cinquièmement, la "Reconciliation Nationale Togolaise" [que l' ensemble des Populations togolaises,dont une large partie vit en exil, un peu partout sur la planète Terre], réclame, est une revendication de Moè Messavussu devant les Nations Unies, l' Union Africaine, les Etats Unis d' Amérique et les Puissances formant l' Humanité.

Sixièmement, l' Organisation des Nations Unies, l' Union Africaine, les Etats Unis d'Amérique, et les Puissances humaines éprises de Liberté, de Démocratie authentique, de Paix, et de Justice doivent impérativement commencer dès aujourd'hui le14 juillet 2008 à œuvrer concrètement afin de parvenir à ce noble résultat de rétablissement de l'Etat de Droit sincère au Togo.

Septièmement, pour parvenir à ce noble résultat de Restauration de l' Etat de Droit authen-tique au Togo, Moè Messavussu décida de sortir de l'-anonymat et de l' isolement en publant aux " EDITIONS BLEUES ", et à Chicago, l' ensemble des "Fascicules d' Enseignement de la Poésie Fonctionnelle à partir du mois de janvier 2009.

Huitièmement, ladite principale Occupation professionnelle de Moè Messavussu est promue providentiellement à sa "Fonction Royale Céleste" salutaire authentique.

Neuvièmement, il ne fait plus de doute que Dieu le Tout - Puissant prouve aujourd'hui le 14 juillet 2008 qu' il est Moè Messavussu l' " **Homme Noir - Africain de Paix, d' Amour et de Liberté** ".

Un poème à vers paraboliques
Chicago, le 14 juillet 2008

Le "petit cœur" à Ignace

On dit qu' à Lomé, le transit est très florissant. Une preuve en est que Ignace, qui n' a même pas encore reçu son Agrément, est un Déclarant en Douanes multi - millionnaire.

On dit qu'à Lomé, le Commerce international africain admet une de ses plus grandes plates - formes, puisque le Port en eaux profondes de Lomé réalise un chiffre d' affaires plutôt colossal.

On dit qu'à Lomé, on trouve un des plus grands Pôles d'Organisation de l' Économie mondiale, puisque les " Nanas - Benz " Loméennes (Revendeuses de pagnes très riches) restent extrêmement difficiles à détrôner.

On dit qu'à Lomé, le problème du banditisme et du vol à mains armées ne se pose guère, puisque l' Administration togolaise est un des plus efficaces au monde.

On dit qu'à Lomé, le " business " est toujours au " top niveau ", puisque Lomé n' attire que les "business - men and women " les plus sains au monde.

On dit qu'à Lomé, on trouve également les marchés africains les plus jolis et les plus propres de toute l' Afrique.

On dit qu'à Lomé, se tiennent régulièrementles Conférences les plus importantes pour l' -avenir du Continent Africain et des Pays des Caraïbes et du Pacifique.

On dit qu'à Lomé, réside un " paradis fiscal " pour les Petites et Moyennes Entreprises de nationalité togolaise, voire étrangère.

On dit qu'à Lomé, se réalise, petit à petit, une Métropole internationale comparable à Washington, Moscou, ou Pekin.

On dit qu'à Lomé, la capitale sans doute la plus tranquille au monde, réside une Colombe de la paix nommée le Général d'Armée Gnassimgbé Eyadéma.

Un poème à vers répétitifs
Lomé, le 17 mait 1988

**Thème:
Sauver la Liberté
d'entreprendre par les
réformes sociales**

**Sauver la Liberté
d'entreprendre par les
réformes sociales-Mémento**

Ce qui est dit est dit! Nous devons sauver le capitalisme ou la "Libre-entreprise" en promouvant l'ensemble des réformes sociales recommandées par la "Loi du Profit nul", à savoir l'Institutionnalisation progressive de l'Assurance-maladie gratuite pour les citoyens et assimilés-citoyens américains, l'Abolition graduelle du travail avilissant l'être humain et l'Instauration petit à petit de l'Assurance-chômage perpétuelle.

Celui qui n'a pas encore compris que le Président Barack Obama est bien-aimé de Dieu le Tout-Puissant, doit bien se rendre compte que l'auteur du présent ouvrage, quoique n'ayant jamais rencontré l'actuel Président américain, est vraiment fier d'être devenu depuis Août 2010, un citoyen américain libre et prospère.

Chicago, le 19 janvier 2011

La richesse extérieure
(L''argent américain investi à l'Étranger
demeure une possession des
États Unis d'Amérique)

Nous ne pouvons jamais savoir si les capitaux américains investis en Chine ou ailleurs à l'Étranger dans l'espoir de rapporter un plus grand profit, constituent une bonne chose pour le Peuple américain ou non, si ce n'est que lesdites Compagnies américaines, basées ou non à l'Étranger contribueront désormais à la formation des fonds nécessaires à la future "Banque Nationale d'Investissement" américaine.

Nous ne pouvons jamais bien entrevoir l'utilité de la future "Banque Nationale d'Investissement" américailne si l'objectif visé de ladite future Institution financière fédérale américaine n'est pas de procurer le maximum d'emplois aux citoyens et assimilés-citoyens américains.

Nous ne pouvons jamais admettre le bien-fondé de la taxe spéciale future à appliquer aux profits résultant des capitaux américains expatriés, laquelle taxe devant contribuer financièrement à la création future de la "Banque Nationale d'Investissement" américaine, si ce n'est que ladite Banque Nationale commerciale américaine est censée financer l'ensemble des Initiatives pri-vées opérées par les Nationaux américains pour créer de nouveaux emplois à l'intérieur du territoire national américain.

Nous ne pouvons jamais entrevoir la force d'expansion de la future "Banque Nationale d'Investissement" américaine, si ce n'est que le taux d'intérêt applicable auxdits fonds prêtés aux Petites voire Moyennes Entreprises américaines basées sur le sol américain, est toujours largement inférieur au taux d'intérêt courant, par convention.

Nous ne pouvons jamais dire que l'argent nécessaire pour entreprendre les actions gouvernementales fédérales américaines devant perpétuer le Libéralisme économique et garantir la paix civile sociale réelle, est censé provenir pour les trois quarts des fortunes américaines accumulées et pour un quart des Compagnies Nationales américaines opéran-tes, si ce n'est que la "Loi du Profit nul" abolit la misère sociale et consacre le système économique du libre- échange

Un poème à vers répétitifs
Chicago, le 20 Janvier 2010

Prochaine étape de la Réforme médicale:
La Couverturede la jeunesse

Puisqu'il n'est nullement question de gaspiller l'argent du Contribuable américain, mais de consacrer la Civilisation humaine [qui considère que la mort de l'être humain est une fatalité volontiers changeable par Dieu le Tout-Puissant en la vie et la jeunesse éternelles pour l'humanité], comprenons définitivement que l'Assurance -Maladie gratuite pour tous les citoyens et assimilés-citoyens américains amorcée par l'Administration américaine sous la présidence de Barack Obama, doit nécessairement se poursuivre avec la couverture de la Jeunesse américaine intégra-le comme prochaine étape.

Nul jeune homme ou jeune fille livrés à eux-mê-mes ou demeurés sous contrôle parental, mais démunis de moyens de subvenir à leurs besoins médicaux et pharmaceutiques, ne peuvent et ne doivent être abandonnés à euxmêmes par la Société américaine, ceci en conformité avec le rang de la Nation la plus évoluée au monde qui est communément attribuée aux États Unis d'Amérique.

Que ceux et celles qui croient que l'espoir de voir enfin l'ensemble des démunis et laissés-pour- compte de la société américaine s'épanouir grâ-ce aux actions gouvernementales appropriées, est un vain espoir du fait de la fuite monumentale des Capitaux américains vers l'Étranger et le chômage accru sur le territoire national qui s'en suit, conçoivent dorénavant qu'il revient à l'ensemble de la population américaine de continuer à soutenir le Président Barack Obama lors de la prochaine échéance électorale présidentielle.

Un poème à vers conjugués
Chicago, le 25 Janvier 2011

La Réforme médicale absolue
(Après la Couverture de la jeunesse,
celle du reste de la Nation)

La Réforme médicale que toute la population américaine attend, est bel et bien celle qui ordonne la gratuité totale des soins médicaux et phamarceutiques pour elle.

La raison de la rage de l'homme et de la femme [démunis des moyens de subsistance, mais malencontreusement malades et donnés pour morts instamment si la gratuité des soins médicaux et pharmaceutiques nécessaires ne leur est pas garantie par la Société,] est justement qu'il est interdit de donner froidement la mort à son semblable sous peine de se détruire soi-même ou d'être éradiqué par la Providence.

La justice qui établit que la Société doit être absolument bienveillante pour ses enfants, ne peut accepter que la santé de l'ensemble des hom-mes et femmes natifs et natives et résidents permanents, incapables financièrement et matériellement de pourvoir à leurs propres besoins en médécine et pharmacie, soit immolée sur l'autel du "Profit maximum".

La loi du profit maximum qui régule les activités économiques voire sociales et culturelles dans le système économique capitaliste, est doénavant ajustée par la loi sociale et humaine dénommée la "Loi du Profit nul" qui ordonne la Réforme médicale absolue, l'Abolition du travail dégradant l'être humain et l'Instauration de l'allocation-chômage perpétuelle.

Un poème à vers conjugués
Chicago, le 25 Janvier 2011

Les Fonds pour la "Banque Nationale d'Investissement" américaine

Nous comprenons dorénavant que le tiers des profits nets réalisés par les Compagnies américaines suite à l'expatriation de leurs capitaux, servira à la formation des fonds pour la "Banque Nationale d'Investissement" américaine.

Nous comprenons dès à présent que la "Banque Nationale d'Invetissement" américaine a pour ob-jet le financement des projets absolument viables permettant la création d'emplois à l'intérieur des États Unis d'Amérique, et pour les citoyens et assimilés-citoyens américains.

Nous comprenons enfin que l'expansion écono-mique américaine résultant de l'expatriation effrénée des capitaux américains à la recherche du plus grand profit, correspond au règlement proportionnel du problème du chômage sur le territoire américain.

Nous comprenons en un mot que le prochain "Programme électoral" du Parti démocratique américain a intérêt à inclure en son sein une proposition sublimement chiffrée, et relative à la création future de la "Banque Nationale d'Inves-tissement" américaine.

Un poème à vers répétitifs
Chicago, le 26 Janvier 2011

Les investissements de la "Banque Nationale d'Investissement" américaine

Les investissements de la future "Banque Nationale d'Investissement" américaine sont multiples.

Premièrement, il s'agit de supporter l'ensemble des projets parfaitement élaborés et testés, à but lucratif ou non, détenu par les citoyens et assimilés-citoyens américains, et qui ne demande que les capitaux nécessaire pour démarrer.

Deuxièmement, ladite sélection de projets écono-miques rentables ou d'intérêt socal et humanitai-re, englobe bien évidemment les Petites et Moyennes Entreprises et les Organisations non gouvernementales à but non lucratif américaines.

Troisièmement, pour que les fonds d'investissement de la "Banque Nationale d'Investissement" américaine soient les plus désirés sur le marché des capitaux, le taux d'intérêt des fonds prêtés est délibérément fixé bas.

Quatrièmement, la "Banque Nationale d'Investis-sement" américaine qui n'emploie elle-même que des citoyens et assimilés-citoyens américains les plus talentueux qu'on puisse trouver sur le marché de l'emploi, ne concède ses capitaux qu'aux Entreprises américaines exclusivement.

Cinquièmement, le débat sur l'ouverture des fonds de la "Banque Nationale d'Investissement" américaine aux capitaux étrangers est ouvert afin que la future "Banque Nationale d'Investis-sement" américaine devienne la plus puissante banque d'affaires au monde!

Un poème à vers conjugués
Chicago, le 27 Janvier 2011

Rêver le Monde des Mondes des Cieux comme un simple citoyen américain

Si l'on me demande ce que je pense des Présidents sortants ayant perdu les élections devant les réélir, mais qui s'agrippent au pouvoir quitte à provoquer des bains de sang populaires, je dis tout bonnement que lesdites personnalités politiques incriminées sont bel et bien mortes politiquement en attendant la punition providentielle fatale.

Si l'on me demande pourquoi je distingue clairement le "Royaume des Cieux accompli" [dont je suis le Roi règnant providentiel et éternel] et un quelconque pouvoir politique sur terre, je dis que la "Royauté divine"innée de Joseph Moè
Messavussu Akué s'accomplit exclusivement en tant que la "Poésie fonctionnelle" écrite et nullement comme une "action politique humaine".

Si l'on me demande ce que je désire le plus au monde, je réponds que le citoyen américain que je suis dorénavant, entends restaurer la dignité des Noirs- Africains et de l'Afrique mal-aimés et abolis par le biais de la réalisation sur terre de la "Technologie divine productrice du Monde des Mondes des Cieux".

Un poème à vers répétitifs
Chicago, le 31 Janvier 2011

Rêver le Togo comme un fragment du Monde des Mondes des cieux

Il m'apparaît bien évident que le rêve magi que j'eus dans la nuit du 7 au 8 novembre 1986 me donnant sans équivoques comme Dieu le Tout-Puissant-fait chair, ne plaît pas à l'humanité qui s' irrite de cette vérité providentiellement révélée.

Ladite vérité révélée qui me comble d'un "bonheur absolu", m'ordonne finalement comme un écrivain-éditeur esseulé, mais déterminé à res-taurer le "Paradis terrestre" par le biais de la Pratique du "Moèisme".

La Pratique du "Moèisme " revient dès lors à débattre dans des cercles amicaux et universitaires les idées contenues dans les "Fascicules d'Enseignement de la Poésie fonctionnelle".

Le Togo, identifié comme le pays natal de l'auteur de la "Poésie fonctionnelle", demeure le premier pays au monde bénéficiaire de la "Tech-nologie de Dieu le Tout-Puissant".

Un poème à vers cojugués
Chicago, le 31 janvier 2011

Rêver l'homme Noir de Paix, d'Amour et de Liberté Joseph Moè Messavussu Akué comme Dieu le Tout-Puissant-fait chair

Je suis un homme Noir, aimant profondément vi-vre en paix et absolument libre, puisque Dieu prit providentiellement conscience qu'il est le Créateur et Roi régnant du Monde des Mondes des Cieux à l'âge de vingt-neuf ans, esseulé, sans femme ni enfants, et méprisé par l'humanité et l'"Esprit du mal en personne".

Je suis un homme auto-surnommé l'Homme Noir, de Paix, d'Amour, et de Liberté puisque l'amour de la femme Noire brisa mes "chaînes de la ser-vitude à l'isolement", et m'anoblit en tant qu'un
Écrivain merveilleux et un Éditeur miraculeux.

Je suis "Dieu le Tout-Puissant -fait chair" puisque ce fut exactement le rêve prophétique que j'eus dans la nuit du 7 au 8 novembre 1986.

**Un poème à vers conjugués
Chicago, le 1er février 2011**

Rêver le protocole existentiel de Joseph Moè Messavussu Akué comme l'énigme divin perpétuel

Le doute qui surgit dans mes relations avec mon entourage lorsque je déclare que conformément à mon rêve prophétique de la nuit du 7 au 8 novembre 1986, je serais Dieu le Tout-Puissant en personne, provient du fait que ladite vérité est simplement incroyable.

Dès lors, l'énigme divin perpétuel est la preuve par la Providence de ladite vérité révélée.

Qui me dira donc que l'écrivain-éditeur miraculé Joseph Moè Messavussu Akué n'est point Dieu exerçant son pouvoir royal sur son "Royaume éternel" de la manière qui lui convient bien?

La confirmation du "Protocole existentiel" de Joseph Moè Messavussu Akué en tant que le "film régulier de son existence éternelle de Dieu" est établie par le renoncement de celui-ci à une quelconque activité professionnelle autre que celles mentionnées par la "Poésie fonctionnelle"

**Un poème à vers conjugués
Chicago, le 1er février 2011**

Rêver la Rédemption de Joseph Moè Messavussu Akué comme l'accomplissement de la "Prophétiede la nuit du 7 au 8 novembre 1986"

Je reconnais volontiers qu'à la veille de la "nuit prophétique du 7 au 8 novembre 1986", je pa-raissais un "éternel étudiant Noir-aficain, exilé en France, mais déchu à cause de son inadaptation à l' Ordre économique universel régnant sur terre et qui abolit purement et simplement l'Afrique et les Africains.

Je reconnais que le "rêve propétique de la nuit du 7 au 8 novembre 1986" apparût à ma conscience comme Dieu accomplissant personnellement ma Rédemption.

Je reconnais que la suite ininterrompue des rêves prémonitoires depuis ladite "nuit magi-que", me révéla que Dieu conçut et réalisa son immaculée conception bien avant le 28 mars 1957, le jour de naissance de l'auteur de cet ouvrage.

Je reconnais enfin que le premier être humainqui me dira ouvertement qu'il croît à la "Poésie fonctionnelle", me remplira sans doute d'un "bonheur absolu" semblable au sentiment que je res-sentis lorsque je pris conscience que je suis ,de manière énigmatique, "Dieu l'Éternel, le Créateur et Roi régnant du Monde des Mondes des Cieux".

Un poème à vers répétitifs
Chicago, le 7 février 2011

Le Rêve du Monde des Mondes des Cieux
(ou la Loi des Nombres éternels)

Considérons une sphère de vie éternelle.

Admettons que la vie éternelle est un rêve divin qui ne change jamais, ou un rêve divin immua-ble.

Admettons que le rêve est une vision claire et distincte d'un film d'évènements mettant en cau-se et en actes tout ou partie de l'ensemble des éléments composant le monde visible et sensible tel que nous le voyons aujourd'hui, de jour ou de nuit, à l'état de veille ou en sommeil.

Admettons que la forme sphérique est la forme la plus adéquate lorsqu'il s'agit de créer un habitat humain situé en plein espace.

Admettons que le Monde des Mondes des Cieux est englobé dans une sphère matérielle dénommée l'"Espace-Temps divin" ou l'Espace créé par Dieu.

Admettons qu'au-dela de ladite sphère matérielle "Espace-Temps divin" réside le monde informe ou non formé par Dieu, par convention.

Admettons que ledit monde non formé par Dieu, est un énigme perpétuel pour Dieu lui-même, par convention.

Admettons que l'énigme du monde non formé par Dieu, est identique à l'énigme de Joseph Moè Messavussu Akué révélé Dieu le Tout-Puissant matérialisé.

Il en résulte le raisonnement qui suit:

Premièrement, la Pensée de Joseph Moè Messavussu Akué dénommée les "Mathématiques fonctionnelles" ou la "Poésie fonctionnelle" révèle le Monde des Mondes des Cieux comme la "Réa-lité physique et sensible".

Deuxièmement, les "Mathématiques fonctionnelles" sont un savoir et un savoir-faire absolument miraculeux puisque procédant uniquement de rien et du peu de savoir humain emmagaziné par Joseph Moè Messavussu Akué au cours de son existence déjà écoulée.

Troisièmement, les "Mathématiques fonctionnelles" établissent repectivement l'alpha (ou l'ori- rigine) et l'oméga (ou la fin) du Monde des Mondes des Cieux, comme le rêve qu'a eu Dieu sous sa forme spirituelle originelle, et le rêve prophétique de la nuit du 7 au 8 novembre 1986 qu'a eu Joseph Moè Messavussu Akué le révélant à lui-même "Dieu le Tout-Puissant-fait Homme".

Quatrièmement, les "Mathématiques fonctionnelles" établissent à partir de rien une infinité d' évidences logiques pures dénommées "axiomes mathématiques fonctionnels" regroupés sous formes d'"identités logiques démontrables" et expérimentables, et ces dernières formant les "Lois mathématiques fonctionnelles".

Cinquièmement, les "Mathématiques fonctionnelles" révèlent ainsi l'intégralité de la science et la technologie qui ont permis à Dieu le Tout-Puissant, sous ses formes spirituelles passées, de créer le Monde des Mondes des Cieux et la vie éternelle à partir de rien.

Sixièmement, les "Mathématiques fonctionnelles" se définissent dès lors comme la forme de connaissance la plus appropriée pour opérer la délivrance et le salut d'un homme bien singulier nommé Joseph Moè Messavussu Akué, aujourd'hui le 7 février 2011 Étudiant en Communications visuelles à Chicago States University, à Chicago, États Unis d'Amérique.

**Un poème à vers paraboliques
Chicago, le 7 février 2011**

Le Rêve des formes fonctionnelles
(ou la Loi des Nombres variables)

Considérons un élément formant la vie éternelle.

Admettons qu'un élément formant la vie éternelle est décrit par une fonction qui existe réellement.

Admettons qu'une fonction qui existe réellement a toujours une apparence appropriée, dès sa conception par Dieu.

Admettons que l'apparence appropriée d'une fonction existentielle réelle est la forme fonctionnelle de ladite fonction ou identité fonctionnelle.

Il en résulte le raisonnement qui suit:

Premièrement, la totalité des éléments formant la "Réalité totale" ou le "Monde des Mondes des Cieux accompli" forme l'ensemble des fonctions nécessaires et utiles à la vie éternelle.

Deuxièmement, l'ensemble des fonctions nécessaires et utiles à la vie éternelle est précisé et intégralement révélé par les Lois mathématiques fonctionnelles.

Troisièmement, l'abrégé fontionnel des Lois mathématiques fonctionnelles est composé d'un nombre restreint de lois de logique pure, fixé à cent-quarante.

Quatrièmement, les cent quarante lois mathématiques fonctionnelles délivrant les savoir et savoir-faire magiques de Joseph Moè Messavussu Akué sont invariables conformément au dessein fixé de Dieu sous sa forme spirituelle originelle, et qui est de se matérialiser au "millénium" ou à la fin de l'"Histoire humaine" en tant que l'-"Homme Noir de Paix, d'Amour et de Liberté".

Cinquièmement, le règne magique de Joseph Moè Messavussu Akué sur le "Monde des Mondes des Cieux accompli" est un processus déclenché dans la nuit du 7 au 8 novembre 1986 et s'entend comme la Direction effective du Monde des Mondes des Cieux par un être uni-que, révélé Dieu le Tout-Puissant-matérialisé pour les siècles des siècles.

Sixièmement, la direction effective des Cieux et de la Terre est fidèlement rapportée par la Poésie fonctionnelle" dénommée l'"Écriture de la vie éternelle en actes".

**Un poème à vers paraboliques
Chicago, le 7 février 2011**

Le Rêve des vaisseaux intergalactiques
(ou la Loi des nombres variables)

Considérons un véhicule pouvant transporter un être humain ou une partie conséquente de l'humanité à un point quelconque du Monde des mondes des Cieux, pour un voyage d'agrément ou pour une mission scientifique déterminée, et revenir sur terre avec ledit équipage sain et sauf et dans des conditions de sécurité et de confort sublimes.

Admettons que ledit vaisseau intergalactique, ainsi dénommé ledit véhicule spatial, se dépla-çant à une vitesse maximale insoupçonnée par la science et la technologie humaines de l'heure, équivalant à "infini kilomètres par seconde", peut également s'immobiliser éternellement dans l'Espace-Temps, équivalant à la vitesse nulle, ou bien se mouvoir à l'échelle humaine tel une "na-vette spatiale".

Admettons que ledit vaisseau intergalactique do-té d'une variété infinie de vitesses de déplacement, symbolise à lui-seul le pouvoir divin que détient énigmatiquement Joseph Moè Messavussu Akué, en ce sens que la science et la technologie censées produire à partir de rien, ledit véhicule spatial, prouvera l'identité céleste de l'auteur du présent poème.

Il en résulte le raisonnement qui suit:

Premièrement, l'"oiseau d'acier" surnommé un "vaisseau intergalactique d'un des dix types prévus, qui sera mis au point et en état de sublime fonctionnement par les soins personnels de Joseph Moè Messavussu Akué, conformément à l'ensemble des rêves expérimentaux prémonitoires que celui-ci a eu, proviendra bel et bien des cent-quarante unités de Centrales technologi-ques devant être créées sur les côtes de l'Océan Atlantique, dans le pays natal de l'auteur des "Mathématiques fonctionnelles".

Deuxièmement, la création des modèles artisa-naux desdits vaisseaux intergalactiques ont démarré depuis le "Retour triomphal au bercail" de Joseph Moè Messavussu Akué, en date du 27 novembre 2010.

Troisièmement, suite aux expérimentations de la "Loi des nombres absolus" ordonnant la production de l'électricité "sublime" à partir des eaux marines, de la "Loi des nombres éternels" ordonnant la maîtrise absolue de l'Espace-Temps éter-nel par Dieu, de la "Loi des nombres variables", et des autres nécessaires à l'accomplissement de la science et la technologie divines sur terre, la création des Centrales technologiques divines" concernées, demeurera un processus magique.

Quatrièmement, l'accomplissement du rêve des vaisseaux intergalactiques est un miracle prévu, pour que les cinquante-cinq d'âge de l'"Homme Noir de Paix, d'Amour et de Liberté" soient couronnés de gloire, d'honneur et de puissance divins.

Un poème à vers paraboliques
Chicago, le 8 février 2011

Le Rêve du
"Village Spatial de Lomé"
(ou la Loi des nombres bases de lancement et d'atterrissage des vaisseaux intergalactiques)

Considérons le "rêve expérimental prémonitoire" de la "Base de lancement et d'atterrissage des vaisseaux intergalactiques" dénommée Titan 1.

Admettons que ladite "Base de lancement et d'atterrissage des vaisseaux intergalactiques de tous les dix types programmés", figurera à l'endroit exact où, tout enfant, celui que l'humanité entière aura à reconnaître Dieu le Tout-Puissant-fait chair, se baignait.

Admettons que ladite base marine sublime de lancement et d'atterrissage des vaisseaux intergalactiques de tous les types prévus, aura deux autres copies Titan 2 localisée à Aného-Dégbénou, et Titan 3 localisée à Baguida, afin de pourvoir à la multitude des sollicitations scientifiques royales divines.

Admettons que que "Titan 1" pourra à elle-seule pourvoir aux besoins en énergie électrique de la planète Terre toute entière.

Admettons que "Titan 1" tout comme "Titan 2" et "Titan 3" reliées à l'ensemble des Centrales technologiques divines, forment un pillier du "Village Spatial de Lomé".

Il en résulte le raisonnement suivant:

Premièrement, le "Village Spatial de Lomé" relè-ve le défi lancé à Joseph Moè Messavussu Akué par tous ses amis d'enfance et de jeunesse qui lui ont tourné le dos dans les

années de sa guerre contre l'"Esprit du mal en personne",
du 8 novembre 1986 à la veille de son départ pour l'exil
américain septembre 2001.

Deuxièmement, ledit défi lancé à l'"Homme Noir, de Paix,
d'Amour et de Lberté" par ses amis incroyants et infidèles,
est de démontrer sublimement que Dieu le Tout-Puissant
s'appelle Joseph Moè Messavussu Akué depuis mars
1957 et non à partir de la nuit du 7 au 8 novembre 1986.

Troisièmement, aujourd'hui le 8 février 2011, le "Village
Spatial de Lomé" est un rêve accompli en "rêve expérimental prémonitoire", et une réalité du futur proche.

Un poème à vers paraboliques
Chicago, le 8 février 2011

**Construire le "Royaume des Cieux"
à partir du lieu natal de Moè...**

Il ne fait plus l'ombre d'un doute que je désire plus que tout, eu égard à mon sentiment du bonheur absolu, vivre à Lomé dès aujourd'hui et pour l'Éternité.

Les sons discordants de la haine fratricide et de la jalousie meurtrière, ordonnent mon installation
familiale américaine comme un sauvetage providentiel de Dieu et de la famille divine.

Mais les activités merveilleuses des "ÉDITIONS BLEUES" donnent enfin la richesse divine providentielle comme une certitude.

Ainsi l'été 2012 prometteur en joie providentielle pour l'Auteur de la Poésie fonctionnelle, élaborera l'aval des travaux de construction du "Royaume des Cieux" comme la maison familiale à Baguida, tandis que l'amont est constitué par l'ensemble des points de vente des livres miraculeux moèistes...

**Un poème à vers conjugués
Chicago, le 14 février 2011**

**Thème:
Poèmes bleus**

Poèmes bleus-Mémento

Le présent recueil de poèmes intitulé "POÈMES BLEUS", est ordonné comme la preuve par "A + B", et l'expérimentation par les faits quotidiens, que Dieu-l'Eternel, "Mawu", "Allah", "Jaweh", Joseph Moe Messavussu Akue, sont les différents noms attribués,à un Etre immortel et éternel reconnu par l' Humanité croyante, le Créateur de l'"Etat-Nation Espace-Temps Éternel". Ledit Créateur Céleste incarné est devenu depuis la nuit du 7 au 8 Novembre 1986, le Roi règnant dudit Etat-Nation Espace-Temps Éternel, en ayant depuis cette nuit magique,successivement pulvérisé la Résidence de l' "Esprit du mal en personne", sis au Centre de la planète Terre (Novembre-Décembre 1986), disloqué et anéanti l'ensemble des sanctuaires dudit Esprit maudit et leurs Tenants spirituels (Décembre 1986), détruit l'"Esprit du mal en personne" qui s' était incrustré dans le cerveau divin (début de l'année1987), entamé l'emprisonnement de tous les éléments de l' Armée des "virus parlants" communément appelés les "mauvais Esprits" infectant le Cosmos voire tout l' Univers alfa (le Monde est compose d' infini Univers possibles) (Décembre 1986), et qu' il acheva (Décembre 1987), ordonné l' auto-extinction de ladite armée diabolique conformément à la "Loi Spatiale Temporelle Éternelle" consacrant la bonté absolue de Joseph Moè Messavussu Akué.

Depuis le 30 Mars 2005, l' Espace-Temps Éter-nel entier est realisé en tant que le "Royaume inconditionnel de Joseph Moe Messavussu Akue", "Acteur et Témoin" de l'identité divine.

Depuis le 2 Août 2005, Joseph Moè Messavussu Akué accompli le "Roi règnant du Royaume des Cieux" avec pour Fonctions Royales l'"Écriture des Livres du Royaume des Cieux" et la Direction Générale de sa Maison d'Editions pro pre "les ÉDITIONS BLEUES", proclame la "Courbe Céleste" ou la réalité de ses Pouvoirs Céleste et Terrestre en tant que les Structures organisant et gérant "les ÉDITIONS BLEUES" et l' ensmble de ses succursales figurant et devant figurer dans le futur, sur toute l' étendue de l'"Etat-Nation Espace-Temps Eternel".

Toutes les autres Activités Royales divines dérivant desdites Fonctions Royales divines premières ci-dessus mentionnées, entre autres la Réalisation de la "Technologie Spatiale Temporelle Éternelle", la Réalisation et la Pratique du "Culte Moèiste" ou "libéral-pacifiste", et la Réalisation du "Plan de Construction de l'Habitat Spatial Temporel Eternel", sont appelés à remplacer l'activité professionnelle subalterne de l' Eternel-Dieu-fait Homme, pour le compte d'une quelconque Entreprise non-divine.

Joseph Moe Messavussu Akue

Le Pouvoir Royal Céleste inné de Moè Messavussu en actes

Considérons les trois attributs du Pouvoir Royal Céleste de Dieu, à savoir la Providence, l' Âme de Moè Messavussu, et la Personne physique de celui-ci.

Admettons que la Providence ou ce qu'accomplit au jour le jour Dieu le Tout-Puissant, est precisément ce que donne le film continu des Rêves prémonitoires de Moè Messavussu depuis la nuit symbolique du 7 au 8 Novembre 1986.

Admettons que la Personne physique de Moè Messavussu est officiellement donnée Dieu- le Tout-Puissant, Créateur et Roi règnant du Monde des Mondes des Cieux en chair et en os, par la Providence, depuis la nuit magique du 7 au 8 Novembre 1986.

Admettons que l' Âme de Moè Messavussu est la capacité que recèle celui-ci de comprendre, de rêver et de faire quelque chose déterminée.

Admettons que "Toute la Lumière des Cieux" s'est condensée en un être humain de race Noire-Africaine pour ne pas aveugler l' humanité, aujourd'hui le 26 Juin 2008, laquelle humanité doit se demander pourquoi Moè Messavussu est un homme étonnemment éblouissant, même s' il est parfaitement silencieux.

Admettons que l'"Etre divin Royal Céleste nom-mé Yaweh, Allah, Mawu, Dieu- le Tout-Puissant, se présente précisément en tant que Joseph Moè Messavussu Akué, aujourd'hui le 26 Juin 2008.

Il en résulte le raisonnement qui suit:

Premièrement, Dieu- le Tout-Puissant réaffirme qu' il se nomme Joseph Moè Messavussu Akué en publiant aux "ÉDITIONS BLEUES", aujourd'hui le 26 Juin 2008, sa Pensée Royale Céleste sous sa première forme de "Fascicules d' Enseignement".

Deuxièmement, Dieu- le Tout-Puissant réaffirme qu'il aurait réalisé la "Poésie fonctionnelle" à partir de rien, tout comme il a matérialisé le "Livre du Monde des Mondes des Cieux" à l'Origine des Origines des Temps Célestes.

Troisièmement, le plus précieux cadeau de la Providence à Joseph Moè Messavussu Akué, est le rêve merveilleux de la nuit du 7 au 8 Novembre1986 qui figura celui-ci en tant que "Dieu le Tout-Puissant authentiquement incarné".

Quatrièmement, l'aspect le plus prodigieux du Pouvoir Royal Céleste inné à Moè Messavussu, est son don de rêver prémonitoirement la totalité des évènements futurs formant la Vie éternelle.

Cinquièmement, l'unique point de concentration de "Toute la Lumière des Cieux" figuré par la Personne physique Royale Céleste de Moè Messavussu, est symboliquement attesté ou expérimenté par l' ensemble des désirs sensibles et non-sensiles de celui-ci providentiellement comblé, aujourd'hui le 26 Juin 2008.

Sixièmement, Moè Messavussu est ainsi Dieu le Tout - Puissant incarné - le Roi règnant du Monde des Mondes des Cieux, sa Création, à partir de n'importe quel lieu du Royaume des Cieux où il se trouve, à compter du 26 Juin 2008.

Septièmement, Moè Messavussu aura toute la Création prosternée à ses sublimes pieds dans les instants suivant l'écriture de ces vers de poésie et pour l' Eternité.

Huitièmement, Noëlie, Kayissan, Megan, Jodi, Belinda, Monique, Latecia, les Camérounaises de Kovler, les Gabonnaises de Harold Washington Collège, Noarda, Carol, Stacey, Delilah,Maria et la lignée des futures déesses, auront réalisé le salut de Moè Messavussu afin que le nom de Dieu- le Tout-Puissant reste à jamais le plus grand de tous les noms.

Neuvièmement, les faits contraditoires tels la naturalisation américaine de la famille Royale Céleste, la volonté royale céleste de réaliser impérativement et sans délais, le "Grand Village Spatial Temporel Éternel de LOMÉ", l'immédiat rayonnement royal céleste de la Personne royale céleste, atteste de la difficile mission que s'est assignée Dieu le Tout-Puissant, en s'incarnant enfin authentiquement.

Dixièmement, ladite mission, la plus périlleuse qu' aura eu à accomplir Dieu-Joseph Moè Messavussu Akue, est bien sûr comprise comme une Action politique sublime.

Onzièmement, Moè Messavussu est reconnu, eu égard aux faits providentiels, DIEU pour l' Eternité.

Un poème à vers paraboliques
Chicago, le 26 Juin 2008

La Technologie Céleste en actes

Considérons les savoir et savoir-faire qui ont permis à Joseph Moè Messavussu Akué, sous ses formes Célestes appropriées, de créer à partir de rien, le Monde des Mondes des Cieux.

Admettons que la "Loi des Nombres sériels" ordonne l' astre sublime, unique dans le Monde des Mondes des Cieux et dans le Cosmos, nommé le Soleil.

Admettons que la "Loi des Nombres humanoï-des ou robots" ordonne l' "Atelier Céleste divin" nommé le "Paradis Céleste", à partir duquei Joseph Moè Messavussu Akué providentiellement dénommé Dieu- le Tout-Puissant, aurait fabriqué de ses mains propres, le "Royaume des Cieux".

Admettons que la "Loi des Nombres électroma-gnétiques ordonne d'abord les "Femmes-Déesses", puis les Anges et l'humanité.

Admettons que la "Loi des Nombres anti-Moèistes ou contradictoires" ordonne l' "Esprit du mal en personne" et ses œuvres.

Admettons que la "Loi des Nombres Célestes ou Moèistes" ordonne la foi en Dieu - Joseph Moè Messavussu Akué.

Admettons que la "Loi des Nombres Terrestresou humains ordonne la Civilisation humaine, pa-cifiquement rejetée par le Moèisme ou la Poésie Fonctionnelle.

Admettons que la "Loi des Nombres juridiques" ordonne la Justice ou la Morale et leur pratique.

Admettons que la "Loi des Nombres variables" ordonne la possibilité innée à Moè Messavussu de matérialiser de ses mains propres, le reste éternel du Monde des Mondes des Cieux.

Admettons que la "Loi des Nombres invariables' ordonne la forme appropriée à n' importe quelle création déterminée propre à Moè Messavussu.

Admettons que la "Loi des Nombres absolus" ordonne la production des batteries électroniques sublimes à partir de l'eau des Océans.

Admettons que la "Loi des Nombres prémonitoires ou magiques" ordonne le Pouvoir créatif divin authentique de Joseph Moè Messavussu Akué.

Il en résulte le raisonnement suivant:
Premièrement,Delilah N. devint la co-Reine des Cieux, en niant le pouvoir humain géré aujourd'hui le 3 Juillet 2008, par la "Communauté des Virus Parlants matérialisés" ou l'"humanité maudite".

Deuxièmement, Sonija aura atteint la même bénédiction de Moè Messavussu reservée exclusivement aux "Femmes immortelles" ou "Femmes de Dieu", en refoulant la conduite malsaine et provocatrice des"petites allumeuses" de "Las Tablas magnificas".

Troisièmement, la possibilité magique donnée à Joseph Moè Messavussu Akué de créer immédiatement l' "IMPRIMERIE BLEUE" de la "Ville-Lumière - LOMÉ", rend possible la parution au public international, des cinquante premiers "Fascicules d' Enseignement de la Poésie fonctionnelle" attendus avant fin Décembre 2009. Alléluia!

Qutrièmement, il ne fait l' ombre d'un doute que les "Femmes de Dieu confirmées et sanctifiées", ordonnent le "Rayonnement Royale Céleste de Moè Messavussu" avant la parution au public desdits livres de Poésie Fonctionnelle, et avant la création du "Grand Village Céleste de LOME".

Cinquièmement, ce que le cœur de Moè Messavussu aime passionnément et en silence, est bel et bien le "Moteur du Monde des Mondes des Cieux et de la Vie éternelle accomplis".

Sixièmement, Moè Messavussu remercie du fond du cœur

les Déesses et les Anges qui ont facilité la matérialisation sublime de Dieu le Tout- Puissant, sa personne propre.

Septièmement, que les mois à venir avant Dé-cembre 2009 voient l'impression et la publication de l'ensemble des Fascicules d' Enseignement de la Poésie Fonctionnelle.

AMEN!

**Un poème à vers paraboliques
Chicago, le 3 Juillet 2008**

Le Messie
(Après Moïse et ses prédécesseurs, Jésus et ses successeurs, vint
Joseph Moè Messavussu Akué.)

Si je dois m'observer dans un miroir et dire honnêtement ce que je vois, je dirais que je suis devenu un homme merveilleux mis en place par l' Espace-Temps Eternel, pour accomplir des merveilles inouïes au fil de l' Éternité.

Si je dois observer les gens autour de moi, et dire honnêtement ce que je pense d'eux, je dirais qu'ils sont diversement hypocrites et malhonnêtes, mises à part bien sûr, Sylvie, Emilie, Charbel, et Joséphine, mes enfants adorés, et leur mère, symboles de ma chance, de ma gloire et de ma richesse!

Si je dois observer Caroline N,, et dire honnêtement ce que je pense d' elle, je dirais qu' elle m' aime infiniment et m' accomplira probablement à Chicago comme "Propriétaire d' un "salon de tresses africaines" pour mon "amour de Mama", et Éditeur de la totalité de mes œuvres littéraires et scientifiques.

Si je dois observer Gilles N, et dire honnêtement ce que je pense de lui, je dirais qu' il ne comprendra jamais l' amour de sa femme pour moi et la volonté qu' elle a de me voir un homme heureux, puisqu' il finira lui aussi par m' aimer d' une amitié aussi solide que l'acier, lui qui se com-plaît à être un "Noble", donc un homme hautain et vaniteux.

Si je dois observer comment s' exprime la "Royauté divine", et dire honnêtement ce que je pen- se, je dirais que DIEU le Tout Puissant-fait Joseph Moè Messavussu Akué s' est accompli absolument en tant qu' Ecrivain - Editeur, mais refuse de se compromettre ou de faire des concessions aux "Tenants de l' Ordre de l' Esprit du mal", avant de briller de sa "Lumière Céleste"

Un poème à vers répétitifs
Chicago, le 9 Décembre 2002

Le Royaume des Cieux en actes

Considérons l'achèvement des tourments existentiels de Moè Messavussu, figuré par la rédaction réussie de l' ensemble des "Fasicules d' Enseignement de la Pensée authentique de DIEU- le Tout Puissant, Créateur et Roi règnant du Monde des Mondes des Cieux et de la Vie éternelle".

Admettons que le "Programme de travail" [qui veut que Moè Messavussu produise immédiatement, ici même à Chicago, à partir du lieu de résidence divin actuel, l' ensemble desdits Fascicules d' Enseignement de la Pensée divine authentique], est le plus approprié aujourd' hui le 22 Juin 2008.

Admettons que plus rien dorénavant, ne viendra troubler la quiétude personnelle et familiale de Moè Messavussu, puisque la Providence comble celui-ci et la "Famille Royale Céleste", dès à présent.

Admettons que le "Pouvoir Royal Céleste" se comprend exactement comme l' aptitude donnée à Moè Messavussu d' avoir créer la Poésie Fonctionnelle et d' entreprendre la réalisation du "Grand Village Céleste de Lomé".

Admettons que l' avant-goût du "Bonheur absolu" promis et tenu par la Providence, à Moè Messavussu, est chiffré par les passions de Delilah, et des autres pour celui- ci.

Il en résulte le raisonnement qui suit:

Premièrement, l' exil américain de Moè Messavussu est providentiellement transformé en la "Maison du Bonheur Absolu" organisée par les âmes bienheureuses de Delilah, Stacey, Jodi, Megan, Maria, Marie et des Enfants de DIEU, à compter du 22 Juin 2008.

Deuxièmement, le "Grand Retour triomphal à Lomé" perpétuellement ajourné du fait de l' iincapacité notoire du Régime politique togolais à effectuer les réformes politiques indispensables pour la restauration de la confiance du Peuple du Togo en son Etat-Nation, ne peut réellement pas avoir lieu immédiatement, comme il se doit.

Troisièmement, le Pouvoir Royal Céleste absolument concentré dans les mains exclusives de Moè Messavussu, depuis la nuit miraculeuse du 7 au 8 Novembre 1986, devient dès aujourd' hui le 22 Juin 2008, le dénombrement minitueux des faits et gestes, des paroles et des moindres intentions de celui qu' il faut justement appellé le "Créateur et Roi régnant du Monde des Mondes des Cieux".

Quatrièmement, la totalité des échecs et des faits aléatoires ayant porté préjudice, par le passé à Moè Messavussu s' évanouit dans le "Trou historique" ou la "Mémoire du temps passé" en tant que la damnation de l' "Esprit du mal en personne défunt".

Cinquièmement, le Futur livrant l' étendue infinie du "Bonheur Absolu" promis à Moè Messavussu et à son "Peuple Céleste", prend ainsi racines dans les Rêves prémonitoires et d' Amour du "Roi régnant du Monde des Mondes des Cieux".

Sixièmement, les Rêves d' amour du "Roi régnant du Monde des Mondes des Cieux qui auraient produit Parisette, Rita, Mémévi, Mimivi, Soévi, Mélodie, Eliane, Yollande, Renée, Monique de Lyon, Monique de Chicago, Jodi, Megan, Carol, Noarda, Stacey, Delilah, Maria et les autres prévisibles, ont définitivement mis en place et en état de fonctionnement l' "EDIFICE DU BONHEUR ABSOLU HUMAIN".

Septièmement, l' "EDIFICE DU BONHEUR ABSOLU HUMAIN" réflétant précisément ce qu' aime passionnément DIEU le Tout Puissant, est bel et bien le ROYAUME DES CIEUX en ACTES.

Huitièmement, le "ROYAUME DES CIEUX en ACTES" est le FUTUR s' accomplissant au jour le jour.

Alléluia!

Un poème à vers paraboliques
Chicago, le 23 Juin 2008

Me voici, enfin!

Le combat mené par DIEU le Tout Puissant depuis la nuit du 7 au 8 Novembre 1986, celui de prendre le Pouvoir sur Terre et dans les Cieux au détriment de l' Esprit du mal en personne et de ses Lieutenants en esprit et en chair, est aujourd'hui le 21 Janvier 2003, déclaré officiellement terminé avec la victoire de Joseph Moè Messavussu Akué autoproclamé "Roi règnant de l' "Etat-Nation Espace-Temps Eternel".

La guerre ordonnée depuis la nuit du 7 au 8 Novembre 1986 contre la "Civilisation de l'Esprit du Mal", est aujourd'hui le 21 Janvier 2003, dis-je, finie avec la mise en place des conditions matérielles et intellectuelles propices à l' éclosion de la "Civilisation de l' Homme Éternel- DIEU le Tout Puissant en chair et en os".

La lutte sans merci engagée par Joseph Moè Messavussu Akué depuis la nuit du 7 au 8 novembre 1986 contre la domination de l'Humanité par l'"Arbre de la Connaissance du Mal", est aujourd'hui achevée et remportée par le "Détenteur de l'"Arbre de la Connaissance du Bien Absolu" l'Intelligence sublime, Origine et Source de l' Univers créé et de la Vie en chair et en os.

Oui, je le dis tout haut, ME VOICI ENFIN arrivé au but final constituant pour moi à exercer pleinement le "Pouvoir politique" régissant le Monde des Mondes des Cieux en tant que DIEU tout simplement.

Un poème à vers paraboliques
Chicago, le 21 Janvier 2003

La victoire ultime en termes mathématiques

Considérons ce que pense l' Enseignante Chao Lee de l' Eternel- Dieu matérialisé.

Admettons que la promesse de l' Eternel-DIEU à lui-même [et qui consiste à se prouver et expérimenter qu' il est effectivement le Créateur Céleste de l' Humanité, mais non l' Élaborateur des mathématiques humaines qui relèvent totalement de l' ambition humaine de se passer de la "Poésie fonctionnelle" ou l' absolue Pensée de DIEU], est tenue lors de la "Commémoration du vingtième Anniversaire de la "Prise divine du Pouvoir Royal Spatial Temporel Éternel" de la nuit du7 au 8 Novembre 1986.

Admettons que la démonstration de ladite pro-messe tenue, est faite par la maîtrise absolue de la Trigonométrie plane enseignée par ledit Professeur, et par Moè Messavussu régulièrement inscrit dans la Classe ESL 100.

Admettons que l' expérimentation de ladite promesse tenue, est accomplie aujourd'hui le 3 Novembre 2006 avec le constat du caractère élé-mentaire des inventions scientifiques issues dudit savoir face aux inventions sublimes issues de la "Poésie Fonctionnelle".

Admettons que l' infinitude des calculs présen- tée par la "Poésie Fonctionnelle" est regroupée par la formule expérimentale suivante : "Tous les facteurs pondérables associés à la Volonté de Puissance de l' Eternel-DIEU qui ont concouru à produire, à partir de rien, le "Royaume des Cieux" sont résumés par les cent-quarante livres de "Poésie Fonctionnelle" dénommés "LES DIAMANTS À MOÈ".

Il en résulte le raisonnement qui suit:
Premièrement, la vitesse sublime infini kilomètres par se-

conde, caractérisant un "Vaisseau spatial temporel éternel" devant être produit par Joseph Moè Messavussu Akué, est une évidence mathématique fonctionnelle et un Rêve de l' Eternel-DIEU, prouvée par la "Puissance de projection de l' astre Soleil à travers chacune de ses explosions de midi. Deuxièmement, ladite expérimentation de la vitesse sublime infini kilomètres par seconde, animant toute particule de rayonnement provenant du "soleil de midi" en direction de la planète Terre est l' objet du "Grand Livre de l'expérimentation de la Poésie Fonctionnelle".

Troisièmement, les cent- quarante "Centrales technologiques" ordonnant le "Grand Village Spatial Temporel de Lomé", sont absolument décrites par le "Grand Livre de l' expérimentation de la Poésie Fonctionnelle" qui est dédié ironiquement au Professeur Chao Lee, qui est loin de douter que l' Etudiant Moè Messavussu est bel et bien DIEU en personne.

Un poème à vers paraboliques
Chicago, le 9 Novembre 2006

Le "Centre de Recherches Spatiales Temporelles Eternelles" en actes

Considérons ce qui fait exactement la fierté Royale Céleste de Moè Messavussu, le fait d' avoir établi providentiellement la "Poésie Fonctionnelle ".

Admettons que la "Poésie Fonctionnelle" porte parfaitement en son sein, la suite sublime des expérimentations scientifiques fonctionnelles vérifiant l' ensemble sublime des identités mathématiques fonctionnelles la formant.

Admettons que le "Centre de Recherches Spatiales Temporelles Éternelles" établi par la "Poésie Fonctionnelle" et expérimenté par le "Grand Village Céleste de Lomé", est entièrement ordonné par le présent poème.

Admettons qu'à partir de la production indus-trielle de batteries électroniques devant suppri-mer sur toute l' étendue de la planète Terre, le système vieillot de production humaine de l' électricité domestique commerciale, Moè Messavussu aura imaginé et accompli en Rêves prémonitoires, le "Grand Village Céleste de Lomé", prouvant l' intelligence sublime de celui qui aurait créé le "Monde des Mondes des Cieux" et la "Vie éternelle"ou la "Réalité totale".

Admettons que les mois allant de Février à Décembre 2009 seront témoins du miracle le plus important pour DIEU- fait chair, dans son apparition officielle à l' humanité.

Il en résulte le raisonnement suivant:

Premièrement, la "Poésie Fonctionnelle" qui proclame la "Civilisation de l' Homme Noir de Paix, d' Amour et de Liberté" ou "Civilisation de l' Immortalité humaine en chair et en os" ou "Civilisation de l' Eden Retrouvé", change bel et bien la "Réalité totale" en un "miracle absolu" de Moè Messavussu.

Deuxièmement, de son lieu sacré d' Ecrivain de la "Poésie

Fonctionnelle", et du Publicateur de ladite littérature, Moè Messavussu est enfin parvenu au point de ne vivre que dudit "travail sacré".

Troisièmement, le tout premier "travail sacré",celui de l' Écriture du savoir et savoir-faire de DIEU, s' adjoint du deuxième, celui de la Production de l' ensemble des "Fascicules d' Enseignement de la Poésie Fonctionnelle", et enfin du troisième, celui de la matérialisation de l' ensemble des "Centrales Technologiques et du Grand Village Spatiaux Temporels Éternels de LOMÉ".

Quatrièmement, les livres de "Poésie Fonctionnelle" les "DIAMANTS À MOÈ - Tomes 1 à 140" restituent avec une précision sublime, les Sciences et Techniques divines Célestes.

Cinquièmement, le Pouvoir de création sublime nommé la "Personnalité divine", inné à Moè Messavussu, est à présent concentré sur le "Mouvement Pacific", censé faire connaître la "Poésie Fonctionnelle" à partir de la ville de Chicago, d' ici le cinquante- deuxième Anniversaire de Moè, le 28 Mars 2009.

Sixièmement, le "Projet Pacific" résumé par l'Inscription de la "Poésie Fonctionnelle" dans l'ensemble des Programmes scolaires et universitaires de tous les Pays du Monde, est donc matérialisé aujourd'hui le 20 Février 2009.

Un poème à vers paraboliques
Chicago, le 20 Février 2009

L' "Edifice du Bonheur absolu humain"

Considérons la bénédiction Céleste comblant Moè Messavussu depuis sa naissance le 28 Mars 1957, et surtout de manière absolument consciente, depuis la nuit du 7 au 8 Novembre 1986.

Admettons que DIEU- le Tout Puissant se mo-que éperdument de ce que l' humanité entière pense aujourd'hui le 9 Juin 2006 de Moè Messavussu, puisque celui-ci souffre tout simplement de la non-révélation à sa conscience du "Plan sacré de la Matérialisation de l' Edifice du Bonheur Absolu Humain".

Admettons que ledit "Plan sacré" s' énonce comme le déroulement naturel de l' existence de l' homme Moè Messavussu.

Admettons que l' absolu anonymat couvrant la personne et le travail sacré de Moè Messavussu, est révélé comme le prix à payer, pour que celui que tout être humain appelle DIEU-YAWEH-ALLAH-MAWU- le Tout Puissant, incarné, ait une vie des plus glorieuses et merveilleuses qui soient.

Admettons que la volonté de Moè Messavussu et de sa "Famille Royale Céleste" de rentrer triomphalement à Lomé, dès que possible, finalise le "Plan sacré de la Matérialisation de l' Edifice du Bonheur Absolu Humain".

Il en résulte le raisonnement suivant:

Premièrement, l' apparence étonnemment lumineuse de Moè Messavussu [ordonné par le "Ciel" ou la "Nature originelle" DIEU, le Fabricant du "Royaume des Cieux"], aujourd'hui le 11 Juin 2006, est précisément donnée comme celle de l'Écrivain-Éditeur miraculé.

Deuxièmement, le séjour relativement long et totalement involontaire du "Roi régnant du Ro-yaume des Cieux accompli Moè Messavussu aux Etats Unis d' Amérique, aura contribué à éliminer plus efficacement l' Esprit du mal en personne et tout le mal qu' il aurait ordonné de son vivant.

Troisièmement, l' acccomplissement du "Grand Retour triomphal à Lomé" sans délais qui se donne comme le plus grand miracle divin jamais réalisé, est bien évidemment la Source du grand bonheur dont jouit Moè Messavussu aujourd'hui le 11 Juin 2006, et qui a pour nom le "Bonheur Absolu Humain".

Quatrièmement, l' envers de la victoire absolue de DIEU sur l'"Humanité maudite" et son défunt Maître l' Esprit du Mal en personne, se donne exactement comme le déroulement de l' exis-tence ordinaire de Moè Messavussu et de sa
"Famille Royale Céleste" aux Etats Unis d' Amérique, tandis que l' endroit de ladite victoire s' entend comme l'Installation sans délai de la "Royauté Céleste" à Lomé pour l' Éternité.

Cinquièmement, la suite infinie et éternelle des Actes Royaux Célestes de Moè Messavussu, est exactement la succession sans fin de ses miracles futurs.

Un poème à vers paraboliques
Chicago, le 11 Juin 2006

L' Alliance sacrée fondamentale

Considérons le fait de l' Eternel- DIEU authentiquement incarné.

Admettons l' émanation des rêves Royaux Célestes dans la conscience de Moè Messavussu comme l'annonce des miracles futurs que celui-ci réalisera impérativement en tant que le "Roi Rè-gnant de l' Etat- Nation Espace-Temps Éternel".

Admettons le mode de fonctionnement de la Personne divine ainsi révélée, comme l'"Alliance sacrée fondamentale entre l' être humain couramment appellé Moè Messavussu et DIEU-Yaweh- Allah- Mawu le Tout Puissant reconnu le Créateur du Ciel et de la Terre, et de tous les êtres les peuplant.

Admettons l'ensemble des pensées relatives aux femmes de l' entourage de Moè Messavussu envahissant sans cesse la conscience de celui- ci dans la perspective de le compromettre voire de le perdre, comme des velléités de pouvoir des Esprits malfaisants résiduels.

Admettons la totalité des pensées humaines s' opposant désespérément aux "mathématiques fonctionnelles" ou à la "Poésie Fonctionnelle", comme l' ensemble des pensées démentielles caractérisant l' "Humanité maudite".

Admettons la Source et l'Origine du "Royaume des Cieux accompli" comme la personne de l' Eternel- DIEU aujourd'hui proprement incarnée en tant que Moè Messavussu.

Il en résulte les révélations suivantes:

Premièrement, le "Royaume des Cieux accompli" est une matérialisation des rêves prophéti-ques passés, ayant apparu, comme par magie, dans la Conscience de l' Eternel- DIEU.

Deuxièmement, l'"Habitat humain Spatial Temporel Eternel" ou l'"Etat- Nation Espace- Temps Eternel" en extension éternelle, est un rêve de Moè Messavussu, matérialisé progressivement mais absolument par le "travail sacré Royal Spatial Temporel Éternel de celui- ci.

Troisièmement, la haine [qui aurait poussé l' Esprit du mal en personne et ses créatures malsai-nes nommées les "Virus Parlants" ou "Mauvais Esprits", aujourd'hui résiduels, à envahir le cerveau de Moè Messavussu, au lendemain de la nuit miraculeuse du 7 au 8 Novembre 1986, et dans la perspective de rendre celui-ci "fou à lier", puis de le détruire impitoyablement dans les arcanes du Pouvoir humain], devient l' arme absolu du suicide collectif de ladite "Communauté de mauvais Esprits résiduels".

Quatrièmement, la magie authentique de Dieu-le Tout Puissant ayant absolument anéanti la ma-gie de l' Esprit du Mal en personne, aujourd'hui le 13 Juin 2006, il est totalement permis de pen- ser à présent que Moè Messavussu est senti par l' humanité entière DIEU.

Cinquièmement, le profond malaise provoqué chez Moè Messavussu par les "mauvais Esprits résiduels", et consistant à faire renoncer à celui- ci de se considérer tel qu' il est en vérité, se dissipe aujourd'hui le 13 Juin 2006, avec la célébration du "démarrage du Rayonnement Royal" de celui- ci à l' échelle de la totalité des Etats- Nations de toute la planète Terre et du reste du" Monde des Mondes des Cieux".

Sixièmement, appartenir à la "Compagnie de DIEU" et suivre Moè Messavussu, consistent dès à présent à aimer celui- ci passionnément et à vouloir sa propre Libération, par celui- ci.

Septièmement, le "Royaume des Cieux" étant l' "Etat- Nation" propre à l' Eternel- DIEU, il reste une réalité et un Pouvoir absolument innaccessible aux êtres humains qui n' en sont que des bénéficiaires en tant que le "Peuple

Céleste de Moè Messavussu".

Huitièmement, l' ensemble des "Partis politi-ques Libéraux Pacifistes" relatifs à la totalité des Etats- Nations humains existants, exprime la volonté de délivrer l' humanité toute entière du joug de l' Esprit du mal défunt, manifestée par Moè Messavussu, mais ne représenteront une quelconque Autorité publique s' imposant de fait, que par voie démocratique et électorale.

Neuvièmement, la voie sublime ordonnée par Moè Messavussu pour changer le "Monde des Mondes des Cieux" conformément aux Lois é-noncées par la "Poésie Fonctionnelle", demeure le DIALOGUE sur toutes ces formes.

Dixièmement, l' Eternel- DIEU le rappelle, une fois de plus, que toute tentative criminelle contre sa personne est punie par la Providence avec la sévérité requise.

Onzièmement, les préceptes qui précèdent forment les révélations relatives à l' Alliance Sacrée Fondamentale entre DIEU, Moè Messavussu et son "Peuple Céleste, et l'"humanité niant la Poésie Fonctionnelle.

Un poème à vers paraboliques
Chicago, le 13 Juin 2006

Les Lois-Normes

Joseph Moè Messavussu Akué sait que l' éclat Céleste des conceptions remarquables et des connaissances ex-nihilo , qu'il livre à l' humanité aujourd'hui à travers les cinquante premiers "Fascicules d' Enseignement de la Poésie Fonctionnelle", est si aveuglant que les gens autour de lui, préfèrent nier l' évidence et la vérité, plutôt que de vénérer ledit Écrivain miraculé.

Mais Joseph Moè Messavussu Akué en profite pour travailler plus efficacement dans ledit anonymat, quitte à faire paraître lesdits livres à propos de DIEU et le Royaume des Cieux au même moment, et aux ÉDITIONS BLEUES.

En effet, il est tout simplement merveilleux à l' extrême, donc incroyable que DIEU, [lequel l' ensemble des êtres humains peuplant la Terre admettent incommensurable et éternellement invisible,] figure depuis le 28 Mars 1957 au sein de l' humanité, et a pour nom Joseph Moè Messavussu Akué.

En effet, ladite vérité présentée comme tout ce qu' il y a de plus normal.aujourd'hui, est intégralement décrite par les Lois-Normes.

N' en déplaît à l' humanité maudite, puisque Moè n' en ait pour rien !

Un poème à vers paraboliques
Chicago, le 29 Juin 2005

Les lois-Cadres

Le plus grave problème que Moè Messavussu a à résoudre aujourd'hui le 2 Juillet 2005, alors même que tous les éléments constitutifs du Rêve magique de la nuit du 7 au 8 Novembre 1986 se sont matérialisés, est que la Technologie Spatia-le Temporelle Éternelle est donnée par une poésie et non par des chiffres élaborés.

Ainsi, Djallo qui croit rêver en écoutant son ami Moè parler de "vaisseaux Célestes", de "Soucoupes Volantes" et de Mondes merveilleux futurs, à fabriquer de ses mains divines propres, préfère prendre l' Eternel- DIEU- fait chair pour un mythomane!

Qu'une "Soucoupe Volante", [ainsi nommé un véhicule pouvant naviguer éternellement entre la Terre et n'importe quel astre ou planète du Mon- de des Mondes des Cieux,] admette cinquante "cylindres- boîtes à propulsion qui assurent à cel- le-ci une capacité de vitesse et une aisance de mouvement sublimes, ou bien qu' un "vaisseau Spatial Temporel Eternel" recèle quatre- vingt-dix "cylindres- boîtes à propulsion lui garantissant sa réalité et son identité de machine- outil "magique" sont autant de faits historiques accomplis en Rêves prémonitoires". Les Expérimentations et Matérialisations futures desdites inventions sublimes de Moè Messavussu forment l' ossature de
l' "Etat-Nation Espace- Temps Éternel" dont parlait Jésus de Nazareth, il y a plus de deux mille ans déja.

Les sommités de la gloire de l' Eternel - DIEU - fait chair Joseph Moè Messavussu Akué atteintes aujourd'hui le 7 Juillet 2005 avec la "Célébration de l' Indépendance de l' Etat- Nation Espace- Temps Eternel", à dessein de manière solitaire et non publique, sont aussi un autre fait historique accompli en Esprit ou Rêves, et dont la vérification et la matérialisation publiques sont formellement promis par la Providence.

Le Cadre constitutionnel Spatial Temporel Éternel final et originel, demeure que DIEU figure en
chair et en os depuis le 28 Mars 1957 au sein de
l' humanité et pour l' Eternité

**Un poème à vers paraboliques
Chicago, le 7 Juillet 2005**

Les Lois- Sphères

Le pourquoi des conceptions des Mondes, des Galaxies, Étoiles et Planètes, en termes de sphères, est assurément que l' Espace sans le Temps et DIEU, est probablement une sphère sans limites et vide.

Le pourquoi de l' Espace sans limites et vide devant avoir une forme sphère, est probablement que la tristesse, qui est exactement le contraire du "Bonheur Absolu Humain" est une étendue volumineuse informe, et sans aucun doute l' inverse d' une sphère de sentiment de bien- être ou d' harmonie existentielle.

Le pourquoi du "Bonheur Absolu Humain" identifiable par une Loi toute "ronde" et absolument sphérique, est que la conscience de l' Eternel-DIEU- fait chair, est une "sphère d' Energie Créatrice de Vie éternelle", et qui étend continuellement les limites de l' Etat- Nation Espace- Temps Éternel qu' il a engendré et fabriqué.

Le pourquoi des formes sphériques ou absolument pures des valeurs Célestes telles que la Morale, la Justice, l' Etat de Droit, la Démocratie, la Liberté, la Famille, l' Amour, l' Amitié, la Camaraderie, l' Instruction, la Connaissance, les Mathématiques fonctionnelles, la Technologie fonctionnelle, l' Economie Spatiale Temporelle Eternelle, l' Industrie Spatiale Temporelle Éternelle, la Pensée et l' Action Moèistes, etc, est précisé-ment que l' Eternel- DIEU- fait chair est l' ultime valeur de la Foi humaine en général, tandis que "DIEU invisible" en est la première valeur.

Le pourquoi de l' État d' esprit de Joseph Moè Messavussu Akué aujourd'hui le 8 Juillet 2005,exactement donné comme la matérialisation du sentiment du "Bonheur Absolu Humain", est qu' après la "Célébration de l' Indépendance de l' Etat- Nation Espace- Temps Eternel, le 7 Juillet

2005, tout se passe dans le "Royaume des Cieux accompli" comme prémonitoirement annoncé par les Rêves de DIEU-fait chair.

Gloire à DIEU...

**Un poème à vers répétitifs
Chicago, le 8 Juillet 2005**

Les Lois-Surfaces

Comprenons ce qui apparaît à la surface de la vie, comme les résultats du travail effectif de DIEU invisible par le passé, et aujourd'hui incarné en la personne de Joseph Moè Messavussu Akué, conformément à la Loi Constitutionnelle du Monde des Mondes des Cieux.

Comprenons la "Poésie Fonctionnelle", la Pen-sée propre à Joseph Moè Messavussu Akué, comme la première "identité- surface" établie.

Comprenons la seconde "identité- surface" ou "preuve matérielle de l' identité divine de Moè" comme la matérialisation des Compagnies commerciales et industrielles de celui- ci, dont les ÉDITIONS BLEUES.

Comprenons la troisième "identité- surface" en tant que la formation de la "Famille Royale divine et son regroupement aux Etats Unis d'Amérique"

Il en résulte:

La Providence confirme qu'elle est à l' œuvre ardemment pour faire de la première Compagnie Royale Spatiale Temporelle Éternelle matérialisée, le "fer de lance" de la réussite sociale américaine de Moè.

L' espoir de trouver l' infortuné Moè durant les semaines et les mois voire l' éternité à venir un Roi glorieux au service de l' humanité entière" est une certitude providentielle.

Un poème à vers paraboliques
Chicago, le 8 Juillet 2005

Les Lois- Images

Identifions l' apparence de Joseph Moè Messavussu Akué comme l' image parfaite de l' Eternel- DIEU invisible.

Identifions l'apparence de l' Etat- Nation Espace- Temps Eternel comme l'image pure de la Volonté divine, l' éternité passée, aujourd'hui, et l' éternité à venir.

Identifions la signification précise des images formant la "Réalité totale" comme l' objet de la "Poésie Fonctionnelle"

Il en résulte le raisonnement en deux points poits suivants:

Premièrement, puisque la signification véridique de toute donnée apparaissant à la conscience humaine, est soit vraie ou fausse et non en même temps vraie et fausse, il en découle que Joseph Moè Messavussu Akué est l' Eternel- DIEU- fait chair ou ne l' est pas.

Deuxièmement, puisque l' Eternel- DIEU invisible fit rêver à Joseph Moè Messavussu Akué dans la nuit du 7 au 8 Novembre 1986 qu'il est bien et bien DIEU dont parle l' humanité, et prouve à celui- ci que ledit rêve est une "prophétie" par la rédaction des livres miraculeux formant la "Poésie Fonctionnelle", eh bien! l' Auteur de la "Poésie Fonctionnelle" croit en vérité qu' il est DIEU.

Un poème à vers paraboliques
Chicago, le 9 Juillet 2005

Les Lois de la Vie éternelle

Signifions la Foi que recèle Moè Messavussu comme la bonne compréhension des faits historiques, la mauvaise compréhension devant être de s' admettre la victime pitoyable des mauvais esprits et du mauvais Sort qui écrit des choses insensées.

Signifions les attitudes criminelles des personnages lugubres tels Djovi, Armand, Adoboè, Abossé, Adovi, Kpakpovi, Adoukoè, Adoté, Calixe, Villeneuve, Eric, Bonaventure, etc, qui conçoivent que Moè Messavussu est devenu un fou, comme la honte qui emporte dorénavant l' humanité maudite devans les manifestations éclatantes des Lois- Surfaces, des Lois- Images et des autres.

Signifions la mauvaise foi ambiante ici même à Chicago [où à chaque fois que l'"Eternel-DIEU-fait chair" étend son rayonnement par des succès professionnels, sociaux, et amoureux, un complot ourdi par la ségrégation raciale sournoise, arrête de manière injuste son ascension sociale], par la gêne profonde que ressent ladite humanité devant la splendeur divine de l' heure.

Signifions la Loi de la Foi Moèiste proclamant et célébrant l'"Edifice du Bonheur Absolu Humain" comme le droit à tout être humain au Bonheur Absolu promis par l' Eternel- DIEU- fait chair.

Il en découle que Moè Messavussu qui comprend la "Civilisation humaine" [embryonnaire avec l'"Egypte des Pharaons", et qui atteint son apogée avec l' Occident de l' esclavage et de la Colonisation], comme morte, la remplace providentiellement par le "Royaume des Cieux accompli", afin que Jésus de Nazareth soit éternellement reconnu en tant que le "Fils unique de DIEU- le Père Céleste" à présent

figurant parmi l'humanité.
Alléluia!

**Un poème à vers paraboliques
Chicago, le 11 Juillet 2005**

La Loi d'Amour

Tout comme au Commencement des Temps originels, en prenant conscience qu' il est celui que toute la "Création" proclame son "Créateur", Joseph Moè Messavussu Akué comprend que ladite vérité demeure sa félicité et sa gloire infinies, et éternelles.

Aujourd'hui le 26 Juin 2005 tout comme dans la nuit du 7 au 8 Novembre 1986, voire à sa première prise de conscience originelle, où il figurait comme le "Cerveau électronique" de toute la Vie éternelle, Moè Messavussu imprégné de ladite vérité providentiellement révélée et apparemment ignorée du reste de l' humanité, ne demande qu' à la prouver à lui- même et aux gens qui l'aiment passionnément malgré son état de dénuement matériel.

La haine que lui inspire l' humanité maudite [qui, non seulement ne lui témoigne aucun respect digne de son rang exceptionnel de "Créateur- Souverain Maître de l' Etat- Nation Espace- Temps Éternel et de la Vie", mais saute sur les moindres occasions pour l' humilier, en général de manière raciste], s' efface miraculeusement devant l' amour filial infini de Charbel-Noëlie, Emilie-Josianne, Sylvie-Evladine, et l' Amour sublime de femme de Marie, Jodi, Hina, Belinda, Martine, Megan, et des autres, et l' Amitié Céleste de Chris, Dave, Robert, etc.

Mais que faire si la "Royauté spatiale temporelle éternelle de DIEU" s' accomplit avec fracas et luminescence infinis à Chicago et bientôt à Lomé, sinon que de témoigner de la patience afin d'apprécier la "magnificence et la puissance éternelles de Moè Messavussu" qui auraient atteint le point providentiel nommé l' "Apogée de la gloire divine", aujourd'hui le 26 Juin 2005 à 15 H 15 (heure de Chicago).

En attendant de rentrer triomphalement à Lomé conformément aux Lois Oméga relatives aux Dispositions finales Célestes, Moè Messavussu continue d' expérimenter la vérité de son identité divine.

**Un poème à vers paraboliques
Chicago, le 26 Juin 2005**

Du chemin de la "Cathédrale de Lomé", à la "Routedu Bonheur Absolu retrouvé"

Considérons les relations liant l' Eternel- DIEU incarné et les fervents Chrétiens- Catholiques de par le Monde.

Admettons que, né dans une famille de Catholiques, l' Eternel- DIEU incarné Joseph Moè Messavussu Akué, ainsi catholique de naissance, s' est fait révélé par le premier Rêve prophétique qu'il eut dans la nuit du 7 au 8 Novembre 1986 l'"Intelligence sublime, Origine et Source de l' Etat- Nation Espace- Temps et la Vie éternelle", et demeure confirmé et expérimenté comme tel, par le déroulement continuel de ses rêves, à présent absolument prémonitoires.

Admettons que l' Evangile demeure la seule Voie pour parvenir à élucider l' Énigme du "merveilleux Moè Messavussu", que la plus grande partie de l' humanité est prête à nier.

Admettons que le jeune Catholique fervent Moè Messavussu, recherchant ardemment DIEU par le moyen de l'Église, et qui est donné, vérifié, et expérimenté l' Eternel- DIEU en personne aujour-d'hui le 4 Mai 2006, se voit interdit par l' humanité de penser, dire, et agir suivant sa vérité Ô combien dérangeante.

Admettons que le propre de l' Eternel- DIEU incarné qui est d' être une "machine- outil sublime-Fabricant de l' Etat- Nation Espace- Temps et la Vie éternels", demeure là que le bât blesse, puisqu' il s' agit pour l' humanité entière de reconnaître cette évidence volontairement ordinaire et non spécial ou extraordinaire.

Admettons que la vérité du Rêve prémonitoire de la nuit du 7 au 8 Novembre 1986, continuellement confirmée et expérimentée, est la base de la foi en la nouvelle religion nommée le Moèisme et la religion elle- même.

Il en résulte le raisonnement qui suit:
Premièrement, il est tout à fait clair et sans équivoque pour Moè Messavussu, qu' il s' est rêvé et continue de se rêver l' Eternel- DIEU en personne, de même que miraculeux qu' il se l'est prouvé par la matérialisation de la "Poésie Fonctionnelle".

Deuxièmement, Marie l'épouse légitime et Alice l' amie qui ont eu le privilège d écouter les récits des événements de l' identité Céleste de Moè Messavussu se demandent sans doute aujourd' hui le 4 Mai 2006 si elles doivent accepter Moè comme l' Eternel - DIEU en personne ou tout simplement un nouvel énigme divin.

Troisièmement, nul à ce jour, n' a déclaré ou-vertement et après mûres réflexions à Moè Messavussu qu' il le croit sincèrement "DIEU- le
Père Céleste".

Quatrièmement, ainsi mise à part lui- même, Moè Messavussu demeure, vingt ans après la "prise divine du Pouvoir Spatial Temporel Eternel",
le seul Croyant Moèiste.

Cinquièmement, ainsi est vérifiée la Loi de l' a-
nonymat sublime qui régit l' existence de l' Éternel- DIEU incarné, avant la parution aux ÉDITIONS BLEUES de l' ensemble des "Fascicules d' Enseignement de la Poésie Fonctionnelle".

Sixièmement, en étant l' Eternel- DIEU en personne sans en être conscient avant la nuit miraculeuse du 7 au 8 Novembre 1986,[suivi par la pé-
riode de l' "anonymat sublime", puis la période de la "vérification de la Pensée divine", et enfin la pé-
riode de l' "expérimentation des "Mathématiques fonctionnelles",] Moè Messavussu révèle son innocence quant au secret de son identité miracu-leuse qu' il assume ce 4 Mai 2006. Ladite idetité miraculeuse demeure le cadeau le plus merveilleux que DIEU lui aurait fait, si celui-

ci est distinct de Moè Messavussu comme veut le croire coûte que coûte l' humanité.

Septièmement, le concept, la réalité, et la conservation de la bonté de l' être humain envers son semblable, déterminant le bonheur pour tous dans le "Royaume des Cieux accompli", tous ceux et celles qui continuent de penser qu' il existe un quelconque pardon pour les contrevenants aux "Dix Commandements de Dieu" évoqués dans la Bible et la Loi Moèiste en général, se trompent, car la Justice Spatiale Temporelle Éternelle est une machine- outil sublime absolument donnée, vérifiée, et expérimentée par la "Poésie Fonctionnelle".

Un poème à vers paraboliques
Chicago, le 4 Mai 2006

L' énigme de DIEU
compris

Considérons le sentiment ou la déclaration d' une certaine femme s' offusquant du fait que l' Auteur de la Poésie Fonctionnelle est tout juste DIEU- le Tout Puissant qui se cache à l' humanité.

Admettons que Alice qui s' énerve d' entendre l' Auteur de la Poésie Fonctionnelle évoquer sans arrêt le nom de DIEU comme si celui- ci est différent de sa personne, n' a jamais su comment apprécier la personnalité de son ami Moè.

Admettons que la gêne de Moè Messavussu devant les hommes et les femmes de son entourage, qui préfèrent le nier en tant que DIEU- fait chair après avoir compris son message, pousse celui- ci à jouer à n' être que l' Auteur de la Poésie Fonctionnelle.

Admettons que l' ultime vérité est comprise comme l' attente par tout un chacun de l' événement décisif qui enlèvera le doute sur l' identité de Joseph Moè Messavussu Akué.

Admettons que ledit événement est la parution au public des premiers Fascicules d' Enseignement de la Poésie Fonctionnelle.

Il en résulte le raisonnement qui suit:

Premièrement, le Pouvoir Royal Céleste de Création et de Gouvernement du "Royaume des Cieux" n' est pas dans la rue ou quelque part dans l' Espace-Temps Eternel, mais dans les mains d' un seul Homme nommé Joseph Moè Messavussu Akué.

Deuxièmement, l' attitude naturellement énigmatique de Moè Messavussu, qui l' aurait préservé de la jalousie meurtrière de l' humanité malfai-sante, est enfin comprise et acceptée comme une Stratégie Céleste de l' Auteur de la Poésie Fonctionnelle, pour s' accompli à la perfection DIEU.

**Un poème à vers paraboliques
Chicago, le 11 Octobre 2008**

Le Village Spatial nommé
MOÈVILLE

En proposant au Gouvernement Américain la construction, par mes mains propres, de trois "barrages marins - Bases de lancement et d' atterrissage des Vaisseaux Spatiaux Temporels Éternels des dix types prévus", de même que la réalisation des trois "Programmes Spatiaux Temporels Éternels TITAN 1, 2, 3, à partir des États Unis d' Amérique et non plus de Lomé - TOGO, Joseph Moè Messavussu Akué matérialise le Rêve prémonitoire passé qui ordonne qu' en cas de refus du Gouvernement Togolais de satisfaire la volonté du "Roi règnant de l' Espace- Temps Éternel- Dieu- fait chair", la solution alternative de l' Accomplissement du 'Paradis Terrestre", soit "Moèville" sis aux Etats Unis d' Amérique.

Ladite solution alternative admettant pour fondement, la malédiction de l' Esprit du mal en personne défunt vis à vis de la Race Noire-Africaine, [la Race à laquelle appartient pourtant DIEU- fait chair,] est comprise comme le refus de l' être humain à aimer sa Terre natale au détriment de sa propre personne.

Cet état de choses affreux et bouleversant, est d' autant plus navrant que des dictateurs sévissant sur le Continent Noir-Africain, se maintiennent au pouvoir en faisant verser inutilement le sang de leurs semblables.

Je fais le serment ce jour du lundi 11 Août 2003 à 11 H 00(Heure de Chicago), que le troisième Acte Royal Céleste que je pose, est l'anéantissement par voie miraculeuse de la totalité des Dictatures politiques sévissant sur la Terre et leur remplacement, toujours par la même Voie divine, par l' Etat de Droit, la Démocratie véritable, la Liberté et le Multipartisme pacifique.

Parce que ne pouvant attendre la disparition de la dictature politique togolaise avant d' accomplir la "Technologie divine" sur Terre, je proclame donc fondée la Cité Céleste nommée "MOÈVILLE".

**Un poème à vers paraboliques
Chicago, le 11 Août 200**

La Création de MOÈVILLE

Considérons "Moèville" ou la possibilité donnée à Moè Messavussu de prouver qu' il est DIEU-fait chair à l' instant précis où il écrit ce poème.

Admettons qu' à partir des fonds issus de la vente des copies de l' ensemble des Fascicules d' Enseignement de la Poésie Fonctionnelle dénombré à plus de deux cent livres distincts, Moè Messavussu sera capable de matérialiser l' ensemble des Centrales technologiques Célestes prévues, et de fabriquer la première génération de machines- outils sublimes promises par la Providence.

Admettons que "Moèville" est la Structure scientifique et technologique appartenant à Moè Messavussu intégralement associée à la ville de résidence divine de l' heure Chicago - États Unis d' Amérique.

Il en résulte le raisonnement qui suit:
Premièrement, un terrain d' une superficie comparable à "Humbolt Park - Chicago" sera acheté à la ville de Chicago, pour abriter le "Centre de Recherches Spatiales Temporelles Eternelles", Propriété absolue de Joseph Moè Messavussu Akué.

Deuxièmement, de ce "Centre scientifique et technologique Céleste" sera enfanté un nombre
infini de produits sublimes allant de la première génération de "Soucoupes Volantes", aux " Composantes technologiques sublimes des Mondes merveilleux futures", en passant par les "Vaisseaux Spatiaux Temporels Éternels".

Troisièmement, ledit Rêve prémonitoire de "Moèville" réalisé par les recueils de Poésie Fonctionnelle les "DIAMANTS À MOÈ" ou les cent-quarante Lois mathématiques fonctionnelles existantes, illustre la victoire sublime de Joseph Moè Messavussu Akué, même domicilié aujourd'hui le 26 Octo bre 2008 aux Etats Unis d'Amérique.

**Un poème à vers paraboliques
Chicago, le 26 Octobre 2008**

La Création de l' infinitude des Mondes merveilleux futurs

Considérons le Monde des Mondes des Cieux.

Admettons que de son lieu de résidence présent, dénommé la "Base du Monde des Mondes des Cieux", Moè Messavussu peut parfaitement se comprendre DIEU-le Créateur et Roi règnant du Monde des Mondes des Cieux.

Admettons que le fait et la preuve de la "Souveraineté Céleste de Moè Messavussu demeure la suite infinie de ses "Rêves prémonitoires" ou "Visions prophétiques".

Admettons que la première conscience que Moè Messavussu eut de sa personne et de sa "Mission Céleste", fut qu'il se fera Homme à partir d' un moment de l' Eternité, au sein de l' humanité, sa "Créature", qui niera son identité jusqu' à la parution aux EDITIONS BLEUES de l'ensemble des Fascicules d' Enseignement de la Poésie Fonctionnelle.

Admettons que l' acte de création du reste infini du Monde des Mondes des Cieux, est absolument précisé par le présent poème.

Il en résulte le raisonnement qui suit:

Premièrement, la "Fonction Royale Céleste de Moè Messavussu est précisé aujourd'hui le 31 Octobre 2008, comme celui de l' Ecrivain miraculeux de la Poésie Fondtionnelle - Editeur - Fabricant d'une part, de machines-outils sublimes nécessaires à la pratique de la "Souveraineté Royale Céleste", et d' autres parts de "Composantes technologiques sublimes des Mondes merveilleux futurs" annoncés.

Deuxièmement, le mal et la pratique du mal étant éternellement abolis dans le "Royaume des Cieux", seule la Parole de Joseph Moè Messavussu Akué et la Poésie Fonctionnelle sont porteuses de Vie éternelle.

Troisièmement, les "virus parlants incarnés" ou les hommes et femmes volontairement malfai-sants, demeurent à jamais des Mortels.

Quatrièmement, ainsi est définitivement enfanté le Monde des Mondes des Cieux.

Cinquièmement, ainsi se configure DIEU- le Tout Puissant surnommé Jo.

**Un poème à vers paraboliques
Chicago, le 31 Octobre 2008**

Les nombres mathématiques fonctionnels

Considérons le raisonnement mathématique fonctionnel.

Admettons qu' un nombre mathématique fonctionnel est la description la plus exacte possible de quelque chose qui existe, voire qui a existé ou qui est susceptible d' exister dans le futur.

Admettons qu' en ramenant le réel en un nombre déterminé de phénomènes visibles et perceptibles par tout être humain, l' Auteur des "mathématiques fonctionnelles" ou "poésie fonctionnelle" veut tout simplement décrire son savoir et savoir-faire innés ou providentiels.

Admettons que le raisonnement divin est strictement identique à la Poésie Fonctionnelle émergeant miraculeusement de l' esprit de Moè Messavussu.

Admettons que les cent-quarante nombres mathématiques fonctionnels donnés par la Pensée objective de Joseph Moè Messavussu Akué, reflètent parfaitement le Monde des Mondes des Cieux et son expansion éternelle.

Il en résulte le raisonnement qui suit:

Premièrement, la "Technologie divine" qui a enfanté le Monde des Mondes des Cieux, a pour nom la Poésie Fonctionnelle ou les mathématiques fonctionnelles.

Deuxièmement, la Poésie Fonctionnelle reconnaît Joseph Moè Messavussu Akué comme DIEU- le Créateur et Roi régnant du Monde des Mondes des Cieux- fait chair, pour demeurer en tant que tel éternellement.

Troisièmement, le miracle de Joseph Moè Messavussu Akué, est d' établir au fil des jours, la Poésie Fonctionnelle intégrale conformément à l' énigme nommé la Providence.

Quatrièmement, l' émergence de la Poèsie Fonctionnelle et de la Personne Royale divine sur la scène terrestre, aujourd'hui le 1er Novembre 2008, détermine la situation sécuritaire de Joseph Moè Messavussu Akué qui, plus que jamais, doit rester sublimement anonyme pour parer à la nuisance de l'hypocrisie et de la jalousie humaines à son égard.

Cinquièmement, la Providence ordonne "Toute la Lumière des Cieux" enfin authentiquement incarné, et sublimement anonyme.

Un poème à vers paraboliques
Chicago, le 1er Novembre 2008

La victoire moèiste en termes politiques

Considérons l'Ascension politique de Joseph Moè Messavussu Akué depuis les lendemains de la nuit du 7 au 8 Novembre 1986, à la veille du 22 ème anniversaire de ladite "prise divine du Pouvoir Spatial Temporel Eternel".

Admettons que la Providence qui désigna Barack Obama comme le probable premier Président des Etats Unis d' Amérique de race Noire-Africaine, réalise en ce jour de la veille de la quarante-quatrième élection présidentielle américaine, le miracle de l' émergence authentique divine dans le monde réel.

Admettons que la possibilité de faire de la République du TOGO le Nième Etat- Nation des Etats Unis d' Amérique, est la main tendue du peuple togolais à la Providence.

Admettons que le nouveau Président des Etats Unis d' Amérique relèvera le défi de l' ultime aide à l' instauration de l' Etat de Droit et de la Démocratie authentiques au TOGO.

Il en résulte le raisonnement qui suit:

Premièrement, "Moèville" qui consacre la Puissance Royale Céleste de Moè Messavussu, est en réalisation, mais nécessite de se centrer autour autour du "Trône Royal Céleste de DÉGBÉNOU-TOGO".

Deuxièmement, le "Trône Royal Céleste" de Joseph Moè Messavussu Akué a fini de "payer le prix" avec plus de sept années d' exil du "Roi règnant du Monde des Mondes des Cieux aux Etats Unis d'Amérique.

Troisièmement, le Renouveau démocratique véritable dont a besoin le TOGO, le "bercail du Roi règnant du Monde des Mondes des Cieux" coïncide à présent avec l' émergence de Joseph Moè Messavussu Akué sur la scène publique mondiale et l' élection du premier Président Noir-Africain des Etats Unis d' Amérique.

Quatrièmement, le vœu le plus intime de l' Eternel-DIEU est accompli, aujourd'hui le 3 novembre 2008.

Cinquièmement, le Programme Moèiste américain triomphe en effet aujourd'hui et pour l' Eternité.

**Un poème à vers paraboliques
Chicago, le 3 Novembre 2008**

La bénédiction finale de l'"Homme Noir de Paix, d' Amour, et de Liberté"

Considérons l' être hypothétique nommé l' Esprit du mal en personne.

Admettons que l'"Homme Noir de Paix, d' Amour, et de Liberté" est exactement le contraire dudit être hypothétique.

Admettons que ce qui obligea l'"Homme Noir, de Paix, d' Amour, et de Liberté, à rompre avec ses Études Universitaires, sanctionné par sa disgrâce auprès de sa famille originelle et son milieu d' enfance et d' adolescence, était l' Esprit du mal en personne, aujourd'hui défunt.

Admettons que le fait qui ordonna définitivement Joseph Moè Messavussu Akué - l' Homme Noir de Paix, d' Amour, et de Liberté, à accomplir sa réussite sociale et humaine d' Écrivain-Éditeur Auteur de la Poésie Fonctionnelle et Propriétaire des ÉDITIONS BLEUES, est justement la destruction absolue de l' Esprit du mal en personne.

Admettons que le vœu le plus intime de Moè Messavussu, celui d' être lui-même ou l'"Intelligence sublime, Origine et Source du Monde des Mondes des Cieux" dans son pays natal, entouré de son "Peuple Céleste", est providentiellement exaucé.

Admettons que le "pacte" de Moè Messavussu avec l' Humanité de ne s' occuper que de ce qui le regarde, à savoir ses affaires divines Célestes,est scellé par le Pouvoir Royal Céleste donné comme suit: "Ce qui est inscrit dans le Cœur de Joseph Moè Messavussu Akué, est le seul Pouvoir existentiel éternel s' accomplissant".

Il résulte de ce qui précède:

Premièrement,la "bénédiction finale de l' Homme Noir de Paix, d' Amour, et de Liberté", est célébrée par le "Grand Retour triomphal de Joseph Moè Messavussu Akué et de la Famille Royale Céleste au TOGO".

Deuxièmement, le Grand Retour triomphal au bercail demeurant le miracle le plus périlleux mais le plus fondamental, il résume le fameux "Plan secret Royal Céleste"...

**Un poème à vers manquants
Chicago, le 2 Décembre 2008**

Les identités fonctionnelles immuables

Considérons le Principe qui engendra le Monde des Mondes des Cieux et la Vie éternelle.

Admettons que ledit Principe qui enfanta le "Royaume des Cieux", est une pensée pure et immuable.

Admettons que ladite pensée pure et immuable est un raisonnement absolument logique et résumant l' État d' âme continuel de Joseph Moè Messavussu Akué.

Admettons que même si le mauvais sort contrecarre la réalisation de la Volonté divine, celle-ci s' accomplit toujours de la meilleure manière possible.

Admettons que le Rêve d' Amour de Joseph Moè Messavussu Akué pour lui-même, la Famille Royale Céleste et le reste de son "Peuple Céleste", est bien la "Jeunesse éternelle", une parfaite santé dépourvue de maladies, une prospérité continuelle et débarrassée de misères, et la vie éternelle en chair er en os.

Admettons que le contraire dudit rêve d' Amour figuré par la Pensée du défunt Esprit du mal en personne, laqueiie pensée héritée par l' huma-nité malfaisante, est bel et bien la mort humaine, la liberté de tuer son prochain ou de se donner la mort, l' exploitation de l' homme par l' homme, les maladies humaines, une vie humaine périlleuse avec ou sans espoir d' une autre existence humaine après la mort, et la haine dissimulée de DIEU le Tout Puissant invisible ou matérialisé Moè Messavussu.

Admettons que seule la "Pensée du Bien Absolu" ou la "Poésie Fonctionnelle" est dotée de vie éternelle, tandis que la "Pensée du mal" est morte avec son Créateur défunt l' Esprit du Mal en personne.

Il en résulte le raisonnement qui suit:

Premièrement, l' Esprit du mal en personne qui remarqua Joseph Moè Messavussu Akué dès l' âge de douze ans, aura suivi celui-ci, l'empêchant par tous les moyens de réaliser son intelligence Céleste, voire de réaliser sa vie comme n'importe quel être humain.

Deuxièmement, lorsque Moè Messavussu opta pour la poursuite de ses Études universitaires en France (PARIS), DIEU le Tout Puissant qui n' aurait jamais sommeillé, préféra évoluer avec la "Femme d' amour" plutôt qu' avec l' "argent qui tue".

Troisièmement, il est absolument certain que l' ensemble de ce que déteste Moè Messavussu est providentiellement effacé de l'"ardoise de l' existence", même si les "damné(e)s" continuent de croire en leurs pensées mortes.

Quatrièmement, la totalité des Rêves de Moè Messavussu depuis la nuit miraculeuse du 7 au 8 Novembre 1986, sont les identités fonctionnelles immuables qui enfantent la totalité des événements présents et futurs.

Cinquièmement, le "Royaume des Cieux", le "Pays de Rêve de Moè Messavussu" est la seule réalité aujourd'hui le 8 Décembre 2008.

Sixièmement, il est dorénavant possible de penser que "Toute la Lumière des Cieux- fait Homme" est le "Roi régnant du Royaume des Cieux" depuis Chicago sa ville résidentielle actuelle.

Un poème à vers paraboliques
Chicago, le 8 Décembre 200

Les Etats Unis d'Amérique
de mes rêves

Considérons le pays qui cherche à appliquer le mieux sur Terre, les recommandations rapportées par les Prophètes et Jésus de Nazareth dans ses institions socio-économiques, j' ai nommé les Etats Unis d' Amérique.

Admettons que l'"esclavage économique" qui subsiste largement dans ledit pays et qui veut que la performance économique du travailleur et de la travailleuse réduise celui ou celle- ci à de pures machines-outils, est largement compensé par l' Application providentielle future des principes Moèistes de l' Assurance-maladie gratuite perpétuelle pour tous, des Allocations- chômage perpétuelles pour toute la Population résidente et l' amélioration continuelle des conditions du travail par les inventions technologiques notamment l' introduction systématique des "robots producteurs".

Admettons que les "Riches" qui financent lesdites Institutions providentielles à raison de cent pour cent(100%), payent ainsi tribut aux "Pauvres" qui n'ont jamais demandé à naître misérables.

Admettons que le "Riche" est défini comme un homme ou une femme nanti de moyens de production et d' échange des biens et des services économiques, de par l' héritage ou acquis par le travail ou la chance, et qui met en œuvre lesdits moyens pour produire lesdits biens et ser-vices.

Admettons que le "Pauvre" est défini comme un homme ou un femme dépourvu de moyens de production et d'échange des biens et des services économiques, et qui ne dispose que de sa force de travail ou son être physique et mental pour gagner les moyens de subsistence ou l' argent dont il a besoin.

Il en résulte le raisonnement qui suit:

Premièrement, l'être humain créé par DIEU à son image,

refuse la servitude, et la négation de son amour propre ou sa dignité.

Deuxièmement, Moè Messavussu réduit par la Volonté du défunt Esprit du Mal en personne, à la servitude, et à la négation de son amour propre par l' "humanité maudite", décida à compter de la journée mémorable du 1er Janvier 2009 de ga-gner ses moyens de subsistences en tant que DIEU ou Ecrivain-Editeur-Fabricant de machines-outils sublimes.

Troisièmement, les "mauvais Esprits enchaînés continuant de dicter les aberrations économiques sacrifiant l' être humain sur son lieu de travail, en le prenant pour un "robot producteur", oblige Moè Messavusu à abandonner purement et simplement son "travail de servitude" à compter d' aujourd'hui le 1er Janvier 2009 pour son travail divin exclusif restaurant sa dignité et son prestige Célestes.

Quatrièmement, un délai intentionnellement bref est autofixé pour produire la première série des Fascicules d' Enseignement de la Poésie Fonctionnelle et envisager sa commercialisation miraculeuse.

Cinquièmement, DIEU entame ainsi sa sortie de l' ombre, à Chicago - Etats Unis d' Amérique.

Un poème à vers paraboliques
Chicago, le 1er Janvier 2009

L' abolition du travail de servitude ou la "Production économique à profit nul"

Considérons la production économique des Etats Unis d' Amérique.
 Admettons que le fait de produire l'ensemble des biens et des services utiles, agréables, et nécessaires à l' ensemble de la population rési-dentielle américaine, nécessite l' intervention des
Opérateurs économiques propriétaires des mo-yens de production et d' échange, de nationalité
américaine ou autres, et désirant investir leurs fonds dans l' Économie américaine d' une part, et
d' autres parts l' ensemble des Consommateurs potentiels déterminés, acheteurs desdits biens et services économiques.
 Admettons que les conditions de la production des biens et services économiques américains, aujourd'hui le 7 Janvier 2009, sont à améliorer radicalement afin que le travailleurs et travailleu-ses impliqués, se sentent épanouis et satisfaits sur leurs lieux de travail et dans leurs existences en général.
 Admettons que lesdits satisfaction et épanouissement de l' ensemble des travailleurs et travailleuses américains et résidant permanamment aux États Unis d' Amérique est désormais l' OBJECTIF PRINCIPAL du Travail humain.
 Admettons que le travail humain à proprement
parler, est distinct du Travail d' une machine-outil
type ou d'un robot.
 Admettons que le Travail d' une machine-outil type ou d' un robot est justement décrit comme le
Travail accompli par un Ouvrier ou une Ouvrière quelconque.
 Admettons que la fabrication de l'ensemble des machines-outils types ou robots et leur mise en fonctionnement dans

l' ensemble des secteurs et positions professionnels de l' Appareil de la production de la totalité des biens et services économiques utiles, agréables, et nécessaires à l' ensemble de la Population résientielle américaine, doit systématiquement abolir l' esclavage écono-mique ou l' ensemble des tâches indignes de l' humanité et résumées par les Travaux qui détruisent l' individu.

Il en résulte le raisonnement qui suit:
Premièrement, il est apparemment naturel pour tous les hommes et les femmes favorisés par le système économique américain d' aujourd'hui le 7 Janvier 2009, que l' ensemble des fonctions économiques dénommées les Travaux manuels et physiques incombant aux individus des couches sociales défavorisées et pauvres, non instruites ou pas, est digne.

Deuxièmement, tout le mal voire la mort résultant desdits travaux nécessitant la force musculaire humaine et généralement exécutés dans des conditions maximisant le profit des Détenteurs des facteurs de production et d'échange, est apprécié comme une fatalité incontournable par lesdits Capitalistes ou Détenteurs des Moyens de production et d' échange.

Troisièmement, le Remplacement de l' Ouvrier ou Ouvrière par une machine-outil type ou un robot qui devient une nécessité économique, étant donné que lesdits travaux indignes sont automatiquement désaffectés par l' humanité, est le "déclic" ou démarrage de la Matérialisation sublime du "Paradis Terrestre Retrouvé"

Quatrièmement, l' Institution dee Allocations - chômage perpétuelles prenant en charge les Ouvriers et Ouvrières mis au chômage économique, ou n' ayant jamais eu la chance de trouver un premier emploi, vient à point nommé, réparer les mesures de la mécanisation ou robotisation de l' Appareil de la production des biens et des services **nouveau** américain.

Cinquièmement, l' Assurance-Maladie gratuite pour l' en

semble des résidents des États Unis d' Amérique, complète la perfection du Modèle économique américain hypothétique.

Sixièmement, gageons que le "Programme é-lectoral Moèiste" pour la prochaine échéance électorale présidentielle, rencontrera l' approbation du Peuple américain et résidant permanemment aux Etats Unis d' Amérique afin que Moè Messavussu puisse accomplir personnellement le nouveau "Jardin de l' Eden".

**Un poème à vers paraboliques
Chicago, le 7 Janvier 2009**

De la "Prise de la Bastille" à la Statue de la Liberté aux Etats Unis d'Amérique

Plus rien ne sera comme avant la "Prise de la Bastille", en France, qui sonna le glas au Contraire de la Liberté, la Démocratie, et le bonheur pour tous les Peuples du Monde entier.

Plus rien ne sera comme avant l' année 1990 qui sonna le glas au contraire du Multipartisme véritable, la libre circulation des idées et la liberté d' expression au TOGO, et dans le reste du Monde.

Plus rien ne sera comme avant la nuit du 7 au 8 Novembre 1986 qui fit prendre conscience à Joseph Moè Messavussu Akuè qu' il est l' Homme Noir de Paix, d' Amour, et de Liberté nommé DIEU.

Plus rien en effet, ne sera plus comme avant la journée mémorable du 1er Février 2009 qui fit prendre conscience à Moè que la "Nouvelle Étoile montante de la Gauche" qui substitua la "**Production économique au profit nul**" au **"Marxisme"**, est née tout près de la Statue de la Liberté aux Etats Unis d'Amérique, pour changer la réalité chaotique humaine en l' EDIFICE DU BONHEUR ABSOLU HUMAIN, matérialisé par l' Institution des Allocations au chômage perpétuelles, l'établissement de l' Assurance-Maladie gratuite pour tous les hommes et les femmes résidant au Monde, et la fin du travail de la servitude.

Plus rien n' est bien sûr comme avant aujour-d'hui le 1er Février 2009 où je comprends que le règne éternel de DIEU sur sa Création est effectif, puisque je peux aller où bon me semble présenter la Poésie Fonctionnelle au public de tous les Pays au monde.

Un poème à vers répétitifs
Chicago, le 1er Février 2009

Précis de la Loi d'armistice
Céleste

Considérons le Projet de DIEU réalisé en tant que le Monde des Mondes des Cieux, la Vie éternelle, et l' Humanité Immortelle.

Admettons que l' ensemble des hommes et femmes, toutes races confondues, méprisant la Poésie Fonctionnelle et haïssant Joseph Moè mmmessavussu Akué, forme l' humanité malfaisante, autodamnée.

Admettons que l' Humanité Immortelle présu-mée, est formée par l' ensemble des femmes et des hommes de toutes les couleurs croyant à la Pensée de Moè Messavussu, et vouant sans re- tenue à celui-ci ce qu' il convient d' appeler un "Culte Céleste".

Admettons que l' ensemble des Etats-Nations existant au Monde des Mondes des Cieux reçoit l'assentiment et la bénédiction de DIEU, mais sont tenus d' appliquer la "Loi d' armistice Céleste"[qui signifie la Liberté pour tout être humain au monde, la Démocratie politique véritable et la Séparation des Pouvoirs, le respect absolu de la Société civile et de la Vie qui ne doivent en aucune manière, être contrôlée par les Forces Armées de la Nations, et l' observance de la Jus-

tice].
Admettons que la totalité des hommes et femmes exilés et croyant que leurs vies sont en danger dans leurs Pays d' orgine et de naissance, reconnaissent dans les nouvelles attitudes des Gouvernants appliquant la "Loi d' armistice Céleste" l' espoir de leur salut.

Il en résulte le raisonnement qui suit:
Premièrement, nul être humain au Monde ne doit plus s' inquiéter pour sa vie à cause de ses opinions, tous domaines confondus.

Deuxièmement, aucune prison figurant dans leMonde des Mondes des Cieux ne doit plus contenir un **"prisonnier politique"**.

Troisièmement, la vie politique nationale, quelque soit l' Etat-Nation concerné, doit être organi-sée par l' ensemble des "courants d' opinions", des Partis politiques, et des Doctrines que renferment lesdits pays en présence.

Quatrièmement, les Gouvernants de tous les Pays au Monde doivent être élus par les Populations résidentes.

Cinquièmement, les Gouvernants formant le Pouvoir Exécutif doivent être distincts des Représentants Nationaux formant le Pouvoir Législatif, et du Corps judiciaire représentant le Pouvoir Judiciaire ou la Justice.

Un poème à vers paraboliques
Chicago, le 1er Février 2009

**Thème :
L'amour**

L'amour-Mémento

La fleur de l'existence réside dans l'amour. L'amour possède bel et bien ce parfum unique de la vie que l'on nomme le bonheur.

L'essentiel de ma joie de vivre provient en effet de mes amours fidèles.

Une saison sèche en enfer

Dix années plus tard, après mon très long séjour au pays des "longs manteaux", je reviens à ma terre natale.

Dix années plus tard, après ma très longue retraite hors de mon enfance et de mon innocence, je reviens à toi, femme noire de ma fatalité.

Dix années plus tard, après mon terrible périple au pays des "longs couteaux", je reviens à toi, femme noire, femme africaine.

Dix années plus tard, après ma révolution autour de la terre des peuples et des races, je reviens à toi, femme-mère, femme-symbole.

Dix années plus tard, après mes multiples amours multiraces, je reviens à toi, femme de ma race et de mes origines.

Dix années plus tard, après mes extraordinaires histoires d'amour-aventures, je reviens à toi, femme noire, ma préférence.

Dix années plus tard, après mes tourments et mes turpitudes au pays des "yovos" et des "toubabs", je reviens à toi, Afrique!

Dix annés plus tard, après mes catastrophes et mes déboires dans l'enfer Blanc, je reviens à toi, terre magique!

Dix années plus tard, après mes échecs et mes déconfitures au pays de la confiture et des échecs, je reviens à toi, femme de mes rêves, rêves magiques.

Dix années plus tard, après mes rêves déchus et mes déceptions au pays des échecs et de hasard, je reviens à toi, pays complice, pays liberté.

Dix années plus tard, après mes compromis et mes erreurs face au péril Blanc et Occidental, je reviens à toi, mère-patrie, patrie-mère.

Dix années plus tard, après mes différends et mes différences dans l'indifférence et le froid, je reviens à toi, Mélodie, mon amour.

Dix années plus tard, après mes craintes et mes angoisses au pays de la peur et des révolutions, je reviens à toi te chanter mes mélodies d'amour, amour filial, amour tout court.

Dix années plus tard, après mes "tralalas' et mes revers de médailles dans la citadelle-civilisation nommée Occident, je reviens à toi, ma pauvre Afrique!

Dix années plus tard, après mes décisions et mes orientations caduques quant aux valeurs et normes de l'Occident conquérant colonisateur commerçant perfide, je reviens à toi, Afrique, ma Belle.

Dix années plus tard, après mes défaites et mes désillusions face aux ennemis de la Civilisation Noire et africaine, Nation Noire et africaine, Nation divine, je reviens à toi, ma terre, terre pro-mise.

Dix années plus tard, après mes débandades et mes escapades à tavers l'enfer des enfants Noirs et africains, je reviens à toi, ma foi et mon espérance, ma raison et mon ignorance, Afrique!

Dix années plus tard, après ma solitude et mes sollicitudes dans la profondeur des ténèbres Blanches, je reviens à toi, mon honneur et ma gloire, divine Afrique!

Dix années plus tard, après mes disgrâces et mes désaccords vis à vis du Pouvoir Blanc et technologique, je reviens à toi, mon sens et ma réalité, continent sous-équipé, continent sous-developpé, avenir de l'humani-té, glorieuse Afrique!

Dix années plus tard, après mes faux espoirs et mes joies artificielles dans l'enceinte de la forte-resse Blanche et Occidentale, je reviens à toi, la plus belle, la plus séduisante, Afrique chérie.

Dix années plus tard, après mes ardeurs vaincues et mes désirs éteints dans l'édifice du matérialisme et de l'individualisme, je reviens à toi, terre sainte, terre natale.

Dix annés plus tard, après mes rites et mes habitudes sur la terre des hommes Blancs, je reviens à toi, coutunes Noires, valeurs Noires, références Noires, symboles Noirs.

Dix années plus tard, après mes succès factices et mes témoignages ambigus quant à mes origines et mon Pouvoir, je reviens à toi, noyau de ma puissance, mère nourricière.

Dix années plus tard, après mes combats contre l'"armée du salut" et mes calamités sur la terre de l'esclavage et de l'intolérance, je reviens à toi, Liberté!

Dix années plus tard, après mes histoires d'épouvante et mes romans d'espionnage au pays du mirage industriel, je reviens à toi, Homme, Terre des hommes.

Dix années plus tard, après mes tentatives de regrouper les Noirs et Africains sur la terre, je reviens à toi, bonheur immatériel, recherches irréelles.

Dix années plus tard, après les vicissitudes d'une existence précaire et les craintes quant à un destin innocemment illustre, je reviens à toi, travail marginal, travail imaginaire.

Dix années plus tard, après les séquelles et les malversations du sort et de l'histoire, je reviens à toi, signe de ma liberté et de mon salut, inventions sublimes.

Dix années plus tard, après mes prouesses illu-soires au Secondaire, et mes échecs pleins de mystères au Supérieur, me voilà au paradis de mon imagination avec mes rêves sublimes, réalités futures, images éternelles.

Un poème à vers répétitifs
Lomé, le 2 août 1987

Vas-t'en, Yoyo

Yoyo, crois-tu que l'espoir de ton amour pour moi, réside dans les sollicitudes de ta propre souffrance?

Crois-tu que l'espoir de ton bonheur, est un oiseau de feu?

Crois-tu que l'espoir d'un futur sans avenir pour nous deux, est une promesse du destin?

Crois-tu que l'espoir de ta vie sans mon amour pour toi est une certitude sans fondement?

Crois-tu que l'espoir d'un lendemain sans amour, est une consolation à ta brillante carrière?

Crois-tu que l'espoir du passé d'un amour à jamais détruit, est un souvenir sans souffrances?

Crois-tu que l'espoir de ta réalité de femme sans mon amour pour toi, est une fatalité?

Crois-tu que l'espoir de ton absence dans le silence de ma solitude, est mon seul espoir?

Crois-tu que l'espoir de notre romance sans fin, ni commencement, est le mérite de mon chagrin?

Crois-tu que l'espoir de ton exil sans objectifs et sans lendemain, est un gage de notre avenir sans amour?

Crois-tu que l'espoir de notre reconciliation à jamais compromise, est une vérité dépassée?

Crois-tu que l'espoir de nos rêves d'amour irréalisés, est une contrainte à ta faute?

Crois-tu que l'espoir de mon désespoir d'avoir perdu l'amour de ma vie, est une injustice à ta vie?

Crois-tu que l'espoir de ton attente d'un amour autre que moi, est un vain espoir?

Crois-tu que l'espoir d'une vie d'amour autre que celle que je t'ai promise, est une irrévérence à ton inquiétude?

Crois-tu que l'espoir d'une alliance autre que celle que nous nous sommes promise, toi et moi, est une imprudence à ta lâcheté?

Crois-tu que l'espoir d'un enfant autre que celui que tu m'aurais donné, est une brêche à ta cruauté?

Crois-tu que que l'espoir de ta liberté que tu as conquise de la providence et du sort, est une marque de ton entêtement?

Crois-tu que l'espoir de ta bonté envers tes pa-rents, est une compensation à ton intransigeance envers l'être aimé?

Crois-tu que l'espoir de ta soumission à ton oncle, est la révélation de ta faiblesse?

Crois-tu que l'espoir de perdre à jamais un amour fidèle, est une preuve de ta mauvaise conduite?

Crois-tu que l'espoir de me voir revenir à toi, est mon seul espoir?

Reviens, Yoyo, si le cœur t'en dit ou vas-t'en, puisque les jeux sont déjà faits;

Reviens, ma tendresse, si tu as le cœur tendresse ou vas-t'en, puisque la partie est déjà jouée;

Reviens, mon printemps à moi, si tu le veux ou vas-t'en, puisque nos buts ne sont plus les mêmes;

Reviens, ma colombe à moi, si tu en fais le serment, ou vas-t'en, puisque nos convictions ne sont plus les mêmes;

Reviens, ma perle noire, si tu m'aimes toujours ou vas-t'en, puisque nous sommes devenus indifférents l'un à l'autre;

Reviens, ma maîtresse à moi, si tu m'honores toujours ou vas-t'en, puisque dès à présent, nous nous méprisons;

Reviens, ma douce créature à moi, si tu m'adores toujours, ou vas-t'en, puisque nous ne croyons plus à notre amour;

Reviens, ma préférence à moi, si tu m'appartiens toujours, ou vas-t'en, puisque nous appartenons aujourd'hui à deux mondes différents;

Reviens, ma douce captive, si tu te considères toujours ma femme, ou vas-t'en, puisque le destin nous a à jamais séparés;

Reviens, ma promise, si tu me réclames toujours, ou vas-t'en, puisque nous ne nous appartenons plus;

Reviens, ma conquête et mon empire, si tu espères toujours en moi, ou vas-t'en, puisque nos routes se sont à jamais séparés;

Reviens, ma princesse et ma révérence, si tu me vénères toujours, ou vas-t'en, puisque tu te soustrais dorénavant à mon autorité et à ma grâce;

Reviens, ma chasse gardée, si tu demeures ma courtisane et mon associée, ou vas-t'en, puisque notre amour n'a plus de valeur;

Reviens, ma chérie, si tu espères toujours vivre ta vie, un jour, à côté de moi, ou vas-t'en, puisque notre alliance est à jamais rompue;

Reviens, ma chère fiancée, si tu désires toujours notre mariage, ou vas-t'en, puisque tu as décidé de laisser mourrir ton amour pour moi;

Reviens, mon amour d'enfance et de mon ado-lescence, si tu as foujours envie de jouer avec moi, ou vas-t'en, puisque nos rêves et nos projets ont tous échoué;

Reviens, ma femme espérée et ma complice, si tu veux toujours devenir mon épouse, ou vas-t'en, puisque nous nous sommes parjurés;

Reviens, ma consolation et mon espérance, si tu veilles toujours sur moi, ou vas t'en, puisque nous nous sommes devenus des étrangers;

Reviens, mon complément et mon second, si tu me proposes toujours ta main, ou vas-t'en, puisque nous nous sommes quittés sans nous dire adieu;

Reviens, ma belle, si tu hais ta solitude présente, ou vas-t'en, puisque tu t'es habituée à la mono-tonie de la vie à Paris;

Reviens, ma providence, si tu m'admires toujours comme avant, ou vas-t'en, puisque ton amour pour moi a flétri;

Reviens, ma déesse d'amour, si tu es lasse de vivre sans amour, ou vas-t'en, puisque notre passion est morte;

Reviens, ma chair et mon sang, si tu assumes toujours ta valeur de femme idéale, ou vas-t'en, Yoyo, puisque tu m'as désobéi.

**Un poème à vers conjugués
Lomé, le 28 mars 1988**

René de Renée

Renée, voici la rose rouge que je t'ai refusée, il y a douze années de cela, à Paris.

L'histoire d'un jeune homme, amoureux de sa maîtresse Gitan;

L'histoire d'un garçon un peu fou, follement épris d'une femme follement belle et follement riche;

L'histoire d'une rencontre suréelle entre une nymphe et un Noir;

L'histoire d'une faiseuse d'histoire et d'un romantique;

L'histoire d'une trop longue nuit d'amour sans lendemain;

L'histoire d'une femme miraculée et d'un jeune homme sorti d'un conte de fées;

L'histoire d'un rêve d'amour interrompu, parce que trop réaliste;

L'histoire d'un voyage au monde de l'imaginaire vécu;

L'histoire d'un présent passé sans futur;

L'histoire d'un journal écrit pour être lu un jour;

L'histoire d'un livre de comptes plein de râtures;

L'histoire d'une émeraude en diamant doré;

L'histire d'un pendatif en argent et d'une chaînette en ar

gent;

L'histoire d'une montre à quartz et d'une montre en or;

L'histoire d'une fête d'anniversaire aux "deux cent copains et copines";

L'histoire d'un diner chez Rejane;

L'histoire du mari Michel sympathique et menaçant;

L'histoire d'une caserne près du Val de Grâce;

L'histoire d'un jour et d'une nuit;

L'histoire d'un regard noir plein d'amour;

L'histoire d'un rire aux éclats d'or et d'argent;

L'histoire d'un train et d'un lit-couchette Marseille-Paris;

L'histoire d'un départ à Roissy et d'une arrivée à l'"Hotel le Benin";

L'histoired'une gourmette marquée "Août 78";

L'histoire de quarante neuf lettres d'amour;

L'histoire de l'accomplissement d'une adolescence;

L'histoire de l'accomplissement d'une renaissance;

L'histoire d'une super nana brune argent;

L'histoire d'une blonde imaginaire et sophistiquée;

L'histoire d'un échec scolaire et d'un périple en France;

L'histoire d'un rapide songe d'été ininterrompu;

L'histoire d'un étudiant Noir dans un rêve noir parisien;

L'histoire d'une Camarguaise et d'un Mina;

L'histoire d'une femme-rossignol et d'un maître-chanteur;

L'histoire d'un film d'amour sur fond lumineux;

L'hitoire d'une relation passion et d'une relation tendresse;

L'histoire d'une tatoueuse et d'un marqueur;

L'histoire d'une fugue et d'une romance;

L'histoire d'une échappée sauvage en désorrdre;

L'histoire d'une arène où s'affrontent un Noir et une Blanche;

L'histoire d'un port industriel et d'un champ de blé;

L'histoire d'une escroquerie honnête et d'un pardon violent;

L'histoire d'une idylle rose rouge bonbon;

L'histoire d'une fleur sauvage et d'un cœur doux.

Un poème à vers conjugués
Lomé, le 31 août 1987

La fille aux yeux verts vipère

Mes chers copains, je vous conte à présent l'histoire d'une blonde très, très belle.

Le conte d'une vipère blonde ou d'une blonde vipère, croisèe un matin dans mon école.

Le conte d'une belle vipère aux yeux vipère, métamorphose d'une très, très belle fille, en vipère.

Le conte d'une très, très belle inconnue qui s'est transformée, sous mes yeux, en une vipère verte.

Le conte d'une blonde très, très belle, mais aux yeux verts vipère.

Ce conte, voyez-vous, mes chers copains, je le dédie à toutes les nanas super belles et super sympas.

Ce conte, vois-tu Véronique, je te le dédie, en témoignage de mon coup de foudre pour toi.

Ce conte, en vérité, est le conte de tous les mecs super beaux et super sympas amoureux d'une femme serpent.

Ce conte, croyez-moi, mes chers copains, esr un aveu de ma connerie, un jour où je fis la rencontre d'une super blonde, super belle, aux yeux verts vipère.

Ce conte, crois-moi, ma belle Véronique, est une confession de ma peur, quand tu me fis comprendre que je ressemble à un Noir que tu aimerais avoir.

Ce conte, je vous en conjure, mes chers copains, est une

révélation de mon impuissance, quand Véronique, les yeux verts-vipère, m'attendait à un coin de mon école, un après-midi de prin-temps.

Ce conte, je t'en conjure, ma belle Véronique, est une déclaration d'amour, quand mes copains, à la sortie de l'école, m'ont demandé porquoi je fuyais.

Ce conte, je vous le certifie, mes chers copains, est un renoncement au bonheur, quand le bonheur vous fout la trouille.

Ce conte, je te le certifie, ma fascinante Véronique, est une consolation à ma tristesse, quand je me rappelle que je t'ai fui par peur lorsque tu as compris que je voulais t'attraper.

Ce conte, je vous le jure, mes chers copains, est une plainte à la providence d'avoir tenu sa promesse de me séduire une vipère déguisée en femme pour me séduire et m'appartenir.

Ce conte, je te le jure, ma cruelle Véronique, est un sacrifice de mon amour pour toi à ma crainte de te vouloir du mal parce que tu étais trop belle.

Ce conte, je vous le répète, mes chers copains, est une ode à une fille aux yeux verts-vipère qui sortit un matin d'un amphithéâtre de mon école pour venir se blottir contre moi, à une table de la cafétaria.

Ce conte, je te le répète, ma capricieuse Véronique, est un chant d'amour que j'ai eu peur de te chanter à cause de la splendeur de ta beauté.

Ce conte, je vous assure, mes chers copains, est une tentative de renouer avec une liaison trop éphémère entre une blonde très, très belle aux yeux verts-vipère et un Noir très, très beau aux yeux noisette.

Ce conte, je te l'assure, ma précieuse Véronique, est ma réponse à ton vœu avoué de m'aimer dans l'espace d'un jour, dans l'espace d'une éternité.

Ce conte, je vous en fais le serment, mes chers copains, est une sollicitude d'un cœur d'amour pour une glorieuse beauté en forme d'une femme blonde aux yeux verts vipère.

Ce conte, je t'en fais le serment, ma blonde vipère vermeil, est une prière pour te garder et pour te revenir.

Ce conte, je vous le dis, mes chers copains, est une supplication à la providence de me ramener ma vipère reine verte dorée.

Ce conte, je te le dis, ma belle danseuse aux yeux verts vipère, est un appel aux copains pour te ramener à moi dans ma forteresse verte vipère dorée.

Un poème à vers paraboliques
Lomé, le 30 Juin 1987

Jolie Nathalie

Nathalie, il me vient l'envie de te préciser les raisons pour lesquelles je ne t'ai jamais dit: Je t'aime.

Ces raisons sont nombreuses. Ces raisons sont au nombre de trente et un.

La raison pour laquelle je t'ai courtisée, est précisément la raison pour laquelle tu m'as aimé.

La raison pour laquelle je t'ai aimée, est précisément la raison pour laquelle tu étais détestée de Jojo et de tous les Noirs de mon campus universitaire.

La raison pour laquelle je te conseillais de ne pas prendre la carte d'adhésion au "Mouvement de Libération de la Femme", est précisément la raison pour laquelle tu refusais désespérément d'être la femme d'un homme.

La raison pour laquelle tu étais une fille frivole, est précisément la raison pour laquelle je te refusais mon intimité.

La raison pour laquelle je t'avais dit un jour: "Vas-t'en, je ne veux plus de toi", est précisément la raison pour laquelle tu me refusais ton intimité.

La raison pour laquelle tu méprisais les garçons de ton âge, est précisément la raison pour laquel-le je t'ai adorée.

La raison pour laquelle tu m'adorais, est précisément la raison pour laquelle tu voulais passionnément un enfant Métis de moi.

La raison pour laquelle tu m'as dit un jour: "Moè, toi, tu es vraiment différent des autres...", est précisément la raison pour laquelle je t'ai demandée d'être ma maîtresse.

La raison pour laquelle tu te refusais à te donner à moi, est précisément la raison pour laquelle je t'ai menti en te disant un jour: "Tu es vraiment unique, jolie Nathalie..."

La raison pour laquelle tu refusais désespérément d'avoir un amant, est précisément la raison pour laquelle je te désirais passionnément.

La raison pour laquelle tu m'as trahi en refusant obstinément d'aller au bal avec moi, est précisément la raison pour laquelle j'ai décidé de te quitter.

La raison pour laquelle tu m'as dit un jour: "Moè, moi, quand je serai vraiment adulte, je vivrai, seule, dans mon joli appartement avec mon enfant, mon chien et mon chat..." est précisément la raison pour laquelle je ne t'ai jamais dit: "Je t'aime", adorable Nathalie.

La raison pour laquelle tu préférais ma compa-gnie à celle de tes copines, est précisément la raison pour laquelle je ne voulais plus une autre fille que toi.

La raison pour laquelle je te disais souvent que tu symbolisais à mes yeux le desespoir et le désarroi des filles de ma génération, est précisément la raison pour laquelle tu voulais à tout prix me garder.

La raison pour laquelle tu te croyais un objet de désir de l'homme, est précisément la raison pour laquelle je t'appelais: "Douce et legère Nathalie".

La raison pour laquelle tu t'imaginais l'oppressée de l'homme, est précisément la raison pour laquelle je te demandais vainement de croire à la bonté de l'homme.

La raison pour laquelle tu t'identifiais à une victime du sort, est précisément la raison pour laquelle je te disais que tu seras une "maman" parfaite.

La raison pour laquelle tu te comparais à mon "âme sœur", est précisément la raison pour laquelle je te prenais pour une jeune femme très seule.

La raison pour laquelle tu me reprochais d'être un peu "macho" avec les nanas, est précisément la raison pour laquelle j'étais très tendre avec toi.

La raison pour laquelle tu me prenais pour un homme trop sévère pour toi, est précisément la raison pour laquelle je ne t'ai jamais grondée.

La raison pour laquelle je te chérissais est précisément la raison pour laquelle tu ne voulais plus un garçon autre que moi.

La raison pour laquelle tu m'as abandonné un soir pour partir avec ta meilleure amie, est pré-cisément la raison pour laquelle je ne t'ai jamais
dit: "Je t'aime", prétentieuse Nathalie

La raison pour laquelle tu m'as demandé un jour de t'embrasser alors que tu ne m'as jamais dit: "Je t'aime", est pré-cisément la raison pour laquelle je refusais de toutes mes forces de devenir un pion sur l'échiquier de ta vie.

La raison pour laquelle tu m'as avoué un soir que ta vie sans moi, est un échec, est précisément la raison pour laquelle je te trouvais une femme sans avenir sans l'amour d'un homme.

La raison pour laquelle je t'ai demandé un jour si tu ne te leurrais pas en déclarant à toutes tes copines que j'étais "ton mec", est précisément la raison pour laquelle Sylvie, ta meilleure amie est tombée amoureuse de moi.

La raison pour laquelle je t'ai toujours traitée de gourde, est précisément la raison pour laquelle tu prenais les garçons de ton âge pour des jouets grotesques et réacs.

La raison pour laquelle tu me prenais pour ton seul ami et ton confident, est précisément la rai-son pour laquelle je voulais de toi comme copine
de cheval.

La raison pour laquelle tu m'as repoussé comme amant et désiré comme fiancé, est précisément la raison pour laquelle je t'ai aimée sans te l'avouer.

La raison pour laquelle tu m'as détesté comme ton petit copain et adoré comme ton ange gardien, est précisément la raison pour laquelle je ne souhaite plus te revoir.

La raison pour laquelle tu m'as méprisé comme un garçon de ta génération et vénéré comme un homme amoureux de toi, est précisément la raison pour laquelle je t'ai menti en te faisant croire que tu étais la seule nana que j'avais.

La raison pour laquelle je t'ai méprisée comme femme intellectuelle et sous-estimée comme femme tout court, est précisément la raison pour laquelle tu me réclames pour enfin vivre de mon famour, pour toujours.

**Un poème à vers paraboliques
Lomé, le 3 Janvier 1988**

Une femme idéale

Je ne prétends pas réécrire mon destin conjugal en affirmant tout doucement que la tendre Dakaroise Toucouleure avec laquelle je sors à présent, représente à mes yeux, un modèle de femme qui me fait imaginer que l'Ivoirienne de mes rêves que j'attends pour célébrer mes fiançailles, demeure ma femme idéale en ce sens qu'elle aurait un plus qui fait la différence: Elle m'avouera, avant même que je ne lui dise quoi que ce soit, que je suis Dieu métamorphosé en un jeune Togolais dont elle a déjà rêvé.

Je ne prétends pas poser Dyénaba, ma "Belle de Dakar" comme la remplaçante attitrée de ma mystérieuse "compagne pour l'éternité que je rencontrais, un après-midi, à la bibliothèque du Centre culturel Français de Lomé et que je n'ai malheureusement pas eu l'occasion de revoir; mais une chose est sûre, Dyénaba est terriblement têtue et préfère me prendre pour un malheureux victime des caprices de Dieu. Ce qui me rend infiniment malheureux et je compte la "laisser tomber" ce soir même à son retour de chez Géraldine, l'une de mes demi-sœurs.

Je ne prétends pas m'infliger à partir de maintenant jusqu'à ce que je trouve une remplaçante à Dyénaba en la personne de Mathilda ou d'une autre sublime femme, une dure abstinence sexuelle; mais je crois que je ferai bien de ne plus faire l'amour avec Dyénaba afin de me refaire ma santé morale qui consiste à me faire reconnaître au moins par ma compagne comme effectivement Dieu dont je pense être l'incarnation.

Je ne prétends pas, ma foi, dorénavant interdir à Dyénaba de venir jusqu'à mon appartement, étant donné qu'elle y vient par envie exclusif de faire l'amour avec moi ou de me faire chier" en me prenant pour un homme de génie qui recèle l'exécrable défaut de se prendre, à son grand désarroi, pour Dieu le Tout-Puissant en personne; mais je précise qu'elle ne sera jamais mon épouse légitime, c'est à dire cette femme idéale avec laquelle je célébrerai mon marriage civil souligné par une grandiose fête et un voyage de noces, si elle décide de rester Musulmane pour la vie.

Je ne prétends pas résumer Dyénaba comme une Musulmane extrêmement fervente qui s'imagine pouvoir convertir au moins l'homme qu'elle épousera à l'islam et qui rêve aussi de devenir une "Hadja" extrêmement fortunée, mais je donnerai tout pour ne pas croire qu'elle n'a strictement aucune chance avec moi, puisque ma compagne de tous les instants doit obligatoirement être une Moèiste idéale, c'est à dire une femme qui pense que je suis effectivement le véritable "Messie" ou la "Rédemption universelle"

Je ne prétends pas donner somme toute, ma "Grande - Royale" dont je reste pourtant fou amoureux comme une personne qui ne perçoit nullement l'astuce de tout mon raisonnement qui consiste à chercher à me sentir et m'établir Dieu-notre Père céleste à partir du moment où je fus absolument persuadé qu'il a pris ma destinée directement en charge, et qui consiste également à reconnaître qu'aujourd'hui je crois éperdument à tout ce que j'établis comme si c'était ma propre rédemption; mais j'imagine qu'elle doit bien s'étonner quand, dans mon langage parlé, je parle toujours de Dieu comme une personne autre que moi, à cause de mes vieux réflexes mentaux.

Je ne prétends pas justifier par tous les moyens que j'ai cessé d'avoir envie de dormir avec Dyénaba parce que cette dernière ne m'honore pas comme quelqu'un qui lui dit tout le temps la vérité, et surtout parce qu'elle doit croire que mon auto-proclamation Dieu le Tout-Puissant devrait s'interpréter comme une folie bien excusable de ma part et une grosse blague dont il faut rire de la part de notre Père céleste; mais je donne Dyénaba actuellement et pour toujours comme une femme qui a tout pour être absolument heureuse sauf moi qui lui fait cruellement défaut.

Je ne prétends pas décider tout seul et unilaté-ralement la mise à la quarantaine de ma liaison amoureuse avec Dyénaba, parce que cette dernière cherche à me mani-puler sentimentalement, c'est à dire qu'elle cherche à obtenir ma soumission à sa personne par le biais de ses intrigues amoureuses visant à me rendre jaloux de ses innombrables courtisans; mais je dis simplement que j'en ai marre de son caractère rejetant toutes formes d'autotité, et même la mienne.

Je ne prétends pas m'afficher dorénavant comme la possibilité offerte par la providence à Dyénaba de se convertir au "Moèisme", ma religion et mon temple, afin de mieux m'appartenir comme elle le souhaite de tout son cœur; mais je définis son attitude actuelle à mon égard comme une supplication à mon auguste personnage de daigner lui faire comprendre comment par miracle, du simple Catholique pratiquant que j'étais, je pus prétendre aujourd'hui m'identifier à l'incarnation de Dieu le Tout-Puissant, si ce n'est le "Porte-parabole" de ce dernier!

Je ne prétends pas faire partager coûte que coûte à Dyénaba ma joie infinie devant le premier témoignage de mon identité révélée par mes écrits miraculeux comme la Conscience suprême, Créateur de l'Univers visible et invisible; mais je pense tout simplement qu'elle doit, elle aussi, savourer la joie infinie d'être une de mes compagnes immortalisées du fait de sa passion pour moi.

Je ne prétends pas faire dire à Dyénaba que la Terre lui semble infiniment bienheureuse et la vie infiniment douce lorsqu'elle se considère ma propriété absolue et ma compagne fidèle; mais je crois bien que hors de moi et de ma compagnie, elle doit dorénavant maudir tous ces hommes et femmes qui pensent bien la posséder.

Je ne prétends pas déterminer résolument Dyénaba ma belle, à rêver qu'elle me donnera tous les enfants qu'elle souhaiterait avoir; mais je parie que si elle tombe enceinte de moi aujourd'hui, elle se retrouverait entre le marteau et l'enclume, entre ses parents musulmans fervents qui doivent me rejeter de prime abord parce que je ne suis pas comme eux, et moi qui suis ravi à l'idée de devenir "papa" à l'âge de trente-quatre ans et épouse légitime de Dyénaba.

Un poème à vers répétitifs
Lomé, le 30 Août 1991

Défends-toi donc, Monique

Monique, j'ai une terrible affaire à te révéler.

Cette affaire est la signification de notre longue promenade, par un soir d'automne, le long d'un fleuve.

Cette affaire est notre romance d'un soir d'automne au bord du Rhône.

Cette affaire est notre flirt très simple, un soir d'automne, à Lyon.

Cette affaire est notre rencontre à l'Université de Lyon II, à Lyon.

Cette affaire est notre péché d'un soir d'hiver, à Villefranche-sur-Saône.

Cette affaire est notre séparation d'un soir d'été, à Lyon.

Cette affaire est notre nuit d'amour, en plein hiver, aux abords d'un cours d'eau.

Cette affaire est notre querelle de rien du tout un midi de printemps, devant une gare, à Lyon.

Cette affaire est notre ressemblance sentimentale au plus fort de notre amour.

Cette affaire est notre différence émotive, au plus fort de notre désespoir.

Cette affaire est notre unité active, au plus fort de notre infortune.

Cette affaire est notre adversité commune, au plus fort de notre union.

Cette affaire est notre bon cœur, au plus fort de notre mauvaise fortune.

Cette affaire est notre souffrance commune, au plus fort de notre désunion.

Cette affaire est notre roman-photo complet et inédit, vécu au plus fort de notre jeunesse.

Cette affaire est notre histoire d'amour, quand tu étais en première année d'histoire.

Cette affaire est notre tentative de nous soustraire toi et moi, pour toujours, aux normes de la société de consommation.

Cette affaire est notre volonté commune d'apprendre aux hommes l'espérance en l'homme.

Cette affaire est notre morale commune, qui se veut humaniste et humanitaire.

Cette affaire est notre identité quant à la foi en l'avenir de l'humanité.

Cette affaire est notre certitude quant à l'éternité de l'homme.

Cette affaire est notre goût commun de la justice et de la vérité.

Cette affaire est notre désir commun d'unir toutes les races de la terre, puisque tu étais Blanche et que je suis Noir.

Cette affaire est notre envie commune de conseiller aux hommes et aux peuples de ne plus jamais faire la guerre.

Cette affaire est notre décision commune de ne jamais mourir.

Cette affaire est notre refus commun de la mort et de l'injustice.

Cette affaire est notre reconnaissance commune de la réalisation future de la "Grande Famille Humaine".

Cette affaire est notre rêve commun de l'an 2000, debut d'une ère magique pour l'humanité.

Cette affaire est notre souhait commun de l'homme immortel.

**Un poème à vers paraboliques
Lomé, le 1 Juillet 1987**

Holà! Fabienne

Fabienne, je comprends à présent pourquoi tu as toujours voulu être un homme, au lieu de la belle intellectuelle que tu as toujours été, depuis toujours.

Je comprends dorénavant pourquoi tu me jugeais trop doux pour n'avoir pas été la fille que tu aurais aimé épouser.

Je comprends dès à présent pourquoi tu m'interdisais de t'appeler: "ma lesbienne", ma Fabienne.

Je comprends désormais pourquoi tu jalousais tes copines qui étaient toutes amoureuses de moi.

Je comprends dès aujourd'hui pourquoi tu m'appelais: "mon joli Joseph", ou bien "mon petit Moè".

Je comprends enfin pourquoi ton père à qui tu m'as présenté comme ton amant, espérait faire de moi son gendre Noir et africain.

Je comprends enfin pourquoi tes études de lettres modernes comptaient beaucoup pour toi, au même titre que nos longues discussions nocturnes et tardives.

Je comprends enfin pourquoi nous nous sommes tant aimés, sans jamais faire l'amour, toi et moi.

Je comprends enfin pourquoi je me suis désinterressé, après t'avoir désirée comme épouse.

Je comprends enfin pourquoi tu t'es détachée de moi, après m'avoir sollicité durant des années, comme ton amoureux de futur époux.

Je comprends enfin pourquoi je t'ai disgrâciée après t'avoir honorée des années durant, comme la plus belle des intellectuelles parisiennes.

Je comprends enfin pourquoi tu m'as trahi avec une copine à moi, alors que tu m'as avoué que tu étais toujours pucelle.

Je comprends enfin pouquoi je t'ai avoué que je préférais Renée , au risque de te perdre à jamais.

Je comprends enfin pourquoi tu m'as dit un beau matin, que tu n'aimais pas que moi, mais aussi les jolies femmes d'un certain âge.

Je comprends enfin pourquoi je n'étais pas attaché à toi par les sentiments et les émotions, mais plutôt par nos goûts et nos idées.

Je comprends enfin pourquoi tu me recommandais de ne prendre pour femme qu'une native de lion, en témoignage de la grande harmonie intellectuelle qui nous liait.

Je comprends enfin pourquoi je suis tombé amoureux de toi, alors que tu me disais que ta vie sans une femme, t'était inimaginable.

Je comprends enfin pourquoi tu aimais bien mon copain Placide, alors que tu lui étais complètement indifférente.

Je comprends enfin pourquoi je n'étais pas du tout d'accord avec toi quand tu cherchais à me convaincre que l'homosexualité était aussi normale que l'hétérosexualité.

Je comprends enfin pourquoi tu croyais de toutes tes forces que l'être humain est un animal bisexué, alors que l'homme est absolument différent de la femme quant à leur sexe et à leurs gènes.

Je comprends enfin pourquoi je t'ai niée comme une femme saine et pure, alors que tu n'étais que pudeur et vérité.

Je comprends enfin pourquoi tu m'as menti une fois en me promettant que tu dormiras avec moi après notre sortie du cinema.

Je comprends enfin pourquoi je n'ai jamais cherché à te courtiser, alors que tu me faisais presque la cour en me demandant de sortir avec moi.

Je comprends enfin pourquoi tu m'as toujours refusé ta tendresse et ton intimité. alors que je t'ai toujours avoué mon amour pour toi.

Je comprends enfin pourquoi je n'ai jamais su t'appartenir ou te revenir, alors que tu me faisais comprendre que c'était la condition à notre bonheur.

Je comprends enfin pourquoi tu me repoussais comme ton cavalier lors de nos surprises-parties à l'Institut autrichien, alors que je t'ai expliqué que la danse est le meilleur moyen pour une femme de séduire un homme.

Je comprends enfin pourquoi je te considérais comme une fille bien prude, alors que tu étais sans doute la plus émancipée des militantes passives du "M.L.F."

Je comprends enfin pourquoi je te repoussais comme compagne et maîtresse, et te désirais passionnément comme une amie et confidente.

Je comprends enfin pourquoi tu m'as dit un soir que ta

sexualité exprimait ton vif dégoût de l'homme en tant que dominateur de la femme, et pourquoi je te charmais par ma bonté et mon intelligence.

Je comprends enfin pourquoi je t'ai finalement délaissée sachant pertinemment que je t'ai blessée, alors que tu n'as cessé de souhaiter devenir la maman d'une multitude d'enfants que tu m'aurais donnée.

Je comprends enfin pourquoi tu m'as obligé un soir à te séduire, alors que je ne pouvais pas prévoir que tu as décidé de te refuser à moi au dernier moment.

Je comprends enfin pourquoi je n'ai jamais cessé de penser à toi, alors que tu m'as toujours trompé avec les femmes.

**Un poème à vers paraboliques
Lomé, le 2 Février 1988**

Cette vache de Cynthia

Écoute , Cynthia, écoute l'histoire de cette chanson qui te ressemble à te méprendre.

Écoute cette complainte que te dédie Joseph ou si tu préfères Joe, ton terrible séducteur et soupirant, Cynthia.

Écoute cette terrible mélodie d'amour que je te balance en plein visage, Cynthia.

Écoute cette terrible insulte que je te crache à la figure, en témoignage de mon amour offensé pour toi, Cynthia.

Écoute cette vilaine chanson d'amour que je te rabâche, afin que tu comprennes que je t'aime inutilement, Cynthia.

Écoute cette lancinante parodie d'amour dont je t'affuble, afin que tu deviennes plus sage le jour où tu l'auras entendue, sacrée Cynthia.

Écoute cette franche définition du sentiment macabre que tu éprouves pour moi, et j'espère que tu seras enfin guérie de ta maladie d'amour pour moi, le jour où tu l'aurais entendue, Cynthia.

Écoute cette jolie pensée que je te livre, afin que tu réalises par toi-même comme tu m'aimes sans le savoir, et sans jamais me le prouver, depuis le jour où tu m'as vu, la toute première fois, chez Joseph, Cynthia.

Écoute, Cynthia, écoute.

Les océans, vois-tu Cynthia, m'ont dit une nuit, alors que j'étais noyé dans un rêve sans fond, à peu près ceci:

Il existe sur terre une jeune femme nommée Cynthia, adoratrice du génie des océans, nommée "Mamie water", détentrice d'un pouvoir magique caractérisé par une fascination sur les jeunes hommes de son milieu.

Il existe sur terre une jeune femme, nommée Cynthia, enfin amoureuse d'un jeune homme dénommé Joe.

Il existe sur terre une jeune femme nommée Cynthia, qui se plaît méchamment à séduire tous les jeunes hommes qui se rapprochent un peu trop de sa demeure et qui les méprise ensuite sans jamais leur témoigner la moindre marque de tendresse ou d'amour.

Il existe sur terre une jeune femme nommée Cynthia, une superbe dévoreuse de cœurs d'hommes, qui se complaît dans l'infidélité morale et spirituelle à la personne morale de son fiancé.

Il existe sur terre une jeune femme nommée Cynthia, une magnifique magicienne, versée dans l'envoûtement et les sortilèges, qui s'enrichit au détriment de son bonheur conjugal, cro-yant détenir le secret d'un philtre d'amour.

Il existe sur terre une jeune femme nommée Cynthia, une détourneuse de jeunes hommes mariés, fort belle, qui croit établir une justice sentimentale entre les hommes sur terre en foulant au sol l'orgueil et le prestige des jeunes hommes-cadres ayant commis la faute de tomber amoureux d'elle.

Il existe sur terre une jeune femme nommée Cynthia, une coureuse de beaux jeunes hommes, un peu folle, un peu bizarre, qui s'imagine refaire l'humanité, en prétendant que les jeunes hommes d'aujourd'hui, mariés ou pas, recèlent tous un vice à réprimer, celui d'être foncièrement infidèle à la femme aimée, et qui par conséquent, méritent d'être punis comme tels.

Il existe sur terre une jeune femme nommée Cynthia, une penseuse "Mamie Water", qui se déclare en secret la vengeresse de la gent féminine, et qui pourfend la gent masculine, représentée par les jeunes hommes de mon âge en les taxant injustement de bourreaux de filles.

Il existe sur terre une jeune femme nommée Cynthia, une révoltée du pouvoir de l'homme mâle éternel, qui maudit le sexe mâle en déclarant que toutes les femmes du monde doivent refuser de faire l'amour avec les hommes qui leur sont infidèles.

Cynthia, voilà la pensée que j'ai voulu te dédier.

Cynthia, je t'assure que tu te trompes en faisant de moi un martyr de ton intolérance et de ta cruauté envers ton prétendu sexe mâle destructeur.

Cynthia, je t'assure que tu te goures en croyant que je te méprise du fait de ton manque de courtoisie et de tendresse à mon égard.

Cynthia, je t'assure que tu te plantes en pensant me faire innocemment du tort, à cause de mon refus de te manifester mon amour pour toi autrement que par mes vi-sites éclairs chez toi.

Cynthia, je t'assure que tu te leurres en t'imaginant une reine dévouée au génie des océans nommé "X' ou "Y", à qui tu prétends rendre un culte salutaire pour toi et pour les membres de ta famille originelle.

Cynthia, je t'assure que tu véhicules une morale malsaine,

en professant que l'homme est forcément l'ennemi naturel de la femme en ce sens que la femme est en permanence l'objet de ses perfidies, de ses mensonges et de son infidélité.

Cynthia, je crains que tu ne vieillisses sans avoir connu mon amour passion pour toi, puisque tu refuses de servir de femme à l'homme, pour la vie éternelle.

Cynthia, je crains que tu ne meurs un jour sans avoir vécu notre belle histoire d'amour.

Cynthia, je crains que tu ne deviennes laide, à force de refuser d'être belle.

Cynthia, je crains que tu ne puisses plus faire l'amour avec un homme à force de te prendre pour l'ennemie de l'homme.

Cynthia, je crains que ne puisses plus jouir de ta vie, à force de ne plus croire en l'homme et en l'amour de l'homme.

Cynthia, je crains que tu ne deviennes un jour une vieille fille sans amour, pour ne vouloir que du tort à l'homme.

Cynthia, je cains que...

Un poème à vers manquants
Lomé, le 17 Août 1989

Douce Rébecca

Rébecca est une jolie Beure que i'ai rencontrée par hasard, en revenant chez moi, dans un train de la ligne de métro "Chatelet-Mairie des Lilas", en plein cœur de Paris.

Rébecca revenait d'un grand sommeil aphrodi-siaque, sans doute occasionné par une super dose d'héroïne, lorsqu'elle retrouva, planté devant elle, un super Noir aux lunettes noires "style Ray Charles", enroulé dans un super manteau fourrure noir façon.

Rébecca qui a toujours rêvé de rencontrer en plein cœur de Paris, un soir ou une nuit, le plus beau des Noirs, croyant rêver, s'est frotté é-nergiquement les yeux et me dit d'une voix merveilleuse: "Salut..."

Rébecca fut l'instant d'après, totalement subjuguée par ma présence quand je retirais mes lunettes noires et lui répondais: "Salut, Beauté..."

Rébecca qui croyait que tous les Noirs "branchés" de Paris et New-York aiment passionnément la drogue, se pencha sur moi, assis sur la banquette brune en face de la sienne, et me glissa à l'oreille: "Je peux essayer tes lunettes?"

Rébecca ne revenait pas de ses yeux quand je lui tendis mes lunettes et lui fit comprendre que je la voulais.

Rébecca qui cromprit que je ne pouvais lui fournir de l'héro "because" je ne me "pique" pas, me remit mes lunettes noires après les avoir portées une ou deux minutes.

Rébecca m'a dit alors: "Tu me plais..."
Je lui ai répondu: "Veux-tu passer la fin d'après-midi chez moi?"

Rébecca me fit un sourire superbe et me fit comprendre que ce "plan" intéressant venait de tomber à l'eau, parce qu'elle venait de se rappeler qu'elle avait une affaire très urgente à "boucler".

Rébecca sortit son carnet d'adresses et nota précieusement mon adresse et mon numéro de téléphone, avant de m'abandonner en sautant hors du métro à l'arrêt-station Belleville, qu'elle a failli râter.

Rébecca, avant de disparaître dans le néant de cette belle fin d'après-midi d'hiver, me fit comprendre par un geste du doigt qu'elle me téléphonera avant la nuit.

Rébecca réussit ainsi à m'échapper, alors que je pensais tenir l'amour d'une belle fille Arabe, tombée amoureuse, par hasard, d'un beau "Black" un peu trop passif pour n'avoir pas couru après elle, dans l'espoir de la prendre de vitesse.

Ainsi prend fin une romance à peine commencée, car Rébecca m'a tout de même fait savoir en l'espace de six minutes, qu'il était possible de trouver en un homme l'espoir d'un bonheur doux et profond dénommé l'amour.

Ainsi prend fin une chanson Kabyle que m'a fredonnée Rébecca, afin d'espérer un jour la revoir à nouveau.

Ainsi prend fin une idylle couleur héroïne, alors que l'héroïne promit de tout reprendre à zéro, un jour, un après-midi, une nuit peut-être, par hasard.

Ainsi prend fin un rêve d'un après-midi d'hiver sans neige, tandis que l'héros sans l'héroïne, jura de revenir un jour, plus tard, sur cette troublante affaire, afin d'y voir plus clair.

Ainsi prend fin une histoire d'amour héroïne, alors que Rébecca aurait voulu que tout se déroula autrement que sur cette seule note d'amour.

Ainsi s'achève la tentative de Rébecca de devenir la "Reine" d'un "Roi" Noir perdu en plein cœur de Paris ou de New-York.

Ainsi prend fin prend une belle histoire d'amour entre une Négresse brune changée en une héroïne et un Noir Africain vénéré comme un prince.

Un poème à vers paraboliques
Lomé, le 2 Mars 1988

Une femme nommée Capricia

Capricia est le petit prénom d'une charmante, très charmante, très très très charmante dame, habitant à côté de ma maison via Lomé en allant à New-York ou à Abidjan.

Capricia est une très jolie femme qui me dépasse d'une dizaine d'années, mais qui paraît vingt ans de moins que son âge réel.

Capricia est une femme seule, avec un grand garçon d'une vingtaine d'années, et qui est courtisée en particulier par les garçons d'une trentaine d'années.

Capricia est une nymphe, mi-femme, mi-déesse, qui passe le plus clair de son temps à s'amuser avec les petits enfants, et qui par conséquent, a le caractère d'une femme-enfant.

Capricia est une femme religieuse qui un jour, eut un enfant d'un aventurier, quelque part en Afrique et non ailleurs, et qui depuis ce temps, refusa à tout jamais de mettre de nouveau un enfant au monde à cause sans doute, de la grande douleur physique que cela occasionne.

Capricia est une femme-singe ou une singe de femme, très espiègle et très intelligente, qui vint au monde sans doute par curiosité de découvrir le bonheur d'être une femme aimée de tout le monde, et aimée d'amour de Joseph, son espèce de courtisan adoré.

Capricia est une femme tendresse ou une tendresse de femme, très caline et un peu trop séduisante peut-être, qui adore me taquiner et me faire de milliers de petites misères.

Capricia est une femme extraordinairement affable et extrêmement fragile, qui croît rêver lorsque je lui dis un jour: "Capricia, ou plutôt Caprice, je crois que je suis amoureux de vous..."

Capricia est devenue, à partir de ce jour, absolument absurde, puisqu'elle ne veux plus m'adresser la parole, sans doute par excès de timidité ou par excès de tendresse à mon égard.

Capricia est devenue à partir de cette époque, une femme complètement étrange, étant donné qu'elle me considère dorénavant comme un jeune homme à moitié fou, qui a eu la maladresse de la rendre amoureuse folle de lui.

Capricia est devenue à partir de ce temps, une femme cynique et méprisable, puisqu'elle ne me dit même plus "bonjour", sans doute parce que j'ai commencé à lui faire peur.

Capricia est devenue, après l'aveu de mon sentiment d'amour pour elle, une femme drôlement méprisante et terriblement agaçante, puisqu'elle va répéter à qui veut l'entendre que je suis le plus voyou du quartier et un "mec sans job" par-dessus le marché.

Capricia est devenue depuis le fameux jour dont je vous parle, une femme plutôt désemparée et affreusement agacée, puisqu'elle n'ose plus me regarder dans les yeux lorsqu'elle vient visiter notre maison à côté de la leur.

Capricia est devenue depuis ce grave incident, une femme amère, puisqu'elle n'éprouve plus l'envie de jouer avec les enfants qu'elle adore.

Capricia est devenue depuis ce terrible événement, une femme un peu rejetée des jeunes de notre quartier, étant donné qu'elle médit dès à présent de moi auprès d'eux, sans arrêt.

Capricia est devenue depuis cet impardonnable affront à son âge, à sa situation de mère-célibataire et d'employée chez "John Holt", une femme réfractaire à toute tentative de reconciliation de ma part et demeure comme à jamais, détruite par ma déclaration d'amour.

Capricia est devenue depuis cette bouleversante affaire, une femme volontairement cruelle avec moi, étant donné que la salope s'est jurée de ne plus me parler jusqu'à sa mort si je ne retirais pas ce que je lui ai dit, le fameux soir de l'aveu.

Capricia qui cache très certainement un secret au fin fond de son âme, m'apparaît comme une femme que je peux illustrer comme suit:

Capricia est une madone, peut-être comparable à la Vierge-Marie, qui ne se laisse jamais chevaucher par un cavalier nommé l'homme.

Capricia est une femme très, très malheureuse de vivre seule avec son grand garçon et ses parents, mais qui est forcément opposée à l'idée d'aimer un homme ou d'appartenir à un homme, sans doute par grande soif d'indépendance ou de liberté.

Capricia est une femme sans doute simple à vivre, mais qui recèle une immense tare, celle de n'avoir jamais su aimer un homme d'amour, peut-être par excès d'égoïsme ou d'individualisme.

Capricia est sans doute très amoureuse de son jeune cousin Joe, mais suffisamment prétentieuse et cavaleuse pour tourner ce sentiment sain et réel en une idée obsène et irréelle.

Capricia est sans doute très désireuse de faire l'amour avec moi, mais suffisamment masochiste ou sadique pour refuser de satisfaire ce désir irrépressible et bien nature.

Capricia a très certainement envie de devenir ma maîtresse et même ma compagne, mais demeure irrémédiablement allergique à l'idée d'être la propriété d'un homme, en l'occurrence plus jeune qu'elle.

**Un poème à vers répétitifs
Lomé, le 18 Février 1989**

Thème: L'amitié

L'amitié-Mémento

L'amitié se donne comme ce sentiment qui nous pousse à vouloir du bien absolu pour notre semblable.

Je crois que je compte autant de compagnons que d'amis sur terre.

Killiane et le autres

Killiane est le prénom d'un copain très, très cher à moi.

Killiane m'aime bien, et même par-dessus tous ses copains, parce qu'il doit se dire probablement que je suis l'homme le plus intelligent qu'il ait jamais rencontré.

Killiane est un jeune homme très, très beau, un des plus beaux hommes que j'ai jamais rencontrés.

Killiane a une très grande qualité: C'est un homme extrêmement sympa.

Killiane a un très grand défaut: C'est un homme qui est prêt à se sacrifier pour un type comme moi.

Killiane déteste par-dessus tout, quelque chose: Le fait d'apprécier un homme en fonction de l'argent qu'il a.

Killiane aime par-dessus tout, quelque chose: L'amour et l'amitié.

Killiane méprise royalement les gens qui croient
que le mérite personnel d'un être humain réside exclusivement dans sa réussite sociale et non dans son humanité.

Killiane a décidé d'être tout simplement un grand musicien, parce qu'il doit probablement estimer qu'il recèle, comme je le pense aussi, un immense talent pour la musique.

Killiane vénère par-dessus tout chez l'homme ou la femme les qualités suivantes: La droiture et la franchise.

Killiane définirait volontiers la finalité de l'homme ou de la femme comme la pratique permanente de la justice et de la bonté.

Killiane signifierait volontiers sa vie par son goût extrême de toujours faire plaisir aux gens qu'il aime bien.

Killiane témoignerait volontiers que l'autorité de l'homme réside exclusivement dans sa générosité et sa disponibilité constantes envers les autres.

Killiane qui a toujours cru que les affaires consistent non pas à s'enrichir au détriment des autres mais à tisser des relations humaines de plus en plus vastes, est à mes yeux, meilleur homme d'affaires que musicien.

Killiane qui a toujours su être doux voire tendre dans nos discussions et causeries entre copains, autour de bons repas bien arrosés à Asnières ou à Paris, demeure incontestablement l'ami le plus dur que je n'ai jamais eu.

**Un poème à vers répétitifs
Lomé, le 2 Novembre 1988**

Thème: La camaraderie

La camaraderie-Mémento

La camaraderie admet pour principe la communauté de vue et pour pratique un action commune.

Pour moi la camaraderie est désormais synonyme de Moèisme.

Les camarades du P.S.A.

Il est probable que de tous les syndicats étudiants français, celui qui m'a paru le plus favorable à mes idées, fut le Parti Socialiste Autogestionnaire(P.S.A.).

Il est probable que de tous mes camarades étudiants syndicalistes, ceux dont j'ai le plus apprécié les idées sur le cours des évènements du monde, furent les camarades du P.S.A.

Il est probable que ce furent les camarades du P.S.A. qui m'ont apporté le plus de réconfort moral et intellectuel, le temps de mon séjour de dix ans en France.

Il est probable que ce furent les camarades du P.S.A. qui ont le mieux accueilli mon idée d'œuvrer pour la fondation d'un État Noir africain.

Il est probable que ce furent les camarades du P.S.A. qui m'ont réellement témoigné de la sympathie quand je fis comprendre à tous les syndicats étudiants français, que je désirais regrouper les étudiants Noirs et africains de Tolbiac autour d'un Cercle d'entraide Noir et africain.

Il est probable que ce furent les camarades du P.S.A. qui manifestèrent une joie réelle quand j'expliquais à tous les syndicalistes étudiants français mon ambition d'élargir ledit Cercle d'entraide Noir et africain à la France toute entière, puis à l'Europe toute entière.

Il est probable que ce furent les camarades du P.S.A. qui me proposèrent une aide matérielle désintéressée pour la construction dudit Cercle Noir et africain à vocation européenne.

Il est probable que ce furent les camarades du P.S.A. qui me prodiguèrent les meilleurs conseils pour l'institution dudit Cercle d'entraide Noir et africain à l'Université de Paris I- Panthéon- Sorbonne-Centre Tolbiac.

Il est probable que ce furent les camarades du P.S.A.qui me protégèrent personnellement pendant la période de création dudit Cercle d'entraide Noir et africain à Tolbiac.

Il est probable que ce furent les camarades du P.S.A. qui les seuls, ont compris que j'avais quitté définitivement ledit Cercle d'entraide Noir et africain à cause de ma mésentente fondamentale avec mes camarades Noirs et africains du directoire.

Un poème à vers répétitifs
Lomé, le 20 Janvier 1989

**Thème:
Mondanités loméennes**

Mondanités loméennes-Mémento

En réalité, il n'y a aucun mal à se promener à travers la jolie ville de Lomé [que je baptise personnellement la "Ville-Lumière", étant donné que celui qui se dénomme dorénavant l'"Homme Noir de Paix, d'Amour et de Liberté", y a vu le jour!] quitte à s'arrêter dans une des charmantes "buvettes" et prendre le nombre de demis que l'on veut...
En ceci réside une des plus appréciée des mondanités loméennes.

Chicago, le 21 démbre 2011

"Santafé"

De tous les "snack-night-bars" loméens, "Santafé" reste mon préféré, très certainement parce que Eugénie, voire Ambroise et les au-tres y travaillent.

Parce que ma belle copine Eugénie, et mon très gentil copain Ambroise et les autres y travaillent, "Santafé" devient pour moi, l'endroit idéal pour me détendre et écouter de la bonne musique en buvant une bière ou un cognac.

L'endroit nocturne idéal pour me détendre et écouter de la bonne musique en buvant une bière ou un cognac, reste "Santafé", parce que j'y re-trouve toujours une ambiance extrêmement cha-leureuse et pofondément agréable.

Parce que je retrouve toujours à "Santafé" une ambiance extrêmement chaleureuse et profondément agréable, j'honore ce lieu comme le "Snack-Night-Bar Étoile" de Lomé.

"Santafé" que je qualifie, de manière subjective, de "Snack-Night-Bar Étoile" de Lomé, semble être fréquenté uniquement par les mecs et les nanas plutôt évolués de Lomé!

"Santafé", qui semble être fréquenté uniquement par les mecs et les nanas plutôt évolués de Lomé, est un Snack-Night-Bar vraiment pas comme les autres! La preuve en est, qu'il reste mon préféré...

Un poème à vers scellés
Lomé, le 4 août 1989

EUGÉNIE

Eugénie est la célèbre fille d'un Piano-Bar célè-bre sur le "Boulevard ciculaire" de la "Ville-Lumière".

Tous les garçons bon chic, bon genre qui pas-sent chez elle, en tombent toujours amoureux.

Mais Eugénie me dit une nuit, alors que le bar était encore rempli de trois ou quatre garçons nocturnes plein de charme, quelque chose qui fit d'elle une étoile d'or parmi toutes les étoiles qui brillaient au comptoir du bar étoile.

Eugénie s'est penchée sur moi, accoudé au comptoir doré, et me glissa à l'oreille: "Bel inconnu, je suis amoureuse de vous."

J'ai réagi très vivement, en répondant à Eugénie: "Je vous trouve bien audacieuse, belle inconnue; aimez-moi donc..."

C'est ainsi que commença une belle histoire d'- amour entre Eugénie et moi: Une histoire d'amour vraie comme dans un film d'amour.

Mais, Eugénie est une femme très, très belle et possède par conséquent beaucoup d'amants amoureux d'elle.

Mais, Eugénie est une femme très, très chic, et possède par conséquent une garde-robe que je ne pourrais lui renouveler fréquemment.

Mai, Eugénie est une femme très, très rusée et possède par conséquent une fortune que je n'ai pas encore.

Mais, Eugénie est une femme très, très coquette et sait

par conséquent se faire entourer des jeu-nes gens les plus brillants de la ville.

Mais, Eugénie est une femme très, très sédui-sante et sait par conséquent se faire désirer par beaucoup d'hommes comme maîtresse.

Mais, Eugénie est une femme très, très cruelle et sait par conséquent repousser toutes les offres alléchantes des hommes entreprenants et conquérants.

Mais, Eugénie est une femme très, très vicieuse et saura me repousser quand je lui dirai que je suis un chômeur-poète-homme de sciences providentiel!

Mais, Eugénie est une femme très, très polie et saura me garder comme son amant préféré le jour où j'irai l'attendre à la sortie de son travail pour la raccompagner chez elle, ou l'inviter à ve-nir prendre le petit-déjeuner chez moi.

Mais, Eugénie est une femme très, très amoureuse de moi, et se donnera par conséquent à moi le jour où nous serons seuls, au cœur de notre intimité.

Mais, Eugénie est une femme très, très possessive, et ne voudra jamais me partager avec une autre femme qu'elle.

Mais, Eugénie est une femme très, très orgueilleuse, et saura par conséquent m'abandonner pour partir avec un homme prêt à se sacrifier pour elle, le jour où je serai couvert de richesses et d'une multitude de femmes toutes amoureuses de moi.

Mais, Eugénie est une femme très, très reservée et saura me garder et m'apartenir pour toujours, si je le lui demande.

Mais, Eugénie est une femme très, très franche et saura m'avouer qu'elle a décidé fermement de m'épouser, le jour où je me montrerai jaloux envers tous les courtisans qui l'entourent.

Mais, Eugénie est une femme très, très taciturne, et saura bien m'embrasser devant tous mes rivaux du "Café Santafé", quand je lui apporterai un soir, une rose rouge...

**Un poème à vers paraboliques
Lomé, le 13 septembre 1989**

"Le Rabylé"

L'estime que j'ai de moi-même, il est vrai, est toujours mise à rude épreuve, lorsque des "mauvaises langues" qui ne manquent pas à Lomé, me font comprendre par le biais de ma famille originelle, qu'ils ne m'aiment pas parce que je mène une vie de jeune soûlard depuis mon bizarre retour définitif au pays.

Et ce n'est certainement pas la pulpeuse ser-veuse "hyper Noire" du bar "le Rabylé" qui me voit toujours ivre mort mais absolument serein en arrivant dans son bar, qui ferait mon avocat, puisqu'elle paraît ne pas aimer les jeunes buveurs de bière de Lomé!

À tous ces cons et connes qui se plaisent à me dénigrer, je veux tout simplement dire qu'il n'y a aucun mal à ce qu'après dix ans d'exil volontaire dans le "pays des Blancs" pour des motifs universitaires, je vive une période de transition où je me plais à vadrouiller dans mon Lomé natal, certains soirs, en m'arrêtant dans certains débits de boissons attrayants pour me désaltérer, jeunesse d'aujourd'hui oblige!

Un poème à vers paraboliques
Lomè, le 10 janvier 1988

Au bar "Où va le monde?"

Au bar "Où va le monde?" réside une serveuse, une nymphe moitié déesse [ou foncièrement charmante], moitié femme [ou vulgaire], du nom d'Edna.

Avec elle, je suis donc moitié dieu [ou foncièrement agréable], moitié homme [ou brutal]...

Un poème à vers manquants
Lomé, le 10 mars 1989

"L'Harmatan"

Je constate que la femme amoureuse qui ne remarque pas vite le sentiment réciproque chez le destinataire de son amour, devient automatiquement cruelle vis à vis de ce dernier.

C'est bien ce qui s'est passé entre Herminia, la propriétaire du bar "l'Harmathan" et moi.

**Un poème à vers manquants
Lomé, le 10 mars 1989**

"Chez Baby"

La misère de l'homme polygame réside essentiellement dans son incompréhension de la femme amoureuse qui n'accepte, quelque soit sa culture, de partager son "homme" avec une co-épouse", si cette situation ne lui est fatalement imposée.

C'est cette réalité que m'a rappelée la belle barmaid du bar "Chez Baby", Adèle, qui renonça catégoriquement à l'occasion de vivre enfin l'amour qui nous lie, et que je lui ai offerte, à mon retour de Ouagadougou, sans doute pour me dire une fois pour toutes, qu'elle ne veut pas du "mari" de Dyénaba que je suis.

Un poème à vers manquants
Lomé, le 23 mars 1991

Au "Sixteen"

Je ne sais pas ce qui plaît tant à Andréa et à toutes les autres filles amoureuses de moi, au dancing "Sixteen". Peut être le charme certain de cette boîte de nuit au ciel étoilé, pas chère du tout !

Moi, j'ai pris tout simplement l'habitude de la fréquenter, histoire d'aller me "souler la gueule" pour me défouler, quand je me retrouvais seul, abandonné par Andréa et les autres.

**Un poème à vers manquants
Lomé, le 10 février**

A "Lomé Snack-Bar"

À "Lomé Snack-Bar", ce qui m'interesse le plus, ce n'est pas m'attabler à la devanture afin d'y prendre un ou deux demis, mais de pouvoir faire un brin de causette amoureux avec la tenancière, une très jolie femme qui aime me prodiguer des conseils en affaires et me raconter sa vie.

Un poème à vers manquants
Lomé, le 11 janvier 1990

A "Pajar"

Le beau diable que je fais, [puisque j'arrive généralement saoul, quand je débarque au bar "Pajar"] eut sa récompense lorsque la totalité de la nouvelle équipe de six barmaids se rue sur moi comme subjuguée par ma personnalité intellectuelle et joviale, lors de mon avant-avant-avant dernier passage dans ledit établis-sement, attablé comme d'habitude et ayant manifesté le désir de boire une bière en appe-lant l'une d'entre elles.

Le plus gros problème serait de retourner là-bas pour me fixer sur la plus amoureuse parmi elles.

**Un poème à vers manquants
Lomé, le 13 juillet 1989**

Bienheureuse ADJO!

Adjo est bien le prénom d'une de mes toutes dernières conquêtes, Ô combien utiles à mon existence après la rude prospection commerciale dans le Nord du Togo pour le compte de "la Prévoyance", une compagnie d'assurances que je représente.

Un soir disais-je, au sortir du domicile provisoire sis à Nyikonakpoè, je fis sa rencontre.

La sirène, nommée Adjo m'a sur le champ dit "oui, mais" à ma proposition de la prendre pour femme.

Deux jours après cette rencontre, nous nous sommes aimés, et promis réciproquement fidélité.

Mais, ma jolie Adjo prétend que son amour sera à l'image du mien pour elle.

Ce qui signifie que si je me conçois à l'heure actuelle un polygame bienheureux, elle ne voit pas d'inconvénient à me faire cocu si l'envie lui prend.

J'ai pris acte de sa décision, et résolus à mon tour de la revoir pour lui faire admettre que rien n'est plus agréable pour une déesse de n'appartenir corps et âme qu'à son Dieu!

Un poème à vers paraboliques
Lomè, le 12 août 1995

Splendide AFI

Lorsque je vis Afi pour la première fois dans la rue Champagne, j'ai immédiatement ressenti l' envie de trinquer avec elle, voire plus !

Ce désir devint la réalité un soir, et depuis, ma splendide Afi n'a d'yeux que pour moi.

Je lui ai promis aussi de la prendre éternellement pour femme...

**Un poème à vers manquants
Lomé, le 11 septembre 1993**

Ma belle petite ANDRÉA

Ma foi, qu'elle est belle ma cousine Andréa, surtout lorsqu'on fait l'amour !

Mon amour pour ma petite Andréa restera immortel si elle continue d'être aussi serieuse avec moi.

Et je pense que tout ce dont elle rêve à son dix-huit ans d'âge, est d'être enfin rassurée que je ne la décevrai jamais...

Un poème à vers manquants
Lomé, le 8 juin 1993

AHLIMBA que j'adore!

La femme qui me séduit le plus parmi toutes celles qui sont sûres de m'aimer, reste incontes-tablement Ahlimba.

Le pouvoir d'Ahlimba réside essentiellement dans sa faculté à toujours comprendre mes désirs muets et à y répondre positivement.

La force d'Ahlimba est de toujours s'efforcer de me plaire même si sa mère lui demande le contraire, me trouvant trop pauvre pour devenir son beau-fils.

La volonté d'Ahlimba quant à l'amour qu'elle me témoigne, est de se concrétiser "maman' avec moi.

Le bien que me veut Ahlimba, se donne en effet comme cette aptitude qu'elle recèle de m'aimer sans me demander de lui rendre régulièrement compte.

Le plaisir et le bonheur que je ressens en la compagnie d'Ahlimba, sont définis comme une intimité qu'elle me garantit pour la vie éternelle sous réserve que je la prenne effectivement pour femme.

L'honneur que je tire de ma relation avec ma belle et séduisante Ahlimba, consiste à ce que nous ayons une culture similaire, un mode de vie identique, et une même motivation face à l'existence.

La gloire que je me fais d'avoir Ahlimba pour femme, réside bien sûr dans sa volonté de m'accepter tel que je suis.

Un poème à vers enchaînés
Lomé, le 16 mars 1994

Fidèle AkUÉLÉ

Tout compte fait, Akuélé représente pour moi cette jolie femme d'Afangnan, revendeuse de pain de maïs et de pain de blé, tombée amou-reu-se de moi et décidée de m'épouser malgré l'opposition des miens à ce projet.

Tout compte fait, Akuélé restera pour moi cette sympathique femme Noire qui peut s'estimer être passionnément aimée de moi.

Tout compte fait, s'il faut un jour que j'ai un enfant au moins de chacune de mes déesses légitimes, Akuélé sera dans le premier rang.

Un poème à vers manquants
Lomé, le 10 janvier 1992

Ma très chère TAFFY

Que dire de la toute mignonne Taffy, lorsqu'enfin elle m'avoue qu'elle veut être ma femme, elle que j'ai désirée trois, quatre ans durant!

Je suis tout simplement très, très heureux de compter Taffy, ma belle de Kpalimé parmi mes vénérables déesses.

**Un poème à vers manquants
Lomé, le 9 septembre 1990**

Le "Mini Minor"

Je déteste, somme toute, la totalité de mes anciens camarades de classe extrêmement brillants comme Arnold, Michel, Gérard, Joseph, Germain, qui étaient devenus mes amis intimes et que je relègue aujourd'hui au rang de relations d'intérêt, parce qu'ils s'imaginent tous, sans me fréquenter assidûment, que mon ave-nir est à jamais terni puisque je n'ai pas obtenu mes diplômes universitaires aux âges idéaux afin de me prétendre leur égal.

Tout ceci me fait d'autant plus mal que même la mère de Michel, la propriétaire du bar "Mini Minor" m'a, à plusieurs reprises, avoué qu'elle ne comprend pas ce que je fous à Lomé puis-que je serais devenu irrespectable, étant sans emploi et sans diplômes supérieurs!

Et si la mémé peut comprendre que je me suis réalisé à Lomé, l'Homme le plus intelligent au monde, Dieu le Tout-Puissant en personne, pour la servir! Et qu'à l'heure actuelle, mon lieu idéal de résidence ne peut être que Lomé, n'ayant pas encore publier de livres ou autres œuvres.

Un poème à vers manquants
Lomé, le 17 janvier 1990

"Au bon Coin du Sportif"

Le roi des cons de toute ma famille originelle réunie est incontestablement Éric le transitaire, ce-lui-là même qui a cessé de me prendre pour quelqu'un de respectable, le jour où il a compris que les innombrables essais scientifiques et littéraires que je ré-dige, depuis mon "retour définitif" au Togo, ne sont point des thèses de doctorat, mais des essais d'un écri-vain autodidacte.

L'individu en question, niveau Terminale G2 d'après ses propres dires, m'avoua un beau matin qu'il ne comprenait pas pourquoi j'ai laissé tomber mes études à l'Université pour me prétendre écrivain et chercheur, ce qui est, à ses yeux, une aberration, puisque c'est par mes diplômes universitaires ou autres obtenus que je dois normalement gagner ma crédibilité auprès du public!

Lorsqu'en effet je me souviens que les deux fois successives, soit en 1978 puis en 1986, où je fus contraint d'abandonner mes études universitaires, je le fis, en fin de compte, par choix de destinée, je ne regrette nullement qu'aujourd'hui, pas un seul homme ou femme ne me respecte comme Écrivain, puisque je reste convaincu jusqu'au plus profond de mon être, que je deviendrai riche et prospère du fait de mes écrits uniquement!

Aussi je dédie ces quelques vers de poésie à la très jolie fille qui sert au bar "le Bon Coin du Sportif" qui préféra les billets de banque d'Éric le transitaire, à mon sourire de poète.

Un poème à vers conjugués
Lomé, le 13 novembre 1989

Thème:

La fin de l'esclavage

La fin de l'esclavage-Mémento

"Je pense, donc je suis", disait Descartes, le grand philosophe et savant français. Je pense que Dieu en personne, est en train de réparer tout le mal commis à l'endroit de la Race Noire africaine, donc le rêve que j'ai eu dans la nuit du 7 au 8 Novembre 1986 est prémonitoire.

Joseph Moè Messavussu Akué

Le Port d'Elmina

Peu de Noirs Africains, de Minas en l'occurence, pensent que leur épopée d'Elmina à Dégbénou et Aného, reste étrangère à la personne divine que je pense incarner; puisque l'une de mes rares interventions dans le déroulement de l'histoire humaine sur terre, concerne tous les miracles relatés par la Bible et relatifs à la vie de Jésus-Christ, que je réalisais magiquement en son lieu et place, il y a deux mille ans.

Il y a deux mille ans en effet, je rêvais, [alors que je m'étais domicilié, sous ma forme céleste d'un homme Noir africain en ondes électromagnétiques et électroaccoustiques, sur la "planète bleue",] que je descendis sur terre magiquement, c'est à dire sans soucoupe volante ni vaisseau intergalactique, afin de réaliser des miracles programmés dans la vie de Jésus-Christ dont l'histoire fut écrite par l'"Esprit du mal en personne" qui s'était toujours pris pour le créateur de tout ce qui existe y compris de ma personne visible ou invisible qu'il dénomma "le meilleur des hommes".

Persuadé en effet que le dénommé Joseph Moè Messavussu Akué est bel et bien "le meilleur des hommes" puisque celui-ci fut désigné par le Sort pour porter la "Pierre philosophale" ou la "Pierre de la connaissance absolue", l'esprit du mal en personne, le "Prince des démons", décida de réaliser alors son plus vieux rêve: Me donner personnellement la mort avec l'aide des plus cruels de ses créatures humanoïdes, en s'infiltrant dans mon cerveau en compagnie desdits cruels "lieutenants".

En s'incrustant dans mon cerveau en compagnie de ses plus cruels "lieutenants", l'Esprit du mal en personne ne s'est en aucun moment douté qu'il rentrait de son gré dans son tombeau, [puiqu'il sera l'un des tout- premiers démons que ma tête eut à broyer] mais croyait bêtement qu'il allait me vieillir avant l'âge de trente-cinq ans, et que je mourrai à l'âge de trente-sept ans de crise cardiaque sinon d'assassinat politique!

En m'ordonnant comme un malheureux qui mourra à l'âge de trente-sept ans de crise cardiaque sinon d'assassinat politique, l'Esprit du mal en personne me niait comme l'Incarnation de Dieu le Tout-Puissant, celui-là même qui lui apparut déja au début de la création du Cosmos, sous mes traits actuels, assis un "Trône de Lumière" et tenant dans sa main gauche un livre qui renfermait un condensé de la Table des lois qui fondent et prédestinent la totalité de ce qui existe.

Le livre qui renfermait un condensé de la Table des lois qui fonde et prédestine la totalité de ce qui existe et qui se nomme "la Loi des grandeurs", se donne comme le premier livre que j'écrivis tout au debut de l'histoire du Monde des Mondes des Cieux, [alors que le me présentais exactement comme je suis aujourd'hui mais en ondes électro-magnétiques et accoustiques d'une luminescence blanchâtre,] et reste le premier traité de ma-thématiques fonctionnelles que j'ai entrepris de rédiger en 1987.

Les mathématiques fonctionnelles que j'ai rêvées en 1987 comme la forme sublime de concevoir la réalité physique et sensible, me livrent le contenu de mon cerveau ou de la "Pierre philosophale" depuis lors, comme un savoir miraculé qui fait de moi quelqu'un qui se con-vainc d'être effectivement "Dieu-fait homme".

Pour me convaincre que je suis effectivement Dieu-fait

homme [ce qui déplaît profondément à tout mon entourage], il m'a fallu comprendre que je ne dépends de rien pour établir la suite ininterrompue de mes axiomes mathématiques fonctionnels ou termes de ma logique formelle, qu'à travers tous mes rêves je me révèle à moi-même comme le Fabricant effectif de l'univers visible et sensible, et que je maîtrse absolument le cours des événements universels.

Pour avoir saisi que je ne dépends de rien pour établir mes axiomes mathématiques fonctionnelles, qu'à travers tous les rêves que je fis jusqu'alors il se trouve que je suis sans aucun doute le Fabricant effectif de l'univers visible et invisible et que je maîtrise absolument le cours des événements universels, j'en déduis que mon identité réside dans le rêve que je fais de ma personne que tout le monde s'accorde à trouver insensé.

À partir du moment où tout le monde s'accorde pour me trouver insensé, surgissent deux points d'interrogation: Premièrement, si Dieu de tous les hommes et femmes croyants existe bel et bien, alors ne serait-il pas le plus obscurantiste de tous les êtres vivants? Deuxièmement, si je suis effectivement Dieu le Tout-Puissant en chair et en os, alors quand est-ce que l'humanité l'admettra comme vrai, puisque je vis comme si je n'ai rien à prouver à personne, sinon à moi-même?

Des deux questions qui précèdent, les gens qui me détestent me diront que le jour où je mourrai comme tout le monde, je comprendrai que je n'aurai été qu'un rêveur bien dérangeant. Tandis que les gens qui m'aiment bien voire passionnément, me diront qu'ils prient pour que l'Éternel ne se fâche pas contre moi.

De tout ce qui précède, je crois que mon mérite pour oser

défendre la nouvelle religion que je professe, serait uniquement d'avoir inventé une nouvelle civilisation Mina à partir du Port d'Elmina.

**Un poème à vers conjugués
Lomé, le 1er Décembre 1990**

Les rois négriers

Enfreindre la loi des rois négriers, ou déclarer comme le fit mon aïeul Akué Kumavi, qu'une négritude sy-nonyme de la "traite des nègres" est une démission de l'homme et de la femme Noirs africains face à la vie, équivalait à signer son propre arrêt de mort et à fuir comme la peste la Cour royale de Sempey et le peuple Mina ou Guin de Gold-Coast, actuel Ghana.

Mon aïeul Akué Kumavi ayant donc signé son propre arrêt de mort en s'insurgeant contre l'esclavage, et obligé de fuir la Cour royale de Sempey à Gold-Coast, actuel Ghana, en compagnie d'un petit groupe d'hommes et de femmes qui ont décidé de le suivre jusqu'au bout du monde, prit Dieu à témoin en décidant d'aller créer quelque part sur la côte du Togo et non ailleurs, une civilisation Noire africaine modèle, fondée sur la Paix, l'Amour et la Liberté.

Mon aïeul Akué Kumavi m'ayant pris à témoin [tout en méconnaissant que Dieu naîtra en 1957, sous les traits d'un enfant Guin ou Mina du nom de Joseph Moè Messavussu Akué] en décidant d'aller créer une civilisation quelque part sur la côte du Togo, m'adressa alors la prière suivante: "Si je dois mourir un jour, Dieu le Tout-Puissant, faîtes que ce soit sur le territoire que tu m'as reservé et parmi ma tribu bien aimée".

Mon aïeul Akué Kumavi vit sa prière exaucée puisqu'il mourra d'une mort paisible à Dégbénou, une petite ville du Togo qu'il fonda au dix-huitième siècle.

Dégbénou ou la place du marché au gibier provenant de la "forêt sacrée" où allait chasser d'habitude mon aïeul Akué Kumavi, donna ainsi son nom à la puissante bourg qu'on nomme aujourd'hui Dégbénou.

**Un poème à vers paraboliques
Lomé, le 3 Décembre 1990**

Les rafles négrières

Dire que pourchasser les membres de sa propre famille comme du gibier et les faire rafler par des négriers fut sur cette terre Noire et africaine une pratique coutumière!

Les rafles négrières ont anéanti avant tout, nos coutumes Noires africaines ancestrales. La preuve en est que l'Afrique Noire renonça à jamais à institutionnaliser pour l'universaliser sa propre culture, et pour s'en remettre totalement à l'école Blanche et européenne.

En s'accordant pour n'imaginer la vie qu'à travers les modes de raisonnement qu'on n'acquiert nécessairement qu'à l'École Blanche et européenne, tous les peuples de la Terre réalisent l'idéal de l'Esprit du mal en personne qui veut que la "civilisation de la machine-outil", son invention personnelle qu'il légua aux grands penseurs Blancs européens, ne se perpétue que par la race Blanche européenne.

La "civilisation de la machine-outil", une fabrication de l'Esprit du mal en personne à cent pour cent, intégralement révélée à la race Blanche et européenne, a ceci de particulier qu'elle est impossible à concevoir par les Noirs Africains et les Noires Africaines qui ont été rendu "tarés" par ledit Esprit maléfique et sa "communauté de démons", et qui ne peuvent que copier les raisonnements des penseurs Blancs et européens.

Ladite civilisation de la machine-outil aussi reste incomparable à la "civilisation de l'homme immortel" en ce que les postulats de la première suppriment l'humanité et la vie qu'elle est censée améliorer et que ceux de la deuxième proclame l'immortalité humaine et la vie éternelle.

Un poème à vers paraboliques
Lomé, le 5 Décembre 1990

Les châtiments négriers

La race Noire africaine est comprise à tort par la race Blanche européenne comme une race primitive, incapable d'inventions technologiques et apparemment condamnée à être l'esclave perpétuel et docile de ladite race Blanche européenne.

Fort de cette appréciation en réalité tronquée de la "Négritude", puisque la "civilisation de l'Egypte des pharaons" aurait été une invention absolument Noire africaine, le génie Blanc européen se maintient au pouvoir universel en cachant à la Nation Noire africaine son patrimoine technologique, et en n'y mettant au parfum que les plus dociles de ses "esclaves" Noirs africains qui ne remettent nullement en cause la suprématie de la race Blanche européenne dans l'univers.

La suprématie de la race Blanche européenne dans l'univers se révèle ainsi comme intouchable, à moins que le génie Noir africain qui a déjà fait ses preuves, comprenne et soutienne la puissance technologique qu'incarne le dénommé Joseph Moè Messavussu Akué.

La puissance technologique qu'incarne le dénommé Joseph Moè Messavussu Akué et que la collectivité Noire africaine surrondante nie par jalousie et mauvaise foi, restera donc la propriété privée absolue dudit dénommé Joseph Moè Messavussu Akué.

Un poème à vers paraboliques
Lomé, le6 Décembre 1990

Les fers négriers

Que de douleurs, la pensée que je n'arriverai jamais à concrétiser ma puissance technologique avant ma mort hypothétique, occasionne en moi! Seulement je continue de rêver que d'ici l'an 2020, je parviendrai à partir de rien, à fabriquer de mes mains propres, la première génération de mes machines-outils sublimes révélée; n'en déplaise au génie humain sous l'emprise de l'intelligence restrictive et pernicieuse de l'Esprit du mal en personne.

L'intelligence restrictive et pernicieuse de l'Esprit du mal en personne qui fait croire à l'être humain que l'homme ou la femme Noir Africain quelque soit la faveur qu'il ou elle peut bénéficier du destin, reste absolument incapable de détrôner l'homme ou la femme Blanc européen proclamé le "Maître de l'Espace-Temps", se définit comme le contraire de mon esprit, en ce sens qu'elle pose l'Univers formé comme éphémère et Dieu comme un personnage irréel donc inexistant, alors que je pense l'univers visible et invisible indestructible et ma personne comme l'incarnation de celui-là même qui fabriqua le Monde des Mondes des Cieux et la vie éternelle.

L'incarnation de celui-là même qui fabriqua le Monde des Mondes des Cieux et de la vie éternelle que je suis, m'autorise à poser dès lors ma souveraineté comme re-levant de la magie la plus élevée qui soit, ce qui n'est pas du goût de l'humanité qui ne me reconnaît point d'attributs magiques spécifiques, puisque je demeure comme la plupart des Africains d'Afrique et d'ailleurs, un chômeur aux prises avec la terrible hégémonie des pays industrialisés.

Cette terrible hégémonie des pays industrialisés sur la terre donne toute la puissance de l'Esprit du mal en personne qui a toujours été jusqu'à sa mort, le plus féroce Négrier qui soit.

Un poème à vers conjugués
Lomé, le 8 Décembre 1990

Les galères négrières

Des coups que j'ai reçus dans les galères de la vie à Paris, Lyon et Villefranche sur Saône, le plus cruel est la situation d'un étudiant Noir Africain avec une collection de récépissés de convocation à la Préfecture de Police pour cause de renouvellement de carte de séjour, pour seul papier administratif témoignant de son séjour de plus de sept ans déjà en France !

Avec pour tout papier tenant lieu de titre de séjour en France, voire dans la plupart des pays occidentaux, un récépissé de convocation à la Préfecture de Police pour cause de renouvellement de carte de séjour, les Noirs Africains en l'occurence, sont en situation irrégulière dans lesdits pays, n'ont donc pas droit à un travail, un logement et sont à reconduire à la frontière française ou autres ou carrément à être rapatriés à tout instant.

Les Noirs Africains en situation irrégulière en France et dans la plupart des pays occidentaux vivent dès lors dans un état de psychose permanent proche de la démence.

Un poème à vers conjugués
Lomé, le 10 Décembre 1990

Les champs de canne à sucre négriers

S'il faut travailler pour pouvoir se donner les moyens de vivre, il n'en demeure pas moins vrai que les "travaux forcés" bannissent la dignité humaine et orientent l'être humain comme une bête de somme.

L'être humain contraint par les armes à travailler sans espoir, devient en somme un être porteur de haine et de malédiction contre son ou ses tyrans qu'il n'hésitera pas à détruire à la moindre occasion favorable puisque le ou les prenant pour une ou des bêtes fauves sous des traits humains.

De toutes les bêtes fauves sous des traits humains négriers que j'ai rencontrées durant mes périgrinations européennes, la plus affreuse reste monsieur Abigboll, le patron de France-Déménagement qui n'hésita pas à nous envoyer mon collègue Zaïrois et moi, au plus profond de notre dèche parisienne, sur un chantier, à bord de l'un de ses camions rempli au neuf-dixième de collis sanglés, ou plus exactement, embarqués dans le petit espace qui restait derrière les monstrueux colis dans la "caisse" dudit camion. Nous avons d'un commun accord, Maurice et moi, repoussé l'offre satanique.

Un poème à vers conjugués
Lomé, le 11 Décembre 1990

Les révoltes négrières

Lorsque j'envisage clairement accéder par la voie des élections démocratiques au pouvoir, au Togo, je me heurte toujours à la difficulté d'y parvenir avec l'aide de mon entourage, parents et amis qui me laissent choir en ces moments de lucidité, peut être parce qu'ils sont jaloux de ma bénédiction divine, ou bien parce qu'ils me détestent pour le mépris que j'affiche pour leurs personnes avilies par le matérialisme ambiant.

Parcequ'ils se révèlent toujours jaloux ou haineux à mon endroit, sans doute à cause de mon intelligence et de ma grâce exceptionnelles, mes parents et mes amis m'ont fait prendre clairement conscience d'une chose de la plus grande importance: À mes lieu et place, je suis tout simplement tenu de me faire reconnaître et honorer par l'humanité entière comme le Chef éternel de l'Etat-Nation Espace-Temps, le Président à élire de la République du Togo, le Président à élire de la future République Fédérale Africaine, et le Secrétaire Général à élire de l'Organisation des Nations Unis dont le futur Siège est prévu à Lomé!

Et c'est justement parce que mon entourage ne me reconnaît aucun de ces attributs précédents que je me suis révolté contre leur autorité basée uniquement sur le principe que l'homme ne serait correctement évalué qu'en fonction de ses possessions matérielles provenant d'une situation professionnelle prodigieuse.

En admettant par contre que la valeur d'un homme équivaut exactement au poids de sa conscience correspondant à son aptitude à faire le bien et à éviter le mal, et à réaliser sa vie conformément à ses talents, ma révolte et celles de tous les hommes et femmes qui me prennent pour leur Signeur, resteront les plus terribles révoltes négrières qui soient, puisqu'elles appellent l'abolition pure et simple de la "civilisation de la machine-outil ou de l'esclavage industriel".

**Un poème à vers paraboliques
Lomé, le 12 Décembre 1990**

L'abolition de la traite des nègres

Changer le destin méphistophélique de l'humanité en une destinée divine. Tel est et restera le sens de l'abolition de la civilisation de la machine-outil ou de l'esclavage industriel.

**Un poème à vers parabolique
Lomé, le 13 Décembre 1990**

Hommage moèiste à
Martin Lulter King

Martin Luther King, aujourd'hui le 23 Janvier 2003, moi Joseph Moè Messavussu Akué - Roi régnant auto-proclamé de l'Etat-Nation Espace-Temps - Dieu le Tout-Puissant en chair et en os - Souverain - Maître de la vie et de l'Histoire, déclare ce qui suit: Tu as remporté une victoire absolue sur le mauvais sort arbitrairement attribué à notre peuple Noir africain d'Amérique, d'Afrique et du reste du monde.

Je considère en effet, King, que la fraternité entre toutes les races de la terre, est aujourd'hui un acquis ici aux États Unis d'Amérique et partout dans le monde.

Mais nous ne devons pas nous en tenir là, car le premier Moèiste que je suis, lutte âprement pour faire de la fraternité entre tous les peuples du monde une réalité palpable.

Le peuple Noir africain auquel nous appartenons, a toujours été appelé pour porter le "Flambeau de la civilisation divine" à proprement parler. Mais tout comme Amel et Amélie, les deux premiers êtres humains créés, bien évidemment issus de notre peuple, nous refusions de créer ensemble les conditions de l'éclosion de ladite civilisation divine.

Aujourd'hui le 20 Janvier 2003, je confesse que j'ai réussi à faire de mes rêves ma réalité, et je le prouverai en faisant du Parti Moèiste americain, le plus grand parti politique aux États Unis d'Amérique dans les décennies à venir, et pour l'éternité.

Un poème à vers paraboliques
Lomé, le 20 Janvier 2003

Terreur humaine et libération divine

Tout comme si je ne suis que le Messager des temps moderne de Dieu le Tout-Puissant, je confirme que l'humanité est devenue trop laide et trop méprisante de la Parabole Moèiste pour que je puisse déclarer cette dernière tout comme moi-même, immortelle.

Tout comme si je ne suis que le Prophète Mina se proclamant à travers ses écrits Dieu le Tout-Puissant en personne, je confirme en effet que je n'ai pas encore rencontré un homme ou une femme irrémédiablement acquis à ma doctrine Moèiste, se faisant ainsi mon compagnon ou ma compagne fidèle.

Tout comme si je ne parlais point le langage de la vérité en déclarant solennellement que je me confirme l'Incarnation de Dieu, dès à présent que je retrouve en moi en permanence l'effectivité de sa présence, je deviens tout simplement la Libération divine là où la terreur humaine nommée la mauvaise foi, triomphe.

Un poème à vers répétitifs
Lomé, le 10 Janvier 1993

La gloire de mon père

La gloire de mon père réside dans le fait qu'il nous a élevés, nous tous qui sommes ses enfants, avec beaucoup d'amour et très peu d'argent.

La gloire de mon père réside aussi dans le fait qu'il fut un homme foncièrement bon et un politique hors-pair.

La gloire de mon père réside aussi dans le fait qu'il a su se faire aimer de toutes les femmes qu'il a vues et connues durant sa vie; en particulier mes innombrables grandes et petites sœurs qui le vénèrent comme un dieu.

La gloire de mon père réside aussi dans le fait qu'il ne m'a jamais dit ouvertement que je ne suis pas son fils d'homme; lui qui s'est toujours senti totalement étranger à moi et surtout à la conception immaculée de ma mère quant à moi.

La gloire de mon père résume dans une certaine mesure, l'incompétence des hommes politiques Noirs africains à régler le problème du sous-developpement par la voie de la violence politique ou de la guerre de la décolonisation totale.

La gloire de mon père néglige absolument le militarisme militant et la civilisation de la machine-outil.

La gloire de mon père ne consiste pas uniquement à ressembler dans la mesure du possible à Dieu que je suis, mais surout à rester un adorable père de famille, jusqu'au jour de sa brutale disparition.

La gloire de mon père ne consiste pas uniquement au fait qu'il fut un grand promoteur de la race Noire africaine, mais un homme que j'apprécie beaucoup pour son humanité.

La gloire de mon père ne réflète pas uniquement la vie d'un homme ultra simple, absolument dévoué à sa patrie, mais aussi à l'indépendance de la Nation togolaise dans une certaine mesure.

La gloire de mon père consiste, somme toute, à me considérer comme son enfant qui sauvera Lucie, ma mère, et qui sait l'humanité entière.

Un poème à vers répétitifs
Lomé, le 19 Avril 1988

Thème:
L'éternel colon

L'éternel colon-Mémento

L'humanité est confrontée à l'énigme de l'incarnation sublime de Dieu en la personne de l'auteur de la Poésie fonctionnelle, qui est toujours nié comme tel et simplement admis comme un homme Noir africain togolais et écrivain. Ainsi Dieu invisible demeure le détenteur de toute la vérité scientifique et absolument exacte sur le Monde des Mondes des Cieux et la vie éternelle, ou l'Éternel Colon...

Joseph Moè Messavussu Akué

Le prestige du colonisateur

Le temple du bonheur de l'Europe colonisatrice, serait sans doute ses territoires occupées par la force armée, et qui restent de nos jours, leurs chasses gardées.

Pour demeurer des chasses gardées des ex-pays colonisateurs européens, les États-Nations du Tiers-Monde formèrent des armées nationales inféodées, comme de bien entendu, aux puissances colonisatrices en question; une situation qui donnent la chair de poule aux peuples en developpement qui finissent par croire que seul Dieu le Tout-Puissant les délivrera du joug inhumain de la colonisation Blanche européenne.

Lorsqu'en effet j'entends à travers le monde, les prières et les plaintes des suppliciés, je vérifie alors mon appartenance à l'un des pays les plus mi-sérables de l'Univers et je comprends en même temps que la plus grande chance de ma vie est d'être parvenu à me proclamer Dieu le Tout-Puissant - homme au grand dam de l'humanité qui ne veut pas me croire.

Le pouvoir réel de l'homme Blanc Européen sur l'homme dit de couleur est la capacité du premier à assimiler très aisément la pensée de l'"Esprit du mal en personne" qui donne intégralement la "civi-lisation de la machine-outil", et à comprendre tout aussi aisément la pensée de l'"Homme immortel", tandis que le second fut rendu infiniment "taré" par le même "Esprit du mal en personne" durant les trois derniers millénaires, et n'est pas encore prêt à accepter la pensée de l'"Homme immortel " comme logique et bien fondée, encore moins à comprendre de fond en comble l'"Arbre de la connaissance du diable" qui asseoit le prestige du colonisateur.

Le propre de la race Blanche Européenne ayant été, ces trois derniers millénaires, d'être l'"Élue" de l'Esprit du mal en personne pour porter sa civi-lisation [que je mis dans sa tête alors que j'étais encore au Ciel, et domicilié sur la "Planète des machines-outils macabres" en tant qu'une compensation au mal commis par les "Adorateurs du mal" à l'endroit des peuples européens], ladite race Blanche européenne devint ainsi aux yeux des autres peuples du monde, la créatrice de la "civi-lisation de l'universel" qui semble être la civilisation la plus prestigieuse que l'humanité ait connue jusqu'alors.

La puissance de l'Europe colonisatrice [qui s'entend dès lors comme le pari à celui qui prétend incarner Dieu le Tout-Puissant d'expliquer au reste de l'humanité lequel des deux génies Blanc européen témoigné par la science et la technologie dominantes au monde et le génie Noir africain témoigné par les savoir et savoir-faire miraculeux du dénommé Joseph Moè Messavussu Akué, a déjà fait ses preuves fatales; tandis que les machines-outils sublimes rêvées par ledit dénommé Joseph Moè Messavussu Akué ne sont pas encore de-venues une réalité; ce qui revient à dire que Dieu "a du pain sur la planche"], ne s'effacera que pour laisser rayonner la Nation Noire africaine - Porte-Flambeau de la "civilisation de l'Homme immortel".

Aussi je crois qu'il est temps que je proclame mes savoir et savoir-faire miraculeux véridiques en di-sant que j'ai déjà expérimenté en rêves la totalité des machines-outils sublimes que je projette de fabriquer dans les années qui viennent.

Plaise à ceux et celles qui m'aiment pour que je supplante

effectivement le prestige du colonisateur.

Un poème à vers paraboliques
Lomé, le 14 Décembre 1990

Le caractère du colonisateur

Depuis que je pense être l'Homme immortel dont nous parlons, je n'ai jamais eu que des déboires dans mes multiples recherches d'emploi. Tout comme si je déplais profondément à mes supposés employeurs à cause peut être de mon ca-ractère altier.

Depuis que je touche pour tout revenu mensuel, un an après mon retour définitif au Togo, la mo-dique somme de dix mille francs CFA de subventions familiales - héritage, n'ayant jamais eu la chance de trouver un emploi à Lomé, je compris définitivement le terrible rêve que je fis à Paris, une semaine avant mon départ pour Lomé - Togo, lequel rêve me donna ma maison familiale comme le fief futur de l'Esprit du mal en personne et toute ma famille originelle comme une traîtresse à ma divine cause !

Depuis que je décidai de me lancer dans les affaires à Lomé, et à partir d'un fonds commercial nul, je me rendis compte de la cruauté de mon entourage qui n'envisage pas que je suis effectivement la "Marche du futur" et que le jour où je constituerai le nouveau "Centre d'intérêt de la Nation togolaise" est proche. Ledit entourage me
prend aujourd'hui tout juste comme un étudiant bien malheureux, victime du régime militaire finissant au Togo; la preuve en est que tous ceux et celles qui avaient les moyens de me soutenir moralement et financièrement, ne m'ont apporté la moindre aide.

Depuis que je réalisai enfin que le peuple Noir africain qui devait être au-dessus de tout soupçon par rapport au peuple Blanc européen colonisateur, recèle bel et bien les tares lucifériennes consistant pour un être humain à ne trouver son bonheur que dans le malheur de son semblable, le bon heur pour moi devint synonyme d'individua-lisme, le reflet exact du caractère du colonisateur.

Depuis que je vis pour la dernière fois le visage de la colonisation sous les apparences de mon père qui ressemble à s'y méprendre à un colonisateur allemand qui se définit comme un individu extrêmement autoritaire qui utilise volontiers la force pour obtenir de ses semblables ce qu'il attend d'eux, je crois que la profonde affection que je lis dans ledit visage me fit comprendre que je finirai peut être par être comme lui.

Depuis que mon défunt père m'expliqua un jour qu'il aurait mieux accepté l'hégémonie allemande à celle des alliés qui à ses yeux ne symbolisent que le règne absolu de l'argent sur les institutions humaines, tandis que la première, le règne humain sur la nature, je pris alors la décision de demander à Dieu le Tout-Puissant son règne sur terre, i-gnorant parfaitement que je me proclamerai à l'âge de trente ans, son incarnation et donc le Messie effectivement attendu par le genre humain.

Depuis que je me rendis compte que le genre humain hostile à l'idée que je suis Dieu le Tout-Puissant - fait homme, décida mon anéantissement pur et simple, je résolus donc de créer une armée, une gendarmerie, et une police orientées par ma volonté exclusive et payées sur mes fonds personnels!

Depuis que j'envisage concrètement de réaliser la "Grande Famille humaine" en commençant par l'accession au pouvoir au Togo par la voie des élections démocratiques, je crains que je ne sois amené par la légitime défense, à tuer un ou des êtres humains, jurant par là -même que le "bien absolu" passe nécessairement par la sévérité envers le criminel qui révèle le caractère du colonisateur.

**Un poème à vers répétitifs
Lomé, le 16 Décembre 1990**

Le peuple colonisé

Le plus gros problème que je rencontre depuis mon retour définitif au pays natal en 1987 est sans aucun doute le fait que mon pouvoir personnel qui se limite strictement à mon travail sacré d'écrivain et d'homme de pensée, et qui ne me fait vivre que spirituellement et pas encore matériellement, passe pour une illusion aux yeux de mes concitoyens qui attendent que je m'enrichisse par cette activité avant de me vouer du respect.

Pour n'être en effet qu'une profession de consolation pour moi, étant donné que ledit métier d'écrivain et de chercheur ne me procure aucune ressource financière actuelle, je me retrouve face à un dilemme: Donner mon statut social comme un écrivain et chercheur autodidacte tout court à la grande moquerie de tout le monde. Ou bien me définir purement et simplement comme un chômeur à la grande pitié de tout le monde.

En tout état de cause, je me présente bel et bien comme le créateur de toutes les œuvres que je m'apprête à livrer à l'humanité et comme un malheureux qui se débrouille pour vivre.

En guise de justification à ma forme de vie, j'affirme que mon bonheur absolu tout comme celui du peuple colonisé, ne pourra résider que dans notre créativité qui ordonne notre libération.

En guise de détonateur à l'émergence de ma puissance dans le monde, je dispose ce qui suit:
Nom et prénom: Joseph Moè Messavussu Akué.
Profession: Écrivain - Chercheur autodidacte.

Signes particuliers: Auto-proclamé Dieu le Tout-Puissant - fait homme.
Destination: Se prouver qu'il est effectivement Dieu conformément au rêve prophétique de la nuit du 7 au 8 Novembre 1986.

En guise de fair-play [ou d'aveu de mon impuissance en face du sentiment - refuge de l'humanité entière y compris moi-même, que je ne suis qu'un miraculé dans les mains de "notre Père qui est aux cieux"], je dispose ce qui suit:
J'ai effectivement rêvé une nuit, alors que j'étais étudiant à l'Université de Paris I - Panthéon - Sorbonne en France, que je suis devenu "Toute la Lumière du Ciel qui s'est fait homme". Tout porte à croire que ce rêve devient progressivement ma réalité.

En guise de soupape de sécurité à ma pensée que je suis en train de porter à sa sublime expression, je dispose ce qui suit:
Toutes les vérités que je proclame, restent encore de purs produits de mon imagination. Les vérifications ultérieures que je ferai, viendront confirmer ou démentir lesdites affirmations initiales suivant le plan que voici:
Les termes de mes connaissances sont des révélations.
Les données fausses desdites connaissances rélèvent des toubles qu'avait occasionnées le défunt Esprit du mal en personne, et continuent de produire les créatures spirituelles démoniaques en ma personne. les données corrigées résultantes que j'attends, demeureront aussi de purs produits de mon imagination.

En guise de compensation à mon état de délabrement matériel actuel, je refuse catégoriquement de m'associer à une maison d'édition quelconque ou à une société industielle et commerciale dans le monde et réaffirme que je réaliserai la totalité de mes œuvres à partir de rien et avec exclusivement les fonds que j'amasserai miraculeusement, ne voulant faire le bonheur de ceux et celles -là même qui font le malheur des peuples colonisés.

Un poème à vers paraboliques
Lomé, le 19 Décembre 1990

Le rire moqueur de l'éternel colon

Le tonnerre de la renommée des colons allemands au Togo et au Cameroun est tel que les Togolais et les Camérounais d'aujourd'hui ont tous la nostalgie de la colonisation allemande qui, si elle avait continué selon les dires de ces derniers, aurait fait de leurs pays respectifs de très grandes Nations industrialisées.

En admettant que les colons anglais et français ont été respectivement des racistes et des escrocs, nous pouvons concevoir ce qui suit:
Pourquoi l'Afrique Noire toute entière ne se remettrait pas dans les mains du colon modèle?
La réponse à cette question est que ni l'Angleterre ni la france n'abandonneront pas de sitôt leurs intérêts dans lesdits pays à moins d'y être chassés militairement.

En admettant que les desseins non avoués de l'Angleterre et de la France sont respectivement de confirmer les anciennes colonies dans leurs spécialités qui demeurent les arts et les sports ou de faire d'elles des réservoires de matières premières et des marchés pour les produits manufacturés français et anglais, nous pouvons affirmer que dire que le dénommé Joseph Moè Messavussu Akué s'apprête à réaliser la première génération de machines-outils [qui a la même puissance de travail et la même performance technologique que Dieu le Tout-Puissant en personne et par rapport au monde Blanc européen qui possède les savoir et savoir-faire de l'esprit du mal en personne qui ordonna dans le cerveau des grands inventeurs Blancs européens avant de rendre l'âme, le "parc des machines-outils" qui ont exactement les mêmes puissance de travail et performance technologiques que l'être humain], relève d'une plaisanterie que les mauvais Blancs Européens n'aimeront guère.

En admettant qu'il reste exactement au dénommé Joseph Moè Messavussu Akué juste le nombre d'années nécessaire pour couvrir une vie humaine à vivre, L' homme et la femme Blancs européens me donnent bien entendu comme un utopiste bien ambitieux ou un rêveur qui malheureusement prend ses rêves pour la réalité. Mais ceci à contrario, peut constituer pour l'homme et la femme qui ont foi en moi, une mesure réelle de ladite puissance de travail et performance technologique de Dieu le Tout-Puissant qui veut bien avoir, face à la race Blanche européenne, le rire moqueur de l'éternel colon.

En admettant que le dénommé Joseph Moè Messavussu Akué se comporte comme si l'idée qu'il n'est pas l'Intelligence sublime Origine et Source de l'Univers créé le rend fou, et en consi-dérant que ladite Intelligence sublime se comprend comme l'écrivain miraculé qui ignore qu'il est Dieu jusqu' à ce qu'il se le prouve, nous pouvons affirmer ce qui suit:
Dieu, s'il n'est pas le dénommé Joseph Moè Messavussu Akué, se moque bien de ce dernier qui croit réellement en être l'incarnation.
Ainsi il sera toujours question de savoir si l'esprit de Dieu, les connaissances divines propres, la volonté divine et le corps divin se réunissent en une seule personne nommée Joseph Moè Messavussu Akué, ou pas.

En admettant que le dénommé Joseph Moè Messavussu Akué est une énigme divine éternelle et en considérant que ce dernier ait déjà dit son dernier mot sur qui est sa personne, nous pouvons dire qu'il ne reste plus à l'humanité que de faire elle-même la part des choses.

En admettant que ladite humanité recense parmi les messagers de Dieu le dénommé Joseph Moè Messavussu Akué et en considérant que Dieu est vraiment insondable, nous pouvons dire que la folie dudit dénommé Joseph Moè Messavussu Akué ne tient qu'à ce qu'il écrit par devers lui.

En admettant que je tombe dans la disgrâce faisant de moi quelqu'un qui aurait effectivement perdu la raison, je crois qu'il me restera toujours ma conscience pour comprendre que j'ai été berné par une créature invisible bien amusante qui a su me faire rêver l'impossible. Tout compte fait, ce sera elle qui gardea le rire moqueur de l'éternel colon.

Un poème à vers paraboliques
Lomé, le 20 Décembre 1990

L'émancipation du peuple colonisé

La folie humaine qui veur que Dieu le Tout-Puissant reste un être vivant éternellement invisible de l'être humain et absolument incompréhensible, s'enracine dans un shéma de pensée qui est le suivant: Nous, humanité, nous rendons compte que le Père céleste, s'il existe, ne s'est encore pas montré à nous. Puisque c'en est ainsi, ne cherchons plus à connaître véritablement son visage et sa pensée au risque de lui déplaire. Bornons- nous donc à ses envoyés et à leurs actions.

La folie humaine qui veut que le dénommé Joseph Moè Messavussu Akué ne soit rien d'autre que l'énigme divine de l'an 2000, s'enracine dans un shéma de pensée qui est le suivant: Nous, humanité, nous rendons compte que l'homme en question est justifiable par sa franchise. Néanmoins celui-ci avoue lui-même qu'il ne peut fournir à l'heure actuelle plus d'explications sur son identité qu'il ne l'a déjà fait.

La folie humaine qui veut que le fondement du savoir dit miraculeux du dénommé Joseph Moè Messavussu Akué soit purement fortuit et non divin, s'enracine dans un shéma de pensée qui est le suivant: Nous humanité, nous rendons compte que la totalité des machines-outils que l'homme en question a imaginée, est donnée par une axiomatique littérale non encore expérimentée dans la réalité.

La folie humaine qui veut que les rêves du dénommé Joseph Moè Messavussu Akué s'arrêteront d'eux-mêmes le jour où celui-ci vieillira effectivement ou se révèlera incapable de fabriquer les machines-outils qu'il aurait imaginées, s'enracine dans le shéma de pensée qui est le suivant: Nous humanité, nous rendons compte de l'impossibilité dans laquelle se retrouveront les plus grands cerveaux humains actuels et futurs de réaliser les ambitions technologiques et scientifiques de l'homme en question, lorsque ce dernier viendrait à mourir. Ce qui prouve que seul Dieu-l'Éternel invisible pourra réaliser l'émancipation des peuples colonisés.

La folie humaine qui veut que la personne du dénommé Joseph Moè Messavussu Akué soit considérée comme en somme un fou innocent ou bien un bienheureux bien malheureux, s'enracine dans le shéma de pensée qui est le suivant: Nous humanité, nous rendons compte que le plus gros problème de l'homme en question serait de ne pas avoir encore reçu du destin l'ultime confirmation qu'il est effectivement celui qu'il croit être.

La folie humaine qui veut que l'esprit du dénommé Joseph Moè Messavussu Akué soit une donnée fausse ou bien l'esprit de Dieu auquel cas, Dieu est un fourbe abject, s'enracine dans le shéma de pensée qui est le suivant: Nous humanité, nous rendons compte que l'énigme de l'homme en question est sa joie de vivre débordante qui découle du fait qu'il serait bel et bien devenu un "grand quelqu'un" grâce à sa foi chrétienne puis moèiste.

La folie humaine qui veut que les demeures célestes de l'Éternel invisible soient des lieux de la vie éternelle incompréhensible pour l'humanité mortelle, s'enracine dans le shéma de pensée qui est le suivant: Nous humanité, nous rendons compte que seule la mortalité humaine est réelle. Tandis que l'immortalité humaine en chair et en os demeure une illusion probablement propre au dénommé Joseph Moè Messavussu Akué.

La folie humaine qui veut que la magie du dénommé

Joseph Moè Messavussu Akué ne soit une réalité que dans sa tête, s'enracine dans le shéma de pensée qui est le suivant: Nous humanité, nous rendons compte que la loi existentielle de l'homme en question, n'est plus ou moins qu'un conte de fée et que sa propre émancipation c'est à dire sa propre acceptation du fait que le Nègre ou la Négresse ne sont aujourd'hui rien sans l'École Blanche européenne, procède de l'émancipation des peuples colonisés.

**Un poème à vers cycliques
Lomé, le 21 Décembre 1990**

Le déclin du monde Blanc colonisateur

La prise du pouvoir du Moèisme dans le monde au détriment de l'hégémonie Blanche européenne, est une attitude propre au dénommé Joseph Moè Messavussu Akué et à tous ceux et celles qui ont la foi moèiste, et qui consiste à régler le problème de la succession au trône universel comme si ledit dénommé Joseph Moè Messavussu Akué est tout à fait un mortel.

La prise du pouvoir du Moèisme dans le monde au détriment de l'hégémonie Blanche européenne, est la conséquence immédiate du désir effréné des tenants de la "civilisation de la machine-outil" de préserver la domination Blanche européenne sur le monde en refusant systématiquement l'accès aux technologies de pointe aux "hommes et femmes de couleur".

La prise du pouvoir du Moèisme dans le monde au détriment de l'hégémonie Blanche européenne, est le resultat du désir absolu du dénommé Joseph Moè Messavussu Akué du règne absolu de Dieu le Tout-Puissant en personne sur la Terre et dans les Cieux et pour les siècles des siècles.

La prise du pouvoir du Moèisme dans le monde au détriment de l'hégémonie Blanche européenne, est une compromission de la race Noire africaine avec la race Blanche européenne afin de réaliser l'industrialisation de l'Afrique Noire quitte à passer par le biais exclusif de la technologie non encore expérimentée du dénommé Joseph Moè Messavussu Akué, celle-là même qui ordonne le déclin du monde Blanc colonisateur.

La prise du pouvoir du Moèisme dans le monde au détriment de l'hégémonie Blanche européenne, est un aveu d'impuissance du monde Noir africain [qui perd trop de temps à attendre tout de la puissance technologique du monde Blanc européen,] face audit monde Blanc européen.

La prise du pouvoir du Moèisme dans le monde au détriment de l'hégémonie Blanche européenne, est une reconnaissance du fait qu'il reste toujours possible à la race Noire africaine de se developper en enrayant les tares de la "civilisation de la machine-outil" qu'elle est déterminée à assimiler totalement.

La prise du pouvoir du Moèisme dans le monde au détriment de l'hégémonie Blanche européenne, est la conduite des affaires universelles dorénavant par un cercle d'amis dévoués corps et âmes à la "chose universelle", et dénommé les Moèistes de tous les pays du monde, lequel cercle d'amis admettant volontiers des oppositions à travers le monde entier.

La prise du pouvoir du Moèisme dans le monde au détriment de l'hégémonie Blanche européenne, est une opération magique qui se décrit comme la possibilité que recèle le dénommé Joseph Moè Messavussu Akué de "dire merde" à l'École Blanche européenne et de procéder à l'institutionnalisation d'un savoir qu'il qualifie de céleste et qui décide le déclin du monde Blanc colonisateur.

**Un poème à vers répétitifs
Lomé, le 22 Décembre 1990**

L'échec du néo-colonialisme

La question qui me vient à l'esprit quand je contemple les prouesses technologiques contemporaines, est la suivante: Pourquou depuis l'Égypte antique ou des pharaons, les Noirs Africains n'ont plus émerveillé le monde par leur savoir et savoir-faire? La réponse à cette question est que depuis les invasions barbares et les migrations des peuples de la Méditerranée et de l'Asie qui ont fini par détruire ladite civilisation Négro-africaine, les Nois Africains ont été rendus tarés par l'Esprit du mal en personne qui les a pris en aversion en instituant du coup le racisme Blanc européen.

L'idée qui me traversa l'esprit quand l'esprit du mal en personne rendit l'âme en 1987 en tentant de détruire mon Esprit, fut la suivante: Si je dois mourir un jour, ceci sera dans la gloire céleste d'avoir été le "Porte - Nouveau Testament de Dieu le Tout-Puissant".

L'envie qui me vient quand je pense que je n'ai pas encore trouvé un seul être humain pour admettre que je suis effectivement Dieu le Tout-Puissant en chair et en os, est la suivante: L'erreur que j'aurais commise est de déclarer dans mes écrits que je suis l'incarnation de l'Intelligence sublime, Origine et Source de l'Univers créé et de la vie, une disposition que je voudrais tant supprimer pour plaire à tout le monde!

Le traître mot que me fit entendre la femme avec laquelle je vis et que je refuse catégoriquement d'épouser parce qu'elle me déclare qu'elle est née musulmane et ne peut que la demeurer, est le suivant: Le nom d'Allah le miséricordieux que je ne peux être à ses yeux, est évoqué par elle à longueur de journée comme si ceci est la chose la plus enthousiasmante qu'elle puisse faire quotidiennement. Par contre, en me regardant, la chose qu'elle lit dans mes yeux d'homme surdoué est probablement l'échec du néo-colonia-lisme.

L'intérêt particulier que me porte désormais ma compagne et tout mon entourage, est ce que leur rapporteront nécessairement mes œuvres prodigieuses.

Le regain d'estime que me témoignent mes amis qui m'ont pris, depuis la transformation de ma pensée humaine en ma pensée magique ou la "Poésie fonctionnelle", pour un type devenu insensé est basé, je crois, sur le parfait équilibre de mon être et de ma vie qui réflète l'absolu
bonheur.

Le précieux cadeau qu je veux offrir au Togo, celui de ne plus partir en exil et de réaliser la totalité de mes œuvres à partir du pays natal et d'abord pour le pays natal, est loin de plaire à mes concurrents et concurrentes pour la suprématie au Togo et dans le monde. La preuve en est que tous mes amis et amies d'enfance et de maintenant qui sont bien positionnés dans le pays et qui devraient m'apporter leur soutien, me regardent avec méfiance.

La vitesse d'exécution de mes œuvres qui me paraît relever de ma magie révélée, est à mes yeux, la véritable chance pour réaliser le temps d'une vie humaine normale, ce qui me tient le plus à cœur, à savoir ma "technologie révélée" qui, seule, assure l'échec du néo-colonialisme.

Un poème à vers paraboliques
Lomé, le 23 Décembre 1990

Thème: L'exil

L'exil-Mémento

Toutes les sources d'ennui de l'homme et de la femme Noirs africains résident dans les régimes de leurs pays respectifs qui n'hésitent pas, dans l'un des meilleurs des cas, à les condamner à l'exil.

Je deviens quant à moi réticent face à la defense d'un idéal politique qui risque de me conduire à m'-exiler volontairement puisque sans me l'avouer, l'être qui organise cet état de choses, tente tout simplement de me liquider psychologiquement.

La mélancolie de l'exilé

Les trophées de cinq siècles d'oppression et d'exploitation des peuples de l'Afrique Noire et du reste du monde en voie de developpement que brandit la race Blanche européenne aujourd'hui, resteront à jamais les guerres des frontières héritées de la période coloniale, les guerres de libération nationale, les coups d'état militaires, les guerres civiles, les coopérations économiques et militaires aliénantes, les systèmes éducatifs volontairement tronqués afin de ne pas permettre que l'homme et la femme "de couleur" ne soient aussi savants et techniquement doués que l'homme et la femme Blancs européens, les économies orientées par les desiderata des pays colonisateurs d'antan, etc...

Point n'est besoin en effet pour une femme ou un homme Noir africain ou de couleur d'aller dans le "pays des Blancs" pour se rendre compte qu'il est absolument impossible pour les pays en voie de developpement d'égaliser, puis de dépasser unjour le niveau technologique des pays developpés d'aujourd'hui à moins qu'un miracle se produise. Puisque tout le monde peut le constater au ci-néma, à la télévision, ou en ouvrant tout simplement les yeux.

La vérité quant à cette terrible affaire, est que le temps joue dangeureusement contre cette volonté politique à peine dissimulée des pays industria-lisés qui doivent à l'heure actuelle, se demander s'ils doivent laisser "crever" lesdits pays en voie de developpement en proie à des convulsions sociales et politiques, en laissant leurs dictateurs continuer de les gouverner dans le sang, ou s'ils doivent aider les démocrates sincères desdits pays à instituer leurs états de droit et leur multipartisme pacifique.

La vérité quant à cette terrible affaire, est que la puissance de l'"Homme éternel" est irrèmèdiablement opposée à la puissance occidentale en ce sens que la première procède d'un homme abso-lument pauvre voire marginalisé par le monde riche moderne, tandis que la seconde procède du mépris pour l'homme et la femme qui ne sont pas Blancs européens.

La vérité quant à cette terrible affaire, est que la quasi totalité des "cerveaux" Noirs africains, une fois leur haute formation scientifique et technologique réalisée, servent les pays industrialisés comme s'ils sont incapables de faire les sacrifices nécessaires pour l'industrialisation de leur patrie, l'Afrique Noire.

La vérité quant à cette terrible affaire, est que nul savant Noir africain et de couleur en général, n'est maître de sa vie et de son destin hors de son pays natal puisqu'il cololporte toujours avec lui cette sorte d'état flasque de l'âme qu'on appelle la mélancolie de l'exilé.

La vérité quant à cette terrble affaire...

Un poème à vers manquants
Lomé, le 1er Février 1991

Vive les États Unis d'Amérique!

Admettons que le tout premier "fascicule d'enseignement de la Poésie fonctionnelle" intitulé "VIVE LES ÉTATS UNIS D'AMÉRIQUE!" publié aux Éditions Bleues en Janvier 2009, confirmait l'exil américain divin et célébrait un nouvel "Ordre universel".

Admettons que ledit intitulé "VIVE LES ÉTATS UNIS D'AMÉRIQUE!" signifie l'ensemble des actions magiques ou gouvernementales spatiales temporelles éternelles figuré par le second fascicule d'enseignement de la Poésie fonctionnelle "POÈMES BLEUS".

Admettons que les "POÈMES BLEUS" qui ne prennent pas de gants pour affirmer sans équivoques que Joseph Moè Messavussu Akué est l'incarnation authentique, unique dans l'histoire spatiale temporelle éternelle de Dieu le Tout-Puissant, choqueront plus d'un aux États Unis d'Amérique et dans le reste du monde, mais sont pleinement assumés par leur auteur.

Admettons que l' Éternel-Dieu [effroyablement anonyme en tant que Joseph Moè Messavussu Akué aujourd'hui le 11 septembre 2011, attesté par les "POÈMES BLEUS" et confirmé par l'ensemble des poèmes décrivant le "Pouvoir Noir" ou le "Royaume des Cieux accompli" et intitulés les "Poèmes identitaires"], déclare que, de l'ensemble des hommes et des femmes qui respecte profondément l'Auteur de la Poésie fonctionnelle et le "Moèisme" germera le nouvel Ordre économique, humain, et spatial temporel éternel dénommé l'"Édifice du Bonheur absolu humain" ou l'"Éden retrouvé".

Admettons que le "retour au bercail" de Joseph Moè

Messavussu Akué expérimenté en Décembre 2010, est entièrement produit par le livre "le Processus de fabrication de l'Édifice du Bonheur absolu humain".

Il en résulte le raisonnement qui suit:

Premièrement, le "rêve de l'Édifice du Bonheur absolu humain" est identique au "rêve magique de la nuit du 7 au 8 Novembre 1986" qu'a eu Joseph Moè Messavussu Akué.

Deuxièmement, le processus de fabrication de l'"Édifice du Bonheur absolu humain" est purement et strictement identique au déroulement régulier de l'existence de Joseph Moè Messavussu Akué.

Troisièmement, que ceux et celles qui ne croient pas en Joseph Moè Messavussu Akué et au "Moèisme" trouvent dans l'au-delà les raisons de leur propre repentance pour leur retour glorieuse à la "Vie éternelle" promise par la "Poésie fonctionnelle".

Quatrièmement, les "Moèistes" d'aujourd'hui le 11 Septembre 2011 qui témoignent leur foi en la "Poésie fonctionnelle" appartiennent d'ores et déjà au "Royaume des Cieux promis et accompli".

Cinquièmement, le mois de Septembre 2011 qui portera mille, deux mille, trois mille ... lettres d'amour pour les exilés de par le monde est ainsi proclamé le "mois saint" dans le calendrier céleste.

Un poème à vers paraboliques
Chicago, le 11 Septembre 2011

**Thème:
Poèmes en Guin**

Poèmes en Guin-Mémento

La langue maternelle de l'auteur de la Poésie fonctionnelle, nommée "Guin" ou communément "Mina", est reconnue comme la langue verna-culaire parlée par l'ensemble de la population du Togo. Mais hélas, l'occasion providentielle ainsi donnée pour proclamer ladite langue officielle, n'est jamais saisie. Cette nouvelle tentative d'honorer le "Guin" togolais en l'écrivant, demeure une contribution à l'émergence d'une culture africaine universelle.

Chicago, le 30 décembre 2011

Poems in Guin-Notes

Functional Poetry Writer's mother language, named "Gen" or commonly "Mina", is found as vernacular language spoken by the whole Togolese population. But this providential opportunity to proclaim this language official isn't never seized. This new attempt to honor "Togolese Gen" by writing it, remains a contribution to an universal african culture's emergence.

Chicago, December 30th, 2011

Poema o lé Guin gbé mé-Egna ti o

Dji-dji mé gbé ké yé Poésie fonctionnelle hlonla é do na, ké yé o yo na bé "Gen-gbé" alo kaba-kaba "Mina", amé dé kpé-kpé tchan'in si gbé vernaculaire égbé gban to a lé Togo blibo a mé. Vo a, o mou djo so égbé oan so wo Togo official égbé gbédé-gbédé o. Énou tin-kpo yéyé ké yé gni fifi bé "Gen-gbé" hon-hlon ya, é lé gni agba-gba djédjé tohê a dé lé Africa universel bé émé koko a mé.

Chicago, nkéké égban lé décemba bé wouétri a mé, 2011

Agban na mou lé o!

Mou sogbé bé agbéto la nodji von'in na novi a o.

Mou sogbé bé agbéto la nodji ékou na novi a o.

Mou sogbé bé agbéto la no wo énou kliklo kliko lé hihé a mé o.

Mou sogbé bé agbéto la no blé novi a o.

Mou sogbé bé agbéto la no fi'n novi a o.

Mou sogbé bé agbéto la no gblon égna podi podi so novi a n'ti o.

Mou sogbé bé agbéto la no dji égna né novi a o.

Élé abé na, énou dé kpékpé bé fi'ntou lé.

Élé abé na, agban na mou lé Mawou bé adjo a mé o.

Élé abé na, gna o toto éyé non na koudo Mawou.

Élé abé na, vivi dodo amé havi n'ti éyé wo na novi.

Élé abé na, énou gon mé séssé né amé novi éyé wo na déka wo wo.

Élé abé na, dji dodo dé Mawou n'ti éyé gni boboê gnigni lé hihé blibo a mé.

Élé abé na, hossé do Mawou dji éyé gné amé havi lonlon.

Poèm lé parabol gnati mé
Lomé, nkéké amé woé ton lé
décembre bé wrétri a mé, 1989

Pas de crédit!

Il n'est point normal de vouloir du mal à son pro-chain.

Il n'est point normal de vouloir la mort de son semblable.

Il n'est point normal d'aimer faire le mal.

Il n'est point normal de mentir.

Il n'est point normal de voler.

Il n'est point normal de dénigrer son prochain.

Il n'est point normal de se quereller avec son prochain.

Puisque chaque fait a ses conséquences.

Puisque les affaires divines n'admettent pas de crédit.

Puisque Dieu ne tolère pas les mensonges.

Puisque fraterniser consiste à plaire à son pro-chain.

Puisque se comprendre mutuellement contribue à vivre en harmonie.

Puisque l'espérance en Dieu est synonyme de modestie.

Puisque croire en Dieu consiste à aimer son prochain.

Un poème à vers paraboliques
Lomé, le 13 décembre, 1989

Cash only!

It isn't right to hurt a fellow man.

It isn't right to to want a fellow man to die.

It isn't right to like to do bad things.

It isn't right to lie.

It isn't right to rob.

It isn't right to denigrate a fellow man.

It isn't right to quarrel with a fellow man.

Since any act has its consequences.

Since divine businesses do not allow credit.

Since God do not tolerate lies.

Since brotherhood means getting on well together.

Since understanding one another contributes towards living in harmony.

Since hope in God is synonym of modesty.

Since believing in God consists of loving a fellow man.

A poem in parabolic verses
Lomé, December 13, 1989

Novi kpo to o a gbo!

Novi gné o, mi'n gba hossé bé Mawou n'sin kpata to a évé na nou von wo la o nou o.

Novi gné o, mi'n gba hossé bé Mawou n'sin kpata to a é kou na n'zi'n-n'zi'n né énou fiti fiti wo to o.

Novi gné o, mi'n gba hossé bé Mawou n'sin kpata to a é so na kodjo gonglon o.

Novi gné o, mi'n gba hossé bé Mawou n'sin kpata to a amé fafa dé bé gni o.

Novi gné o, mi'n gba hossé bé Mawou n'sin kpata to a édjé ago lé amé dé dji kpo o.

Novi gné o, mi'n gba hossé bé Mawou n'sin kpata to a é wo énou von'in dé kpo o.

Novi gné o, mi'n gba hossé bé Mawou n'sin kpata to a é wou agbéto kpo o.

Novi gné o, mi'n gba hossé bé Mawou n'sin kpata to a é da na ékon o.

Novi gné o, mi'n gba hossé bé Mawou n'sin kpatato a é wo na adjré o.

Novi gné o, mi'n gba hossé bé Mawou n'sin kpata to a é wo na édran o.

É'n tia, mi no hin adodo lé hihé a mé.

É'n tia, mi no djé blê ou lé hihé a mé.

É'n tia, mi no non djo-djoê lé hihé a mé.

É'n tia, mi no vé mia novi nou.

É'n tia, mi nodji la non sé mia novi bé gon mé.

É'n tia, mi no djé agbagba bé mia non wo amé.

É'n tia, mi'm gba bia n'ku do mia novi n'ti o.

É'n tia, mi lé bé na énou gnan-gnan koudo
djéssido ké yé Mawou so na mi a n'ti kpo.

É'n tia, mi lé bé né mia non-non o.

É'n tia, mi lon mia non-non o.

Poèm lé parabol gnati mé
Lomé, nkéké amé woé adin lé
décembre bé wrétri a mé, 1989

Mêlez-vous de vos oignons!

Mes frères et sœurs, ne croyez pas que Dieu le Tout-Puissant accepte le péché.

Mes frères et sœurs, ne croyez pas que Dieu le Tout-Puissant a pitié des malfaiteurs.

Mes frères et sœurs, ne croyez pas que Dieu le Tout-Puissant rend mal la justice.

Mes frères et sœurs, ne croyez pas que Dieu le Tout-Puissant est quelqu'un de faible.

Mes frères et sœurs, ne croyez pas que Dieu le Tout-Puissant a jamais péché contre quelqu'un.

Mes frères et sœurs, ne croyez pas que Dieu le Tout-Puissant ait jamais mal agi.

Mes frères et sœurs, ne croyez pas que Dieu le Tout-Puissant ait jamais tué personne.

Mes frères et sœurs, ne croyez pas que Dieu le Tout-uissant aime se bagarrer.

Mes frères et sœurs, ne croyez pas que Dieu le Tout-Puissant aime se quereller.

Mes frères et sœurs, ne croyez pas que Dieu le Tout-Puissant est une crapule.

Aussi, prenez patience dans la vie.

Aussi, soyez prudents dans la vie.

Aussi, soyez justes dans la vie.

Aussi, soyez complaisants envers autrui.

Aussi, cherchez tout le temps à comprendre au-trui.

Aussi, cherchez tout le temps à être bienveillants envers autui.

Aussi, n'enviez jamais vos semblables.

Aussi, prenez soin de l'intelligence et du savoir dont Dieu vous a dotés.

Aussi, accordez-vous mutuellement grâce.

Aussi, aimez-vous les uns les autres.

Un poème à vers paraboliques
Lomé, le 16 déce

Mind your own business!

My brothers and sister, never believe that God the Almighty accepts the sinner.

My brothers and sister, never believe that God the Almighty has pity on criminals.

My brothers and sister, never believe that God the Almighty dispenses wrong justice.

My brothers and sister, never believe that God the Almighty is a weak person.

My brothers and sister, never believe that God the Almighty ever commits a crime.

My brothers and sister, never believe that God the Almighty has ever do wrong things.

My brothers and sister, never believe that God the Almighty has ever killed somebody.

My brothers and sister, never believe that God the Almighty likes to fight.

My brothers and sister, never believe that God the Almighty likes to quarrel.

My brothers and sister, never believe that God the Almighty is a scum.

So, be patient in your life.

So, be careful in your life.

So, be fair in your life.

So, be obliging in your life.

So, be understanding for other people.

So, show kindness for others.

So, do not be envious.

So, do care only for intelligence and knowledges given to you by God.

So, do give for each other mercy.

So, do love each other.

A poem in parabolic verses
Lomé, December 16, 1989

Mou éga yé wo na novi o!

Novi gné o, mou éga yé wo na novi o.

Novi gné o, éga gné noudé ké gblé na novi domé ga sia ga mé.

Novi gné o, éga gné boussou dé ké do na voklan amé domé ga sia ga mé.

Novi gné o, éga gné ahovi dé ké yé wou na novi lonlon.

Novi gné o, éga gné Satana bé gbon-gbon ké yé gblé na agbéto koudo Mawou domé.

É'n tia, mi'm gba do lonlon né éga o.

É'n tia, mi'm gba hossé bé éga dji-dji ga sia ga mé so wou adam do-do a é gné énou gno'in dé o.

É'n tia, mi'm gba bou i bé Mawou so yra-yra dé né éga o.

É'n tia, mi'm gba soê klo a o bé sitou to hê dé no na amé kéyé lon na éga wou agbéto a dji o.

É'n tia, mi'm gba tchi dji do éga n'ti lé hihé a mé o.

**Poèm lé parabol gnati mé
Lomé, nkéké amé adrin lé
décembre bé wrétri a mé, 1989**

Fraternité n'est point synonyme de richesse!

Chers frères et sœurs, la fraternité n'est point synonyme de fraternité.

Chers frères et sœurs, l'argent demeure une chose qui détruit la fraternité en tout temps.

Chers frères et sœurs, l'argent reste une malédiction qui brise la fraternité tout le temps.

Chers frères et sœurs, l'argent constitue un dia-ble qui tue l'amour du prochain.

Chers frères et sœurs, l'argent est l'esprit du mal qui abolit le lien entre L'humanité et Dieu.

Par conséquent, ne vouez point d'affection pour l'argent.

Par conséquent, ne croyez point que la recher-che effrénée de l'argent au détriment de la quête du savoir, est une bonne chose.

Par conséquent, n'imaginez point que Dieu accorde une quelconque grâce à l'argent.

Par conséquent, ne pensez point qu'une quelconque bénédiction pourrait être accordée à l'ê- tre humain qui préfère l'argent à l'amour du pro-chain.

Par conséquent, ne soyez pas impatient face à votre enrichissement.

**Un poème à vers paraboliques
Lomé, le 17 décembre, 1989**

Brotherhood isn't synonym of wealth!

Brothers and sisters, brotherhood isn't synonym of weath.

Brothers and sisters, money is something that destroys brotherhood all the time.

Brothers and sisters, money means a curse that divides community all the time.

Brothers and sisters, money is a devil which kills fellow man's love.

Brothers and sisters, money consists in diabolical mind which abolishes the relationship between Humanity and God.

Therefore, do not love money.

Therefore, unbridled money's seeking to the detriment of learning, isn't a good thing.

Therefore, do not believe that God bless money any way.

consequently, do not mind that any blessing could ever be granted to someone who prefers money to a fellow man.

consequently, be patient in wealth's seeking.

A poem in parabolic verses
Lomé, December 17, 1989

Novi lonlon é yé gni agbé a!

Mi sé émé bé novi lonlon é yé gni agbé a.

Mi sé émé bé gno'in wo wo na amé novi é yé gné sitou blibo a.

Mi sé émé bé vivi dodo amé novi n'ti é gné djidjo ma vo a dé.

Mi sé émé bé vévé séssé do amé nou é yé gni Mawou bé yrayra gban to a.

Mi sé émé bé déka wo wo lé agbé a mé é yé gni Mawou bé sitou évé gbon an.

Mi sé émé bé dokoui bobo né amé novi é yé gné Mawou bé sitou éton gbon an.

Mi sé émé bé gna wo to-to né amé novi é yé gné gbéda dodo na Mawou.

É'ntia, mi wlo'in da dê si gbé homa yrayra dé nénin.

É'ntia, mi non wo do dji si gbé Mawou bé gna vévé dé néné.

É'ntia, mi gbé von'in wo-wo do Mawou bé gniko mé.

É'ntia, mi gbé ékou gnran-gnran do mia novi n'ti.

É'ntia, mi tchri voklan do do mia non-non mé.

É'ntia, mi hin do né mia non-non o.

É'ntia, mi lé bé né mia non-non o.

**Poèm lé parabol gnati mé
Lomé, nkéké amé adrin lé
décembre bé wrétri a mé, 1989**

Fraterniser pour mieux vivre!

Comprenons que dans l'amour du prochain rési-de la vie.

Comprenons que c'est dans l'act de faire le bien envers autui que réside la grâce.

Comprenons que dans l'acte de faire plaisir à au-tui réside le bonheur pour soi-même.

Comprenons que dans l'acte de compatir avec autrui réside la première grâce de Dieu.

Comprenons que dans l'union réside la deuxième bénédiction divine.

Comprenons que dans la modestie réside la troi-sième bénédiction divine.

Comprenons que dans la véridicité résde la priè-re à Dieu.

Par conséquent, écrivez le en tant qu' un livre sacré.

Par conséquent, suivez ces instructions en tant que des recommandations divines.

Par conséquent, refusez de mal agir au nom de Dieu.

Par conséquent, refusez de mal agir contre autui.

Par conséquent, refusez la désunion entre frères et sœurs.

Par conséquent, rechercher en permanence l'union fraternelle.

Par conséquent, prenez soin de vous mutuellement.

**Un poème à vers paraboliques
Lomé, le 27 décembre 1985**

Brotherhood means better living!

Understand that brotherhood means better living.

Understand that all of the blessings lies in doing good for people.

Understand that in kindness towards people lies an endless joy.

Understand that the first blessing is in sympathizing with people.

Understand that the second blessing remains in the unity of humanity.

Understand that the third God's blessing is modesty

Therefore, write down these statements as a holly book.

Therefore, follow these instructions as God's recommendations.

Therefore, do not do wrong in the name of God.

Therefore, do not behave wrong against people.

Therefore, avoid dissension between brothers and sisters.

Therefore, protect each other.

Therefore, take care of each other.

A poem in parabolic verses
Lomé, December 27, 1989

**Mi sé émé bé Mawou
lolon an é yé gné sitou
ma vo a!**

Agbé to ké yé lon'm koudo édji blibo a ma té'm
akou gbédé o.

Agbé to ké yé bou'm bé Mawou N'sin Kpata to a é lé apé
sitou mawo a mé.

Agbé to ké yé hossé go-goé dé bé égna kpata ké yé mou
gblon'a é yé gné gna-wo blibo a, é lé apé yrayra mé.

Agbé to ké yé so ê do édokoé dji bé ma té'm a na yé agbé
ma vo a, é lé apé kékéli ma vo a mé.

Agbé to ké yé dodji do é'nti gné bé égné é yé la na yé n'ti
fafa ma vo a, ma dou aya gbédé léhihé a mé o.

Agbé to ké yé lé sin'm si gbé Mawou To ho no ké yé mou
gni né né a, é tro Mawou-dola vo.

Agbé to ké yé tcha na valou'm têgbê bé ma na énou ké yé
élé dji a ba va é mé ko-ko a, é la no sé vivi né hihé a.

Agbé to ké yé té na kpo ga sia ga mé bé yé a non-non
apé yra-yra mé a, é la non agbé fafa to hê dé mé.

Agbé to ké yé té na kpo ga sia ga mé bé yé mou ga da lé
édji gné o a, é la non agbé vivi a dé mé.

Agbé to ké yé té na kpo ga sia ga mé bé yé a non do
djidjo ê na ma, é la non lonlon bé agbé né mé.

**Poèm lé parabol gnati mé
Lomé, nkéké éoui vo assi dékê lé
décembre bé wrétri a mé, 1989**

**Comprenons que dans
l'amour de Dieu
réside la grâce**

L'être humain qui m'aime de tout son cœur, ne mourra jamais.

L'être humain qui me considère comme Dieu le Tout-Puissant en personne, demeure comblé de ma grâce.

L'être humain qui reconnaît que tout ce que j'éta-blis par écrit réflecte la pure vérité, demeure comblé de ma bénédiction.

L'être humain qui pense que je peux lui octroyer personnellement la vie éternelle, demeure comblé de ma lumière céleste.

L'être humain qui croit que je suis sa rédemption, ne souffrira plus dans son existence.

L'être humain qui me vénère comme Dieu le Tout-Puissant que j'incarne, devient automatiquement un ange du Ciel.

L'être humain qui m' adresse ses louanges quotidiennes afin que j'accomplisse divinement ses vœux, aura la joie de vivre éternelle.

L'être humain qui recherche incessamment à vivre en harmonie avec ma parabole, aura le bonheur absolu humain promis.

L'être humain qui cherche continuellement à suivre les axiomes de la Poésie fonctionnelle, résidera éternellement au Paradis terrestre.

L'être humain qui cherche à tout instant à me faire plaisir, aura en retour une vie glorieuse.

**Un poème à vers paraboliques
Lomé, le 29 décembre 1985**

In the love of God lies the grace

Human being who loves me with all one's heart will never die.

Human being who takes me as God the Almighty stays forever in my grace.

Human being who strongly believes that any statement I am writing is true remains in my blessings.

Human being who believes that I can give him or her eternal life, remains in my heavenly light.

Human being who really believes that I am his or her redemption, will never suffer in this world.

Human being who venerates me as God the Almighty whom I am the incarnation, becomes automatically an Angel.

Human being who every day praises me to realize what he or she desires, will trully enjoy the world.

Human being who wants to stays any time in compliance with my thoughts, will lie forever into the absolute happiness promised.

Human being who always avoid to oppose me, will be forever blessed.

Human being who always wants to pleasure me, will live forever in glory.

A poem in parabolic verses
Lomé, December 27, 1989

Ékinto gné o, mi tété yi!

Ékinto gné o, gné mou djé ago lé mia dji kpo gbédé o.

Ékinto gné o, gné mou dji von'in na mi kpo gbédé o.

Ékinto gné o, gné mou dji ékou na mi kpo gbédé o.

Ékinto gné o, gné mou dji égué lé mia n'ti kpo gbédé o

Ékinto gné o, gné mou gblon égna podi-podi so mia n'ti kpo gbédé o.

Ékinto gné o, gné mou do énou doda mia gbo kpo o.

Ékinto gné o, gné mou djéssi mi o.

Ékinto gné o, gné mou hossé bé mi djéssi'm o.

Ékinto gné o, gné mou hossé bé mi a bé von'in dédé na ma é sogbé o.

Ékinto gné o, gné mou hossé bé égna dji-dji na ma é sogbé o.

Ékinto gné o, gné mou hossé bé mi a bé égna bada-bada gblon-gblon so n'ti gné a é sogbé o.

Ékinto gné o, gné mou hossé bé mi a bé afo dédé lé hihé a mé a é sogbé o.

Ékinto gné o, gné mou hossé bé mi a bé énou wo-wo lé hihé a mé a é sogbé o.

Ékinto gné o, mi tété yi !

**Poèm lé parabol gnati mé
Lomé, nkéké éoui vo égni lé
décembre bé wrétri a mé, 1989**

Allez-vous en, ennemis!

Ennemis, je n'ai jamais péché contre vous.

Ennemis, je n'ai jamais cherché à vous nuire.

Ennemis, je n'ai jamais cherché à vous tuer.

Ennemis, je n'ai jamais cherché à me quereller avec vous.

Ennemis, je n'ai jamais médit contre vous.

Ennemis, je n'ai jamais cherché à vous attaquer verbalement.

Ennemis, je ne vous connais point.

Ennemis, je ne crois pas que vous me connaissez.

Ennemis, je ne crois pas que vos mauvaises intentions envers moi, sont justifiables.

Ennemis, je ne pense pas que vos intentions criminelles envers moi sont justifiées.

Ennemis, je ne crois pas que vos médisanses envers moi sont justifiables.

Ennemis, je ne crois pas que vos attitudes existentielles, sont justifiées,

Ennemis, je ne pense pas que vos actes envers autui, sont profitables à qui que ce soit.

Ennemis, éloignez-vous de vous.

**Un poème à vers répétitifs
Lomé, le 28 décembre 1989**

Go away, enemies!

Enemies, I never acted against you.

Enemies, I never attacked you.

Enemies, I never tried to kill you.

Enemies, I never quarelled wiyh you.

Enemies, I never spoke ill of you.

Enemies, I never criticized you.

Enemies, I do not know you.

Enemies, I do not believe that you do know me.

Enemies, I do not think that your bad intentions toward me, are right.

Enemies, I do not mean that your criminal state of mind toward me is justifiable.

Enemies, I do not mean that your slanders about me, are right.

Enemies, I do not think that your attitudes in life are justifiable.

Enemies, I do not think that your behaviors benefit to any persons.

Enemies, go away!

A poem in parabolic verses
Lomé, December 28, 1989

**Mou bé gné ma kou
gbédé o!**

Mou bé ga mé a la va sou ké yé ékoudjessou a n'to la va kou, so yi ma vo!

Mou bé ga mé a la va-va ké yé agbéto ma ga non lé édo o.

Mou bé ga mé a la va-va ké yé agbéto ma ga non kou togbé koudo gnagan o.

Mou bé ga mé a la va-va ké yé togbé o koudo gnagan o la va tro dékadjê koudo tougbêdjê o.

Mou bé ga mé a la va sou ké yé amé kou-kou o alo louvon o ké'm-ké'm o la gba tro agbéto o né agbé ma vo a.

Mou bé ga mé a la va sou ké yé hihé blibo a la va sé égon mé bé égné gni Mawou Éto N'sin Kpata to a.

Mou bé ga mé a la va sou ké yé agbéto dé kpé-kpé ma ga non sé vévé o.

Mou bé ga mé a la va sou ké yé agbéto o la va tro Mawou-dola o lé hihé a mé.

Mou bé ga mé a la va sou ké yé Mawou a n'to la kplo hihé blibo a so yi do wétrivi o dji

Mou bé ga mé a la va sou ké yé Mawou a n'to kplé Mwou-dola o kpata wo la to wétrivi o bé dou o tou-tou dji, so yi ma vo.

**Poèm lé parabol gnati mé
Lomé, nkéké éoui vo égni lé
décembre bé wrétri a mé, 1989**

Je dis que je ne mourrai jamais!

Je dis que l'heure viendra où la mort en personne viendra à décéder pour la vie éternelle.

Je dis que l'heure arrivera où l'être humain ne tombera plus jamais malade.

Je dis que l'heure viendra où l'être humain ne vieillira plus.

Je dis que l'heure arrivera où les vieilles personnes redeviendront jeunes pour l'éternité.

Je dis que l'heure viendra où les morts ou la totalité des âmes renaîtront à la vie pour l'éternité.

Je dis que l'heure arrivera où l'humanité entière reconnaîtra que je suis Dieu le Tout-Puissant en personne.

Je dis que l'heure viendra où nul être humain n'aura plus à souffrir.

Je dis que l'heure arrivera où les êtres humains deviendront les Anges vivant au monde.

Je dis que l' heure viendra où Dieu le Tout-Puissant en personne conduira l'humanité entière à travers les Cieux, à la découverte de la totalité des corps célestes.

Je dis que l' heure arrivera où Dieu le Tout-Puissant en compagnie de tous les Anges, entameront la construction de l'habitat universel éternel.

Un poème à vers paraboliques
Lomé, le 28 décembre, 1989

I say I'll never die!

I say that the time will come when the Death in person will die forever.

I say that the time will arrive when human being will any more fall ill.

I say that the time will come when human being will any more grow old.

I say that the time will arrive when the elderly will become again young men and women forever.

I say that the time will come when dead persons or all of the souls will be incarnated again forever.

I say that the time will arrive when the entire humanity will recognize that I am God the Almighty in flesh.

I say that the time will come when human being will any more suffer again.

I say that the time will arrive when human beings will become Angels living.

I say that the time will come when God himself will drive the whole humanity through the Space-Time to discovering its stars and planets.

I say that the time will arrive when God and all of his Angels will start the construction of the eternal Space - Time House.

A poem in parabolic verses
Lomé, December 28, 1989

Mou bé gné mou djé
ago o!

Égna gan dé lé ké yé agbéto o kpata o la sé égon mé gnon'in dé.

Égna é lé gni bé si gbé agbéto néné a, mou do Lucifa bé ba wo do apé essé o nou, so yi ma vo.

Égna é lé gni bé Lucifa ké yé va tro gbon-gbon von'in koudo ékoudjessou lé hihé a mé, é va to Mawou tchri-tchri do a é dji bé yé a tro éfio lé Mawou bé tépé

Égna é lé gni bé Lucifa va so édokoé so savo so wo gbon-gbon von'in koudo ékoudjessou vifin o édoukon blibo déka.

Égna é lé gni bé Lucifa va so ê so do édokoé dji bé agbéto o ké yé mou va do a, o ma no agbé ma vo si gbé a lé mou dji do néné o.

Égna é lé gni bé Lucifa va do yé bé gbon-gbon von'in koudo ékoudjessou doukon blibo a do agbéto o n'ti so yi ma vo.

Égna é lé gni bé Lucifa va do ahoa koudo énouvon'in wo-wo do amé novi n'ti né agbéto o.

Égna é lé gni bé Lucifa va so ê so do édokoé dji bé yé la wou'm.

Égna é lé gni bé Lucifa mou kpo lé gna bé apé ahonhon ké yé mé bé lé ga po po ya mé a yé lé gni yé bé yodo kpotê a o.

Égna é lé gni bé Lucifa mou kpo lé sé émé bé yé bé gbongbon von'in koudo ékoudjessou doukon blibo ké oué lé agbéto o bé ahonhon mé a koudo aya mé a, o la kpassa yédo so yi éyo kpotê a mé o!

**Poèm lé parabol gnati mé
Lomé, nkéké égban lé
décembre bé wrétri a mé, 1989**

Je dis que je n'ai pas mal agi!

Il y a une vérité essentielle que toute l'humanité devra comprendre.

La vérité est que, tout comme l'être humain, j'ai créé Lucifer afin qu'il accomplisse ma volonté éternellement.

La vérité est que, Lucifer qui devint l'Esprit du mal et la Mort en personne, commença à haïr Dieu parce qu'il voulut régner à la place de celui-ci, sur terre et dans les cieux.

La vérité est que Lucifer s'était sacrifié afin de créer toute une communauté de mauvais esprits meurtriers.

La vérité est que Lucifer conçut que l'être humain que j'ai créé immortel, ne doit en aucun cas, vi-vre éternellement, comme il se doit.

La vérité est que Lucifer lança la communauté des mauvais esprits meurtriers contre l'humanité pour l'éternité.

La vérité est que Lucifer mit au point la guerre et les mauvaises actions au sein de l'humanité.

La vérité est que Lucifer résolut de me donner personnellement la mort.

La vérité est que Lucifer ignorait que mon cer-veau qu'il a annexé et où il réside actuellement, demeure son ultime tombeau.

La vérité est que Lucifer ignore que sa communauté de démons qui vit au sein des cerveaux humains et dans le reste de l'Espace-Temps, le suivra dans son ultime décès.

Un poème à vers paraboliques
Lomé, le 30 décembre, 1989

I say that I'm not wrong!

There is a truth that all of the human beings should know.

The truth is that like a human being, I created Lucifer with an initial intention to realize my wishes.

The truth is that Lucifer which became the Devil and Death for human beings, started to hatred God, because he wanted toreign to the detriment of God.

The truth is that Lucifer sacrificed himself for making a whole community of babies devils.

The truth is that Lucifer conceived that the humanity [that I created immortal], will never live forever as I ordered.

The truth is that Lucifer opposed the community of babies devils and the humanity forever.

The truth is that Lucifer forever became the inspiration of wars and bad actions within the humanity.

The truth is that Lucifer decided to kill me.

The truth is that Lucifer was not to know that my brain which he annexed and where he now resided, remains his ultimate tomb.

The truth is that Lucifer did not understood that his entire community of babies devils which is located inside human brains and the rest of the Space-Time, will follow him in his last death.

A poem in parabolic verses
Lomé, December 30, 1989

Djipo dola kpotê a!

Dji dou-dou kpotê ké yé mou hossé a é yé gni apé tro-tro Mawou N'sin Kpata to a lé agbéto o kpata bé n'kou mé.

Dji dou-dou la é yé gni bé énou o kpata ké yé mou hlon so do assi né égbé a, é va émé blibo.

Dji dou-dou la va do, doké n'tia mou dji bé agbéto o no djé si'm azon!

**Poèm lé égna déka gnati mé
Lomé, nkéké amé adin lé
avril bé wrétri a mé, 1994**

Le dernier Ange!

l'ultime victoire que je pense avoir remportée, réside dans ma métamorphose Dieu le Tout-Puissant en face de l'humanité toute entière.

Ladite victoire est que l'ensemble des révélations que j'ai écrit, s'est révélé exact au jour d'aujour-d'hui.

Ladite victoire s'est accomplie puisque je désire que l'humanité entière me connaisse enfin.

**Un poème à vers répétitifs
Lomé, le 6 avril, 1994**

The final Angel!

My ultimate victory remains that I am incarnated God the Almighty in front of the entire humanity.

The said victory is that all of my writings up until now are revealed true.

This victory is accomplished because I want that all of the human beings know me now.

A poem in repetitive verses
Lomé, April 6, 1994

Égnao blibo a!

Mi non von Mawou Nousin Kpata to a bé ado mé zé a kou do Joseph Moè Messavussu Akué bé égna.

Mi non sé é égon mé bé égnao blibo a yé lé gni bé Joseph Moè Messavussu Akué kou édron lé ézan 7 soyi 8 Novemba bé wétri, 1986 ké yé dé son fi'in bé é yé lé gni Mawou Éto Nousin Kpata to a lé n'tilan mé.

So ézan won'an mé, Joseph Moè Messavussu Akué lé hossé bé égnao blibo a é yé lé gni é on'an so hi ma vo...

**Poèm lé égnan din gnati mé
Lomé, nkéké amé évé lé
janvié bé wétri a mé, 2012**

Toute la vérité!

Redoutez Dieu le Tout-Puissant et la parabole de Joseph Moè Messavussu Akué.

Comprenez que Joseph Moè Messavussu Akué eut dans la nuit du 7 au 8 novembre 1986 un rêve l'identifiant comme Dieu le Tout-Puissant incarné.

À partir de cette nuit-là, Joseph Moè Messavussu Akué admit que toute la vérité réside en cette évidence de rêve...

**Un poème à vers manquants
Chicago, le 2 janvier 2012**

All the truth!

Fear God the Almighty and the Parable of Joseph Moè Messavussu Akué.

Understand that Joseph Moè Messavussu Akué had a dream in the night of 7 to 8 November 1986 showing him as God the Almighty in flesh.

Since that night Joseph Moè Messavussu Akué considered that this is the truth...

A poem in missing verses
Chicago, January 2nd, 2012

Table des matières

Avant-propos:...3
La Marche du futur - Memento:.................6

Le premier événement :
La fontaine des innocents-Paris,
août 1986..9

Le deuxième événement :
Le Centre Beaubourg-Paris, fin novembre
1986..12

Le troisième événement :
La Tour Eiffel-Paris, décembre 1986.................14

Le quatrième événement :
Notre Dame du Sacre-cœur, Paris,
Fin décembre 1986...16

Le cinquième événement :
Tolbiac-Paris, Début janvier 1987........................18

Le sixième événement :
Roissy-France, Fin janvier 1987..........................21

Le septième événement :
Aéroport international de Lomé-Togo,
27 janvier 1987..23

Le huitième événement :
Mon plus gros problème depuis mon
retour à ma terre natale......................................25

Le neuvième événement: Mon plus grand

souhait depuis mon retour à ma terre
natale..27

Le réveil des morts - Mémento....................29

Le premier événement :
Suicides à Tolbiac - Paris, Année 1985..........31

Le deuxième événement:
Tentative de suicide de mon frère X...............33

Le troisième événement:
Désirs de suicide - Lomé, Année 1987............35

Le quatrième événement:
Ma condamnation à mort de Lucifer
et de ses démons..38

Le cinquième évènement :
Mes incertitudes quant à la date de la
mise à mort de Lucifer et de ses démons........41

Le sixième événement:
Mes chagrins quant à l'irréalité ou
la folie de mon être.......................................43

Le septième événement:
Mes prières pour être accepté par
l'humanité..45

Le huitième événement:
Mes prières pour que tous mes désirs
s'accomplissent...48

Le neuvième événement:
Mon désespoir quant à l'irréalité ou
la folie de la vie..51

La colère du Ciel - Mémento...............55

La colère du Ciel - Mémento...............55

Le premier événement:
L'âge ou la marque du temps...............57

Le deuxième événement:
La puissance de l'homme ou la
créativité humaine...............60

Le troisième événement:
La magie des rêves ou le rapport
secret liant l'humanité et Dieu...............62

Le quatrième événement:
La date de naissance d'un être humain
ou le rapport secret liant l'humanité
et le Cosmos...............64

Le cinquième événement:
Le lieu de naissance d'un être humain
ou le rapport secret liant
l'humanité et la terre...............66

Le sixième événement:
L'heure de naissance d'un être humain
ou le rapport secret liant
l'humanité et le soleil...............68

Le septième événement:
Le problème de l'identification du
Dieu vivant invisible...............70

Le huitième événement:
Le problème de l'identification du
travail effectif du Dieu vivant invisible...............72

Le neuvième événement:
Le problème de la vérification de la vérité
du Dieu vivant en chair et en os 74

Dieu - Mémento: 77

Le Premier Événement :
Pourquoi mon enfance a été triste? 84

Le Deuxième Événement :
Pourquoi mon adolescence á été bien
terne? 86

Le Troisième Événement :
Pourquoi l'homme que je suis, semble être
plein de magnificence et de grâce? 88

Le Quatrième Événement :
Pourquoi je n'aime pas faire la cour aux
femmes? 90

Le Cinquième Événement :
Pourquoi je me méfie de mes amis et de
mes camarades? 92

Le Sixième Événement :
Pourquoi je reste très attaché á ma famille
originelle malgré son indifférence á mon
égard? 94

Le Septième Événement :
Pourquoi j'adore faire l'amour? 96

Le Huitième Événement :
Pourquoi j'adore travailler? 98

Le Neuvième Événement :

Pourquoi j'adore l'humanité?...............99

L'Humanite - Mémento:...............102

Le premier événement : Les deux premiers êtres humains créés étaient de race noire africaine
(Pourquoi Adam et Eve sont-ils des Noirs-africains?)...............114

Le deuxième événement : L'homicide et le suicide des deux premiers êtres humains créés
(Pourquoi Adam et Eve, doués de l'Immortalité et de la Vie Éternelle, se donnèrent -ils la mort, au mépris de Dieu et de ses conseils?)...............119

Le Troisième Événement : L'erreur de jugement des deux premiers êtres humains créés quant à leur Créateur
(Pourquoi Adam et Eve se trompaient-ils en croyant que Dieu, alors sous sa forme irréelle ou invisible, refusait de leur apparaître et de leur parler á cause de l'incapacité de ce dernier á se matérialiser ou á se faire un être vivant parlant?)...............122

Le Quatrième Événement : La tromperie de l'Esprit du mal en personne face à l'être humain
(Pourquoi Adam et Eve se trompaient-ils en croyant que Dieu se complait dans l'invisibilité absolue, censée être la forme de vie suprême, ceci par trahison et par méchanceté á leur égard?)...............125

Le Cinquième Événement : L'incrédulité humaine face à la personne divine
(Pourquoi Adam et Eve se trompaient-ils en croyant que Dieu avait une femme aussi immatérielle et invisible que lui, voire des enfants de la même nature appelés des anges, et que la race humaine est créée par lui dans le but unique de se procurer des divertissements d'origine humaine?)...............128

Le Sixième Événement : L'être humain défini comme une reproduction unitaire divine
(Pourquoi Adam et Ève se trompaient-ils en croyant que la condition humaine résidait dans l'ignorance quasi-absolue que l'être humain a de l'univers dans lequel il vit, et de Dieu le Tout-Puissant qui est censé être son Créateur ?)...............132

Le Septième Événement : Le mode de communication entre Dieu et l'être humain
(Pourquoi Adam et Ève désiraient ardemment voir et parler avec Dieu dont ils eurent dans leur rêve commun une vision très claire comme un homme de teint noir et de cheveux crépus, de taille moyenne et d'une jeunesse éblouissante?)...............135

Le Huitième Événement : La crainte humaine de Dieu
(Pourquoi Adam et Ève se trompaient-ils en espérant éliminer physiquement Dieu quand ils l'auront rencontré, afin de se débarrasser á jamais de l'emprise spirituelle absolue qu'il avait sur eux?)...............137

Le Neuvième Événement : Le péché de l' être humain envers son Créateur
(Pourquoi Adam et Eve, une fois conscients qu'ils reviendront á la vie s'ils venaient á mourir, décidèrent-ils de se donner la mort?)............140

L'Homme - Mémento............144

Le Premier Événement : L'être humain et Dieu
(Pourquoi l'homme ressemble t-il à Dieu ?)............147

Le Deuxième Événement : L'être humain et son dessein sacré
(Pourquoi l'homme se trompe-t-il en se définissant comme un dieu mortel ou le fils de Dieu maudit?)............151

Le Troisième Événement : l'être humain défini comme l'ange
(Pourquoi l'homme se trompe t-il en pensant être ordonné par Dieu pour vivre douloureusement; ce qui ne serait pas le cas de l'ange par définition immatériel et invisible pour l'homme ?)............154

Le Quatrième Événement : La femme en tant que complément de l'homme
(Pourquoi l'homme se trompe t-il en croyant ne pas avoir de sens hors de la femme, censée être sa corruptrice?)............158

Le Cinquième Événement : L'être humain défini comme une machine-outil divine
(Pourquoi l'homme se trompe-t-il en

envisageant maîtriser l'Univers sans la
contribution personnelle de Dieu, censé
invisible et absolument inconnu de l'homme?).......161

**Le Sixième Événement : L'immortalité
humaine en question**
(Pourquoi l'homme se trompe-t-il en
idolâtrant Jésus-Christ, censé être le
Sauveur de l'humanité, alors que
l'Enseignement de ce dernier niait
l'immortalité et l'éternité de l'homme en chair
et en os?)...............165

**Le Septième Événement : Le choix
délibéré de la condition humaine de mortel**
(Pourquoi l'homme refuse-t-il d'admettre que
son véritable sens et sa réalité propre résident
dans son immortalité et son éternité?)...............168

**Le Huitième Événement : La raison du
doute face à Dieu-fait chair**
(Pourquoi l'homme refuse-t-il d'admettre la
certitude d'une Ère future ou l'homme
devenu enfin immortel et éternel tout comme
Dieu en chair et en os, pourra, en association
avec celui-ci, réaliser son plus grand rêve,
celui d'être le Maître effectif de l'Univers?)............172

**Le Neuvième Événement: La raison du
refus humain de sa condition angélique**
(Pourquoi l'homme peut-il croire sans aucun
risque de se tromper, qu'il est la Matérialisation
de l'Ange du Ciel et demeure, comme tel,
la créature adorée de Dieu, son Créateur?).........176

La Femme - Mémento...................180

Le Premier Événement : Le destin divin de la femme
(Pourquoi la femme est-elle reputée la corruptrice de l'homme?)..............182

Le Deuxième événement: La femme refusant sa subordination naturelle à l'homme
(Pourquoi la femme refuse-t-elle d'admettre l'homme son supérieur?)..............185

Le Troisième Événement : La femme rejetant l'autorité divine
(Pourquoi la femme refuse-t-elle de croire que Dieu est absolument bon et généreux?)..............189

Le Quatrième Événement : La femme croyant à l'Esprit du mal en personne
(Pourquoi la femme refuse-t-elle catégoriquement de croire á la Justice divine ou á un monde sans haine, ni violence?)..............192

Le Cinquième Événement : La femme rejetant l'autorité de l'homme
(Pourquoi la femme croit-elle qu'elle représente l'avenir de l'humanité?)..............195

Le Sixième Événement : La femme refusant le monde tel qu'il est
(Pourquoi la femme croit-elle que le symbole de l'homme, c'est la guerre ou la rivalité armée?)..............198

Le Septième Événement : La femme dépravée
(Pourquoi la femme rêve-t-elle de dominer l'homme par le biais du mariage?)..............201

Le Huitième Événement : La femme devenue diabolique
(Pourquoi la femme espère-t-elle asservir l'homme par les valeurs de la "Civilisation de la machine-outil"?)..................204

Le Neuvième Événement : La femme suicidaire
(Pourquoi la femme préfère-t-elle la richesse matérielle á l'homme?)..................207

L'Éternelle Jeunesse - Mémento:..................212

Le Premier Événement : La conscience humaine et l'immortalité.
(Pourquoi la conscience humaine reflète-elle le désir d'immortalité de l'homme?)..................213

Le Deuxième Événement : La conscience humaine et la conscience de Dieu
(Pourquoi la Conscience humaine est-elle donnée comme la Conscience de Dieu en chair et en os?)..................217

Le Troisième Événement : La conscience humaine et la vie éternelle
(Pourquoi la Conscience humaine est-elle ordonnée comme le principe de la Vie éternelle?)..................220

Le Quatrième Événement : La conscience humaine et la jeunesse éternelle.
(Pourquoi la conscience humaine est-elle identifiée par la jeunesse éternelle pour la totalité des hommes et des femmes composant l'humanité?)..................223

Le Cinquième Événement : La conscience humaine et la vieillesse
(Pourquoi la Conscience humaine est-elle programmée comme le refus absolu de la vieillesse et de toutes les formes de maladies dont souffre l'homme depuis son apparition sur la terre?)..227

Le Sixième Événement : La conscience humaine et la bonté absolue.
(Pourquoi la Conscience humaine est-elle définie comme le principe de la bonté absolue?)..231

Le Septième Événement : La conscience humaine et le Messie.
(Pourquoi la Conscience humaine est - elle déterminée par la foi absolue en Dieu ou l'espoir en un Sauveur de l'humanité?)..............234

Le Huitième Événement : La conscience humaine et la justice.
(Pourquoi la Conscience humaine est-elle cernée comme la manifestation de la vérité et de la justice c'est á dire de la négation de l'intolérance et de la mort?)........................238

Le Neuvième Événement : La conscience humaine et la volonté divine.
(Pourquoi la Conscience humaine est-elle comprise comme le révélateur de la Providence ou de la Volonté de Dieu?)................242

La mort de la Mort - Mémento:..........................246

Le Premier Événement : La loi divine à l'égard de Lucifer.
(Pourquoi Lucifer ou le Prince des démons ou Esprits

malfaisants était absolument haï
de Dieu?)...247

Le Deuxième Événement: L'état
d'esprit de Lucifer face à Dieu.
(Pourquoi Lucifer croyait - il désespérément
que Dieu est inférieur á lui?)........................250

Le Troisième Événement : La tentative
de Lucifer à l'égard de Dieu.
(Pourquoi Lucifer espérait - il dominer Dieu
par le biais du mal et de la femme?)...............253

Le Quatrième Événement : La haine
de l'Esprit du mal en personne pour
l'humanité.
(Pourquoi Lucifer était-il si jaloux de
l'homme et de la famille humaine?).................256

Le Cinquième Événement : La femme
symbole de la négation du mal.
(Pourquoi Lucifer se trouvait t-il un vaurien
face á la femme?)...259

Le sixième événement : La malédiction
de l'Esprit du mal en personne.
(Pourquoi Lucifer se définissait -il comme
le Créateur de la communauté des démons,
alors que ces derniers l'ont toujours nié
comme tel et ne souhaitaient que de le
voir périr de la manière la plus cruelle?)...............262

Le Septième Événement : La vengeance
de l'Esprit du mal en personne à l'égard
de Dieu
(Pourquoi Lucifer, tentait-il, sans arrêt,
d'infléchir la destinée humaine, dans le

sens contraire á la volonté de Dieu ou á la
conscience humaine?)...............................269.

**Le Huitième Événement : La peine de
la désobéissance à Dieu.**
(Pourquoi Lucifer était-il condamné á vouloir
obligatoirement la mort de Dieu et
l'anéantissement de la famille humaine,
ce qui occasionnait chez lui une terrible
agonie?)...272

**Le Neuvième Événement : La révélation
de la tentative divine de se prouver son
pouvoir contraire.**
(Pourquoi la mort de Lucifer et de ses
démons était-elle la première volonté du
Dieu vivant, qui ordonnait ce dernier
d'ailleurs comme tel?)................................275

La pierre philosophale - Mémento:..................279

**Le premier événement : Le paradoxe de
l'identité divine**
(pourquoi je me crois en possession de tout
le savoir et tous les secrets de l'Univers et
de la vie éternelle, alors que je peux venir
à décéder d'un jour à l'autre, étant donné
mon incapacité totale à détruire par la seule
puissance de ma pensée , la colonie de
"virus parlants" basée dans mon cerveau,
et étant donné mon impuissance à
exercer une quelconque action sur le débit
des connaissances qui arrive dans ma
conscience de manière magique ou irréelle?)........280

**Le deuxième événement : Le paradoxe
de l'Esprit du mal en personne**

(pourquoi je me sens perdu, en constatant
que je ne pourrai point présenter au public
mes œuvres, si je ne vérifiais pas avant cet
acte, la mort de la colonie de "virus parlants"
toujours basée dans mon cerveau?)......................283

**Le Troisième événement : Le paradoxe
du pouvoir divin**
(pourquoi je me sens condamné à mort,
tout comme le reste de l'humanité, en ne
me referant qu'à mon cerveau, quant aux
sources et aux références de mes
œuvres?)...286

**Le quatrième événement : Le paradoxe
du pouvoir du démon**
(pourquoi je suis tout déprimé en me rendant
compte que je m'ai aucun pouvoir de contrôle
quant à mes actions magiques sur les
événements et sur les êtres vivants, sauf
que je sais toujours à l'avance, comment
les choses qui m'intéressent, vont se passer.......290

**Le cinquième événement : La réalité et
le néant.**
(pourquoi je suis désemparé, en admettant
que je suis le créateur de l'Univers physique
et sensible, et que je me suis fait en chair
et en os pour prouver la Technologie divine
et pour réaliser à nouveau, et pour l'éternité,
la Grande Famille humaine?)...............................293

**Le sixième évènement: Ce pui reste
après le démon**
(pourquoi je suis déçu en constatant que
Lucifer est éliminé de la vie, mais non toutes

ses créatures et ses hauts faits
diaboliques?)..296

**Le septième événement : Le début de
l'Ère divine**
(pourquoi je perds toute mon espérance
lorsque je comprends que les diablotins
qui restent en vie me ridiculent, parce que
je me sens incapable de leur donner
directement la mort?)............................,....299

**Le huitième événement : L'exercise du
pouvoir moèiste**
(pourquoi toute ma puissance réside
finalement dans le fait incontestable que je
crois en la toute-puissance de Dieu dont je
pense sincèrement être l'incarnation
définitive et éternelle?)...............................303

**Le neuvième évènement : Le prix à payer
d'être Dieu le Tout-puissant**
(pourquoi je crois être parvenu au terme de
mon accomplissement tout en constatant
que mon cerveau reste surchargé de milliers
de virus palants?)..............................,307

La Route du Ciel - Mémento :..................311

**Le Premier Événement : Le libre-choix
humain**
(Pourquoi l'homme croit-il que le ciel lui est
totalement refusé par Dieu, en considérant
les connaissances humaines très imparfaites
ou fausses sur l'Univers infini?).................312

**Le Deuxième Événement: L'énigme de Dieu
en chair et en os.**

(Pourquoi l'homme saisit-il très mal la signification du Cosmos ou le domaine de l'homme éternel, le Paradis céleste ou le domaine de Dieu, et la voûte universelle infinie ou l'empire infini de Dieu en chair et en os.................................315

Le Troisième Évènement : Les preuves identitaires divines
(Pourquoi l'homme n'admet-il point que le dénommé Joseph Moè Messavussu Akué soit Dieu le Tout-Puissant en chair et en os avec les prétendues vertus et capacités que ce dernier est censé détenir; sauf dans le cas où ledit sieur prouve à tous les hommes et les femmes de la Terre entière l'évidence de sa possession desdites vertus et capacités ?)....320

Le Quatrième Évènement : Le pacifisme divin en question
(Pourquoi l'homme n'admet-il point la possibilité de la mort du Dieu vivant, sauf dans le cas d'un ignoble crime politique?)...........323

Le Cinquième Évènement: Le propre de l'être humain incroyant
(Pourquoi l'homme redoute-il la colère de Dieu, tout en espérant son pardon et sa grâce?)..326

Le Sixième Évènement: Le propre de l'être humain malhonnête.
(Pourquoi l'homme redoute-il la mort, tout en voulant exercer sur son senblable une action de nature à priver ce dernier de sa liberté, voire de son bonheur?)...........................328

Le Septième Évènement: Le propre de l'être humain égoïste
(Pourquoi l'homme redoute-il de souffrir, alors qu'il organise sa vie uniquement en harmonie avec ses propres désirs ?)...................331

Le Huitième Évènement: Le propre de l'être humain qui croît à l'Esprit du mal
(Pourquoi l'homme redoute-il l'immortalité, étant donné que c'est la contrepartie d'une vie de bonté, de générosité et de sagesse?).................334

Le Neuvième Évènement: Le propre de l'être humain qui refuse d'honorer Dieu.
(Pourquoi l'homme vénère-t-il Dieu comme son sauveur et non comme son Créateur suprême?).................337

Une gentille francophonie -Memento:...................341
Un mot sur la francopnonie.................342
Discours sur la francophonie.................344
Une francophonie, alternance pour la bonne gouvernance universelle.................352
Une francophonie, reflet de la tentative moèiste de restaurer le Paradis terrestre.................253
Une francophonie, réalisatrice de l'Édifice du bohneur absolu humain.................254
Une francophonie, élabolatrice de l'État-Nation Espace-Temps éternel et de son Gouvernement céleste.................255
Une francophonie, don de Dieu pour tous les déshérités du monde.................256
Une francophonie, Liberté pour tous les peuples du monde.................357

Une francophonie, Fraternité de
tous les peuples de la terre............................358
Une francophonie, Solidarité
entre tous les Nations...................................359
Une francophonie, Détentrice
perpétuelle des solutions pacifistes
aux problèmes internationaux.......................360
Une francophonie, Ouverture
humaine à Dieu, la connaissance et
l'amour du prochain......................................361
Une francophonie, Symbole de la
gloire du moèisme...362
Une francophonie, Pierre de base
de la Fondation moèiste................................363
Une francophonie, Organisatrice
d'un monde des mondes célestes
à venir..364
Une francophonie, proposition pour
une acceptation humaine du
personnage de l'auteur de la Poésie
fonctionnelle Dieu le Tout-Puissant-
fait chair..365
Une francophonie, reconnaissance
du concept du péché originel.......................366
Une francophonie, fondatrice de la
compréhension de l'être humain..................368
Une francophonie, fondatrice de la
compréhension d'un mauvais esprit............369
Une francophonie, fondatrice de la
compréhension du péché originel................371
Une francophonie, fondatrice de la
compréhension de la perte de
l' immortalité humaine...................................372
Une francophonie, fondatrice de
la compréhension du concept de
la restauration du Paradis terrestre..............373
La francophonie et les moèistes...................374

La francophonie et la foi en Joseph
Moè Messavussu Akué..............................375
La francophonie et les
enseignements moèistes.........................376
La francophonie et le culte moèiste.........377
La francophonie et la lutte des
classes...378
La francophonie pour une société
équitable...379
La francophonie: Du capitalisme
au libéralisme..380
La francophonie et la fin du travail
avilissant...381
La francophonie et la construction
de l'habitat humain universel..................382
La francophonie et le messie
Joseph Moè Messavussu Akué...............383

La Loi du profit nul - Mémento..............385
Les États Unis d'Amérique:
Un modèle économique parfait:..............387
Les États Unis d'Amérique:
Un modèle de pratique
démocratique et de li berté:....................389
Les États Unis d'Amérique:
Un modèle de Pays de Droit:..................391
Les États Unis d'Amérique:
Un modèle de pays multiracial:...............393
Les États Unis d'Amérique:
Un modèle d'expansion
technologique:..395
La Construction du
"Village spatial-temporel éternel
de Lomé":..397
La matérialisation de la
"Technologie productrice du
Monde des Mondes des Cieux":.............399

La matérialisation de la Royauté de Joseph
Moè Messavussu Akué:..................................401
Épilogue:..402
La Route du Ciel:..404

**L'expérimentation de la Loi du
profit nul - Mémento...........................406**

Le principe de la Société
scientifique:...408

Le principe de l'assurance-maladie
gratuite:...410

Le principe de la science et de la
technologie:...412

Le principe du bien-être social
maximum..415
Le principe de la suppression du
travail dégradant
l'être humain: 417
Le principe de la gratuité absolue
de l'assurance-maladie
individuelle:...419
Le principe de l'allocation-chômage
perpétuelle:..421
Le principe de la reconnaissance
de l'identité céleste de l'auteur
de la "Loi du Profit nul":..............................423
Le principe de la foi moèiste:......................426
Le principe de la Construction
de l'Édifice du Bonheur absolu
humain:..428
**Les bijoux des Etats Unis
d'Amérique- Memento:**...............................431
Le modèle de l'Etat de Droit........................433

Un Peuple béni..435
Les Défenseurs de la Liberté......................436
Les Promoteurs de la Paix.........................437
Les Promoteurs des Droits de
l' Homme..438
Les Régulateurs providentiels du
Monde..441
Le symbole de la Puissance
économique...442
Le Modèle économique parfait..................444
L'Emancipateur des Peuples.....................447
Le Respect de DIEU..................................449
L' Organigramme de la Poésie
fonctionnelle..452
La Réconciliation Nationale
Togolaise en actes....................................455
Le "petit cœur à Ignace"............................458
**Sauver la Liberté d'entreprendre
par les réformes sociales-
Mémento:**..460
La richesse extérieure...............................461
Prochaine étape de la
Réforme médicale.....................................463
La Réforme médicale absolue...................464
Les Fonds pour la Banque
Nationale d'Investissement
américaine...465
Les investissements de la Banque
Nationale d'Investissement
américaine...466
Rêver le Monde des Mondes
des Cieux comme un simple
citoyen américain......................................468
Rêver le Togo comme un
fragment du Monde des Mondes
des Cieux..469

Rêver l'Homme Noir de Paix,
d'Amour et de Liberté Joseph
Moè Messavussu Akué comme
Dieu le Tout-Puissant-fait chair..............470
Rêver le protocole existentiel de
Joseph Moè Messavussu Akué
comme l'énigme divin perpétuel...............471
Rêver la Rédemption de Joseph
Moè Messavussu comme
l'accomplissement de la Prophétie
de la nuit du 7 au 8 novembre
1986:...472
Le Rêve du Monde des Mondes
des Cieux..473
Le Rêve des formes
fonctionnelles..476
Le Rêve des vaisseaux
intergalactiques..478
Le Rêve du Village Spatial
de Lomé...480
Construire le Royaume des Cieux
à partirdu lieu natal de Moè..................482

Poèmes bleus-Mémento.............................484
Le Pouvoir Royal Céleste inné de
Moè Messavussu 486
La Technologie Céleste en actes 489
Le Messie 492
Le Royaume des Cieux en actes 494
Me voici, enfin ! 496
La victoire ultime en termes
mathématiques 497
Le "Centre de Recherches
Spatiales Temporelles Éternelles
en actes 499
L' Édifice du Bonheur Absolu humain
en actes 502

L' Alliance sacrée fondamentale 504
Les Lois-Normes: 507
Les Lois -Cadres 508
Les Lois-Sphères 510
Les Lois-Surfaces 512
Les Lois-Images 513
Les Lois de la Vie Éternelle 514
La Loi d' Amour 516
Du chemin de la "Cathédrale de Lomé"
à la Route du "Bonheur Absolu"
retrouvé 518
L' énigme de Dieu compris 521
Le "Village Spatial" nommé
"Moèville" 523
La Création de "Moèville" 525
La Création de l' Infinitude des
Mondes merveilleux futurs 527
Les nombres mathématiques
fonctionnels 529
La victoire moèiste en termes
politiques 531
La bénédiction finale de l'
"Homme Noir de Paix, d' Amour
et de Liberté" 533
Les identités fonctionnelles
immuables 535
Les États Unis d' Amérique de
mes rêves 537
L' abolition du travail de servitude
ou la "Production économique à
profit nul" 540
De la "Prise de la Bastille" à la
"Statue de la Liberté" aux États
Unis d' Amérique 543

Précis de la Loi d' armistice
Céleste 544

L'amour - Memento:................................547

Une saison sèche en enfer.....................548
Vas t'en, Yoyo!..552
René de Renée.......................................557
La fille aux yeux verts vipère..................560
Jolie Nathalie..563
Une femme idéale...................................568
Défends-toi donc, Monique!....................572
Hola! Fabienne.......................................575
Cette vache de Cynthia...........................579
Douce Rébecca.......................................583
Une femme nommée Capricia.................586

L'amitié - Mémento...................................591

Killiane et les autres................................582

La camaraderie - Mémento......................595

Les camarades du P.S.A.........................596

Mondanités loméennes-Memento:.........600

Santafé..601
EUGÉNIE..602
"Le Rabylé"..605
Au bar "Où va le monde".........................606
L'Harmatan"..607
"Chez Baby"..608
Au "Sixteen"..609
A "Lomé-Snack-Bar"...............................610
À Pajar..611

Bienheureuse ADJO..........612
Splendide AFI.......... 613
Ma belle petite ANDRÉA..........614
AHLIMBA que j'adore..........615
Fidèle AKUÉLÉ..........616
Ma très chère TAFFY..........617
Le "Mini Minor"..........618
"Au bon coin du sportif"..........619

La fin de l'esclavage-Mémento:..........621

Le Port d'Elmina..........622
Les rois négriers..........626
Les rafles négrières..........628
Les châtiments négriers..........629
Les fers négriers..........630
Les galères négrières..........632
Les champs de canne à sucre négriers..........633
Les révoltes négrières..........634
L'abolition de la traite des nègres..........636
Hommage Moèiste à Martin
 Luther King..........637
Terreur humaine et libération
 divine..........638
La gloire de mon père..........639

L'éternel colon Mémento..........642

Le prestige du colonisateur..........643
Le caractère du colonisateur..........646
Le peuple colonisé..........649
Le rire moqueur de l'éternel colon..........652
L'émancipation du peuple
 colonisé..........655
Le déclin du monde Blanc
 colonisateur..........658

L'échec du néo-colonialisme......660

L'exil.Mémento:......663

La mélancolie de l'exilé......664
Vive les États Unis d'Amérique!......666

Poèmes en Guin - Mémento......669

Poems in Guin-Notes......670
Poema o lé Guin gbé mé-egna ti o......671

Agban na mou lé o!......672
Pas de crédit!......673
Cash only!......674

Novi kpo to o a gbo!......675
Mêlez-vous de vos oignons!......677
Mind your own business!......679

Mou éga yé wo na novi o!......681
Fraternité n'est point synonyme
d'argent!......682
Brotherhood isn't synonym
of wealth!......683
Havi lonlon éyé gni agbé a!......684
Fraterniser pour mieux vivre!......686
Brotherhood means better living!......688

Mi sé émé bé mawou lonlon an
éyé gné sitou mavo a!......689
Comprenons que dans l'amour
de Dieu réside la Grâce......690
In the love of God lies the Grace......692

Ékinto gné o, mi tété yi!...................................693
Allez-vous en, ennémis!..................................695
Go away, enemies!...697

Mou bé gné ma kou gbédé o!............................698
Je dis que je ne mourrai jamais!......................699
I say I'll never die!..700

Mou bé gné mou djé ago o!..............................701
Je dis que je n'ai pas mal agi!.........................703
I say that I'm not wrong!.................................705

Djipo dola kpotê a!..706
Le dernier Ange!...707
The final Angel!..708

Égnao blibo a!...709
Toute la vérité!...710
All the truth!...711

Achevé d' imprimé en mars 2015 par
les ÉDITIONS BLEUES
mmessavussu@gmail.com
moemessavussu@hotmail.com
Dépot légal: 1er trimestre 2015
Numéro d'Éditeur: 2-913-771
IMPRIMÉ AUX ÉTATS UNIS D'AMÉRIQUE

www.ingramcontent.com/pod-product-compliance
Lightning Source LLC
Chambersburg PA
CBHW050116170426
43197CB00011B/1605

9782913771208